PRIMEIROS SOCORROS NO ESPORTE

PRIMEIROS SOCORROS NO ESPORTE

MELINDA J. FLEGEL
MS, ATC, LAT, CSCS

5ª EDIÇÃO

Manole

Título original em inglês: *Sport First Aid, 5th edition*
Copyright © 2014, 2008, 1997, 1992 by Human Kinetics, Inc.
Publicado mediante acordo com a Human Kinetics.

Este livro contempla as regras do Novo Acordo Ortográfico da Língua Portuguesa.

Editor gestor: Walter Luiz Coutinho
Editora de traduções: Denise Yumi Chinem
Produção editorial: Priscila Pereira Mota Hidaka e Cláudia Lahr Tetzlaff
Assistência editorial: Gabriela Rocha Ribeiro, Michel Arcas Bezerra e Vinicius Asevedo Vieira

Tradução das atualizações da quinta edição: Douglas Arthur Omena Futuro
Graduado em Medicina pela Universidade Gama Filho

Tradução da quarta edição: Rogério Alcântara Ferraz
Revisão científica da quarta edição: Flávia Maria Serra Ghirotto
Projeto gráfico da quarta edição: Anna Yue
Adaptação do projeto gráfico da quinta edição: LCT Tecnologia e Serviços Ltda.
Ilustrações: Human Kinetics (a menos que indicado de outra forma)
Revisão de tradução e revisão de prova: Depto. editorial da Editora Manole
Capa: Ricardo Yoshiaki Nitta Rodrigues

Dados Internacionais de Catalogação na Publicação (CIP)
(Câmara Brasileira do Livro, SP, Brasil)

Flegel, Melinda J.
  Primeiros socorros no esporte / Melinda J.
Flegel ; [tradução Douglas Arthur Omena Futuro]. -- 5. ed. --
Barueri, SP : Manole, 2015.

  Título original: Sport first aid.
  Bibliografia.
  ISBN 978-85-204-4083-4

  1. Lesões esportivas - Diagnóstico 2. Lesões
esportivas - Tratamento I. Título.

14-12165	CDD-617.1027
	NLM-QT 260

Índices para catálogo sistemático:
1. Lesões esportivas : Medicina 617.1027

Nenhuma parte deste livro poderá ser reproduzida, por qualquer
processo, sem a permissão expressa dos editores. É proibida a reprodução por xerox.
A Editora Manole é filiada à ABDR – Associação Brasileira de Direitos Reprográficos.

Edição brasileira – 2015

Direitos em língua portuguesa adquiridos pela:
Editora Manole Ltda.
Av. Ceci, 672 – Tamboré
06460-120 – Barueri – SP – Brasil
Fone: (11) 4196-6000
Fax: (11) 4196-6021
www.manole.com.br
info@manole.com.br

Impresso no Brasil
Printed in Brazil

Nota
Os autores, os editores e os distribuidores não se responsabilizam por quaisquer erros, omissões ou consequências decorrentes da aplicação das informações contidas nesta obra, e não dão garantia, expressa ou implícita, a respeito do conteúdo da publicação. Os autores, os editores e os distribuidores se eximem da responsabilidade de quaisquer lesões e/ou danos a pessoas ou propriedades em decorrência do uso desta publicação.

Sumário

Prefácio VI
Sobre a autora VIII
Agradecimentos IX

Parte I   Introdução aos primeiros socorros no esporte 1

    Capítulo 1   Sua função na equipe interdisciplinar de saúde para atletas 3
    Capítulo 2   Estratégia de primeiros socorros no esporte 13

Parte II   Habilidades básicas de primeiros socorros no esporte 27

    Capítulo 3   Terminologia anatômica e de lesões no esporte 29
    Capítulo 4   Medidas de ação emergencial 45
    Capítulo 5   Avaliação física e técnicas de primeiros socorros 55
    Capítulo 6   Removendo atletas lesionados ou doentes 73

Parte III   Primeiros socorros no esporte para lesões específicas 79

    Capítulo 7   Doenças e emergências respiratórias 81
    Capítulo 8   Lesões na cabeça, na coluna vertebral e nos nervos 89
    Capítulo 9   Lesões em órgãos internos 99
    Capítulo 10 Doenças súbitas 105
    Capítulo 11 Problemas relacionados ao clima 117
    Capítulo 12 Lesões musculoesqueléticas nos membros superiores 129
    Capítulo 13 Lesões musculoesqueléticas nos membros inferiores 161
    Capítulo 14 Lesões na face e na cabeça 195
    Capítulo 15 Lesões na pele 207

Apêndice: Protocolos de primeiros socorros 221
Glossário 265
Índice remissivo 271

Prefácio

Ser um treinador bem-sucedido requer um conhecimento que vai além das habilidades e estratégias do esporte. Inclui também ser capaz de ensinar técnicas e táticas, motivar os atletas e gerenciar uma série de detalhes. Além disso, envolve desempenhar de forma competente a função de ser o primeiro profissional a prestar ajuda em caso de lesões e doenças dos atletas.

A National Federation of State High School Associations (NFHS) relatou que, nos Estados Unidos, um total de 7.692.520 jovens do ensino médio participou de programas desportivos no período de 2011-2012. Em um estudo com nove esportes (futebol americano, basquete masculino e feminino, futebol masculino e feminino, beisebol, *softball*, vôlei e luta livre), em uma amostra de 100 escolas americanas selecionadas aleatoriamente, entre 2011-2012, pesquisadores estimaram que aproximadamente 1.392.262 lesões ocorreram entre atletas que participam desses esportes (Comstock et al, 2012). Os pesquisadores estimaram que aproximadamente 740.493 das lesões ocorreram durante as competições, enquanto 651.769 ocorreram durante treinamentos.

O ideal é que você tenha profissionais médicos como treinadores atléticos ou técnicos em emergências médicas disponíveis em todas as competições e treinos. Infelizmente, menos de 42% das escolas de ensino médio nos Estados Unidos têm acesso a preparadores físicos credenciados que sejam especialmente treinados para avaliar, tratar e prevenir lesões atléticas. Caso haja esses profissionais em sua escola, eles não conseguirão comparecer a todos os treinos e competições de todos os esportes; eles podem comparecer a algumas competições, mas não terão condições de acompanhar todos os treinos e competições.

Claramente, na maioria das vezes cabe ao treinador a responsabilidade de administrar os primeiros socorros aos atletas lesionados.

Para ajudar você a lidar com o desafio de administrar os primeiros socorros aos atletas lesionados, o American Sport Education Program (ASEP) desenvolveu o curso de Primeiros Socorros no Esporte. Esta quinta edição serve como livro-texto para esse curso. Esta obra e o curso abrangem os protocolos para as seguintes tarefas:

1. Condução de etapas de ação de emergência.
2. Condução da avaliação física e administração de primeiros socorros para sangramentos, lesões teciduais e lesões instáveis.
3. Remoção de atletas lesionados e retorno às atividades.

Além do curso Primeiros Socorros no Esporte, o ASEP também oferece o amplamente utilizado curso Princípios de Treinamento e o curso de Treinamento de Habilidades Técnicas e Táticas no Esporte. Juntos, esses cursos compõem o currículo do Nível bronze do ASEP. O ASEP ministra esses cursos por todos os Estados Unidos por meio do ASEP Professional Coaches Education Program, adotado em parte ou em sua totalidade por 30 associações estaduais de escolas do ensino médio. Durante todo o seu desenvolvimento e produção, *Primeiros Socorros no Esporte* foi revisado por especialistas de áreas fundamentais da especialização em medicina esportiva. O exame minucioso e o valioso *feedback* desses profissionais garantem aos treinadores um manual consistente em termos científicos, relevante e atual. Os protocolos aqui descritos também passaram por uma revisão com o objetivo de compatibilizar com as diretrizes recentes da American Heart Association relativas à Reanimação Cardiopulmonar e Emergências Cardiovasculares.

No entanto, **o ASEP deseja enfatizar que este é um livro de primeiros socorros no esporte**, e não um guia geral de procedimentos médicos. O conteúdo desta obra foi adaptado para um contexto de atividades desportivas, com a perspectiva de que o treinador é o primeiro a responder pela maior parte das lesões sofridas pelos atletas e não possui formação médica para prestar cuidados que vão além dos primeiros socorros.

Primeiros Socorros no Esporte enfoca a identificação e o tratamento emergencial de lesões no esporte no local da atividade esportiva, visando, basicamente, explicar o que se deve e o que não se deve fazer quando um atleta sofre uma lesão.

A Parte I deste manual apresenta o trabalho de equipe e a preparação necessária para uma conduta eficiente de primeiros socorros no esporte. O Capítulo 1 aborda sua função em uma equipe interdisciplinar de saúde para atletas, incluindo suas responsabilidades e limitações. Você aprenderá o que os outros, inclusive os pais e o sistema jurídico, esperam de você como um socorrista do esporte. Você tomará conhecimento da função dos outros membros da equipe e aprenderá como interagir com eles a fim de tornar seus esforços bem-sucedidos. O Capítulo 2 inclui diretrizes sobre como se preparar para exercer suas tarefas na equipe interdisciplinar de saúde para atletas. Isso inclui o uso de programas de condicionamento de pré-temporada, a criação de ambientes de jogo seguros, o planejamento para casos de emergências climáticas, a garantia de adequação e o uso correto de equipamentos de proteção, a introdução das técnicas esportivas adequadas e de regras de segurança, bem como o desenvolvimento de um plano de emergências médicas. Ao fazer uso dessas estratégias, você poderá reduzir significativamente o risco de lesões ou doenças em seus atletas.

Na Parte II, você aprenderá os fundamentos dos primeiros socorros no esporte. O Capítulo 3 aborda anatomia e terminologia de primeiros socorros no esporte. O Capítulo 4 explica como conduzir as ações emergenciais e aborda os primeiros socorros para situações de risco de morte, como asfixia, parada respiratória e parada cardíaca. Inclui também diretrizes atualizadas para a reanimação cardiopulmonar, executando a manobra de Heimlich e utilizando um desfibrilador externo automático (DEA). A avaliação e o tratamento dos quadros clínicos mais comuns de sangramento, choque, lesões instáveis e danos locais ao tecido são descritos em linhas gerais no Capítulo 5, cujo foco é a avaliação física. O Capítulo 6 mostra como mover de maneira segura um atleta lesionado.

A Parte III apresenta mais de 110 lesões e doenças diferentes, incluindo, para cada uma delas, avaliação, primeiros socorros, prevenção e retorno às atividades. Do Capítulo 7 ao 11, são abordados os problemas em que há potencial risco de morte, como complicações respiratórias, lesões na cabeça, na coluna vertebral e nos nervos, lesões de órgãos internos, doenças súbitas e enfermidades relacionadas à temperatura. Ainda que esses problemas não sejam frequentes, você deverá estar preparado para prestar primeiros socorros de maneira rápida e adequada quando ocorrerem, pois isso pode ajudar a salvar a vida de um atleta. Do Capítulo 12 ao 15, você aprenderá a identificar e prestar primeiros socorros a atletas que tenham sofrido as lesões musculoesqueléticas mais comuns relacionadas ao esporte, que são aquelas que atingem os membros superiores e inferiores, bem como as lesões na face e na cabeça e lesões na pele.

O ASEP originalmente desenvolveu este livro como um texto para seu curso de Primeiros Socorros no Esporte. Este livro foi planejado para capacitar treinadores esportivos de escolas e clubes a prestar primeiros socorros, além de fornecer a eles uma compreensão básica das lesões no esporte. Em sua quinta edição, este manual continua sendo um recurso fundamental para o curso de Primeiros Socorros no Esporte, que atualmente é ministrado de duas formas – em sala de aula e on-line.

Ao adquirir as informações e habilidades contidas no livro-texto *Primeiros Socorros no Esporte*, você será capaz de administrar primeiros socorros aos seus atletas de forma confiante e competente. A saúde e o sucesso deles dependerão disso.

BIBLIOGRAFIA

Comstock, R.D., Collins, C.L., Corlette, J.D. and Fletcher, E.N. 2013. National High School Sports-Related Injury Surveillance Study: 2011-2012. Retrieved on June 6, 2013, from http://www.nationwidechildrens.org/cirp-rio-studyreports.

Field, J.M. et al. 2010. Part 1: Executive summary: 2010 American Heart Association Guidelines for Cardiopulmonary Resuscitation and Emergency Cardiovascular Care. *Circulation* 122 (suppl 3): S640–S656.

National Federation of State High School Associations. 2011-12 High School Athletics Participation Survey Results. Downloaded on June, 2013 from http://www.nfhs.org/content.aspx?id=3282.

Travers, A.H., et al. 2010. Part 4: CPR overview: 2010 American Heart Association Guidelines for Cardiopulmonary Resuscitation and Emergency

Cardiovascular Care. *Circulation* 122 (suppl 3): S676–S684.

Sobre a autora

Melinda J. Flegel tem 27 anos de experiência na função de preparadora física certificada. Durante 13 anos, foi preparadora física chefe no SportWell Center da Universidade de Illinois, onde coordenou o setor de cuidados médicos esportivos e de orientações para prevenção de lesões para os atletas do clube de esporte e recreação da universidade.

Como coordenadora de serviços assistenciais da Great Plains Sports Medicine and Rehabilitation Center em Peoria, Illinois, Flegel prestava serviços de treinamento atlético em mais de 15 escolas e consultoria sobre primeiros socorros no esporte. Como coordenadora do programa educacional e instrutora de RCP da Cruz Vermelha americana, ela obteve uma valorosa experiência direta ao auxiliar treinadores a se tornarem socorristas competentes.

Flegel ministrou um curso de lesões no esporte na Universidade de Illinois. Ela possui mestrado e bacharelado pela Universidade de Illinois, é membro da National Athletic Trainers' Association e da National Strength and Conditioning Association, é especialista certificada em força e condicionamento desde 1987.

Além de ser a autora de *Primeiros Socorros no Esporte*, Flegel escreveu capítulos para vários livros, incluindo Prevenção de Lesões e Primeiros Socorros para a obra "Health on Demand" (Saúde sob Demanda).

Agradecimentos

Senhor... porque todas as nossas obras tu as fazes por nós.
Isaías 26:12

Um projeto desta magnitude não seria possível sem a ajuda de várias pessoas. Por isso, gostaria de agradecer sinceramente a todos que de alguma maneira contribuíram para esta quinta edição. Chris Drews, Julie Marx Goodreau, Martha Gullo, Fred Starbird, e muitos outros dedicados colaboradores da Human Kinetics que me ajudaram nas revisões para esta nova edição e auxiliaram no desenvolvimento, produção e distribuição do livro. Também gostaria de agradecer a minha família, amigos e colegas de trabalho, por prestarem apoio e estímulo inesgotáveis. Agradeço também especialmente a você, leitor, pelo compromisso em fornecer aos seus atletas um ambiente esportivo seguro.

PARTE I

Introdução aos primeiros socorros no esporte

O compromisso individual aliado a um esforço coletivo – é isto que faz um time dar certo.

Vince Lombardi

O sucesso de uma equipe de profissionais de saúde para atletas requer trabalho em grupo e vontade de se preparar. Nenhum atleta que esteja fora de forma ou que desconheça sua equipe tem condições de entrar em campo esperando contribuir para uma vitória. E isso também se aplica para ser um eficiente socorrista do esporte.

O Capítulo 1 apresenta a função que cabe a você em uma equipe de profissionais de saúde para atletas, incluindo suas responsabilidades e limitações. Você saberá o que os pais e as autoridades legais esperam de um socorrista do esporte, e também irá se familiarizar com a função de outros membros de uma equipe de cuidados médicos e aprender a interagir com eles de forma que seus esforços sejam bem-sucedidos.

Assim como um atleta precisa de uma pré-temporada de preparação ou condicionamento para alcançar o sucesso, você também precisará estar preparado para seus deveres em uma equipe de profissionais de saúde. Parte dessa preparação envolve o desenvolvimento de estratégias para a prevenção de lesões. O Capítulo 2 irá ajudá-lo a dar os primeiros passos, oferecendo dicas para utilização eficiente de programas de condicionamento pré-temporada, criação de ambientes seguros para os jogos, planejamento para emergências climáticas e implementação das técnicas esportivas adequadas e regras de segurança. Esse capítulo também irá auxiliá-lo a se preparar para situações de primeiros socorros, apresentando-lhe diretrizes para a formulação de um plano de emergência médica. Ao fazer uso dessas estratégias, você poderá reduzir de forma significativa os riscos de lesões ou doenças em seus atletas.

CAPÍTULO 1
Sua função na equipe interdisciplinar de saúde para atletas

Neste capítulo, você irá aprender

- O que é uma equipe interdisciplinar de saúde para atletas e quem a compõe.
- Qual é sua função nessa equipe.
- Que tipo de conhecimento sobre primeiros socorros os pais esperam que você possua.
- Que poderá atuar com médicos de várias especialidades e qual a sua função nesse trabalho.
- O que fazem grupos de emergências médicas, fisioterapeutas e preparadores físicos e qual a sua função ao trabalhar com eles.
- Por que o tratamento e a reabilitação são partes importantes do acompanhamento dos primeiros socorros.

Do tiro de largada à linha de chegada, uma equipe de revezamento vitoriosa corre como uma máquina bem lubrificada. Cada membro possui uma função especial – o primeiro corredor faz uma largada rápida, o segundo executa uma transição suave e veloz, o terceiro ajuda a estabelecer a liderança, e o último compete confiante e tranquilamente sob pressão. Um erro de um único atleta pode levar toda a equipe à derrota. E assim também acontece com uma equipe interdisciplinar de saúde. Cada membro possui uma função específica visando assegurar uma adequada avaliação de emergência e assistência aos atletas lesionados ou doentes. Se um integrante da equipe tiver uma largada lenta, derrubar o bastão ou ultrapassar os limites da sua função no grupo, o atleta será prejudicado no final e isso poderá causar mais lesões, atrasar a sua recuperação ou trazer consequências catastróficas.

Existem quatro etapas nessa corrida para manter os atletas saudáveis (Fig. 1.1). A primeira é a prevenção de lesões e doenças. A segunda é a identificação de lesões e doenças e a prestação dos primeiros socorros. A terceira etapa é a avaliação ou diagnóstico e o tratamento, e a quarta é a reabilitação.

Vários membros da equipe podem participar:

- atleta;
- pais;
- treinador;
- equipes de resgate[1];
- médico;
- preparador físico;
- fisioterapeuta;
- dentista ou cirurgião-dentista;
- optometrista;
- treinador de força e condicionamento;
- técnico de equipamento.

Essa corrida de revezamento é singular, já que seus integrantes podem participar de mais de uma etapa. Por exemplo, na condição de especialistas na saúde dos atletas, os preparadores físicos podem fazer parte de três ou quatro etapas da corrida. Já os atletas estão presentes em todas as etapas.

Antes de discutir mais a fundo cada um dos membros da equipe e o papel de cada um deles, vamos explorar algumas das funções que você desempenhará na equipe interdisciplinar de saúde para atletas.

---

[1] N.R.C: No Brasil, este serviço é prestado pelos profissionais de resgate do Corpo de Bombeiros ou pelo Serviço de Atendimento Móvel de Urgência (SAMU).

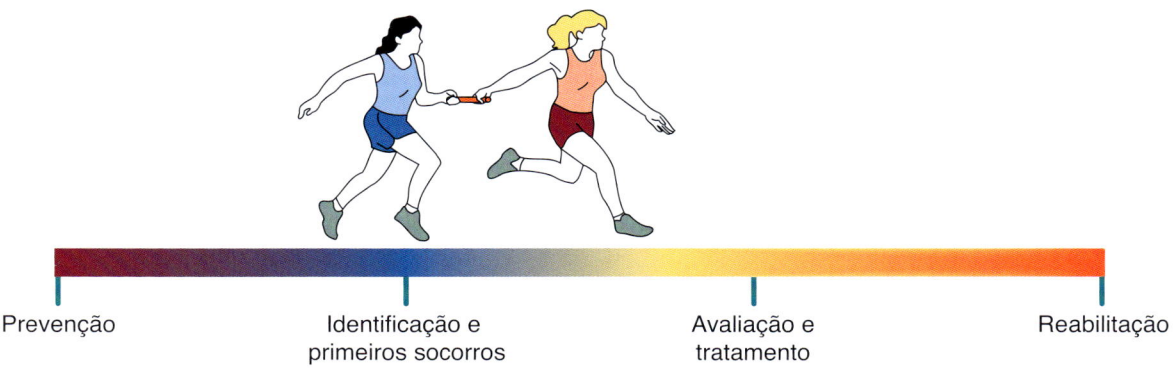

Figura 1.1 Etapas do revezamento da equipe interdisciplinar de saúde para atletas.

A FUNÇÃO DO TREINADOR NA EQUIPE INTERDISCIPLINAR DE SAÚDE PARA ATLETAS

Como treinador, você provavelmente estará envolvido em cada uma das etapas do revezamento de uma equipe interdisciplinar de saúde para atletas – prevenção, identificação e primeiros socorros, avaliação, tratamento e reabilitação.

Suas funções são definidas pelos seguintes fatores:

- normas do sistema jurídico e regulamentos administrativos de sua escola;
- expectativas dos pais; e
- interação com outros membros da equipe.

Definições jurídicas da sua função

Basicamente, o sistema jurídico dos Estados Unidos[2] apoia a teoria de que a principal função de um treinador seja minimizar o risco de lesões nos atletas que estão sob sua supervisão. Isso abrange uma série de deveres:

1. Planejar a atividade de forma adequada.
   - Ensine as técnicas do esporte na progressão correta.
   - Considere o nível de desenvolvimento de cada atleta e sua condição física atual. Avalie, por meio de testes físicos de pré-temporada, a capacidade física e o nível técnico de seus atletas e desenvolva planos práticos correspondentes.
   - Mantenha registros por escrito dos resultados dos testes físicos e planos práticos. Não desvie de seus planos sem uma boa razão.
2. Fornecer instruções apropriadas.
   - Certifique-se de que seus atletas se encontram em condições adequadas para participar de atividades esportivas.
   - Ensine a eles os regulamentos e as técnicas e estratégias corretas do esporte. Por exemplo, no futebol americano, ensine aos atletas que atacar com a cabeça é uma técnica ilegal e potencialmente perigosa.
   - Ensine aos atletas as técnicas e exercícios de condicionamento do esporte em uma progressão que dê a eles condições de se prepararem de maneira adequada para enfrentar técnicas e exercícios mais difíceis.
   - Mantenha-se atualizado sobre as melhores e mais seguras formas de executar as técnicas usadas no esporte.
   - Disponha de assistentes responsáveis e competentes. Se você tiver treinadores assistentes, certifique-se de que eles possuam bons conhecimentos sobre as técnicas e estratégias do esporte e ajam de maneira responsável e madura.
3. Alertar sobre riscos inerentes.
   - Esclareça aos pais e atletas, verbalmente e por escrito, os riscos à saúde inerentes àquele esporte em particular.
   - Alerte também os atletas sobre situações potencialmente prejudiciais, como condições da prática esportiva, equipamentos defeituosos ou perigosos etc.

---

[2] N.R.C.: No Brasil, pelo código de ética do profissional de educação física, a integridade física do atleta ou aluno é responsabilidade do profissional.

4. Proporcionar um ambiente físico seguro.
   - Monitore as condições ambientais (i. e., sensação térmica, temperatura, umidade e alertas sobre condições climáticas perigosas).
   - Inspecione periodicamente as áreas de prática esportiva, vestiários, salas de pesagem e os abrigos.
   - Elimine todas as condições de risco.
   - Evite o uso das dependências de forma indevida ou sem supervisão.
5. Fornecer equipamentos adequados e corretos.
   - Certifique-se de que os atletas estejam usando equipamentos que propiciem a máxima proteção contra lesões.
   - Inspecione os equipamentos regularmente.
   - Ensine aos atletas a forma correta de vestir, usar e inspecionar seus equipamentos.
6. Agrupar os atletas de maneira correta.
   - Agrupe os atletas de acordo com estatura, maturidade física, nível técnico e experiência.
   - Não coloque atletas novatos ou fisicamente imaturos como adversários de outros em perfeitas condições ou com elevada formação técnica.
7. Avaliar os atletas quanto à presença de lesão ou incapacidade.
   - Exija que seus atletas se submetam a exercícios e avaliações físicas de pré-temporada a fim de detectar potenciais problemas de saúde.
   - Afaste um atleta dos treinos e competições caso ele esteja impossibilitado de competir sem dores ou perda de funções (p. ex., incapacidade de andar, correr, pular, arremessar, e assim por diante, sem restrições).
8. Supervisionar atentamente as atividades.
   - Não permita que os atletas pratiquem técnicas difíceis ou potencialmente perigosas sem uma supervisão adequada.
   - Proíba brincadeiras violentas, como lutas.
   - Não permita que seus atletas usem as dependências esportivas sem a sua supervisão.
9. Fornecer atendimento de emergência apropriado.
   - Aprenda primeiros socorros no esporte e reanimação cardiopulmonar (RCP). (Nos Estados Unidos, a Cruz Vermelha, a American Heart Association e o National Safety Council oferecem cursos e certificações em RCP.)
   - Aja quando necessário. A lei considera que você, como treinador, é responsável por fornecer os primeiros socorros para o atleta que, sob sua supervisão, tenha sido acometido por qualquer lesão ou doença. Por isso, se nenhuma equipe médica estiver presente quando uma lesão ocorrer, a responsabilidade de prestar os cuidados de emergência é sua.
   - Coloque em prática apenas as habilidades que você está qualificado a supervisionar e ofereça apenas o padrão de cuidados para o qual você recebeu treinamento adequado por meio de cursos como primeiros socorros no esporte e RCP.
   - Se o atleta for menor de idade, obtenha, antes da temporada, o consentimento escrito dos pais ou tutores. No caso de atletas adultos que sofrerem lesões, pergunte a eles se desejam ajuda. Se estiverem inconscientes, normalmente o consentimento é implícito. Se recusarem ajuda, você não é obrigado a fornecê-la, pois, caso insista, poderá ser processado por assédio.

Em alguns estados, espera-se que o treinador atenda a padrões de cuidado adicionais. Verifique com seu diretor atlético se existem diretrizes especiais quanto ao tipo de cuidado oferecido pelo treinador.

Você deverá se familiarizar com cada um dos nove deveres legais apresentados. Os oito primeiros dizem respeito principalmente a medidas preventivas, que serão explicadas com mais detalhes no Capítulo 2. Este livro visa, em especial, ajudá-lo a desempenhar o dever número 9.

Fique alerta
No retorno aos esportes

Em nenhuma circunstância deve-se permitir que os atletas retornem às suas atividades caso apresentem qualquer uma das condições a seguir:

- Perda de funções. Isso significa não conseguir andar, correr, dar tiros de velocidade e pular ou saltar sem mancar. Em relação aos braços, representa a incapacidade de arremessar, pegar ou rebater uma bola, ou agarrá-la com a mão.
- Febre.
- Dores de cabeça, perda de memória, tontura, zumbido nos ouvidos ou perda de consciência causada por uma lesão na cabeça.
- Doenças relacionadas ao frio ou ao calor.
- Dores causadas pela atividade.

Um atleta com qualquer um desses problemas deverá ser examinado e liberado por um médico antes de retornar plenamente às atividades.

Expectativas dos pais

Os pais procurarão sua orientação quando os filhos sofrerem lesões. Eles podem fazer perguntas como:

- Que problema você acha que o joelho do meu filho está apresentando?
- Isso pode piorar se ele continuar jogando?
- Seria melhor procurar um médico?
- Meu filho precisa usar um protetor de joelho para jogar?
- O enfaixamento poderá ajudar na prevenção de reincidência de lesão no tornozelo do meu filho?
- Quando ele poderá voltar a competir?

Embora você não tenha condições de dar todas as respostas, é interessante saber quem pode fazê-lo. É nesse momento que os outros membros da equipe interdisciplinar de saúde podem ajudar. Vamos analisar as funções desses outros integrantes da equipe e a maneira como você pode interagir com eles.

OUTROS MEMBROS DA EQUIPE INTERDISCIPLINAR DE SAÚDE PARA ATLETAS

Sua função na equipe interdisciplinar de saúde para atletas frequentemente é delimitada pela dos outros membros da equipe. Você pode incentivar os atletas a assumirem a responsabilidade pelo cuidado com a própria saúde. Os pais, além da necessidade de receber de você informações sobre medidas preventivas e lesões ou doenças que os atletas tenham adquirido, podem também oferecer apoio valioso, tal como garantir que os filhos pratiquem exercícios físicos pré-temporada e sigam as orientações dadas por você para prevenção de lesões e doenças. Finalmente, é importante manter um bom relacionamento com especialistas em assistência médica para atletas, pois isso pode contribuir para uma passagem de bastão sem percalços ao longo das etapas dessa corrida.

Atletas

Acima de tudo, os atletas devem aceitar o papel que têm no cuidado com a própria saúde. Eles precisam se aplicar ativamente na realização de exames e condicionamento físico pré-temporada, assim como na avaliação e cuidado com as lesões adquiridas. É também crucial que eles entendam a importância de relatar suas lesões e doenças aos pais, treinadores e outros membros da equipe. Por fim, os atletas devem respeitar as restrições de participação nas atividades, quando estiverem acometidos por lesões ou doenças.

Pais

Os pais podem colaborar com os outros membros da equipe interdisciplinar de saúde garantindo que seus filhos realizem exames e condicionamento físico pré-temporada. Podem, também, ficar atentos a sinais de lesões e doenças e assegurar que os filhos relatem tais fatos aos treinadores e outros membros da equipe. Finalmente, os pais devem apoiar as decisões da equipe interdisciplinar de saúde quanto a restrições de participação dos atletas em razão de lesões ou doenças.

Sua função será manter os pais informados a respeito de lesões ou doenças que venham a acometer os respectivos filhos.

Equipes de resgate

Os profissionais das equipes de resgate são treinados especialmente para lidar com problemas de emergência médica. Eles são altamente qualificados para avaliar e monitorar problemas médicos graves e urgentes, bem como para prestar cuidados médicos básicos. Além disso, têm os conhecimentos específicos necessários para fazer a imobilização de lesões graves e providenciar transporte rápido e seguro até os estabelecimentos de emergência médica.

Procure se familiarizar com o grupo de emergências médicas de sua região. Ele pode estar disposto a realizar um trabalho voluntário ou a alocar pessoal e veículos de resgate para prestação de serviços de atendimento de emergência em torneios e competições que envolvam esportes de contato, como o futebol americano ou a luta livre.

Uma vez que a equipe de emergências médicas tenha chegado ao local do acidente que provocou a lesão, deixe-a assumir os cuidados do atleta. Esses profissionais lidam com emergências de saúde todos os dias e estão mais bem preparados do que você. Sua função é dar-lhes assistência quando for necessário, tomando as seguintes atitudes:

1. fornecendo informações sobre como a lesão ocorreu e quais foram os primeiros socorros prestados;

2. responsabilizando-se por controlar aglomerações; e
3. executando outras tarefas quando for solicitado.

Se o grupo de emergência não estiver presente quando um atleta sofrer uma lesão, sua função será:

1. proteger o atleta de danos maiores;
2. mandar alguém chamar a equipe de resgate (se necessário);
3. avaliar a lesão;
4. administrar primeiros socorros; e
5. dar aos profissionais da equipe de resgate informações sobre como a emergência ocorreu e quais foram os primeiros socorros prestados.

Médicos

Os médicos são os únicos integrantes da equipe interdisciplinar de saúde que estão qualificados para diagnosticar e prescrever tratamento e reabilitação para lesões e doenças em atletas.

Especialidades médicas

Qual especialista um atleta lesionado deve procurar – médico de família, pediatra, ortopedista, **podiatra**? Caberá aos pais ou tutores legais do atleta (ou ao plano de saúde dele) dar a palavra final, mas eles poderão pedir o seu conselho. Conhecer as diversas especialidades médicas poderá ajudá-lo a orientá-los corretamente.

Médicos de família: especializam-se em medicina geral para famílias, tratando desde bebês até idosos.

Pediatras: especializam-se em prestar atendimento médico para crianças e adolescentes.

Ortopedistas: são treinados para diagnosticar e prestar atendimento médico e cirúrgico a pacientes com lesões nos ossos, músculos e outros tecidos articulares, como cartilagens, tendões, ligamentos e nervos.

Oftalmologistas: são profissionais da saúde especializados no atendimento dos olhos e na prevenção de doenças e lesões oculares.

Fisioterapeutas: são profissionais especializados no diagnóstico, tratamento e prescrição de reabilitação para todas as condições que afetam o sistema musculoesquelético.

Podiatras: promovem tratamento médico e cirúrgico para os problemas no pé e tornozelo. Eles também podem prescrever palmilhas especiais para corrigir o alinhamento dos pés e membros inferiores.

Muitas associações médicas, como a de ortopedistas ou de pediatras, oferecem a seus membros treinamento especializado em medicina esportiva. Médicos que receberam esse treinamento são particularmente sensíveis em relação às necessidades especiais dos atletas. Eles sempre farão o possível para que o atleta retorne às atividades em condições plenas e da maneira mais rápida e segura.

Caso não seja possível encontrar um médico com treinamento em medicina esportiva, outro que esteja pessoalmente envolvido em atividades físicas ou desportivas poderá também ser sensível às necessidades específicas de um atleta lesionado.

Trabalhando com médicos

Como treinador, você deverá tentar estabelecer uma estreita relação profissional com um médico. Você poderá pedir auxílio a ele para a condução dos testes físicos e de pré-temporada da equipe ou para o ensino de conhecimentos básicos de medicina esportiva ao seu grupo de auxiliares. Alguns médicos podem atuar como voluntários ou profissionais contratados para prestar cobertura médica em jogos locais.

Uma vez que o atleta tenha sido examinado pelo médico, é importante que você siga as recomendações feitas por ele, o que inclui acatar quaisquer restrições à participação em atividades esportivas. Caso os pais ou tutores legais não estejam satisfeitos com o diagnóstico ou tratamento indicado pelo médico, pode-se justificar a procura de uma segunda opinião. No entanto, não é ético da parte de um pai ou tutor, nem da sua parte, encaminhar o atleta a vários médicos como uma tentativa de obter permissão para que ele retorne às atividades.

Após avaliação médica da lesão de um atleta, você deverá incentivá-lo a dar continuidade ao tratamento com um fisioterapeuta ou preparador físico. Esses profissionais são treinados para analisar força, movimento de articulações, flexibilidade, coordenação e outros atributos físicos, podendo assim instruir o atleta em um programa de reabilitação individualizado. Eles também são treinados para administrar hidromassagem, massagem, ultrassonografia e estimulação muscular, além de terapias como mobilização das articulações. Essas modalidades são muito úteis no alívio das dores, diminuição do inchaço, cicatrização tecidual e no restabelecimento das funções para um retorno seguro às atividades esportivas.

Você deve aconselhar o atleta a solicitar a um médico o encaminhamento a um preparador físico (caso não exista um disponível na escola) ou a um fisioterapeuta em uma clínica de medicina esportiva da região, uma clínica de fisioterapia ou no departamento de fisioterapia de um hospital.

Preparadores físicos credenciados

Nos Estados Unidos, os preparadores físicos são profissionais de saúde com credenciamento em âmbito nacional e treinados especificamente para prevenção de lesões e avaliação, tratamento e reabilitação de atletas lesionados. Durante treinos e competições, os preparadores físicos são capazes de fazer uma avaliação imediata e cuidar das lesões, além de determinar se um atleta lesionado tem condições de participar das atividades esportivas. Eles são treinados para reabilitar atletas lesionados de maneira que lhes garanta um retorno seguro às atividades. Esses profissionais são igualmente qualificados para providenciar protetores acolchoados e outros equipamentos de proteção necessários para o atleta, bem como fornecer esparadrapos e bandagens.

Os preparadores físicos devem trabalhar sob a supervisão ou orientação de um médico. Em um ambiente escolar, eles podem atuar exclusivamente como preparadores físicos ou trabalhar como professores durante o dia e como preparadores físicos antes e após o horário de aulas. Algumas vezes, os preparadores físicos que trabalham em centros de medicina esportiva, ortopedia ou fisioterapia são contratados ou "emprestados" às escolas para prestar serviços. Se sua escola não possui um preparador físico no quadro de funcionários, você poderá sugerir a contratação de um. A presença desse profissional no local irá garantir avaliação e assistência mais completas e mais rápidas aos atletas lesionados, além de deixar os membros da comissão técnica livres para que possam se concentrar principalmente nos treinamentos.

Os preparadores físicos podem também ajudar a prevenir lesões, avaliando os atletas e desenvolvendo e implementando programas de condicionamento de pré-temporada. Especificamente, eles avaliam a força, flexibilidade e coordenação dos atletas, e em seguida desenvolvem programas de condicionamento individualizados. Por fim, podem oferecer dicas valiosas sobre técnicas apropriadas de exercícios para os atletas sob seus cuidados.

Quando um atleta tiver sofrido uma lesão, sua função ao trabalhar com um preparador físico será:

- fornecer informações sobre como a lesão ocorreu;
- apoiar as decisões do preparador físico no que diz respeito à assistência ao atleta e às condições que ele tem para participar de atividades esportivas; e
- encorajar o atleta a seguir os exercícios de reabilitação.

Fisioterapeutas

Fisioterapeutas são profissionais da saúde responsáveis pela reabilitação de indivíduos acometidos por lesões ou doenças. Eles são treinados para lidar com uma ampla variedade de problemas médicos, incluindo paralisia cerebral, derrame, problemas cardíacos, paraplegia, queimaduras e lesões físicas.

Alguns fisioterapeutas se especializam na avaliação, nos cuidados e na reabilitação de lesões esportivas. Para tanto, nos Estados Unidos, eles devem completar 2.000 horas de experiência em medicina esportiva clínica e passar com êxito em um exame de fisioterapia esportiva. Esses profissionais são então reconhecidos como fisioterapeutas.

Quando um atleta sofre uma lesão, sua função ao trabalhar com um fisioterapeuta é igual a quando se trabalha com um preparador físico:

- fornecer informações sobre como a lesão ocorreu;
- apoiar as decisões do fisioterapeuta com relação à assistência ao atleta e às condições que ele tem para participar de atividades esportivas; e
- encorajar o atleta a seguir os exercícios de reabilitação.

Dentistas ou cirurgiões-dentistas

Tanto os dentistas quanto os cirurgiões-dentistas são treinados para avaliar e tratar doenças e lesões da boca, dentes, maxila e mandíbula. Nos Estados Unidos, os dentistas possuem 3 anos ou mais de curso universitário, além de 4 anos de faculdade de odontologia. Cirurgiões-dentistas são dentistas que completaram um programa de residência cirúrgica hospitalar para estudar mais a fundo o tratamento cirúrgico de doenças que afetam a boca, dentes, maxila e mandíbula, bem como regiões da face.

Sua função como treinador consiste em encorajar os atletas de esportes de contato a usar protetores bucais ou faciais apropriados.

Optometristas

Embora não sejam médicos, os optometristas recebem treinamento especializado e certificação para diagnosticar problemas de visão e doenças oculares. Eles também são treinados para prescrever óculos, lentes de contato e remédios para o tratamento de disfunções oculares.

Sua função como treinador é encorajar os atletas de esportes de contato a usar protetores oculares ou faciais apropriados.

Treinadores de força e condicionamento

Treinadores de força e condicionamento podem auxiliá-lo a economizar tempo e energia mediante a realização de avaliações físicas e o desenvolvimento e supervisão de programas de condicionamento especializados para atletas. Os programas enfatizam as necessidades físicas para posições (p. ex., especialistas em goleiros ou jogador de defesa no futebol americano) e esportes específicos (p. ex., golfe ou luta livre). Nos Estados Unidos, os treinadores de força e condicionamento mais bem treinados obtêm suas certificações por meio de organizações nacionais como a National Strength and Conditioning Association e a American College of Sports Medicine.

Sua função como técnico é insistir para que os atletas realizem avaliações físicas e participem de todos os exercícios de condicionamento.

Técnicos de equipamentos

Os técnicos de equipamentos podem assumir a função de supervisionar o controle de qualidade, limpeza, manutenção e armazenamento dos equipamentos, assim como o ajuste deles. Ao trabalhar com esse profissional, sua função é auxiliar, quando necessário, no ajuste e manutenção dos equipamentos, além de garantir o uso daquele adequado por seus atletas. Você deverá também ajudar a supervisionar o desgaste e a quebra de equipamentos.

A Tabela 1.1 resume as funções comuns de cada membro de uma equipe interdisciplinar de saúde para atletas.

Tabela 1.1 Funções de uma equipe interdisciplinar de saúde para atletas

Membro da equipe	Etapa 1 – Prevenção	Etapa 2 – Identificação e primeiros socorros	Etapa 3 – Avaliação e tratamento	Etapa 4 – Reabilitação
Atleta	- Submeter-se a testes físicos de pré-temporada - Participar de programas de condicionamento - Usar equipamentos de proteção adequados - Acatar as regras de segurança	- Informar pais, treinador ou preparador físico sobre doenças ou lesões - Submeter-se à avaliação da doença ou lesão por um médico, um preparador físico ou um fisioterapeuta esportivo	Submeter-se a cuidados de primeiros socorros ou tratamento médico	- Realizar os exercícios de condicionamento e reabilitação conforme as orientações recebidas - Somente retornar às atividades quando liberado para tal
Pais	- Assegurar que o atleta participe das avaliações físicas de pré-temporada - Assegurar que o atleta participe de programas de condicionamento - Assegurar que o atleta use equipamentos de proteção adequados	- Ficar alerta quanto à ocorrência de lesões ou doenças - Assegurar que a lesão ou doença do atleta seja totalmente avaliada e receba tratamento adequado	Assegurar que o atleta se submeta a tratamento médico ou de primeiros socorros	- Incentivar o atleta a seguir à risca as instruções de condicionamento e reabilitação - Não permitir que o atleta participe das atividades esportivas até que receba autorização para isso
Treinador	- Assegurar que o atleta participe das avaliações físicas de pré-temporada - Assegurar que o atleta participe de programas de condicionamento - Assegurar que o atleta use equipamentos de proteção adequados - Assegurar o cumprimento das regras de segurança	- Ficar alerta quanto à ocorrência de lesões ou doenças - Atuar como primeiro responsável na prestação de cuidados e avaliação de primeiros socorros - Recomendar que a lesão ou doença do atleta seja completamente analisada e receba tratamento adequado	Atuar como primeiro responsável na prestação dos primeiros socorros	- Incentivar o atleta a seguir à risca as instruções de condicionamento e reabilitação - Não permitir que o atleta participe das atividades esportivas até que receba autorização para isso
Médico	Realizar testes físicos de pré-temporada	- Atuar como voluntário ou sob contrato a fim de prestar assistência médica de emergência no local de eventos esportivos - Avaliar o atleta por meio de testes diagnósticos adequados	- Prescrever tratamento adequado - Encaminhar o atleta lesionado a preparadores físicos ou fisioterapeutas para a reabilitação	- Pode recomendar ou prescrever exercícios de reabilitação específicos - Pode conceder a autorização final para o pleno retorno às atividades esportivas
Dentista ou cirurgião-dentista	Recomendar e adequar protetores bucais	Avaliar lesões dentárias	Tratar lesões dentárias	Conceder a autorização final para o pleno retorno às atividades esportivas após uma lesão dentária
Optometrista	Recomendar e adequar óculos de proteção apropriados			
Equipe de resgate e serviços de atendimento móvel de urgência (SAMU)		Atuar como voluntário ou sob contrato a fim de prestar avaliação médica de emergência, assistência e transporte no local de eventos esportivos		

Preparador físico

- Fornecer testes físicos e de avaliação de riscos de lesões
- Auxiliar no agendamento e na realização de testes físicos de pré-temporada
- Recomendar ou desenvolver programas de condicionamento
- Inspecionar a condição dos equipamentos e áreas de jogo
- Recomendar a substituição ou reforma de equipamentos ou áreas de jogos em más condições
- Assegurar o ajuste adequado do equipamento para cada atleta
- Recomendar o uso de braçadeiras ou bandagens de proteção de acordo com a necessidade

- Ficar alerta quanto à ocorrência de lesões ou doenças
- Atuar como primeiro responsável na prestação de cuidados e avaliação de primeiros socorros
- Auxiliar os técnicos em emergências médicas ou paramédicos na preparação do atleta a ser transportado para um centro médico
- Recomendar diagnóstico médico quando necessário

- Providenciar tratamento de lesões (como ultrassonografia) conforme prescrição médica

- Avaliar os sintomas e a capacidade funcional do atleta
- Desenvolver um programa de reabilitação individualizado
- Manter a boa forma física do atleta durante a reabilitação
- Promover o pleno retorno do atleta às atividades de forma gradual e segura
- Desenvolver e adequar equipamento de proteção individual ou protetores acolchoados a fim de prevenir novas lesões

Fisioterapeuta

Fisioterapeuta esportivo
- Fornecer testes físicos e de avaliação de risco de lesões de pré-temporada
- Recomendar o uso de equipamento de proteção individual ou bandagens de proteção de acordo com a necessidade

Fisioterapeuta esportivo
- Ficar alerta quanto à ocorrência de lesões ou doenças
- Atuar como primeiro responsável na prestação de cuidados e avaliação de primeiros socorros
- Recomendar diagnóstico médico quando necessário

- Providenciar tratamento para lesões (como ultrassonografia) conforme prescrição médica

- Avaliar os sintomas e a capacidade funcional do atleta
- Desenvolver um programa de reabilitação individualizado
- Manter a boa forma física do atleta durante a reabilitação
- Promover o pleno retorno do atleta às atividades de forma gradual e segura

Fisioterapeuta esportivo
Desenvolver e adequar equipamento de proteção individual ou protetores acolchoados a fim de prevenir novas lesões

Técnico de equipamentos

- Inspecionar as condições dos equipamentos
- Substituir ou supervisionar a reforma de equipamentos defeituosos
- Assegurar a adequação do equipamento para cada atleta

Treinador de força e condicionamento

- Aplicar testes físicos de pré-temporada
- Desenvolver e supervisionar programas de condicionamento

- Incentivar o atleta a seguir à risca as orientações de condicionamento e reabilitação

**Capítulo 1
Revisão**

- Você minimiza o risco de lesões de seus atletas tomando as seguintes precauções?
  - Planejando adequadamente a atividade.
  - Fornecendo orientações corretas.
  - Alertando sobre riscos inerentes.
  - Fornecendo um ambiente físico seguro.
  - Fornecendo equipamento correto e adequado.
  - Agrupando seus alunos corretamente.
  - Avaliando os atletas quanto a lesões ou incapacidade.
  - Supervisionando atentamente as atividades.
  - Fornecendo atendimento de emergência apropriado.
- Você está pronto para fornecer informações a respeito de como uma lesão ocorreu? Você apoia as decisões da equipe interdisciplinar de saúde para atletas e incentiva os atletas durante a reabilitação?
- Você já manteve contato com equipes de emergência, médicos, preparadores físicos e fisioterapeutas da sua região? Você tem uma lista dos diversos médicos locais a quem possa encaminhar seus atletas?
- Você desenvolveu uma relação de trabalho com um médico local? Os médicos podem colaborar e conduzir avaliações físicas de pré-temporada para a equipe.

SUGESTÕES DE LEITURA

McCaskey, A.S., and K.W. Biedzynski. 1996. A guide to the legal liability of coaches for a sports participant's injuries. *Seton Hall Journal of Sport Law.* 6 (1):7-125.

Spengler, J.D., Connaughton, D.P., and A.T. Pittman. 2006. *Risk Management in Sport and Recreation*. Champaign, IL: Human Kinetics.

CAPÍTULO 2
Estratégia de primeiros socorros no esporte

Neste capítulo, você irá aprender

- Como você pode se manter informado sobre primeiros socorros no esporte.
- Que tipo de histórico médico você deve manter para cada atleta.
- Como desenvolver e introduzir um plano de emergências climáticas.
- O que procurar ao verificar a adequação e o uso correto dos equipamentos e a existência de risco nas instalações.
- O que incluir em um *kit* de primeiros socorros.
- Por que incorporar avaliações e testes físicos e programas de condicionamento de pré-temporada em sua estratégia.
- Como desenvolver um plano de emergência médica.

Para colocar sua equipe em condições de competir, você deve planejar treinos, desenvolver estratégias de jogo e preparar seus jogadores. A experiência mostra que esse processo de planejamento antes da realização de uma atividade esportiva é essencial para o sucesso. O mesmo vale para os primeiros socorros no esporte. Para lidar com lesões de maneira eficiente, você precisa estar preparado para elas. Você não gostaria de ser pego desprevenido em uma situação crítica de saúde envolvendo perda de sangue, inconsciência ou complicações respiratórias. Este capítulo mostrará como se preparar por meio da coleta do histórico médico dos atletas, do desenvolvimento de planos de emergência, da montagem de seu *kit* de primeiros socorros e da incorporação de testes físicos e de condicionamento em seu programa geral.

TREINAMENTO EM PRIMEIROS SOCORROS NO ESPORTE

O American Sport Education Program (ASEP) recomenda veementemente que você complemente o aprendizado obtido neste livro com uma certificação em reanimação cardiopulmonar (RCP) e para o uso de desfibrilador externo automático (DEA). Você pode obter a certificação pela American Red Cross ou pela American Heart Association. Esses programas são reconhecidos nos Estados Unidos como padrões para a prestação dos primeiros socorros. Ao obter a certificação, a expectativa é de que você empregue em seus atendimentos o padrão de cuidados ensinado no programa de certificação.

Mantendo-se atualizado

Em razão dos constantes aperfeiçoamentos pelos quais a medicina esportiva passa, é preciso manter-se atualizado sobre as últimas novidades em primeiros socorros no esporte. As técnicas de primeiros socorros no esporte usadas no futuro serão bem diferentes e muito melhores que os métodos recomendados atualmente. A seguir, você verá maneiras de manter-se a par dessas mudanças:

Certificação em RCP

Todo treinador deveria se certificar em RCP. Nos Estados Unidos, é possível obter essa certificação pela American Red Cross ou pela American Heart Association.

- Leia livros sobre medicina esportiva e artigos atuais para aprender as técnicas mais recentes.
- Mantenha seu treinamento em primeiros socorros e certificação em RCP atualizados. Algumas certificações em RCP têm a validade de apenas 1 ou 2 anos.
- Participe de seminários e aulas práticas de clínica sobre primeiros socorros e medicina esportiva. O curso de primeiros socorros no esporte é atualizado conforme ocorrem avanços na área. Portanto, planeje-se para fazer outro curso nos próximos anos.

Reconhecendo limites

Ainda que você esteja constantemente atualizado sobre primeiros socorros no esporte, não tente desempenhar o papel de um médico. Reconheça seus limites. Forneça apenas a assistência para a qual você esteja qualificado. Um atleta pode sofrer por vários anos em consequência de danos que você pode causar ao exceder os limites do seu treinamento. E, caso aja de maneira irresponsável e prejudique um atleta, você estará sujeito a um processo judicial. Se uma equipe médica estiver presente, dê a ela o controle total para lidar com qualquer tipo de lesão ou doença, mas preste auxílio se for requisitado.

MANTENDO UM HISTÓRICO MÉDICO DOS ATLETAS

Assim como a maioria dos treinadores, você provavelmente mantém registros estatísticos do desempenho de seus atletas. Você também está familiarizado com informações sobre a saúde de cada um deles? Em caso negativo, colete as seguintes informações de cada atleta:

- formulário de consentimento informado;
- formulário de histórico médico;
- cartão de informações de emergência.

Formulário de consentimento informado

Lembre-se de que você não pode oferecer primeiros socorros a um menor de idade a não ser que tenha autorização para isso. Antes da temporada, peça aos pais ou tutores legais que preencham e devolvam um termo de consentimento para cada um de seus filhos, explicitamente redigido para esse fim. Um formulário semelhante ao apresentado na Figura 2.1 informa aos pais ou tutores, e também ao atleta, os riscos inerentes ao esporte e pede a permissão necessária para tratar de seus filhos em caso de lesões e doenças emergenciais.

Formulário de histórico médico

É muito importante saber se algum de seus atletas tem problemas de saúde que possam afetar a participação nos esportes. Entre os problemas estão diabetes, asma, epilepsia, sopro cardíaco e problemas de pele. Se um atleta com problemas de saúde for afastado de suas atividades por um médico, você deverá ter um registro dos seguintes dados:

- o problema de saúde;
- as medicações especiais de que o atleta possa necessitar;
- as restrições quanto à participação nas atividades esportivas às quais o atleta está sujeito.

Um histórico médico (Fig. 2.2) fornecerá essas informações.

Cartão de informações de emergência

No caso de uma emergência, você deverá estar apto a chamar os pais ou tutores e o médico do atleta. Por meio de um cartão de informações de emergência (Fig. 2.3), que deverá ser preenchido pelos pais ou tutores antes da temporada, você obterá nomes, telefones e dados a respeito de qualquer problema médico preexistente que possa afetar o tratamento do atleta. Quando a equipe estiver em competição ou treino em local distante da escola, você deverá levar consigo uma cópia desse cartão.

Lembre-se de que o histórico médico e as condições da lesão de um atleta são informações confidenciais. Por isso, demonstre respeito ao mantê-las em local seguro e ao não comentar sobre a condição do atleta (a torcedores, jogadores, mídia e assim por diante), a não ser que você possua autorização por escrito dele e de seus pais ou tutores.

DESENVOLVENDO UM PLANO DE EMERGÊNCIAS CLIMÁTICAS

Raios, tornados, inundações, granizo, furacões e outras emergências climáticas podem gerar caos durante treinos e competições ao ar livre. A fim de eliminar o caos e evitar que atletas, equipe e espectadores sofram lesões,

Formulário de consentimento informado

Concedo, por meio deste, minha permissão para que _____ participe das atividades de _____ durante a temporada de atletismo que se inicia em _____. Além disso, autorizo a escola a prestar tratamento de emergência para qualquer lesão ou doença que meu(minha) filho(a) possa vir a ter se uma equipe médica qualificada considerá-lo necessário e realizá-lo. Esta autorização é concedida apenas na impossibilidade de que eu seja comunicado e um esforço razoável tenha sido feito com esse fim.

Data _____ Pai ou tutor _____

Endereço _____ Telefone ( ) _____

Celular ( ) _____

Médico da família _____ Telefone ( ) _____

Condições médicas (p. ex., alergias ou doenças crônicas) _____
_____

Outro contato em caso de emergência _____

Relação com a pessoa _____ Telefone ( ) _____

Eu e ele(a) estamos conscientes de que a participação em _____ é uma atividade potencialmente arriscada. Assumimos todos os riscos associados à participação nesse esporte, incluindo quedas, contato com outros participantes, efeitos climáticos e transporte, entre outras. Ele(a) e eu estamos cientes de tais riscos e os reconhecemos.

Entendemos este formulário de consentimento informado e concordamos com suas condições.

Assinatura do(a) filho(a) _____ Data _____

Assinatura do pai ou tutor _____ Data _____

Figura 2.1 Formulário de consentimento informado.

você deve desenvolver e implementar um plano de emergências climáticas. Aqui estão alguns elementos principais a serem incluídos (Walsh et al., 2000):

- *Responsável por decisões climáticas* – nome do indivíduo que será responsável pela decisão de interromper treinos e competições.
- *Critérios específicos para suspensão de atividades* – por exemplo, a fim de prevenir lesões por raios, procure abrigo caso o trovão ocorra em um intervalo de 30 segundos após o clarão do raio. Ou ainda, a simples ocorrência de trovão, sem raios, é o bastante para interromper as atividades (Walsh et al., 2000).
- *Observador do clima* – nome do indivíduo que deve monitorar os boletins climáticos à procura de alertas ou avisos e notificar o responsável pelas decisões sobre condições climáticas graves.
- *Método de monitoramento das condições climáticas* – boletins climáticos pelo rádio, por exemplo.
- *Local seguro indicado* – área onde procurar abrigo de condições climáticas graves. Para se proteger de raios, os edifícios são a melhor forma de abrigo. Não permita que ninguém use telefones com fio ou entre em chuveiros, banheiras ou piscinas. Se não houver abrigo disponível, veículos com capô de metal e com as janelas fechadas são outra opção. Em caso de granizo, tornados, furacões e ventos extremos, procure abrigo em um porão, espaços internos ou corredores que estejam distantes de janelas.
- *Diretrizes para retomar as atividades* – resumo das condições específicas que precisam ser atendidas antes da retomada das atividades. Por exemplo, em caso de raios, não deixe o abrigo antes de 30 minutos após o último raio ou trovão.

Instrua sua equipe, atletas e espectadores a respeito de seu plano de emergência climática.

VERIFICANDO INSTALAÇÕES E EQUIPAMENTOS

Embora possa haver um zelador ou outro profissional responsável pela preparação e manutenção da área de práticas esportivas, cabe a você verificar a segurança do local. Sujeira, pisos escorregadios, balizas quebradas, superfícies gastas e uma infinidade de outros problemas podem causar lesões. Certifique-se de que todo tipo de risco tenha sido verificado e que os problemas sejam reparados antes da temporada (Fig. 2.4).

Confira os equipamentos esportivos antes de cada temporada. Inspecione danos em raquetes, bastões, aparelhos de ginástica, capacetes e acessórios de proteção e outros equipamentos. Certifique-se de que as traves, postes de sustentação de redes, locais para aterrissagem e aparelhos de ginástica estejam bem acolchoados e seguros.

Você também precisará de equipamentos e suprimentos para tratamento de lesões. Um *kit* de primeiros

Exame médico esportivo para _____
(esporte)

Nome _____ Idade _____ Data de nascimento _____

Endereço _____ Telefone _____
        (rua)   (cidade)   (CEP)

Instruções

Todas as questões devem ser respondidas. A omissão de informações médicas pertinentes poderá invalidar sua cobertura de seguro e cancelar sua qualificação para a participação em atividades esportivas interescolares. Qualquer outro problema de saúde deve ser discutido com o médico no momento deste exame.

Histórico médico

Você já teve algum dos seguintes problemas? Em caso afirmativo, forneça detalhes ao médico que o estiver examinando.

	Não	Sim	Detalhes (em caso afirmativo)
1. Lesão na cabeça ou concussão cerebral	___	___	_____
2. Disfunções nos ossos ou nas articulações, fraturas, luxações, dor nas articulações, artrite ou dores nas costas	___	___	_____
3. Problemas nos olhos ou nos ouvidos (doença ou cirurgia)	___	___	_____
4. Doença no coração	___	___	_____
5. Vertigens, desmaio ou convulsões	___	___	_____
6. Tuberculose ou bronquite	___	___	_____
7. Problemas cardíacos ou febre reumática	___	___	_____
8. Pressão arterial alta ou baixa	___	___	_____
9. Anemia, leucemia ou disfunções sanguíneas	___	___	_____
10. Diabetes, hepatite ou icterícia	___	___	_____
11. Úlceras, outros problemas estomacais ou colite	___	___	_____
12. Problemas nos rins ou na bexiga	___	___	_____
13. Hérnia (ruptura)	___	___	_____
14. Doença mental ou colapso nervoso	___	___	_____
15. Vício em drogas ou álcool	___	___	_____
16. Cirurgia ou recomendação de cirurgia	___	___	_____
17. Uso regular de medicamentos	___	___	_____
18. Alergias ou problemas de pele	___	___	_____
19. Problemas menstruais; UPM (último período menstrual)	___	___	_____
20. Diagnosticado como portador de anemia falciforme	___	___	_____

Assinatura _____ Data _____

Figura 2.2 Formulário de histórico de saúde.

Cartão de informações de emergência

Nome do atleta _____ Idade _____

Endereço _____

Telefone residencial _____ Telefone celular _____

Esporte _____

Liste duas pessoas para contato em caso de emergência:

Nome do pai ou tutor _____ Telefone residencial _____

Endereço _____ Telefone comercial _____

Nome do outro contato _____ Telefone residencial _____

Endereço _____ Telefone comercial _____

Relação com o atleta _____

Plano de saúde nº _____ Hospital credenciado _____

Nome do médico _____ Telefone _____

Você é alérgico a algum medicamento? _____ Se sim, qual? _____

Você tem alguma alergia? (p. ex., picada de abelha ou poeira)? _____

Você tem _____ asma, _____ diabetes ou _____ epilepsia? (Marque tudo o que se aplique)

Você toma algum medicamento? _____ Se sim, qual? _____

Você usa lentes de contato? _____

Outros _____

Assinatura _____ Data _____

Figura 2.3 Cartão de informações de emergência.

socorros e uma bolsa térmica devem estar disponíveis nas laterais do campo em todos os treinos e competições.

Ao montar seu *kit* de primeiros socorros, inclua apenas os itens necessários para administrar os primeiros socorros básicos no esporte. Exclua tanto os medicamentos vendidos sem receita médica (como aspirina, analgésicos ou descongestionantes) como aqueles que requerem prescrição. A administração, pelo treinador, de qualquer tipo de medicamento aos atletas é ilegal. Além disso, não use iodo, pois alguns atletas são alérgicos a essa substância.

Fique alerta
Ao administrar medicamentos

A administração de qualquer tipo de medicamento aos atletas pelo treinador, incluindo aqueles vendidos sem receita médica, como aspirina, analgésicos e descongestionantes, é ilegal.

PREPARANDO OS ATLETAS PARA AS ATIVIDADES

Atletas fora de forma são mais propensos a sofrer lesão. Para garantir que os jogadores estejam preparados, estabeleça estes métodos:

- exame físico de pré-temporada;
- avaliação de pré-temporada;
- condicionamento de pré-temporada;
- aquecimento e desaquecimento adequados;
- equipamento de proteção individual (EPI), imobilizadores e bandagem;
- instruções técnicas corretas;
- orientação nutricional correta;
- proibição de brincadeiras violentas.

Exame físico de pré-temporada

O primeiro passo na preparação do atleta para participação em atividades esportivas é exigir um exame fí-

Lista de conferência de inspeção de instalações

Nome do inspetor _____ Data da inspeção _____

Nome e local das instalações _____

_____

Obs.: este formulário é uma lista de conferência incompleta fornecida como exemplo. Use-a para desenvolver uma lista de conferência específica para suas instalações.

Condição da instalação
Circule o S (sim) se a instalação estiver em boas condições ou o N (não) se ela precisar de algum reparo para ser considerada aceitável. No espaço disponível, escreva o que precisa ser feito.

Ginásio

- S N Piso (pequenas poças d'água, irregularidades na superfície, partes soltas)
- S N Paredes (livres de vandalismo)
- S N Luzes (todas funcionando)
- S N Janelas (seguras)
- S N Telhado (impacto adverso do clima)
- S N Escadas (bem iluminadas)
- S N Arquibancadas descobertas (suporte a estrutura de som)
- S N Saídas (luzes funcionando)
- S N Cestas de basquete (niveladas, fixadas de maneira segura)
- S N Tabelas de basquete (sem rachaduras, limpas)
- S N Colchonetes (limpos, armazenados corretamente, sem defeitos)
- S N Traves ou projeções
- S N Tomadas (cobertas)
- S N Interruptores (todos funcionando)
- S N Sistema de refrigeração ou aquecimento (controle de temperatura)
- S N Dutos, radiadores e canos
- S N Termostatos
- S N Alarmes de incêndio (verificados regularmente)
- S N Sinalizadores para evacuação em caso de incêndio
- S N Extintores (verificados regularmente)

Outros (listar) _____

_____

Vestiário

- S N Piso
- S N Paredes
- S N Luzes
- S N Janelas
- S N Telhado
- S N Chuveiros
- S N Ralos
- S N Bancos
- S N Armários
- S N Saídas
- S N Bebedouros
- S N Toaletes
- S N Sala do preparador físico

Outros (listar) _____

_____

Figura 2.4 Lista de conferência de inspeção de instalações.
Adaptado de Human Kinetics, 1985, *American Coaching Effectiveness Program Level 2 Sport Law Workbook* (Champaign, IL: Author), 40-41, and J.R. Olson, "Safety checklists: Making indoor areas hazard-free," *Athletic Business*, November 1985, 36-38.

Campo ou área externa de jogo

S N   Arquibancadas
S N   Área do arremessador
S N   Área para treinador e reservas
S N   Pistas e cercas
S N   Linhas laterais

S N   Irrigadores
S N   Lixo
S N   Postes de sustentação de redes
S N   Bebedouros
S N   Almoxarifados

S N   Traves do gol
S N   Rede
S N   Grades de segurança

Outros (listar) _____

Piscina

S N   Equipamentos em bom estado
S N   Condições sanitárias
S N   Blocos de partida e trampolins escorregadios controlados

S N   Produtos químicos armazenados de maneira segura
S N   Regulamentos e normas de segurança afixados

Iluminação – visibilidade adequada
S N   Sem clarões
S N   Penetra até o fundo da piscina
S N   Luz de saída em bom estado
S N   Salas e vestiários atendem aos requisitos do código
S N   Interruptores devidamente isolados
S N   Possui gerador de emergência para regularizar a fonte de força elétrica

Saídas – acessíveis e seguras
S N   Tamanho e número adequados
S N   Portas que se fecham sozinhas
S N   Portas que se trancam sozinhas
S N   Batente da fechadura seguro
S N   Sem obstáculos ou entulho
S N   Escritório e salas de armazenamento trancados

Boias
S N   Diâmetro de 50 cm
S N   Cordas com extensão de 15 m

Posto de monitoramento
S N   Visão desobstruída
S N   Alto o suficiente para ver o fundo da piscina

Linha de segurança no ponto de descanso no nível da piscina (parte funda)
S N   Flutuadores de cor brilhante
S N   Corda de 2 cm

Kit de primeiros socorros
S N   Inventariado e abastecido regularmente

Extensor, dois cobertores e prancha de imobilização longa
S N   Inventariados e em bom estado

Pista

S N   Círculos de arremesso
S N   Cercas
S N   Bebedouros

Superfície
S N   Sem entulhos
S N   Sem buracos e saliências

Outros (listar) _____

Recomendações/observações _____

> ### Montando o *kit* de primeiros socorros
>
> Um *kit* de primeiros socorros bem montado inclui os seguintes itens:
>
> - Sabão ou lenços antibacterianos
> - Tipoia
> - Esparadrapo ou fita tipo Micropore© – cerca de 2,5 cm de largura
> - Tesoura
> - Bandagem (tipo Band-aid©) – de diversos tamanhos
> - *Kit* para conter sangramento
> - Telefone celular
> - Estojo de lentes de contato
> - Cotonete
> - Faixas elásticas – pequena, média e grande
> - Cobertor de emergência
> - Luvas de procedimento – sem látex
> - Tampões de gaze ou algodão para os olhos
> - Pomadas antibacterianas de primeiros socorros
> - Espuma de borracha – 0,3, 0,6 e 1,2 cm
> - Pomadas para picada de insetos
> - Lista de telefones de emergência
> - Espelho
> - Protetor adesivo para o pé
> - Cortador de unhas
> - Termômetro oral (para verificar se o atleta está com febre causada pela lesão)
> - Lanterna pequena
> - Vaselina
> - Sacos plásticos para gelo picado
> - Ataduras de crepom para imobilizações
> - Termômetro retal (para uso em casos de suspeita de doenças relacionadas ao calor)
> - Óculos de proteção – para socorristas
> - Alfinetes de segurança
> - Soro fisiológico para os olhos
> - Compressas de gazes esterilizadas – Gazes 7,5 X 7,5 cm (preferivelmente sem adesivo)
> - Rolos de gaze esterilizada
> - Protetor solar – fator de proteção solar (FPS) 30 ou superior
> - Esparadrapo impermeável
> - Abaixadores de língua
> - Protetor bucal
> - Bandagens triangulares
> - Pinças

sico de pré-temporada. Um médico deverá realizar uma avaliação minuciosa que inclui um exame geral de saúde e exames circulatórios, respiratórios, neurológicos, ortopédicos, de visão e de audição. Também deverão ser realizados exames rotineiros de sangue e urina. O médico deverá observar e considerar os problemas de saúde potenciais ou aqueles preexistentes ao optar pelo afastamento de um atleta de suas atividades.

Todos os atletas devem entregar seus formulários de exame físico antes do início da temporada. Procure conhecer previamente os históricos de atletas portadores de patologias específicas que possam afetar a participação deles, como asma, diabetes, alergias graves e epilepsia. Mantenha todos os históricos em um arquivo seguro para referência futura.

Avaliação de pré-temporada

Embora o exame físico detecte problemas de saúde específicos, ele não fornece informações significativas sobre a condição física do atleta. Uma avaliação física de pré-temporada poderá fornecê-las.

A avaliação física de pré-temporada deve ser realizada fora da temporada por um profissional de saúde especialmente treinado, como um preparador físico, ou por um profissional de *fitness* credenciado, como um treinador de condicionamento e força. Dependendo do esporte, cada atleta deverá ser submetido às seguintes avaliações:

- *força* nos grupos musculares usados com mais frequência naquele esporte em particular – por exemplo, a força no pescoço de um jogador de futebol americano ou a força no tornozelo de um jogador de basquete;
- *flexibilidade* ou rigidez no principal grupo muscular e tendões – isquiotibiais, quadríceps, ombros, panturrilhas e tendão do calcâneo;
- *resistência* nos músculos que sofrem contração prolongada ou repetida;
- *resistência cardiovascular* (especialmente para atletas de resistência, como corredores de *cross-country*, atletas de pista, triatletas e ciclistas);
- *composição corporal* ou porcentagem de gordura corporal (importante especialmente para lutadores, ginastas e atletas de pista que seguem dietas rigorosas para controle de peso);
- *coordenação dos membros inferiores e superiores do corpo* para determinar se os músculos do atleta se aquecem com rapidez suficiente para proteger a articulação de uma lesão. Um exemplo é o teste de equilíbrio em uma perna, no qual se verifica por quanto tempo o atleta consegue permanecer em uma perna sem cambalear ou tocar o outro pé no chão.

Esses testes destacam potenciais problemas de condicionamento físico que podem levar a uma lesão. Técnicos e preparadores físicos devem ensinar exercícios de condicionamento a seus atletas para ajudá-los a reduzir esses problemas antes da temporada.

> **Condições clínicas para desqualificação**
>
> Alguns dos problemas mais comuns encontrados pelo médico examinador que podem desqualificar um atleta para competições ou limitar sua participação:
>
> - diabetes não controlado;
> - asma não controlada;
> - problemas cardíacos;
> - pressão arterial alta não controlada;
> - epilepsia;
> - lesões prévias na cabeça;
> - lesões prévias na coluna;
> - problemas ortopédicos crônicos (p. ex., joelhos, tornozelos ou ombros instáveis).
>
> No passado, indivíduos com traços para anemia falciforme geralmente eram considerados inaptos para participação em esportes porque acreditava-se que havia o risco de morte súbita. Entretanto, em um estudo de grande escala feito em recrutas militares, Eckart et al. (2004) demonstraram que o risco de morte súbita na realidade era maior naqueles sem os traços para anemia falciforme do que nos pacientes que apresentavam esses traços. Isso não significa que estes indivíduos não têm riscos com a prática de esportes, mas significa que não é uma condição que impede a prática desportiva.

Condicionamento de pré-temporada

Coloque seus atletas em forma iniciando um programa de condicionamento pelo menos 6 semanas antes da temporada. Os exercícios de condicionamento devem enfatizar força muscular, resistência, flexibilidade, potência e velocidade, características necessárias para a prática esportiva.

Para que haja fortalecimento, os atletas precisam executar pelo menos duas séries de 6 a 8 repetições para cada exercício, 3 vezes por semana. Atletas adolescentes devem se exercitar levantando no mínimo 70% do seu máximo para ganhar força. Ainda que um treinamento de resistência bem supervisionado seja comprovadamente seguro para atletas adolescentes, você pode evitar lesões relacionadas com o levantamento de peso dando ênfase a atividades nas quais esses atletas suportem o peso do próprio corpo (p. ex., flexões de braço). É necessário que o programa de exercícios dure pelo menos 20 minutos contínuos, 3 vezes por semana, para que o treinamento melhore a resistência cardiovascular. E para melhorar a flexibilidade, os atletas devem executar exercícios de alongamento no mínimo 5 vezes por semana.

Essas são apenas diretrizes básicas para o treinamento de atletas. Para maiores informações sobre condicionamento e avaliações de pré-temporada, consulte o livro da ASEP, *Successful Coaching* (Martens, 2012).

Aquecimento e desaquecimento adequados

Certifique-se de que seus atletas estejam aquecidos antes de iniciar as sessões de exercícios, treinos e competições. Isso não significa arremessar ou rebater algumas bolas 5 minutos antes do treino. Um aquecimento adequado consiste em uma rotina de exercícios que prepara o corpo para uma atividade física vigorosa. Os atletas devem se aquecer pelo menos 15 minutos antes de uma atividade usando esta sequência:

1. *Aquecimento geral do corpo.* Os atletas correm ou pedalam em baixa intensidade durante 5 a 10 minutos. A intensidade do aquecimento geral deve causar um ligeiro aumento na frequência cardíaca e na respiração, assim como provocar uma leve transpiração. Isso ajuda a preparar o coração, os pulmões, os músculos e os tendões para atividades físicas vigorosas. Por fim, ajuda a prevenir lesões e a melhorar o desempenho.
2. *Exercícios calistênicos leves.* Após o aquecimento geral, os atletas devem aquecer áreas específicas com exercícios calistênicos apropriados, como:
   - flexões de braço;
   - polichinelos;
   - abdominais;
   - afundos;
   - corrida em zigue-zague entre cones.
3. *Exercícios específicos de um esporte.* São exercícios que permitem aos atletas praticar as habilidades de um esporte em particular. Por exemplo, exercícios específicos de *softball* incluem rebatidas e arremessos. Já, no caso do tênis e do raquetebol, os jogadores treinam tanto serviços como movimentos de *backhand* e *forehand*.

No final de cada treino, sessão de exercícios ou competição, os atletas devem desaquecer o corpo gradualmente. Em outras palavras, devem reduzir aos poucos a intensidade da atividade até que as frequências cardíaca e respiratória atinjam um nível próximo do normal de repouso. A interrupção brusca de um exercício inibe a recuperação da atividade e pode causar problemas como desmaios. Atividades de desaquecimento podem incluir uma caminhada ou corrida leve de 5 a 10 minutos.

Os atletas devem concluir o desaquecimento com o alongamento. Como os músculos estão bem aquecidos após a atividade, eles serão mais facilmente alongados e manterão a posição alongada por mais tempo. É por essa razão que o período de desaquecimento é o momento mais importante para que os atletas consigam melhorias de longo prazo nos seus níveis de flexibilidade. Cada um dos grupos musculares adequados para o seu esporte específico deve ser alongado por um período de 2 a 3 minutos. Por exemplo, alguns desses grupos musculares são:

- ombros e peitoral;
- braços e antebraços;
- tronco (costas e região abdominal);
- quadris e coxas; e
- pernas.

Em geral, os músculos precisam ser alongados por um período de 2 a 3 minutos por dia para obtenção de melhoria contínua em sua capacidade de extensão. Os alongamentos para cada grupo muscular são divididos em séries de 15 a 30 segundos.

Equipamento de proteção individual (EPI) e bandagem

Como treinador, você deve se tornar um especialista no ajuste e na utilização adequada dos equipamentos de proteção específicos de seu esporte. Além disso, você deve instruir seus atletas sobre a forma exata de ajuste e utilização do equipamento. Isso ocorre especialmente no caso do futebol americano, em que os capacetes devem ser corretamente colocados e ajustados e há a exigência de que os jogadores usem todos os protetores acolchoados. Realize inspeções sem aviso prévio para garantir que os atletas estejam mantendo e utilizando seus equipamentos adequadamente. A fim de minimizar os riscos de equipamentos quebrados, em particular no futebol americano, considere a realização de inspeções regulares e mantenha ombreiras e capacetes sempre reparados e testados.

Dois tipos de equipamento frequentemente negligenciados, porém importantes, são os óculos de segurança (Fig. 2.5), ou óculos de proteção, e os protetores bucais. Se houver qualquer risco de lesão ocular, em especial em esportes de contato ou que utilizem raquetes, os atletas devem utilizar óculos de segurança. Protetores bucais (Fig. 2.6) são úteis na prevenção de lesões dentárias.

E quanto às bandagens e EPIs? Você já deve ter ouvido falar sobre treinadores que exigem o uso de joelheiras preventivas por certos jogadores de futebol americano ou de bandagens nos tornozelos por jogadores de basquete, mesmo que eles não tenham sofrido lesões. Esses treinadores acreditam que as bandagens ou os EPIs podem auxiliar na prevenção de lesões.

Instruções técnicas corretas

Muitos atletas sofrem lesões por utilizarem técnicas inadequadas. Desde que a ação de empurrar um jogador com a cabeça e golpeá-lo com o capacete, especialmente sob o queixo, foi considerada ilegal no futebol americano, houve redução do número de atletas com lesões na cabeça e no pescoço. Jogadores de beisebol ou *softball* que mergulham de cabeça na base em vez de deslizar com os pés estão propensos ao sofrimento de lesões nos dentes, na cabeça e no pescoço. Muitos tenistas sofrem do chamado "cotovelo do tenista" por usarem técnicas incorretas de *backhand*.

Figura 2.5 Óculos de proteção para esportes.

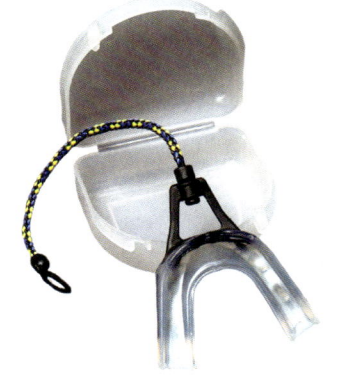

Figura 2.6 Protetor bucal para esportes.

> #### Usar ou não usar?
>
> Os EPIs e as bandagens de proteção são tão eficientes quanto dizem? Eles certamente não substituem a boa forma física. Lembre-se de que força, flexibilidade, resistência e potência são os principais elementos na prevenção de lesões. EPIs e bandagens têm importância secundária. Com exceção de alguns tipos de tornozeleiras, outros tipos de proteção não se mostraram definitivamente eficazes na prevenção de lesões. É muito difícil provar que uma redução nas lesões possa ser atribuída ao uso de EPIs. Em última análise, a questão dos EPIs e bandagens preventivas deve ser decidida pelo atleta e seus pais. Além disso, em alguns estados americanos, pode ser exigida a recomendação de um médico para que o atleta participe dos jogos usando EPIs ou talas.

Você também pode ajudar a prevenir essas e outras lesões ensinando a seus atletas técnicas corretas e seguras. Além disso, fique atento àqueles que fazem uso de técnicas potencialmente prejudiciais. Alerte-os sobre as possíveis lesões que poderão sofrer e instrua-os quanto às técnicas apropriadas.

Orientação nutricional correta

Incentive seus atletas a realizarem refeições balanceadas de acordo com as orientações da MyPlate (Fig. 2.7). Você pode ajudar atletas e seus pais a determinarem as necessidades nutricionais recomendando que eles acessem o site MyPlate (em inglês) – www.choosemyplate.gov – e cliquem no *link* SuperTracker. Os atletas podem criar perfis individuais, e o SuperTracker ajudará a determinar suas necessidades nutricionais com base em seu tamanho, gênero, idade e nível de atividade.

Incentive também os atletas a ingerirem líquidos para a manutenção de uma hidratação adequada. A National Athletic Trainers' Association (Casa et al., 2000) recomenda especificamente:

- 500 a 600 mL de líquido no mínimo 2 horas antes de exercícios, treinos ou competições;
- mais 200 a 300 mL de água ou bebidas isotônicas de 10 a 15 minutos antes de exercícios, treinos ou competições;
- 200 a 300 mL de água ou bebidas isotônicas resfriadas (entre 10 e 15ºC) a cada 10 ou 20 minutos durante exercícios, treinos ou competições;
- e após exercícios, treinos e competições, de 500 a 700 mL de água ou bebida isotônica para cada 500 mg de água perdidos pelo suor (Manore, Barr e Butterfield, 2000).

Para atividades com duração superior a 60 minutos, os atletas podem se beneficiar com uso de uma bebida isotônica, que em geral é uma combinação de uma fonte de carboidrato, água e os eletrólitos potássio e sódio. Uma bebida isotônica com o conteúdo adequado de 6 a 7% de carboidrato (entre 14 e 17 g por 240 mL) pode aumentar a absorção de líquido e fornecer energia para os músculos em funcionamento. Ver Capítulo 11 para mais informações sobre hidratação.

Ao contrário da crença popular, atletas saudáveis não necessitam de suplementos de vitaminas, minerais, proteínas ou carboidratos. Com uma dieta balanceada delineada pelo site MyPlate, é possível obter todos os nutrientes necessários para uma competição.

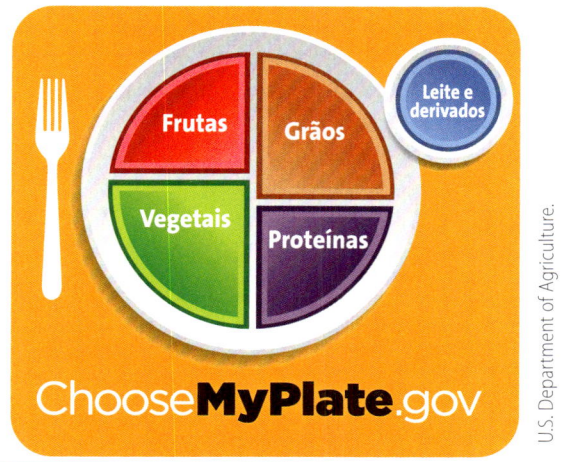

Figura 2.7 MyPlate.

Alimentação fora de casa

Com um pouco de organização e planejamento é possível ter, mesmo fora de casa, uma dieta adequada, com baixo índice de gorduras (de 20 a 25% do total de calorias), nível moderado de proteínas e alto valor de carboidratos (Manore, Barr e Butterfield, 2000). Se o orçamento permitir, traga também frutas secas, sucos, barras de cereais de baixa caloria e outros lanches que ofereçam alternativas saudáveis às oferecidas pelas máquinas de guloseimas. Além disso, muitos restaurantes aceitam pedidos especiais para equipes, como massas, sanduíches de baixa caloria, frutas e vegetais frescos. Incentive os atletas a consumirem sucos e leite desnatado em vez de refrigerantes; carne assada, grelhada ou cozida em vez de frita; e uma boa dose de alimentos ricos em carboidratos, como batatas, arroz, massas, pães, *bagels*, frutas e verduras. As porções devem ser adequadas, e lembre-se de planejar as refeições a fim de permitir um intervalo conveniente para digestão antes de uma competição (a digestão leva de 2 a 5 horas, dependendo do alimento ingerido).

Uma dieta correta para um atleta é como a gasolina para um automóvel. Ela é o combustível para o desempenho. Para informar melhor seus atletas sobre o "octano" em suas dietas e aprender mais sobre bebidas esportivas e outras questões nutricionais, leia *Nancy Clark's Sports Nutrition Guidebook*, 5ª edição (Clark, 2013).

Alimentação para o desempenho

Para auxiliar na prevenção de problemas estomacais, os atletas devem:
- comer pelo menos 3 a 4 horas antes de treinos, exercícios e competições;

- evitar alimentos com alto índice de gordura, como batatas fritas, batatas industrializadas e pasta de amendoim;
- evitar alimentos ricos em fibras, como alface, feijão, repolho, espinafre e nozes;
- evitar alimentos com alto teor de açúcar, como doces, bolos, sonhos e mel;
- ingerir alimentos ricos em carboidratos que sejam de fácil digestão, como massas, pães, cereais com baixo índice de fibras, sucos naturais, batatas e bananas;
- ingerir alimentos com os quais já esteja acostumado – a alimentação pré-jogo não é o momento de experimentar novas comidas.

Proibição de brincadeiras violentas

Embora piadas e brincadeiras sejam basicamente inofensivas, aquelas violentas como "lutas", empurrões e socos podem causar lesões desnecessárias. Logo no início da temporada, estabeleça regras proibindo brincadeiras violentas e faça com que elas sejam cumpridas o tempo todo.

DESENVOLVENDO UM PLANO DE EMERGÊNCIAS MÉDICAS

A etapa final da preparação para lidar com lesões no esporte é desenvolver um plano de emergências médicas. Para realizar uma avaliação minuciosa de um atleta lesionado, acionar o serviço de resgate e prestar primeiros socorros de maneira eficiente, use o seguinte plano adaptado do American Safety & Health Institute:

- *Avaliação* – Como avaliar um atleta lesionado e o local em que ele se encontra?;
- *Alerta* – Como acionar o serviço de resgate?;
- *Cuidado* – Como prestar os primeiros socorros?

Avaliação

Em primeiro lugar, seu plano deve especificar como um atleta lesionado deve ser avaliado. Esse plano deve contemplar questões como:

- qual a primeira coisa a ser feita ao abordar o atleta lesionado?;
- como avaliar a segurança do ambiente onde se encontra o atleta lesionado?;
- quais as etapas para avaliação de atletas conscientes e inconscientes?

Os Capítulos 4 e 5 fornecem diretrizes mais detalhadas para a avaliação de lesões e doenças.

Alerta

Em seguida, seu plano deverá indicar como acionar a equipe de resgate. Se uma equipe médica não estiver presente, como você deve chamar a assistência médica enquanto avalia e presta os primeiros socorros ao atleta? Para fazer com que tudo ocorra tranquilamente em caso de emergências médicas, antes do início da temporada você deve desenvolver um plano para o acionamento da equipe de resgate. A seguir, um exemplo de abordagem eficaz, passo a passo.

1. *Delegue a responsabilidade de procurar auxílio médico.* A pessoa pode ser um assistente, um pai ou um atleta. Mas, essa pessoa deve ser calma e responsável. Certifique-se de que ela esteja disponível antes de cada treino e jogo.
2. *Escreva uma lista com os telefones de emergência.* Leve-a em seu *kit* de primeiros socorros em todos os treinos e jogos. Inclua os seguintes números:
   - serviço de resgate;
   - hospital;
   - médico do time (se aplicável);
   - polícia;
   - bombeiros.

   Antes de viajar para qualquer jogo, converse com os treinadores do local sobre serviços de emergência.
3. *Leve o cartão de informações de emergência de cada atleta para todos os jogos e treinos.* Ele é de extrema importância no caso de o atleta estar inconsciente e impossibilitado de lhe informar quem deve ser comunicado ou fornecer o número de telefone dessa pessoa.
4. *Entregue um cartão com informações de emergência (Fig. 2.8) à pessoa de contato que estiver chamando a assistência médica.* Isso permitirá que ela tenha condições de fornecer informações essenciais à equipe de resgate e também fará com que se sinta mais calma por ter em mãos as informações que necessitam ser comunicadas a essa equipe.
5. *Preencha um formulário de registro de lesões e mantenha-o arquivado para qualquer lesão que ocorra.* Esse formulário deverá fornecer a informação solicitada na amostra apresentada na Figura 2.9.

Informações para chamadas de emergência

(Esteja preparado para dar estas informações ao atendente do serviço de emergências médicas)

1. Local

    Endereço _____

    Cidade _____ CEP _____

    Direções (p.ex., cruzamentos ou pontos de referência) _____

2. Número do telefone de onde a ligação está sendo feita _____
3. Nome da pessoa que está realizando a chamada _____
4. O que aconteceu _____
5. Quantidade de pessoas lesionadas _____
6. Estado da(s) vítima(s) _____

    _____

7. Ajuda (primeiros socorros) oferecida _____

Obs.: Não seja o primeiro a desligar o telefone. Deixe que o atendente desligue primeiro.

Figura 2.8 Cartão de respostas de emergência.

Relatório de lesões

Nome do atleta _____

Data _____ Hora _____

Socorrista (nome) _____

Mecanismo da lesão _____

_____

_____

Tipo de lesão _____

Região anatômica envolvida _____

Extensão da lesão _____

Primeiros socorros administrados _____

_____

_____

Outros tratamentos administrados _____

_____

Ação de referência _____

_____

Socorrista (assinatura)

Figura 2.9 Formulário de registro de lesões.

Cuidado

Finalmente, seu plano precisa indicar como os primeiros socorros serão prestados. Se a equipe médica estiver disponível no momento da lesão, auxilie os profissionais conforme o necessário, enquanto eles assumem o cuidado do atleta lesionado. Se a equipe médica não estiver presente, realize os primeiros socorros para os quais estiver capacitado. Os Capítulos 4, 5 e 6 deste livro abordam os primeiros socorros básicos e a maneira correta de mover um atleta lesionado. A Parte III discute os cuidados necessários para lesões específicas.

Tratando lesões menores

Muitas lesões não requerem um atendimento médico de emergência. Um atleta que tenha sofrido uma leve torção no tornozelo ou um machucado menor não se encontra em estado grave. Entretanto, algumas lesões que não são críticas podem prejudicar seriamente o desempenho. Por isso, você deve avaliá-las e monitorá-las de perto com o objetivo de garantir que não haja maiores complicações.

Para essas lesões "menores", você deverá:

1. avaliar a lesão;
2. administrar os primeiros socorros;
3. afastar o atleta da atividade se ele estiver sentindo muita dor ou apresentando perda de funções (p. ex., impossibilidade de andar, correr, pular ou arremessar);
4. entrar em contato com os pais do atleta para discutir a lesão;
5. sugerir que o atleta procure um médico para confirmar a inexistência de uma lesão séria; e
6. preencher um relatório de lesões enquanto o incidente ainda estiver fresco na sua memória.

Tratando lesões graves

Caso ocorra uma lesão ou doença grave, inicie seu plano de emergência nesta sequência:

1. avalie o nível de consciência do atleta e a segurança do local;
2. envie uma pessoa de contato para alertar o serviço de resgate e os pais do atleta;
3. envie alguém para esperar pela equipe de resgate, ajudar na abertura de portas e portões e conduzi-la até o atleta lesionado;
4. avalie a lesão;
5. administre os primeiros socorros;
6. auxilie a equipe de resgate na preparação do atleta a ser transportado para as instalações médicas;
7. nomeie alguém para acompanhar o atleta caso os pais não estejam presentes. Essa pessoa deverá ser responsável, calma e conhecer o atleta. Técnicos assistentes ou pais são os mais indicados para essa tarefa;
8. preencha um relatório de lesões enquanto o incidente ainda estiver fresco em sua memória.

BIBLIOGRAFIA

American Safety & Health Institute. 2006. *CPR and AED for the Community and Workplace*. Holiday, FL: American Safety & Health Institute.

Casa D.E., S.K. Hillman, S.J. Montain, R.V. Reiff et al. 2000. National Athletic Trainers' Association position statement: Fluid replacement for athletes. *Journal of Athletic Training* 35(2):212-224.

Clark, N. 2003. *Nancy Clark's Sport Nutrition Guidebook. Fifth Edition*. Champaign, IL: Human Kinetics.

Eckart, R.E., et al. 2004. Sudden death in young adults: A 25-year review of autopsies in military recruits. *Annals of Internal Medicine* 141:829-34.

Manore, M.M., S.I. Barr, and G.E. Butterfield. 2000. Nutrition and athletic performance: Position of the American Dietetic Association, Dietitians of Canada, and the American College of Sports Medicine. *Journal of the American Dietetic Association* 100:1543-1556.

Martens, R. 2012. *Successful Coaching, Fourth Edition*. Champaign, IL: Human Kinetics.

Walsh, K.M., B. Bennett, M.A. Cooper, R.L. Holle, R. Kithil, and R.E. Lopez. 2000. National Athletic Trainers' Association position statement: Lightning safety for athletics and recreation. *Journal of Athletic Training* 35 (4):471-477.

Capítulo 2 Revisão

- Você lê regularmente a literatura sobre medicina esportiva e participa de seminários sobre esse assunto?
- Atualmente, você é certificado em RCP?
- Todos os atletas sob os seus cuidados preencheram um termo de consentimento para o tratamento médico de emergência, um formulário sobre o histórico de saúde e um cartão de informações de emergência?
- Você preparou e implementou um plano de emergências climáticas?
- Você inspeciona regularmente as condições das áreas de prática esportiva e dos equipamentos?
- Você procura e conserta qualquer defeito em equipamentos de práticas esportivas antes do início de cada temporada?
- Você possui um *kit* de primeiros socorros bem montado?
- Você submete seus atletas a exames físicos abrangentes e avaliações de pré-temporada a fim de apontar qualquer possível problema de saúde ou de condicionamento?
- Você possui um plano de condicionamento de pré-temporada e incorpora exercícios de aquecimento e desaquecimento em todos os treinos e competições para prevenir lesões?
- Você impõe políticas que obrigam os atletas a usar equipamento de proteção e se abster de brincadeiras agressivas?
- Você ensina a seus atletas as técnicas de esporte corretas e os adverte com frequência sobre técnicas que sejam potencialmente perigosas?
- Você fornece orientação nutricional correta, hidratação suficiente e oportunidades para uma alimentação nutritiva?
- Você desenvolveu um plano de emergência, incluindo quem é o responsável por quais tarefas, como a tarefa deve ser executada, quando determinadas ações devem ser tomadas e qual documentação deve ser preenchida?

PARTE II
Habilidades básicas de primeiros socorros no esporte

Obter êxito e glória pessoal no atletismo tem menos a ver com perdas e vitórias do que com o aprendizado de como se preparar para que, no fim do dia, seja na pista ou no escritório, você saiba que fez tudo o que podia para alcançar sua meta final.

Jackie Joyner-Kersee

A preparação é o segredo para eliminar a ansiedade e a incerteza que pairam sobre a realização dos primeiros socorros no esporte. Assim como seus atletas, você terá mais confiança e êxito se dominar as habilidades, as regras e as estratégias fundamentais de sua atividade.

O Capítulo 3 irá ajudá-lo a desenvolver um conhecimento básico sobre anatomia, o que é essencial para que você se torne um socorrista do esporte competente. Além disso, o glossário explica a terminologia de primeiros socorros no esporte comumente empregada.

Uma vez desenvolvida uma base de conhecimento sólida, você aprenderá, no Capítulo 4, estratégias importantes para avaliação e cuidados em quadros clínicos que apresentem risco de morte.

Táticas para avaliar e prestar assistência em casos de sangramento, choque, lesão instável e dano tecidual local são abordadas no Capítulo 5. Você estará apto a aplicar essas habilidades e diretrizes básicas em primeiros socorros a todas as doenças e lesões que são de importância secundária comparadas àquelas abordadas no Capítulo 4, em que há risco de morte.

Finalmente, no Capítulo 6, você aprenderá maneiras de auxiliar na remoção segura de um atleta doente ou lesionado. Nesse caso, a ênfase é dada à cautela e à técnica apropriadas.

As informações contidas nesses capítulos o ajudarão a eliminar incertezas quanto aos cuidados e à avaliação de atletas doentes ou lesionados.

CAPÍTULO 3
Terminologia anatômica e de lesões no esporte

Neste capítulo, você irá aprender

- Quais são as funções dos sistemas musculoesquelético, neurológico, digestivo, respiratório, circulatório e urinário.
- De que forma ocorre a maior parte das lesões e doenças.
- O que distingue uma lesão crônica de uma aguda.
- Como identificar os principais tipos de lesões crônicas e agudas.

Alcançar a vitória requer a execução precisa de jogadas, estratégias ou manobras. Um *double play* 6-4-3 (jogada de defesa na qual se eliminam dois corredores no beisebol) nunca dará certo se o jogador da segunda base não estiver posicionado para receber o lançamento do interbase e acertar o lançamento para a primeira base. O corpo funciona de maneira semelhante – um órgão ou sistema pode afetar outro diretamente. Se uma parte estiver lesionada, outras poderão não funcionar corretamente.

Para prestar adequadamente a primeira assistência a uma pessoa lesionada, você precisa conhecer os sistemas, a anatomia e as disfunções comuns (doenças e lesões) do corpo. Assim, você será capaz de identificar melhor as lesões e comunicar de maneira eficaz os sintomas e problemas do atleta à equipe de resgate, aos profissionais da medicina esportiva e aos pais ou tutores.

Talvez você esteja se perguntando se conhecer a terminologia anatômica é realmente tão importante. Nesse caso, considere o seguinte fato: você provavelmente já trabalhou com atletas que sofreram lesões nos tendões ou entorses nos ligamentos. Mas você sabe qual é a diferença entre um tendão e um ligamento? Sabe o que é realmente uma entorse, comparada a uma distensão ou fratura? Sabe quanto tempo leva para os ligamentos se restabelecerem? Se você estiver inseguro para responder a questões como essas, este capítulo é destinado a você.

Para adquirir um melhor entendimento da terminologia relativa aos primeiros socorros no esporte, vamos revisar a anatomia humana básica. O corpo é dividido em diversos sistemas, cada um com órgãos e tecidos específicos. Todos são fundamentais para a manutenção da vida e para a promoção de desempenho esportivo de alto nível.

SISTEMA MUSCULOESQUELÉTICO

O sistema musculoesquelético é composto por ossos, articulações, músculos, tendões e outros tecidos.

Ossos

O esqueleto (ossos) é a base do corpo. Sua função é:

- dar forma e sustentação ao corpo;
- proteger órgãos importantes, como cérebro, pulmões e coração.

A Figura 3.1 ilustra a terminologia anatômica para alguns ossos.

Articulações

Quando dois ossos se encontram, eles formam uma articulação. As articulações, sem as quais o corpo seria incapaz de se locomover, também são formadas por

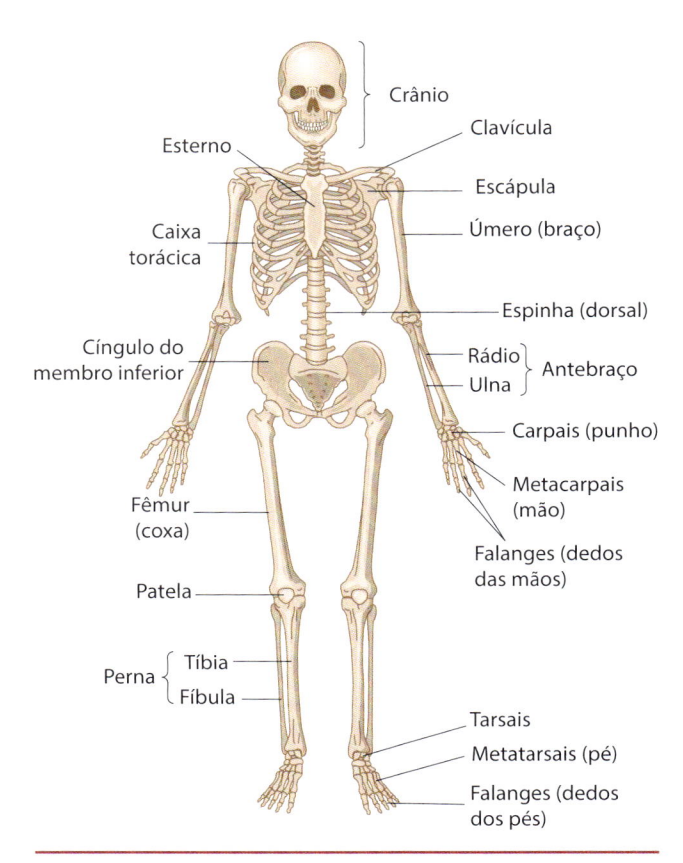

Figura 3.1 Sistema esquelético.

ligamentos, tendões, cartilagens e bursas (Fig. 3.2). Entre as principais articulações estão quadril, joelho, tornozelo, ombro, cotovelo e punho.

Ligamentos

Os ligamentos unem os ossos a uma articulação. Essa função é fundamental na manutenção da estabilidade articular. Sem os ligamentos, os ossos e as articulações sairiam constantemente de posição e impediriam todo movimento intencional.

Cartilagem

A cartilagem é um tecido encontrado nas extremidades dos ossos. Há diversos tipos de cartilagem e suas principais funções são a absorção do choque, que ocorre quando os ossos entram em contato uns com os outros, e a redução do atrito entre eles.

Músculos

Os músculos são tecidos elásticos que movimentam os ossos. Os grupos musculares importantes nos esportes, e que comumente sofrem lesões, são descritos a seguir e mostrados na Figura 3.3:

- **Manguito rotador**: localizados na escápula, esses músculos são solicitados nos movimentos de arremesso, natação e golpes (de vôlei e esportes com raquete). O manguito rotador também exerce papel primordial na retenção do osso da parte superior do braço (úmero) na glenoide.
- **Quadríceps**: localizados na parte anterior da coxa, alinham o joelho e movimentam a coxa para a frente, ajudando a proporcionar força para os movimentos de saltar e correr.
- **Isquiotibiais**: localizados na parte posterior da coxa, flexionam o joelho e estendem a coxa para trás. Também ajudam a gerar força necessária para o deslocamento do corpo para a frente na fase de aterrissagem da corrida.
- **Gastrocnêmio (panturrilha)**: localizados na região posterior da perna, esses músculos são responsáveis por direcionar o pé para baixo e também por flexionar o joelho. Estão especialmente ativos no momento da tomada de impulso para saltos ou corridas.

Tendões

Os tendões ligam o músculo ao osso. Eles são consideravelmente elásticos, de tal forma que podem ser alongados ou tracionados pelos músculos. Entre os tendões comumente lesionados nos esportes (Fig. 3.4) estão o tendão do calcâneo (calcanhar), o tendão da patela (joelho), o bíceps (braço) e o manguito rotador (ombro). As fibras

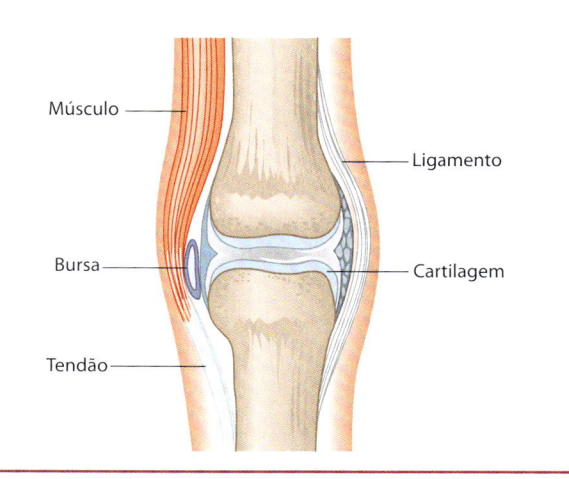

Figura 3.2 Estrutura da articulação.

Figura 3.3 Quatro dos principais grupos musculares.

do tendão são revestidas por vários tipos de bainhas. Uma delas, a bainha sinovial, secreta e absorve um líquido que atua como lubrificante entre as fibras e os feixes do tendão.

Bursa

As bursas são pequenas bolsas cheias de líquido localizadas entre ossos, músculos, tendões e outros tecidos. Essas bolsas ajudam a reduzir o atrito entre tecidos, por exemplo, entre os tendões e os ossos.

SISTEMA NEUROLÓGICO

O sistema neurológico é o centro de controle do corpo (Fig. 3.5). Ele é composto pelo cérebro, pela medula espinal e por uma rede de nervos. O cérebro coordena o funcionamento de todos os sistemas e tecidos. Digestão, respiração, frequência cardíaca, contração muscular e a maior parte das funções corporais dependem dos sinais provenientes do cérebro. Os nervos são responsáveis tanto pela transmissão dos sinais gerados pelo cérebro quanto pelo retorno das informações provenientes dos tecidos.

A medula espinal é o tronco principal a partir do qual os nervos são ramificados. É protegida pela coluna vertebral. As vértebras (ossos) da coluna vertebral são mantidas próximas umas das outras pelos ligamentos e ficam separadas pelos discos cartilaginosos (Fig. 3.6).

SISTEMA DIGESTÓRIO

O sistema digestório é o centro de geração de energia do corpo. Seus órgãos auxiliam na decomposição dos alimentos em substâncias energéticas que servem de combustível para os músculos e outros tecidos (Fig. 3.7). Uma vez engolido, o alimento se desloca por um longo tubo chamado esôfago e chega ao estômago, onde é parcialmente digerido. Desse ponto, ele segue pelos intestinos delgado e grosso, nos quais os nutrientes são mais tarde decompostos e absorvidos para serem usados pelo corpo. Ainda durante esse processo, os produtos residuais se acumulam e, por fim, saem do intestino grosso por meio do reto. O fígado participa do processo excretando um líquido (bile) que ajuda a decompor as gorduras. A vesícula biliar atua como um reservatório extra para a bile, enquanto o pâncreas excreta líquidos que auxiliam

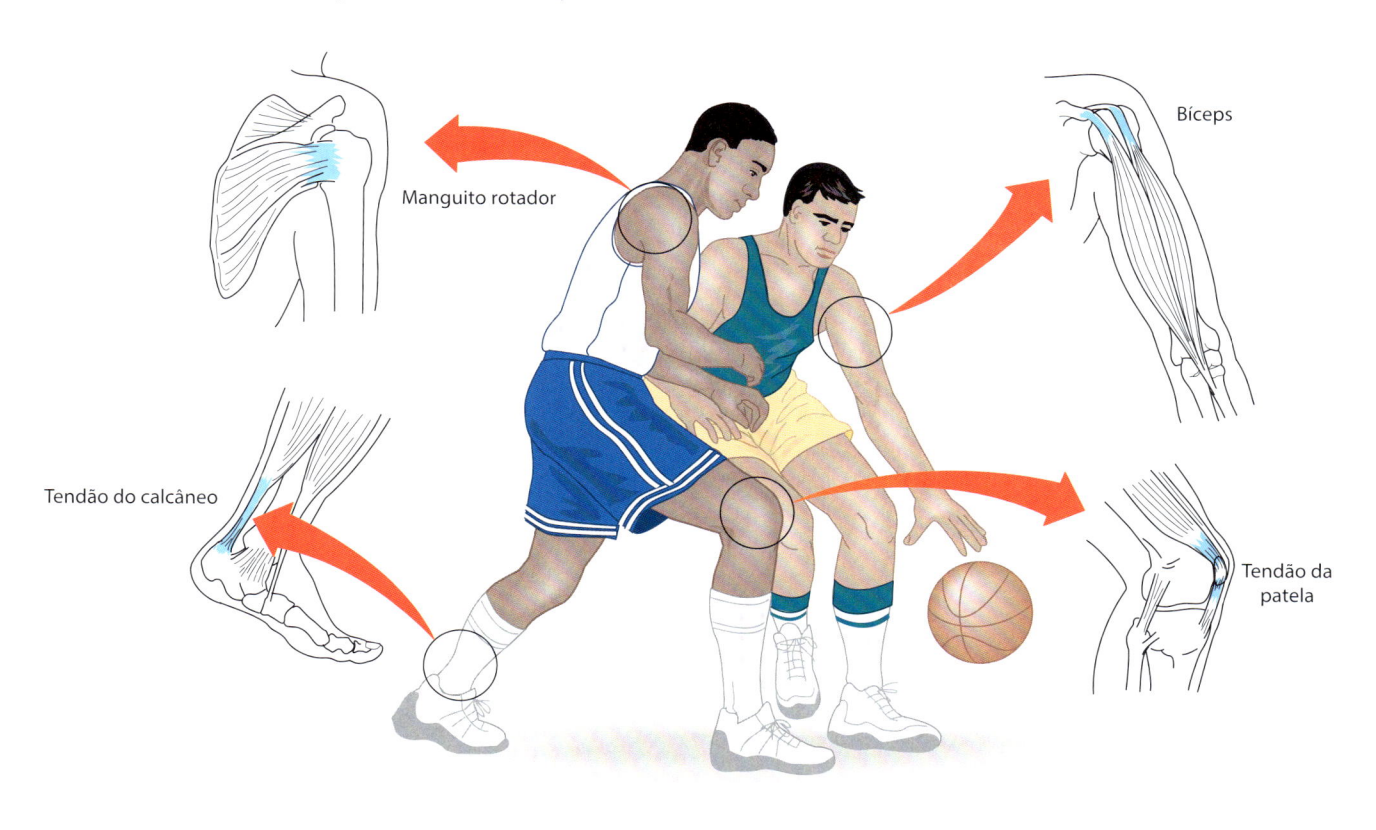

Figura 3.4 Quatro tendões comumente lesionados nos esportes.

a digestão, assim como produz a insulina, um hormônio que ajuda a regular os níveis de açúcar no corpo. O apêndice é uma parte do intestino delgado, mas não possui função conhecida em seres humanos.

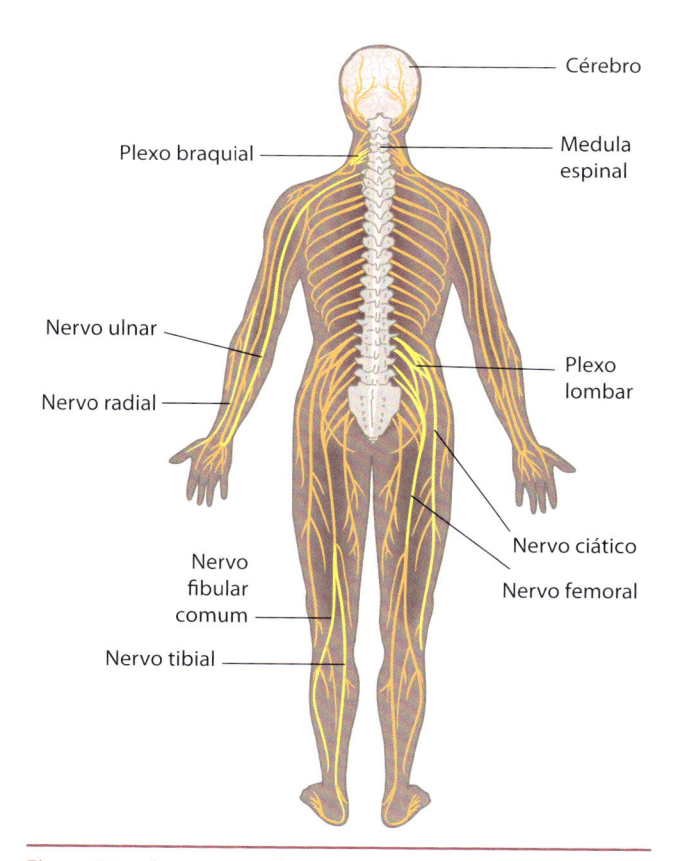

Figura 3.5 Sistema neurológico.

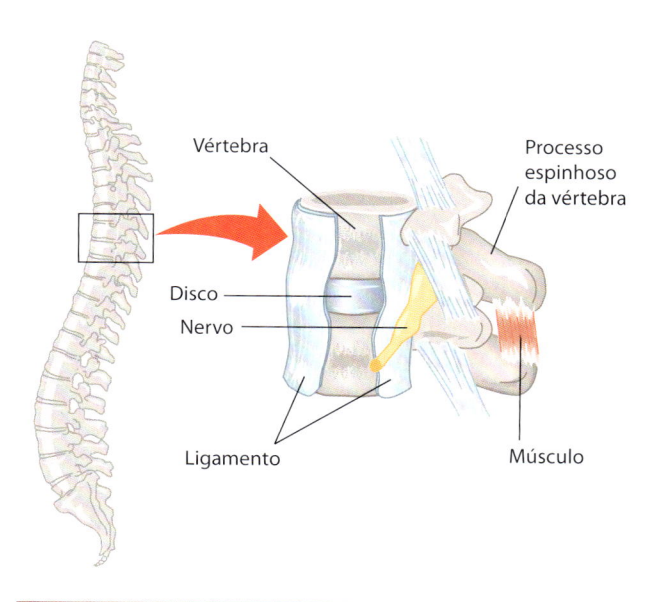

Figura 3.6 Estruturas da coluna vertebral.

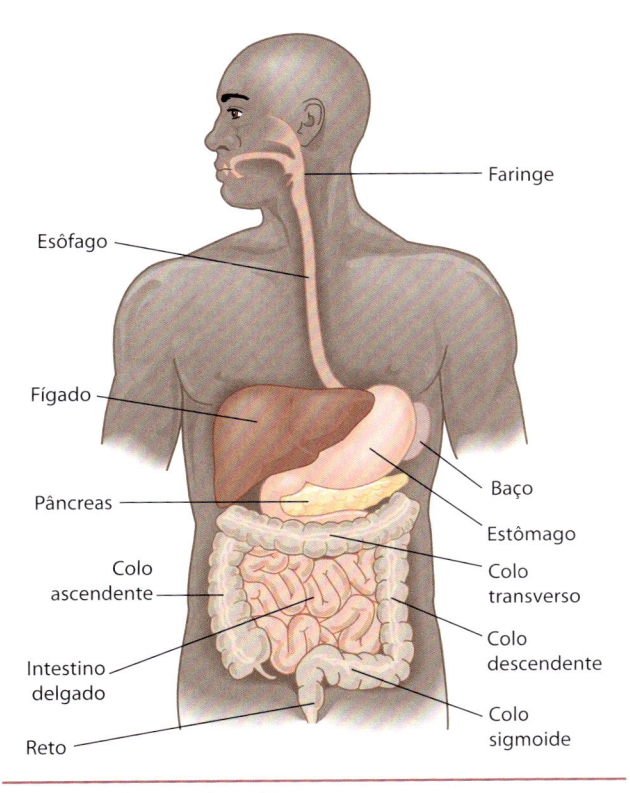

Figura 3.7 Sistema digestório.

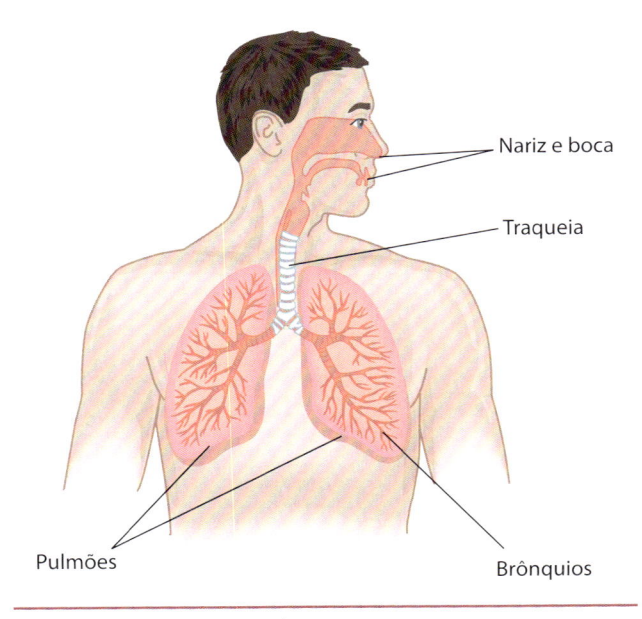

Figura 3.8 Sistema respiratório.

SISTEMAS CIRCULATÓRIO E RESPIRATÓRIO

Sendo o sistema digestivo o fornecedor de energia, os sistemas circulatório e respiratório funcionam como liberadores de energia. Esses dois sistemas trabalham juntos para fornecer o oxigênio que o corpo precisa para manter-se vivo. O oxigênio, por sua vez, ajuda a liberar a energia proveniente do alimento para abastecer os tecidos.

O sistema respiratório é a rede transportadora de oxigênio do corpo e seus órgãos estão localizados na cabeça e no tórax (Fig. 3.8).

O sistema circulatório é formado pela rede de transporte de sangue apresentada na Figura 3.9. O coração bombeia o sangue por todo o corpo por meio dos vasos sanguíneos.

Funcionamento dos sistemas circulatório e respiratório

Uma pessoa inspira o ar repleto de oxigênio pelo nariz, boca ou ambos. Esse ar se desloca pela traqueia até chegar aos pulmões, onde o oxigênio passa por pequenas bolsas (alvéolos) e pequenos vasos sanguíneos (capilares). Os capilares se agrupam em grandes vasos sanguíneos chamados veias pulmonares, responsáveis por levar o sangue repleto de oxigênio ao coração.

Por meio das artérias, o coração bombeia o sangue repleto de oxigênio para o restante do corpo. Nos tecidos, o oxigênio (O_2) é usado para liberar energia, transformando-se em um produto residual chamado dióxido de carbono (CO_2). Os capilares recolhem o dióxido de carbono, e esse sangue que sobrou, chamado venoso ou de baixo teor de oxigênio, retorna ao coração pelas veias para ser bombeado para os pulmões, onde o dióxido de carbono é eliminado pela expiração e novas reservas de oxigênio são absorvidas pela inspiração.

A Figura 3.10 apresenta uma sinopse desse ciclo circulatório.

SISTEMA URINÁRIO

Após a energia ter sido fornecida (por meio da digestão) e em seguida liberada para utilização do corpo (por meio da circulação e da respiração), surgem os subprodutos. O sistema urinário se desfaz desses produtos residuais decorrentes da decomposição de energia. Os órgãos mostrados na Figura 3.11 participam desse processo.

Por meio do sangue (sistema circulatório), os produtos residuais são conduzidos para os rins, onde são filtrados e misturados com água para formar a urina, que é liberada e chega à bexiga pelo ureter. A bexiga armazena a urina até que ela seja expelida do corpo.

Os atletas têm melhor desempenho quando todos esses sistemas estão funcionando corretamente. Mas o que acontece no caso de uma lesão ou doença?

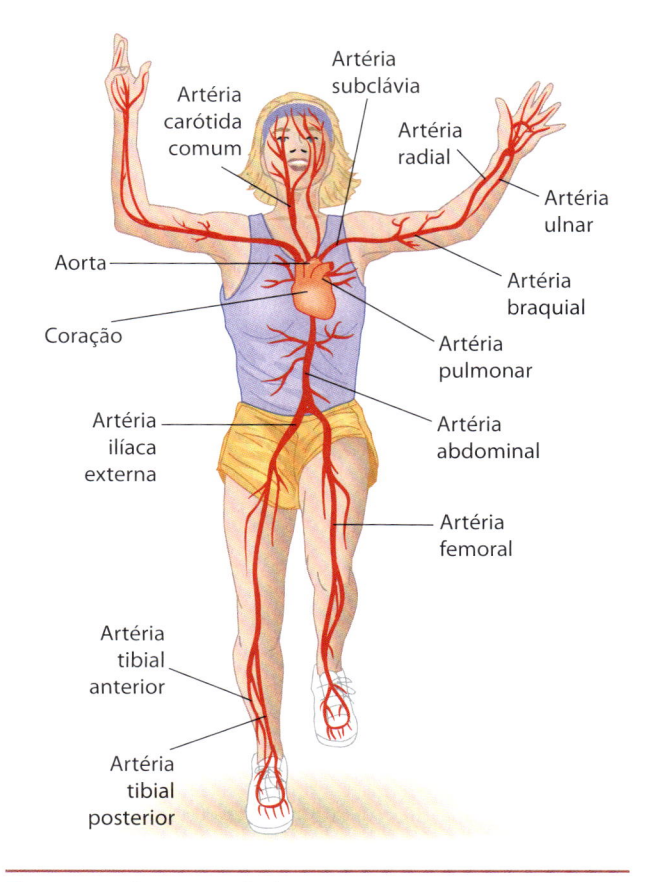

Figura 3.9 Sistema circulatório.

COMO OCORREM AS LESÕES E DOENÇAS

Lesões e doenças geralmente são classificadas de acordo com suas causas e com o tempo que levam para ocorrer.

Causas

As lesões são resultantes de diversas causas: compressão, tensão ou estiramentos, e cisalhamento.

- **Compressão**: é uma lesão de impacto em uma parte específica do corpo, que provoca sangramento, hematoma profundo ou superficial dos tecidos, fratura óssea ou dano articular. A colisão com outro atleta, ou com algum equipamento, e a queda em uma superfície dura são exemplos do mecanismo de compressão.
- **Tensão**: é uma lesão que ocorre quando um tecido é estirado além de seu limite. Isso pode acontecer na aterrissagem de um salto, em um longo passo durante uma corrida ou na queda sobre a mão espalmada.
- **Cisalhamento**: é uma lesão causada pelo atrito entre duas superfícies. O contato da pele com o solo pode causar uma lesão por cisalhamento (p. ex., ao deslizar

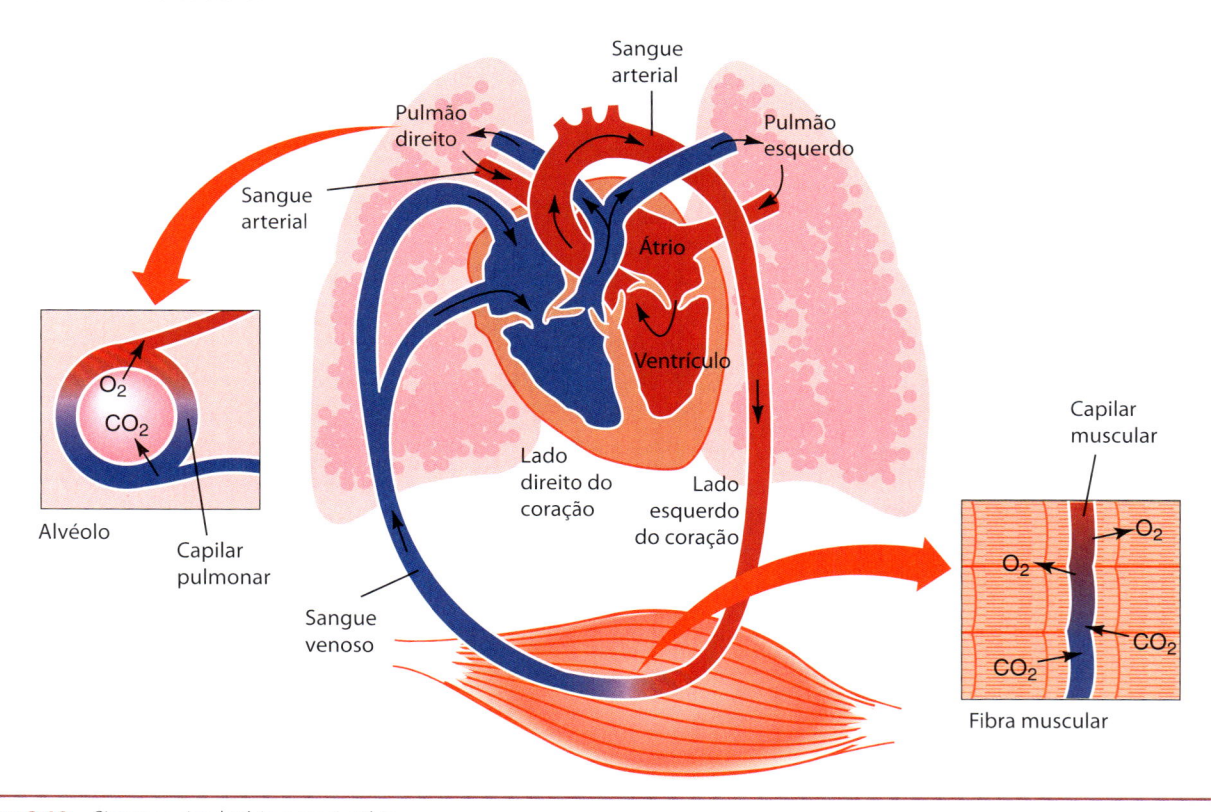

Figura 3.10 Sistemas circulatório e respiratório.

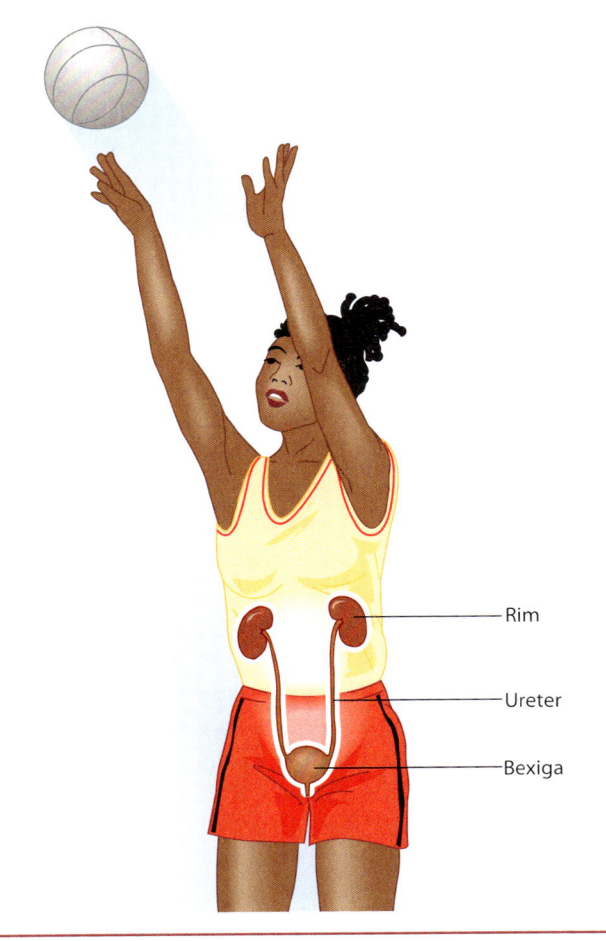

Figura 3.11 Sistema urinário.

para base no beisebol). Embora normalmente cause ferimentos na pele, o mecanismo de cisalhamento também pode afetar outros tecidos, como a cartilagem.

Tempo de desenvolvimento

Lesões e doenças podem ocorrer de forma súbita ou se desenvolver lentamente com o tempo.

- **Doenças e lesões agudas** ocorrem subitamente como resultado de um mecanismo específico de lesão, como quedas ou colisão com outro atleta ou equipamento. Entre os exemplos estão ossos fraturados, cortes, lesões nos rins e contusões.
- **Doenças e lesões crônicas** se desenvolvem por um período de várias semanas e normalmente são causadas por lesões repetidas. Síndrome do estresse na tíbia medial, epicondilite lateral, diabetes e epilepsia são alguns exemplos.

LESÕES AGUDAS

Estas são algumas lesões agudas específicas e o modo como elas podem ocorrer. Elas acontecem subitamente e são causadas por um mecanismo de lesão específico. Entre as lesões agudas comuns estão:

- contusões;
- abrasões;
- perfurações;
- cortes – incisões, lacerações e avulsões;
- entorses;
- distensões;
- ruptura de cartilagens;
- luxações e subluxações;
- fraturas ósseas.

Contusões

Resultam de um golpe direto. Os tecidos e os capilares são danificados e perdem líquido e sangue, o que provoca dor, inchaço e descoloração. As contusões superficiais (na pele) (Fig. 3.12) são consideradas menores, mas aquelas profundas, que atingem ossos ou músculos, podem causar perda de função. Se um golpe direto atinge o coração, os pulmões, o cérebro ou os rins, pode fazer com que o tecido danificado sangre profusamente, reduzindo assim o fluxo sanguíneo no órgão atingido. Esses tipos de contusões podem colocar a vida em risco. Um estudo sobre lesões esportivas em estudantes do ensino médio (Comstock, Collins e Yard, 2008) demonstrou que as contusões representam cerca de 15% das lesões que acometem meninos e meninas.

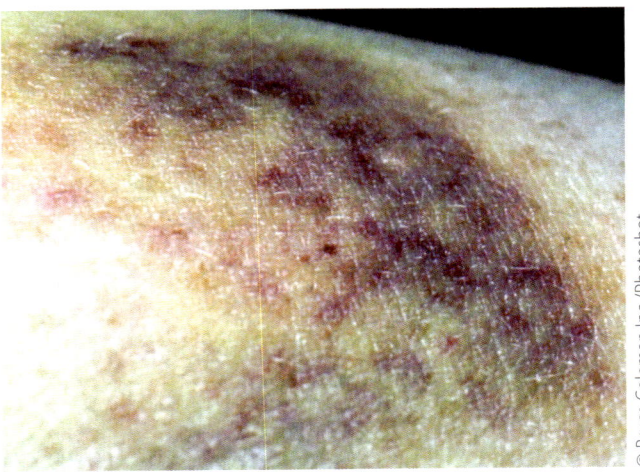

Figura 3.12 Contusão.

Abrasões

Ocorrem quando o tecido é lesionado por atrito ou raspagem. A maioria das abrasões, como arranhões ou escoriações, afeta a pele (Fig. 3.13). No entanto, a córnea (camada externa do olho) também pode sofrer abrasão ou ser arranhada pela poeira e por outros objetos.

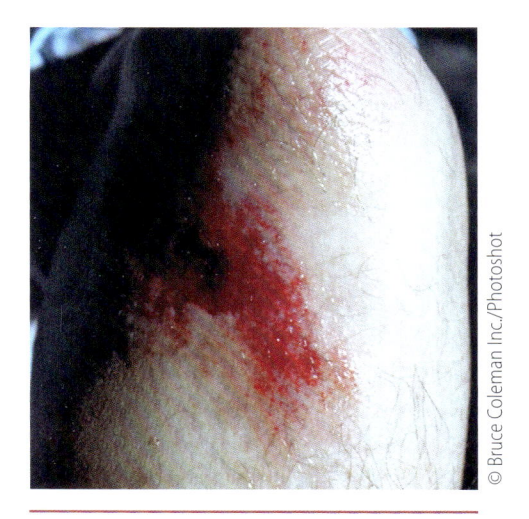

Figura 3.13 Abrasão.

Perfurações

São lesões de dimensões reduzidas, causadas por perfuração na pele e em órgãos internos. Nos esportes, são quase sempre provocadas por pregos de sapatilhas de corrida ou lascas de madeira (Fig. 3.14). Embora as perfurações cutâneas superficiais possam não sangrar muito, elas são um foco para o surgimento de infecções, pois bactérias podem penetrar pela ferida. Dardos e outros instrumentos pontiagudos utilizados nos esportes podem perfurar órgãos internos, como os pulmões. Essas lesões colocam a vida em risco e exigem pronto atendimento.

Cortes

Os tecidos podem sofrer rupturas ou cortes de diversas maneiras.

- **Lacerações**: cortes ou rasgos no tecido mole (Fig. 3.15) causados pelo golpe de um objeto rombudo. São mais profundos que a abrasão e ocasionam sangramento contínuo. Um jogador de basquete, por exemplo, pode sofrer uma laceração acima do olho após receber uma cotovelada no rosto.
- **Incisões**: cortes finos causados por objetos cortantes, como vidro ou metal (Fig. 3.16). Essas lesões em geral causam sangramento rápido e profuso. A maioria das situações de incisão pode ser evitada pela simples realização de inspeções regulares e completas das instalações e equipamentos.
- **Avulsões**: ruptura total do tecido (Fig. 3.17), como o arrancamento da extremidade do lóbulo da orelha. Usar anéis pode causar avulsões no dedo se o objeto ficar preso em algo e for puxado à força. É óbvio que a maior parte dessas lesões pode ser evitada se os atletas forem proibidos de usar joias.

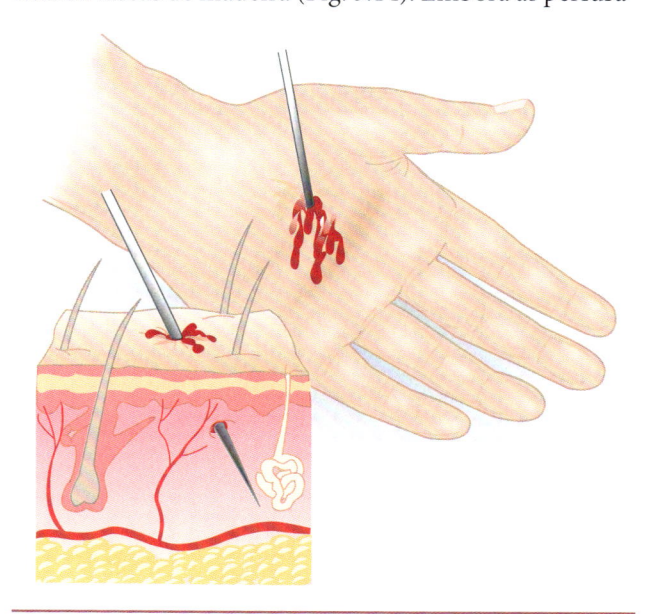

Figura 3.14 Perfuração é um pequeno rompimento da pele.

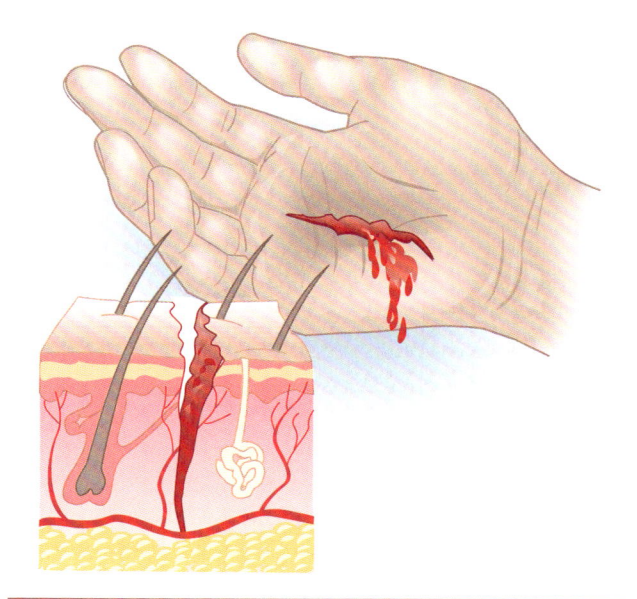

Figura 3.15 Uma laceração tem forma irregular, é profunda e provoca sangramento contínuo.

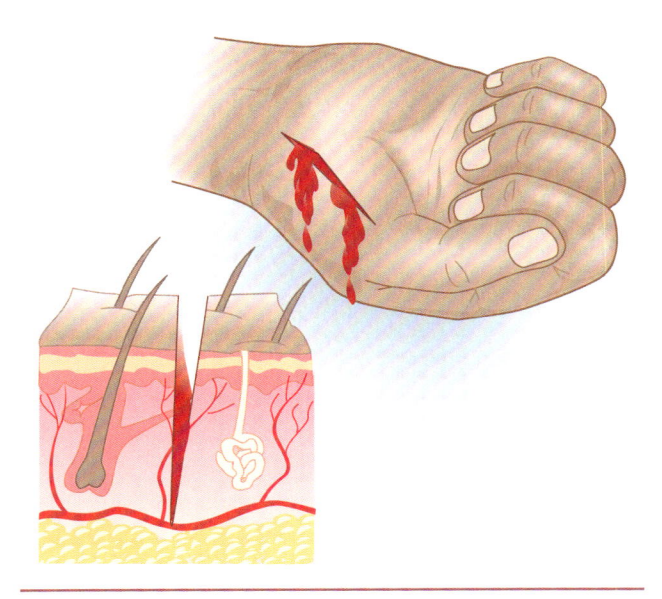

Figura 3.16 Uma incisão é um corte suave e, em geral, sangra rapidamente e em profusão.

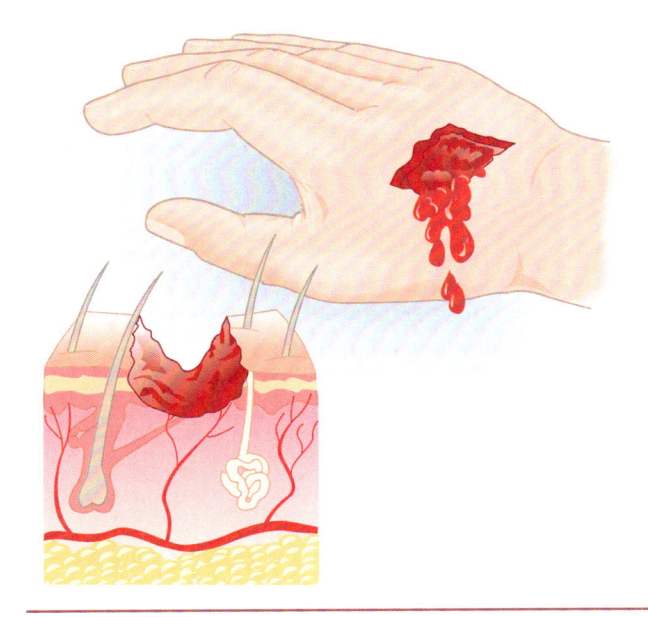

Figura 3.17 Uma avulsão é uma ruptura total do tecido.

Entorses

São lesões causadas por ruptura ou estiramento nos ligamentos e podem ser classificadas de leves a graves, como de grau I, II ou III (Fig. 3.18). São tipicamente causadas por um mecanismo de compressão ou torção. Em um estudo sobre lesões esportivas em estudantes do ensino médio realizado nos períodos de 2005-2006 e 2006-2007 (Comstock, Collins e Yard, 2008), a entorse foi o tipo de lesão mais comum, respondendo por 32,6% dos casos de lesão relatados. Ver na Tabela 3.1 uma distribuição das entorses por tipo de esporte.

Tabela 3.1 Frequência de entorses entre todos os tipos de lesões relatados.

Esporte	Percentual
Voleibol feminino	55,3
Basquetebol masculino	44,6
Basquetebol feminino	44,3
Futebol feminino	35,1
Futebol americano	29,2
Softball feminino	27,4
Futebol masculino	26,4
Luta greco-romana	25,4
Beisebol	22,5

Dados de Comstock, Collins e Yard, 2008.

Em uma entorse leve, ou de grau I, algumas fibras do ligamento são estiradas e outras podem se romper, provocando dor leve e, em alguns casos, um pequeno inchaço, mas sem perda de função. As entorses moderadas, ou de grau II, envolvem estiramento das fibras de alguns ligamentos e maior ruptura de outros; no entanto, partes do ligamento permanecem intactas. Essas lesões causam dor, inchaço e perda de função na articulação. Nas entorses graves, ou de grau III, um ligamento se rompe por completo. O atleta provavelmente sentirá dor aguda com qualquer movimento da articulação e, por isso, pode não ser capaz de movimentá-la. Haverá também um inchaço generalizado na articulação (particularmente em entorses do tornozelo, cotovelo, dedos da mão, joelhos e dedos do pé).

Uma vez que são os ligamentos que fornecem suporte às articulações ao manter os ossos unidos, as entorses podem causar uma grave instabilidade articular. E, uma vez estirados ou rompidos, os ligamentos podem não recuperar a mesma resistência anterior à lesão. Isso provoca frouxidões ligamentar e articular e pode ocasionar diversas novas lesões (entorses). Mesmo quando conseguem recuperar sua extensão normal, podem levar de 6 a 12 semanas para o completo restabelecimento.

Distensões

Se um músculo ou tendão for comprimido ou estirado demais e com muita força, ele pode sofrer uma distensão que, assim como a entorse, é uma lesão por estiramento ou ruptura (Fig. 3.19). No entanto, as distensões ocorrem nos músculos ou nos tendões. Em um estudo sobre lesões esportivas em estudantes do ensino médio,

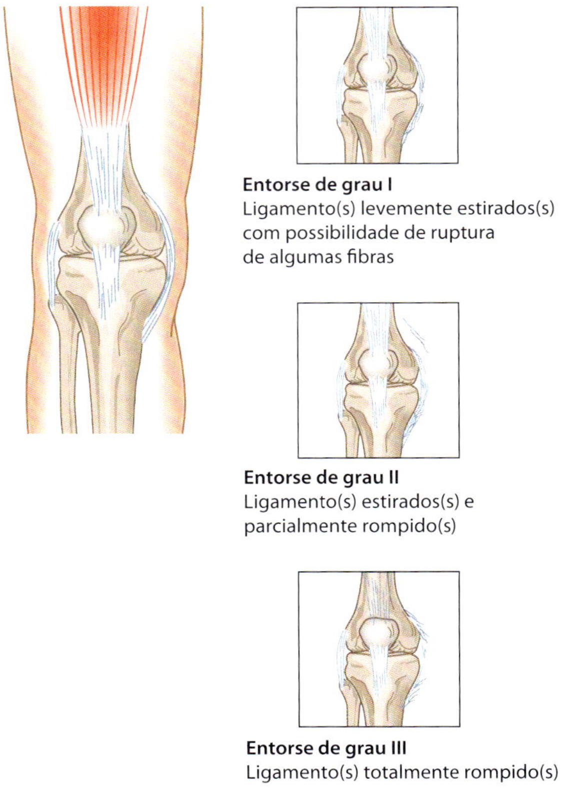

Figura 3.18 Entorses.

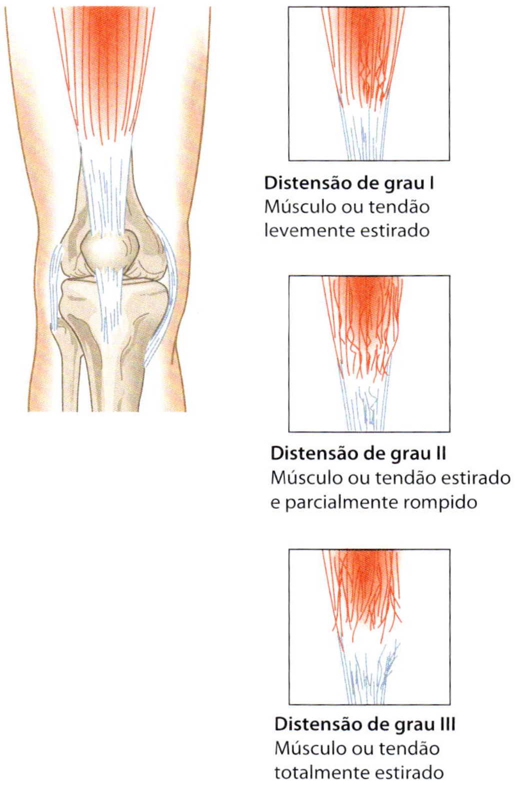

- **Entorse de grau I**
  Ligamento(s) levemente estirados(s) com possibilidade de ruptura de algumas fibras
- **Entorse de grau II**
  Ligamento(s) estirados(s) e parcialmente rompido(s)
- **Entorse de grau III**
  Ligamento(s) totalmente rompido(s)

Figura 3.19 Distensões.

- **Distensão de grau I**
  Músculo ou tendão levemente estirado
- **Distensão de grau II**
  Músculo ou tendão estirado e parcialmente rompido
- **Distensão de grau III**
  Músculo ou tendão totalmente estirado

as distensões ocuparam o segundo lugar entre os tipos mais comuns de lesões relatadas, com uma frequência de 17,6% (Comstock, Collins e Yard, 2008). Ver na Tabela 3.2 uma distribuição das distensões por tipo de esporte.

Da mesma forma que as entorses, as distensões também são classificadas em grau I (leves), grau II (moderadas) e grau III (graves). Nas de grau I, algumas fibras do músculo ou do tendão se estiram, mas são poucas as que chegam a sofrer ruptura. Isso causa dor leve e pode haver um pequeno inchaço, mas não ocorre perda da mobilidade. Nas distensões moderadas ou de grau II, um número maior de fibras musculares ou tendíneas sofre ruptura, mas, também nessa situação, algumas partes do músculo ou tendão permanecem intactas. Essas tensões provocam certo inchaço, dor, perda de função do músculo ou da articulação e uma possível reentrância no local afetado. Nas distensões graves ou de grau III, o músculo ou o tendão se rompe por completo. O atleta provavelmente sentirá dor aguda e ficará impossibilitado de movimentar a articulação ligada ao músculo ou tendão afetado. Os músculos e tendões rompidos incham, provocando uma protuberância.

Rupturas da cartilagem

Como você deve se lembrar, a cartilagem recobre e preenche os ossos, reduzindo o choque e o atrito. Se os ossos de uma articulação sofrem torção ou são comprimidos, podem causar uma contusão ou compressão e romper a cartilagem. Isso ocorre com maior frequência no joelho (Fig. 3.20).

Tabela 3.2 Frequência de distensões entre todos os tipos de lesões relatados.

Esporte	Percentual
Beisebol	23,5
Futebol masculino	21
Futebol feminino	20,7
Luta greco-romana	19,7
Softball feminino	18,5
Voleibol feminino	18,1
Futebol americano	15,3
Basquetebol feminino	13,5
Basquetebol masculino	12,7

Dados de Comstock, Collins e Yard, 2008.

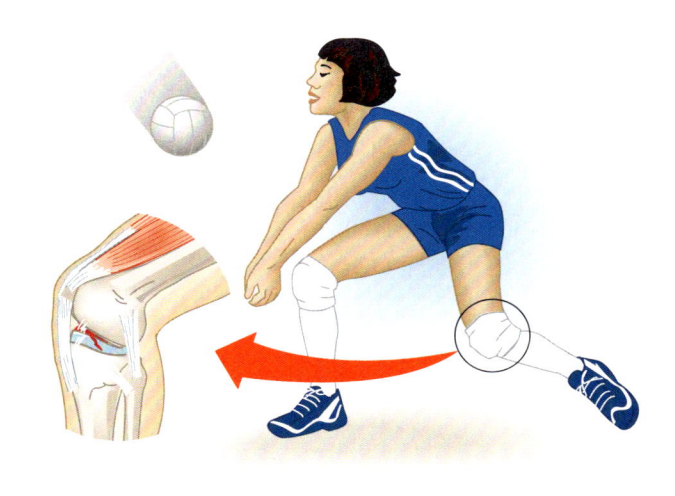

Figura 3.20   Ruptura da cartilagem do joelho.

Luxações e subluxações

Algumas vezes, quando uma articulação é atingida ou torcida, os ossos saem da posição. Em uma luxação, eles permanecem fora do lugar até que sejam reposicionados por um médico, enquanto no caso de uma subluxação o osso "sai" do lugar, mas imediatamente "volta" à posição. Nos esportes, as luxações e subluxações ocorrem com maior frequência no ombro (Fig. 3.21), cotovelo, dedos da mão e patela.

As luxações e subluxações também lesionam os tecidos moles ao redor de uma articulação. Por exemplo, frequentemente os ligamentos sofrem uma entorse por serem estirados ou rompidos quando os ossos saem do lugar. Outras vezes, os ossos quebram e a cartilagem se rompe nessas lesões.

Fraturas

Os ossos que sofrem compressão, torção ou pancada violenta podem quebrar ou fraturar. Em estudos recentes sobre lesões esportivas em estudantes do ensino médio, as fraturas são o segundo tipo mais comum de lesão reportada, com 9,4% (Comstock, Collins e Yard, 2008; Yard e Comstock, 2006). Ver na Tabela 3.3 uma distribuição da frequência de fraturas por tipo de esporte. A Figura 3.22 mostra as duas principais categorias de fraturas: fechada e exposta.

Fraturas fechadas

As fraturas fechadas ocorrem quando um osso se quebra, mas não se projeta através da pele. Esse tipo de

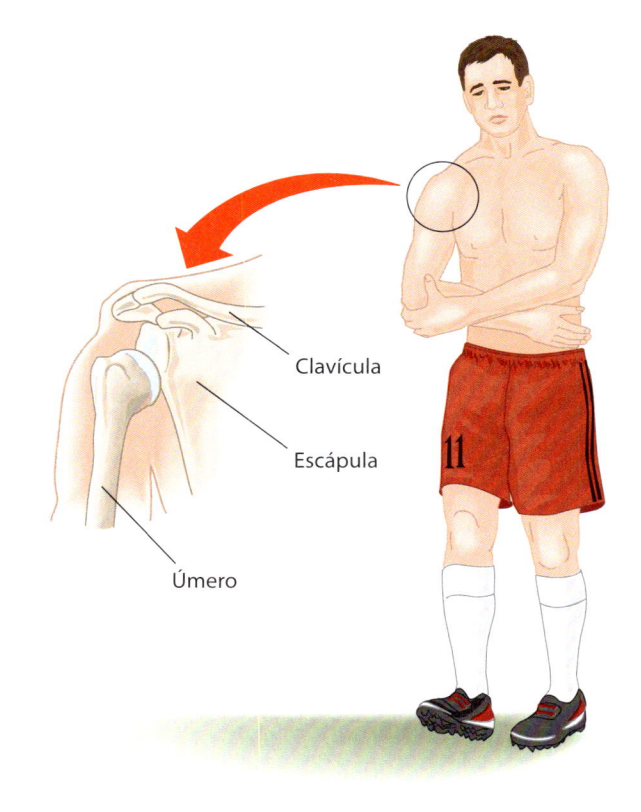

Figura 3.21   Luxação do ombro.

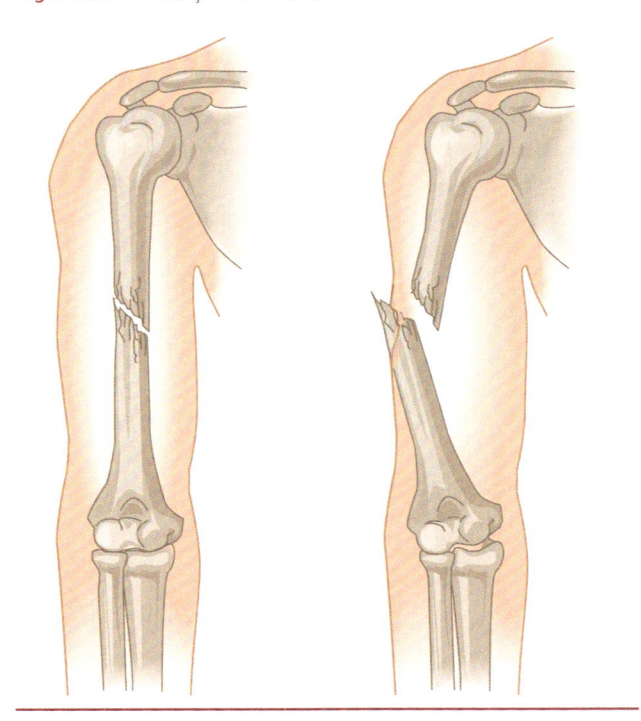

Figura 3.22   Fraturas fechada e exposta.

fratura é a mais comum nos esportes. Algumas vezes elas podem causar uma deformidade perceptível. Os dois tipos prevalentes de fraturas fechadas nos esportes são as fraturas por avulsão e as epifisárias:

Tabela 3.3 Frequência de fraturas entre todos os tipos de lesões relatados.

Esporte	Percentual
Lacrosse feminino	21,4
Softball feminino	16,5
Hóquei na grama feminino	14,5
Beisebol	13,9
Luta greco-romana	11,8
Basquetebol masculino	11,3
Futebol americano	10,2
Lacrosse masculino	8,3
Futebol masculino	7,9
Futebol feminino	6,4
Basquetebol feminino	6,2
Hóquei no gelo feminino	6,2

Dados de Comstock, Collins e Yard, 2008; Yard e Comstock, 2006.

- **Fraturas por avulsão** ocorrem quando o ligamento arranca um fragmento do osso ao sofrer uma entorse. Isso geralmente acontece no tornozelo (Fig. 3.23) e nos dedos da mão.
- **Fraturas epifisárias** (da placa de crescimento) ocorrem quando as placas moles de crescimento, localizadas nas extremidades dos ossos, são lesionadas. Essas fraturas geralmente acometem atletas com menos de 18 anos e podem afetar o crescimento dos ossos. As fraturas na placa de crescimento acontecem tipicamente no cotovelo de arremessadores de beisebol, conforme apresentado na Figura 3.24.

Fraturas expostas

Fraturas expostas ocorrem quando um osso quebrado perfura a pele. Esses ferimentos devem ser cuidadosamente cobertos com gaze esterilizada a fim de prevenir infecções nos ossos e tecidos musculares expostos. Felizmente, fraturas expostas são raras na maioria dos esportes.

LESÕES CRÔNICAS

As lesões crônicas se desenvolvem ao longo do tempo e frequentemente são causadas por golpes repetidos, excessivo estiramento, atrito recorrente ou uso excessivo. Esses traumas repetidos podem ocasionar lesões nos músculos, tendões, bursas e ossos e atingem tipicamente atletas que possuem desequilíbrio na força muscular e na flexibilidade, ou que se exercitam de forma excessiva.

Distensão muscular crônica

Se um músculo for submetido seguidamente a sobrecarga ou estiramento excessivo, poderá sofrer uma distensão crônica. Esse tipo de lesão se desenvolve ao longo de semanas ou meses, e é diferente das distensões agudas por não ser decorrente de um episódio específico de lesão (como uma corrida até a primeira base no beisebol).

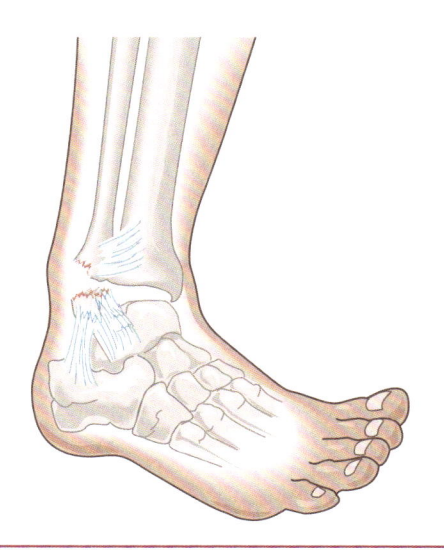

Figura 3.23 Fratura por avulsão no tornozelo.

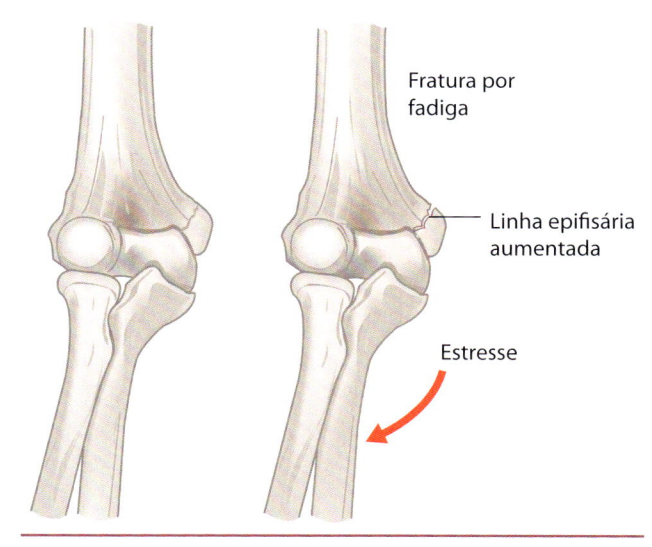

Figura 3.24 Fratura epifisária (da placa de crescimento).

Bursite

Uma bursa pode ficar inchada e dolorida caso sofra repetidos golpes ou irritações. A bursite também pode ser causada pelo atrito dos tendões, para a frente e para trás, sobre a bursa. A bursite no cotovelo (Fig. 3.25) e na patela são os tipos mais comuns nos esportes.

Tendinose, tenossinovite e paratendinite

Assim como as bursas, os tendões também podem sofrer irritações em razão de estiramento ou uso excessivo, especialmente se estiverem fracos ou tensionados. Existem vários tipos de lesões tendíneas. Embora sejam em geral conhecidas simplesmente como tendinite, essas lesões são mais corretamente classificadas por nomes diferentes, baseados na parte do tendão afetada. A tendinose, por exemplo, é uma doença na qual o tendão sofre microlesões. A tenossinovite é uma inflamação da bainha sinovial que envolve o tendão. E a paratendinite caracteriza-se por uma inflamação ou espessamento da bainha do tendão (não da bainha sinovial).

Assim como as entorses e as distensões, a tendinite também pode ser classificada como leve, moderada e grave. Nos casos leves, um dos sintomas é uma leve dor que ocorre em práticas ou atividades específicas sob esforço excessivo. A dor diminui assim que a atividade é interrompida e pode haver um pequeno inchaço, sem perda de movimento. Já a tendinite moderada pode causar um certo inchaço. A dor, nesse caso, aparece em um número maior de atividades e práticas, limita o esforço muscular excessivo e se mantém por várias horas após o término da atividade. Nos casos de tendinite grave, a dor se intensifica, ocorrendo em qualquer nível de esforço e estendendo-se para as atividades diárias, além de apresentar maior duração (às vezes por mais de 24 horas após o término da atividade). A dor também limita as funções do músculo e das articulações. O inchaço ou espessamento do tendão (especialmente o tendão do calcâneo ou o patelar) será mais acentuado. Os Capítulos 12 e 13 descrevem os sinais e sintomas, bem como os primeiros socorros apropriados, para a tendinite em diversos pontos do corpo.

Os tendões do bíceps, da patela, do calcâneo (calcanhar) e do manguito rotador (ombro) são particularmente propensos a microtraumas repetidos em esportes. Tendões do calcâneo ou patelares debilitados e inflexíveis podem ser sobrecarregados por corridas repetidas e atividades de saltos (Fig. 3.26). Os tendões do bíceps e do manguito rotador são com frequência sobrecarregados

Figura 3.25 A bursite ocorre quando a bursa fica inchada e dolorida.

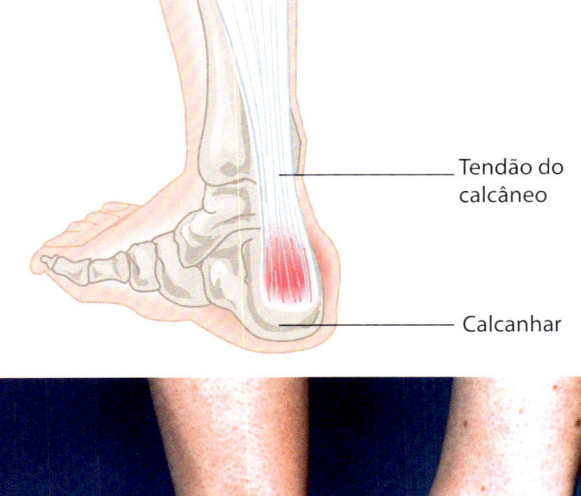

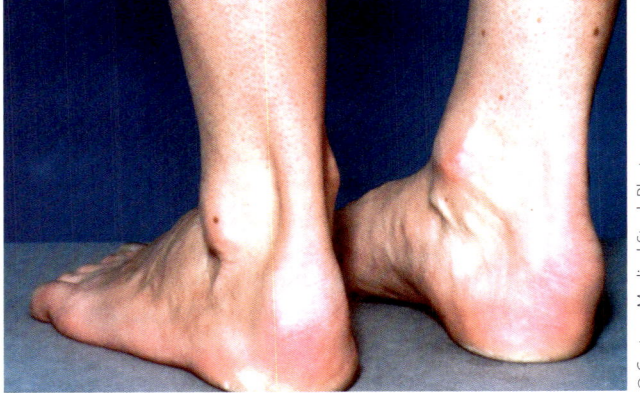

Figura 3.26 A tendinite é resultado da irritação dos tendões.

quando um atleta realiza um arremesso com um ombro debilitado e sem flexibilidade. Esses tipos de lesões também podem ser causados por um aumento muito rápido no regime de treinos e exercícios do atleta. Em geral, um aumento em torno de 10 a 15%, por semana, na intensidade e duração de exercícios e treinos específicos, é considerado uma progressão segura.

Lesões ósseas crônicas

As rupturas e o desgaste repetido de longo prazo podem fazer com que os ossos fraturem ou cresçam de maneira anormal. Dois dos tipos de lesões crônicas mais predominantes nos ossos são a osteoartrite e as fraturas por estresse.

Osteoartrite

A osteoartrite é o resultado típico de um desgaste que se prolonga por vários anos, mas também pode aparecer em um período mais curto (alguns anos) como consequência de uma lesão traumática como uma luxação articular. Em razão do longo tempo que levam para se desenvolver, essas lesões são mais comuns em atletas na fase da pós-adolescência. Entretanto, lesões ignoradas ou negligenciadas em atletas jovens podem levar à osteoartrite em poucos anos. Entorses repetidas no joelho ou no tornozelo, por exemplo, podem causar trauma cumulativo na articulação e provocar a osteoartrite.

Fraturas por estresse

Estresse ou choques repetidos podem fazer com que um osso frature (fratura por estresse). Atletas envolvidos em esportes de alto impacto (corrida, basquete, futebol e ginástica artística) e atividades de alta velocidade (arremesso do beisebol) são particularmente propensos a essas lesões.

EM RESUMO

Este capítulo apresentou apenas algumas das várias lesões com as quais você pode se deparar como treinador. Lesões comuns e seus mecanismos estão relacionados na Tabela 3.4. Consultar a Tabela 3.5 para uma visão geral do tipo de lesão que afeta cada parte do corpo. Para maiores informações sobre lesões específicas, ver os capítulos da Parte III.

Tabela 3.4 Lesões e seus mecanismos.

Lesões agudas	Compressão	Tensão	Cisalhamento
Contusões	X		
Abrasões			X
Perfurações	X		
Lacerações	X		X
Incisões	X		
Avulsões	X	X	X
Entorses		X	X
Distensões agudas		X	
Rupturas da cartilagem	X		X
Luxações e subluxações	X	X	
Fraturas ósseas	X		
Fraturas epifisárias	X	X	
Lesões crônicas			
Distensões musculares crônicas		X	
Bursite	X	X	X
Tendinose, tenossinovite e paratendinite		X	
Osteoartrite	X		X
Fraturas por estresse	X		

Tabela 3.5 Exemplos de lesões que afetam tecidos específicos do corpo

Tecido	Lesão	Tipo de lesão
Osso	Fratura fechada	Aguda
	Fratura exposta	Aguda
	Fratura por avulsão	Aguda ou crônica
	Osteoartrite	Crônica
	Fratura por estresse	Crônica
Cartilagem	Ruptura	Aguda ou crônica
	Contusão	Aguda
Ligamento	Entorse	Aguda
Músculo	Distensão	Aguda ou crônica
Tendão	Distensão	Aguda
	Tenossinovite	Crônica
	Tendinose	Crônica
	Paratendinite	Crônica
Bursa	Bursite	Crônica
	Contusão	Aguda
Pele	Laceração	Aguda
	Incisão	Aguda
	Abrasão	Aguda
	Perfuração	Aguda
	Avulsão (exemplo: lóbulo da orelha)	Aguda
Olho	Perfuração	Aguda
	Abrasão (da córnea)	Aguda
Outros órgãos (p. ex., coração, rins)	Perfuração	Aguda
	Contusão	Aguda

Capítulo 3 Revisão

- Você está familiarizado com cada um dos sistemas do corpo e seus órgãos? Considere os sistemas musculoesquelético, neurológico, digestório, circulatório, respiratório e urinário.
- A quais tecidos os músculos se conectam, e como esses tecidos ajudam na movimentação do nosso corpo?
- Quais tecidos formam uma articulação?
- Onde ficam os ligamentos e que função eles desempenham na estabilidade articular?
- Quais são os três mecanismos que resultam na maioria das lesões?
- Quais são os termos utilizados para indicar quanto tempo leva para uma lesão se desenvolver?
- Você é capaz de descrever o significado de compressão, tensão e cisalhamento?
- Quais são as lesões agudas comuns e como elas ocorrem?
- Quais são os três tipos de cortes e como é possível distingui-los?
- Você é capaz de definir o que causa as entorses e em quais tecidos elas ocorrem?
- Você é capaz de definir o que causa as distensões e em quais tecidos elas ocorrem?
- Você é capaz de classificar e descrever três tipos de fraturas ósseas agudas?
- O que causa as lesões crônicas e o que as distingue das lesões agudas?
- Quais são as lesões crônicas comuns e como elas ocorrem?

BIBLIOGRAFIA

Comstock, R.D., C.L. Collins, E.E. Yard. National high school sports-related injury surveillance study, 2005-06 and 2006-07 school years (Personal communication, February 1, 2008).

Yard, E.E. and R.D. Comstock, 2006. Injuries sustained by pediatric ice hockey, lacrosse, and field hockey athletes presenting to United States emergency departments. Journal of Athletic Training, 41(4): 441-449.

CAPÍTULO 4
Medidas de ação emergencial

Neste capítulo, você irá aprender

- De que forma executar medidas de ação emergencial.
- O que fazer quando um atleta tem uma parada respiratória. Entre os procedimentos apresentados estão a verificação das vias aéreas, a realização da reanimação cardiopulmonar e a utilização de um desfibrilador automático externo.
- Como identificar e assistir uma obstrução das vias aéreas, incluindo a forma correta de executar a manobra de Heimlich.

Lesões e técnicas abordadas neste capítulo

- Posição de recuperação para um atleta não lesionado.. p. 47
- Posição HAINES para um atleta lesionado que esteja respirando.. p. 48
- Obstrução leve das vias aéreas em um atleta consciente... p. 50
- Obstrução grave das vias aéreas em um atleta .... p. 50
- Manobra de Heimlich............................... p. 51
- Obstrução grave das vias aéreas em um atleta inconsciente....................................... p. 53

Imagine-se alinhado atrás de seu jogador central, pronto para receber a bola. O último quarto já está terminando, você se encontra na linha de 30 jardas, é a última jogada e seu time está perdendo por 2 pontos. De repente, três vorazes jogadores de defesa estão lhe encarando do outro lado da linha e você percebe que a sua jogada está fadada a ser interceptada. Restam apenas 7 segundos de acordo com o relógio do jogo. O que você faz?

Se conseguir pensar e reagir rapidamente, você chamará seus jogadores ofensivos que poderão salvar o jogo.

A necessidade de reconhecer e reagir a problemas graves de forma rápida e correta não é exclusiva do futebol americano. O mesmo vale para a avaliação das vias áreas, respiração e circulação de um atleta e para a providência de suporte básico à vida. Ambos exigem a capacidade de analisar e entender o que está acontecendo e reagir em uma fração de segundos.

Neste capítulo, você aprenderá como conduzir medidas de ação emergencial para um atleta doente ou lesionado. Isso inclui avaliar o ambiente, o nível de consciência do atleta, as vias aéreas, a respiração e a circulação, e reagir de forma apropriada com primeiros socorros que podem salvar vidas. A correta avaliação de um atleta pode ajudar você a prestar os primeiros socorros e a se comunicar com a equipe de resgate de forma mais precisa.

MEDIDAS DE AÇÃO EMERGENCIAL

Sua avaliação inicial consistirá nas seguintes medidas de ação emergencial: avaliar (o local e o atleta), acionar o serviço de resgate e seguir o ABC. Essas medidas devem ser tomadas rapidamente – no tempo máximo de um minuto –, elas o ajudarão a identificar problemas que podem colocar em risco a vida de um atleta doente ou lesionado e a tomar as providências necessárias.

Avalie o local

Quando um atleta sofre uma queda causada por lesão ou doença, o primeiro fator a ser considerado é a segurança. Seu objetivo imediato é proteger o atleta – e a si mesmo – de novas lesões. Em primeiro lugar, você ou um assistente devem instruir todos os jogadores e outras pessoas presentes a não tocarem no atleta. Eles podem agravar a lesão ao tentar movê-lo.

Em seguida, avalie o ambiente. O atleta corre riscos relacionados a queda de cabos de energia elétrica, raios, tráfego ou exposição ao frio ou calor? Você corre algum perigo decorrente de qualquer uma dessas condições? Em caso afirmativo, será necessário analisar cuidadosamente maneiras de minimizar seu risco de sofrer algum dano e avaliar a necessidade de remover o atleta imediatamente do local, com o intuito de evitar que as condições do ambiente agravem seu estado. Consulte o quadro "Fique alerta – Ao remover um atleta lesionado ou doente" e o Capítulo 6 para obter instruções sobre quando e como remover de forma segura um atleta lesionado.

Em terceiro lugar, tente acalmar o atleta e evitar que ele se debata ou pule, o que poderia causar novas lesões.

Por último, verifique se a posição em que ele se encontra ou se os equipamentos utilizados por ele podem impedir a avaliação de seu estado ou a prestação de socorro nas situações em que há risco de morte. Talvez seja necessário remover o atleta ou retirar equipamentos específicos que possam dificultar o exame ou a prestação dos primeiros socorros.

Avalie o atleta

Ao aproximar-se do atleta, procure entender como a lesão ocorreu. Houve golpe direto em uma determinada região do corpo? Houve torção em alguma articulação ou parte do corpo? Ele foi picado por algum inseto? Essas informações lhe darão uma ideia sobre o tipo de lesão com a qual você está lidando.

Relembre o que você sabe sobre o histórico médico do atleta. Ele possui histórico de asma, problemas cardíacos, distúrbios renais, problemas neurológicos, diabetes ou convulsões? Já foi acometido antes por esse tipo de lesão ou doença? Essas informações fornecem pistas adicionais sobre a condição do atleta, e poderão orientar os cuidados que deverão ser prestados.

Ao chegar ao local onde o atleta se encontra, verifique rapidamente se ele está consciente ou não. Bata ou aperte levemente os ombros dele e pergunte: "Você está bem, (nome do atleta)?"

> **Fique alerta**
> *Com as proteções faciais*
>
> Manobras de respiração de resgate não são necessárias na reanimação cardiorrespiratória somente com compressões cardíacas. Portanto, não é necessário perder tempo para remover a máscara frontal se o atleta estiver usando um capacete.
>
> **OBSERVAÇÃO:** não remova o capacete de um atleta inconsciente. Se houver suspeita de lesão craniana ou da coluna vertebral grave, posicione suas mãos em ambos os lados do capacete do atleta e mantenha alinhados a cabeça, o pescoço e a coluna vertebral.

Acione o serviço de resgate

Caso o atleta não apresente reações ou, embora respondendo, esteja gravemente ferido, aparentando ou exibindo sinais de que está muito enfermo ou piorando rapidamente, alerte a equipe de resgate ou acione seu plano de ação de emergência local.

Siga o ABC

Após avaliar se o atleta se encontra consciente ou não e acionar o serviço de resgate ou seu plano de ação emergencial, siga o ABC – vias aéreas, respiração e circulação (do inglês, *airway, breathing and circulation*).

O objetivo é verificar se o atleta necessita de ressuscitação cardiopulmonar (RCP) e analisar outras condições de risco à vida que exijam atenção imediata, como, por exemplo, um sangramento grave. Caso não encontre situações que representem risco instantâneo de morte,

> **Fique alerta**
> *Ao remover um atleta lesionado ou doente*
>
> Em quase todos os casos, você deve deixar que a equipe de resgate remova um atleta gravemente lesionado. Só remova um atleta seriamente lesionado ou doente se:
>
> - o local não for seguro (p. ex., relâmpagos, queda de cabos de energia, tráfego ou outros corredores na pista);
> - a posição do atleta impedir a avaliação da lesão, a prestação dos primeiros socorros ou a realização da RCP; ou
> - o atleta estiver apresentando sinais de síndrome do calor por esforço (ver Cap. 11).
>
> Veja no Capítulo 6 as técnicas corretas de remoção de um atleta. Mova um atleta seriamente lesionado ou doente apenas quando houver necessidade de realizar a RCP, controlar sangramentos em profusão ou evitar que ele se asfixie com vômito ou secreções.

faça uma avaliação física mais detalhada e que dê um direcionamento ao tratamento. Essa avaliação é descrita no próximo capítulo deste livro.

No caso de atleta consciente

1. Em primeiro lugar, identifique-se e peça a ele permissão para prestar auxílio.
2. Certifique-se de que ele se encontra plenamente consciente e respirando com normalidade e que não esteja emitindo sons característicos de engasgamento ou respiração ruidosa, ofegante ou gorgolejante. Ele deve ter condições de conversar e manter suas vias aéreas abertas e desimpedidas.
3. Mova o atleta somente se estiver em um local de risco; o atleta corre o risco de aspirar líquidos, vômitos, ou sangue; ou se você deve deixar o atleta sozinho para pedir ajuda. Se qualquer uma dessas opções for verdadeira, você pode precisar mover o atleta utilizando as técnicas descritas aqui. Para um atleta sem lesões, utilize a posição de recuperação. Para um atleta lesionado, considere automaticamente que ele teve uma lesão na cabeça ou na coluna e use a posição de HAINES ou o resgate com quatro ou cinco pessoas (ver Cap. 6). Lembre-se: somente movimente o atleta se for necessário para protegê-lo de um risco maior ou para fornecer os primeiros socorros.
4. Tente localizar e controlar, por meio de pressão direta, qualquer sangramento grave (ver mais detalhes no próximo capítulo).
5. Verifique a normalidade da coloração dos tecidos e da temperatura corporal. A pele azulada ou fria ao toque pode ser um indício de que a circulação do atleta sofreu redução por pelo menos alguns instantes.
6. Enquanto espera pela assistência médica, continue a monitorar a consciência do atleta, certificando-se de que a respiração esteja normal.
7. Continue controlando sangramentos, coloração e temperatura tecidual e auxiliando na manutenção da temperatura corporal normal do atleta.

Ver no Apêndice, um resumo de como atender um atleta consciente.

No caso de atleta inconsciente

1. Acione o serviço de resgate e busque um desfibrilador externo automático (DEA). Se houver outra pessoa no local, peça que ela procure por esse equipamento enquanto você cuida do atleta.
2. Cheque a respiração do atleta. Se o atleta inconsciente está com a face voltada para baixo, observe se existem movimentos torácicos. Você também pode checar a respiração colocando sua mão na frente do nariz e boca do atleta para sentir sua respiração. Pro-

---

Posição de recuperação para um atleta não lesionado

1. Ajoelhe-se ao lado do atleta e certifique-se de que ele esteja com as duas pernas estendidas.
2. Posicione em um ângulo reto em relação ao corpo o braço dele que estiver mais próximo a você, mantendo o cotovelo flexionado e a palma da mão voltada para cima.
3. Cruze o outro braço do atleta ao longo do tórax, mantendo as costas da mão pressionadas contra a bochecha mais próxima a você (Fig. 4.1a).
4. Com sua outra mão, segure, logo acima do joelho, a perna oposta do atleta e puxe-a para cima (Fig. 4.1b).
5. Mantendo a mão do atleta pressionada contra a bochecha, puxe a perna oposta para virá-lo em sua direção.
6. Acomode a parte superior da perna para que tanto o quadril quanto o joelho estejam dobrados em ângulos retos (Fig. 4.1c).

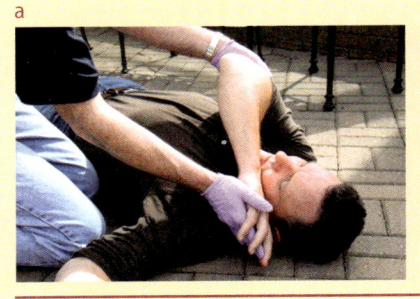

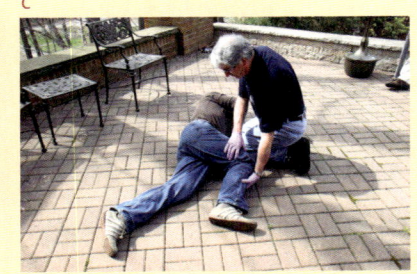

Figura 4.1 Posição de recuperação. (a) Cruze o braço sobre o tórax do atleta. (b) Puxe a perna oposta para cima. (c) Posicione o quadril e o joelho em ângulos retos.
Cortesia do American Safety & Health Institute.

cure, ouça e sinta essas expirações durante pelo menos 5 segundos, não mais de 10. Suspiros ocasionais não são normais e não são capazes de suprir o atleta com oxigênio suficiente para a manutenção da vida. Se o atleta não está respirando, ou emite sons de dificuldade respiratória, você pode precisar mover o atleta, colocando-o deitado de costas e começar a administrar a RCP.

Se você estiver sozinho e o atleta estiver na sua frente, coloque o braço mais próximo do atleta por sobre a cabeça. Apoie o pescoço com sua mão. Coloque sua outra mão sobre o quadril do atleta e role o corpo dele na sua direção até que ele esteja deitado de costas. Tente rolar o tronco e a cabeça de uma vez para minimizar o risco de lesão da coluna.

Na presença de outras pessoas e se o atleta estiver deitado de frente para o chão, use a manobra de resgate com quatro ou cinco pessoas descrita no Capítulo 6.

3. Comece a RCP. A RCP utiliza compressões de tórax para ajudar a circular o sangue com oxigênio para os órgãos quando o coração não está batendo. A RCP básica está descrita adiante. Entretanto, isso não significa que você deva usar estas informações em vez das orientações oferecidas pela American Red Cross, American Heart Association ou outras organizações nacionalmente reconhecidas.

Compressões

1. Exponha o tórax do atleta.
2. Posicione o apoio da palma de uma das mãos no meio do tórax do atleta, entre os mamilos. Coloque sua outra mão em cima da primeira. Seus dedos podem ficar tanto estendidos quanto cerrados, mas nunca em contato com o tórax do atleta.
3. Posicione-se de forma que seus ombros estejam diretamente acima de suas mãos. Deixe os braços retos e trave os cotovelos.
4. Use o peso da parte superior do corpo para auxiliar na compressão torácica. Empurre com força, pressionando para baixo sobre o tórax, aproximadamente 5 cm para um adulto de estatura normal, e entre 1 e 1,5 cm de afundamento do tórax para uma criança (de 1 a 8 anos de idade).
5. Libere a pressão e tire totalmente o peso do seu corpo ao final de cada compressão para que o tórax do atleta retorne à posição normal e o coração possa receber o sangue.

Posição de HAINES para um atleta lesionado que esteja respirando

1. Ajoelhe-se ao lado do atleta.
2. Posicione o braço do atleta mais próximo a você acima da cabeça dele e o mais distante ao longo do tórax (Fig. 4.2a).
3. Flexione a perna do atleta mais próxima a você na altura do joelho.
4. Coloque sua mão sob o vão do pescoço a fim de ajudar a estabilizá-lo.
5. Vire o atleta em sua direção de modo que ele fique com a cabeça sobre o braço estendido.
6. Flexione ambas as pernas na altura do joelho a fim de estabilizá-lo (Fig. 4.2b).

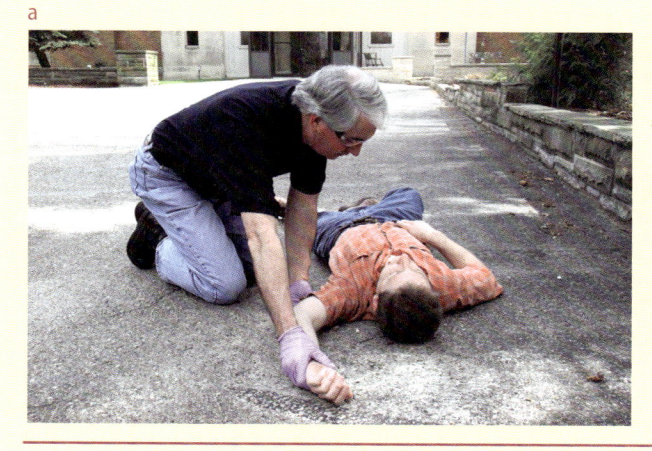

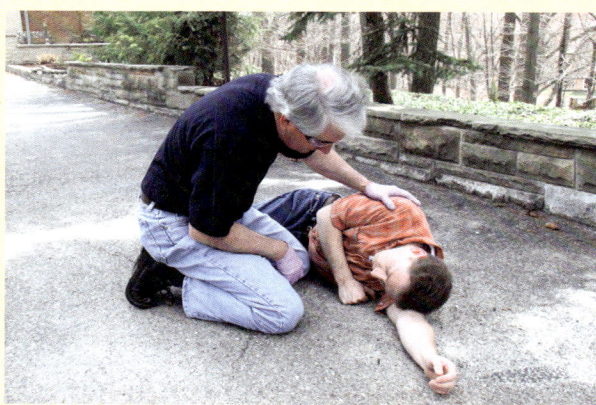

a

b

Figura 4.2 Posição de HAINES. (a) Posicione o braço do atleta mais próximo a você acima da cabeça dele. (b) Flexione ambas as pernas na altura do joelho.
Cortesia do American Safety & Health Institute.

6. Administre 30 compressões a uma velocidade de aproximadamente 100 por minuto. Deixe que o tórax do atleta retorne por completo à posição normal. Para fazer com que um sangue mais oxigenado chegue ao coração e ao cérebro do atleta, você deve reduzir as interrupções entre as compressões torácicas.
7. Continue até que alguém com treinamento semelhante ou superior ao seu assuma o controle, você obtenha um DEA, o resgate se apresente, o atleta mostre sinais de reação, você esteja exausto ou a situação se torne arriscada demais para prosseguir.

Desfibrilação

Em alguns casos, o coração de um atleta pode estar batendo irregularmente, de forma que o sangue oxigenado não circula de modo efetivo através do corpo. Dessa forma, quando se realiza a RCP, use um desfibrilador externo automático (Fig. 4.3) para avaliar se o coração apresenta batimentos irregulares. Caso esteja, o DEA irá aplicar um choque no coração em uma tentativa de estabelecer um ritmo de batimentos normais. Se você estiver sozinho e precisar realizar uma RCP, busque o DEA e aplique-o antes de iniciar as compressões. Se mais alguém estiver presente, comece as compressões torácicas e peça para esta pessoa buscar o DEA.

Assim que o DEA chegar, se estiver sozinho, faça o seguinte:

1. Ligue o DEA.
2. Selecione e prenda as pás adesivas para adultos se o atleta for um adulto. Se ele for uma criança e houver pás infantis disponíveis, use-as; caso contrário, utilize pás de adultos. (Observação: DEAs não são usados em bebês.)
3. Ouça e siga os comandos de voz do DEA.
4. A maioria dos desfibriladores inicia automaticamente a análise do ritmo cardíaco do atleta assim que os eletrodos são encaixados corretamente. Certifique-se de que ninguém toque o atleta durante a análise do ritmo cardíaco pelo DEA.
5. Se houver indicação de choque, assegure que ninguém esteja tocando o atleta. Mantenha-se a uma distância segura dele e pressione o botão de choque no DEA para realizar uma descarga.
6. Continue seguindo as instruções do DEA até o resgate chegar.

Se outra pessoa estiver presente, peça que ela abra e ligue o DEA enquanto você continua a RCP. Pare a RCP quando as pás estiverem prontas para serem presas ao tórax do atleta.

O Apêndice resume como atender um atleta inconsciente e resume os procedimentos de RCP e DAE. A seguir, falaremos sobre os procedimentos para um bloqueio das vias aéreas em virtude de um sufocamento.

Asma ou outras condições

Nota: um atleta pode ter dificuldades respiratórias em virtude de lesões ou condições clínicas como a asma. Reveja o fluxo de atendimento de primeiros socorros para asma no Apêndice. Ele descreve as etapas a serem cumpridas no caso de um ataque de asma.

Obstrução das vias aéreas

Nos esportes, as vias aéreas de um atleta podem ficar obstruídas por causa de:

- aspiração de um corpo estranho, como, por exemplo, uma goma de mascar ou alimento;
- deslizamento da língua e obstrução da garganta, em caso de atleta inconsciente; ou
- inchaço causado por um golpe direto ou alergias graves.

Nesses casos, as vias aéreas podem sofrer uma obstrução leve ou grave. O atendimento de primeiros socorros dependerá do tipo de obstrução ocorrida.

Este capítulo trata do atendimento de primeiros socorros nos casos de obstrução das vias aéreas causada por um corpo estranho, como alimentos, goma de mascar ou a língua (em um atleta inconsciente). O Capítulo 7 aborda o atendimento de primeiros socorros para obstrução das vias aéreas causada pelo inchaço decorrente de reações alérgicas graves.

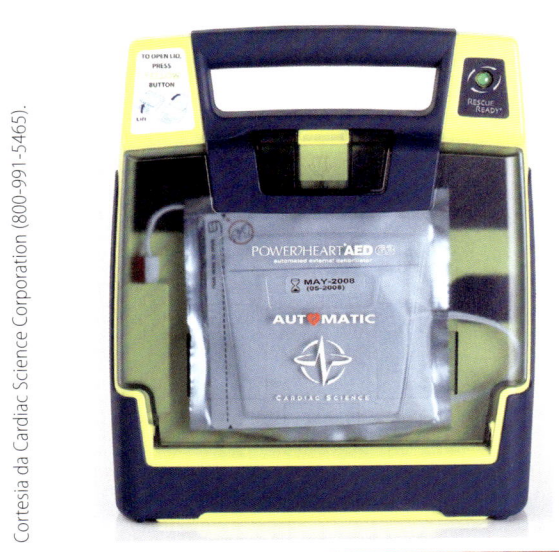

Figura 4.3 Desfibrilador externo automático (DEA).

Obstrução leve das vias aéreas em um atleta consciente

As vias aéreas se encontram parcialmente obstruídas, impossibilitando a passagem de quantidade suficiente de ar para os pulmões.

Causa

- Corpo estranho, como goma de mascar ou alimento, nas vias aéreas.

Verifique os sinais

- Consegue inspirar, expirar e falar.
- Asfixia ou tosse forte, como se houvesse alimento/líquido "descendo pelo canal errado".
- Ruídos estridentes ou sibilantes (dificuldade respiratória) podem ser ouvidos entre tosses fortes.

Condição de jogo

- Se o corpo estranho for removido e tanto a respiração como a coloração dos lábios, pele e unhas do atleta retornarem ao normal, ele poderá voltar à atividade.

Primeiros socorros

1. Pergunte "Você está bem?". Se o atleta responder "sim", mas apresentar dificuldades para respirar ou estiver engasgando (o sinal universal de asfixia), ele pode estar com as vias aéreas parcialmente obstruídas.
2. Incentive o atleta a tossir.
3. Monitore o atleta até que (a) o corpo estranho seja desalojado e ele esteja respirando normalmente, ou (b) a obstrução das vias aéreas se torne grave (ele não consegue tossir ou falar). Caso isso aconteça, execute a manobra de Heimlich descrita adiante. Se a manobra de Heimlich não conseguir remover a obstrução ou o atleta ficar inconsciente, peça a alguém que chame o resgate e inicie a RCP.

Obstrução grave das vias aéreas em um atleta consciente

As vias aéreas estão totalmente bloqueadas, impedindo que o ar entre nos pulmões.

Causa

- Corpo estranho, como uma goma de mascar, nas vias aéreas.

Verifique os sinais

- Atleta engasga (sinal universal de asfixia).
- Impossibilidade de tossir ou falar.
- Lábios, unhas e pele azulados.

Condição de jogo

- Após a execução da manobra de Heimlich, mesmo que o corpo estranho tenha sido retirado e tanto a respiração como a circulação do atleta tenham retornado ao normal, ele não poderá voltar à atividade antes de ter sido avaliado pelo serviço de emergência médica e examinado por um médico. Lesões internas podem ser causadas por compressões abdominais, mesmo quando realizadas corretamente.

Primeiros socorros

1. Pergunte "Você está asfixiado?".
2. Se o atleta balançar afirmativamente a cabeça ou fizer o sinal universal de asfixia, então pergunte "Posso ajudar?". Se ele assentir com a cabeça, ou estiver impossibilitado de falar, tossir ou gritar, inicie imediatamente a manobra de Heimlich.
3. Se o atleta balançar negativamente a cabeça à pergunta "Você está asfixiado?", chame o serviço de emergências médicas e verifique outras causas para a dificuldade de respiração. Elas são discutidas no Capítulo 7.

Manobra de Heimlich

Objetivo: remover um corpo estranho que esteja causando obstrução grave.

Como funciona

- Utiliza compressões que forçam o ar para fora dos pulmões e removem a obstrução.

Técnica

1. Fique em pé atrás do atleta, no caso de um adulto, ou ajoelhado, no caso de uma criança.
2. Cerre um punho. Posicione a lateral de seu polegar contra o abdome do atleta, logo acima do umbigo.
3. Realize rápidas compressões para dentro e para cima.
4. Continue as compressões até que:
   a) o corpo estranho seja expelido; ou
   b) o atleta perca a consciência em decorrência da falta de ar. Nesse caso, faça a RCP.

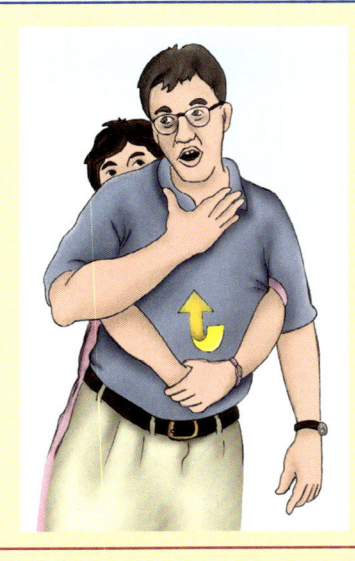

Figura 4.4 Posição das mãos na manobra de Heimlich.

Fique alerta
Ao executar a manobra de Heimlich

Se você posicionar seu punho alto demais, as compressões podem quebrar a extremidade do esterno e provocar lesões internas.

O Apêndice apresenta uma revisão dos procedimentos de primeiros socorros para o tratamento de obstrução das vias aéreas em um atleta consciente e um resumo dos procedimentos de primeiros socorros nos casos de obstrução das vias aéreas em um atleta inconsciente.

Antes de prosseguir com a avaliação física no Capítulo 5, analise calmamente as medidas de ação emergencial, de acordo com o resumo da Figura 4.5.

Obstrução grave das vias aéreas em um atleta inconsciente

Causas

- Corpo estranho, como uma goma de mascar, alojado nas vias aéreas.
- Parte posterior da língua obstruindo as vias aéreas.

Verifique os sinais

- Inconsciente.
- Não respira.

Primeiros socorros

Se o atleta perder a consciência em decorrência de asfixia, realize os seguintes procedimentos:

1. Se possível, proteja o atleta da queda quando ele perder a consciência.
2. Peça a alguém que chame imediatamente o serviço de emergências médicas.
3. Se o atleta não estiver deitado de costas, coloque-o nesta posição utilizando a técnica HAINES se você tiver certeza de que não ocorreram lesões na cabeça ou pescoço. Caso contrário, use a técnica com quatro ou cinco pessoas descrita no Capítulo 6.

(continua)

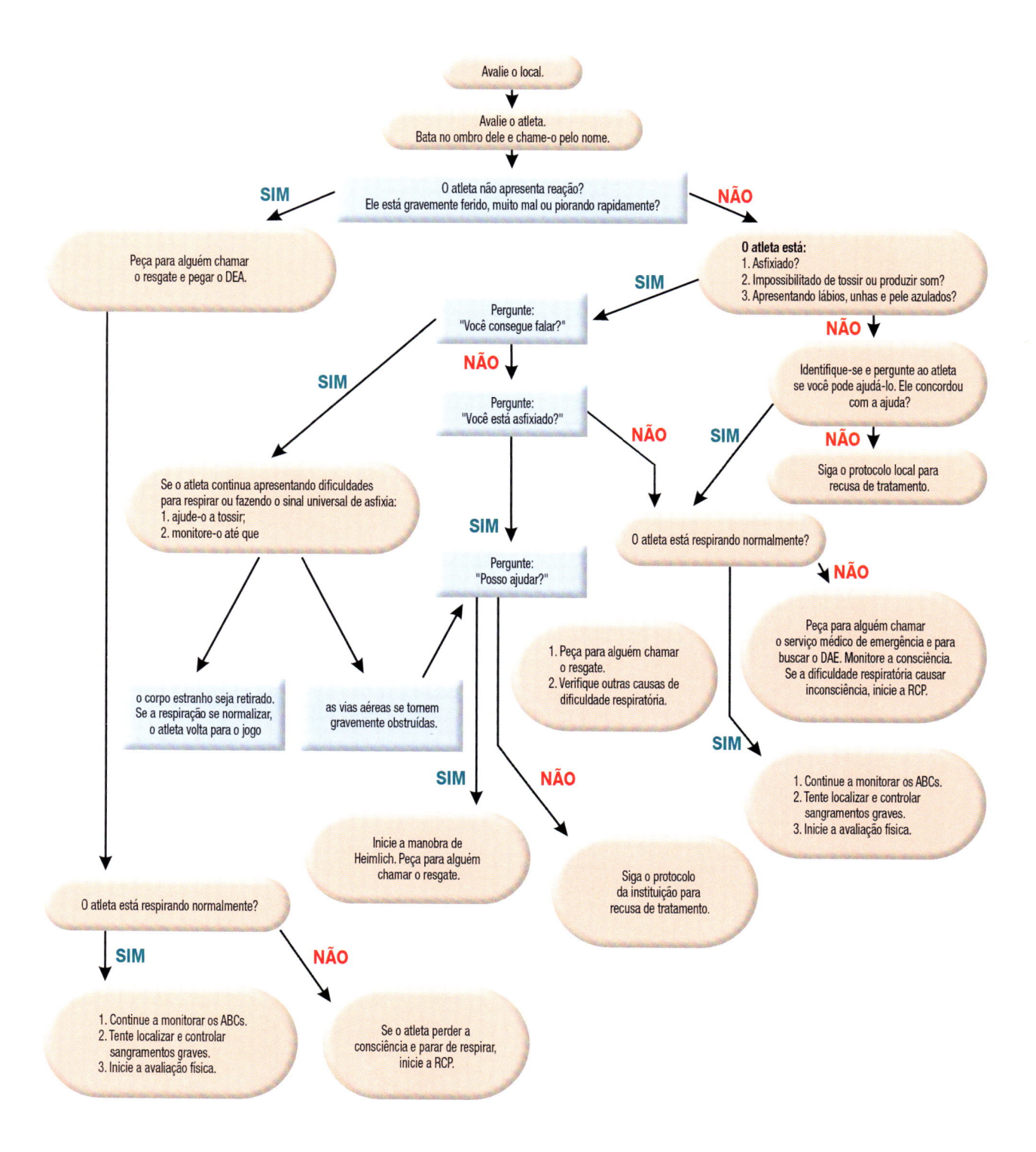

Figura 4.5 Medidas de ação emergencial.

Obstrução grave das vias aéreas em um atleta inconsciente *(continuação)*

Primeiros socorros

4. Se você tiver certeza de que o atleta não sofreu lesão na cabeça ou pescoço, abra a boca e remova o objeto se você conseguir visualizá-lo. Também observe para verificar se a língua se movimentou para trás e está bloqueando a via aérea. Caso isso tenha ocorrido, incline suavemente a cabeça do atleta até que a obstrução se desfaça.

5. Se c atleta ainda não estiver respirando, prossiga com a RCP até a obtenção de um DEA, chegada do resgate ou até que o ccrpo estranho tenha sido retirado e o atleta apresente sinais vitais. Se isso ocorrer, verifique novamente a respiração. Se o atleta estiver respirando (sem dificuldade), continue a monitorar a respiração além de monitorar os cuidados para choque até que o SEM chegue.

Condição de jogo

- O atleta não poderá retornar às atividades até que seja examinado e liberado por um médico.

Capítulo 4 Revisão

- Quais são as primeiras medidas a serem tomadas quando um atleta sofre uma lesão ou doença súbita?
- Quando um atleta estiver inconsciente, quem deverá ser chamado?
- Quais são as medidas de ação emergencial e como elas são realizadas?
- Quando um atleta estiver consciente e apresentar obstrução leve das vias aéreas, o que você deve fazer?
- Quando um atleta estiver consciente e apresentar obstrução grave das vias aéreas, o que você deve fazer?
- Quando um atleta estiver inconsciente e apresentar obstrução das vias aéreas, o que você deve fazer?
- Você é capaz de descrever quando e como realizar:
  — a manobra de Heimlich?
  — a reanimação cardiopulmonar?
  — a RCP com um desfibrilador externo automático?

BIBLIOGRAFIA

Berg, R.A., R. Hemphill, B.S. Abella, T.P. Aufderheide, D.M. Cave, M.F. Hazinski, E.B. Lerner, T.D. Rea, M.R. Sayre, and R.A. Swor. 2010. Part 5: Adult basic life support: 2010 American Heart Association Guidelines for Cardiopulmonary Resuscitation and Emergency Cardiovascular Care. *Circulation* 122: S685-S705.

Markenson, D., J.D. Fergunson, L. Chameides, P. Cassan, K. Chung, J. Epsteiin, L. Gonzales, R.A. Herrington, J.L. Pellegrino, N. Ratcliff, and A. Singer. 2010. Part 17: First aid: 2010 American Heart Association and American Red Cross guidelines for first aid. *Circulation* 122: S934-46.

CAPÍTULO 5
Avaliação física e técnicas de primeiros socorros

Neste capítulo, você irá aprender

- Como conduzir a avaliação física de um atleta lesionado ou doente, utilizando o método HIT (histórico, inspeção e toque).
- Como controlar sangramentos profusos.
- Quais métodos utilizar para minimizar danos teciduais generalizados.
- Como colocar talas em lesões instáveis.
- Como controlar sangramentos lentos e estáveis.
- O que fazer para minimizar danos teciduais locais.

Lesões e técnicas abordadas neste capítulo

- Sangramento arterial e venoso .... p. 61
- Dano tecidual sistêmico (choque) .... p. 62
- Imobilização de lesões instáveis com talas .... p. 63
- Sangramento capilar................................. p. 67
- Minimizando danos teciduais locais .... p. 67

Executar uma entrada difícil sem nenhuma falha é só o começo de uma série na trave de equilíbrio, assim como as medidas de ação emergencial são apenas o primeiro passo da avaliação de lesões e dos primeiros socorros no esporte. Ambas as habilidades são essenciais, porém, apenas uma pequena parte de uma rotina completa. Tanto os especialistas em trave de equilíbrio como os socorristas do esporte devem ser capazes de colocar em prática habilidades básicas e comuns, mas igualmente importantes. Para um ginasta, essas habilidades podem ser giros e saltos sobre a trave. Para o socorrista do esporte, elas incluem a condução de uma avaliação física e das técnicas de primeiros socorros correspondentes.

AVALIAÇÃO FÍSICA

Após completar as medidas de ação emergencial e assegurando-se de que o atleta esteja respirando normalmente, você deverá iniciar a avaliação física a fim de determinar a natureza, o local e a gravidade da lesão ou doença. Não inicie essa avaliação antes que o atleta esteja respirando normalmente. Como nas medidas de ação emergencial, siga um padrão, similar ao apresentado a seguir, para fazer uma avaliação mais completa. O acrônimo HIT irá ajudá-lo a lembrar estas etapas:

H – Histórico
I – Inspeção
T – Toque

Histórico

Na avaliação física, a etapa do "histórico" é o momento de reunir informações adicionais sobre como a lesão ou doença ocorreu. Seu objetivo é determinar o local, o mecanismo, os sintomas e as ocorrências prévias.

Para obter um histórico da lesão, realize os seguintes passos:

1. Tente relembrar o que você viu e ouviu.
2. Fale com o atleta lesionado – preste atenção nos sintomas que indiquem o que ele está sentindo, por exemplo, dormência, dores, sensação desagradável ou frio.

3. Fale com outros atletas, treinadores, juízes ou espectadores (caso tenham presenciado a ocorrência e o atleta não consiga se lembrar do que aconteceu).
4. Verifique o cartão de histórico médico do atleta.

Caso o atleta esteja sofrendo em decorrência de uma lesão, procure descobrir o seguinte:

- O que ocasionou a lesão (p. ex., contato direto com outro jogador, objeto ou o chão; ou movimento de giro ou torção)?
- O atleta ouviu algum estalido, ou qualquer outro barulho, ao sofrer a lesão?
- Onde dói?
- O atleta sentiu qualquer sintoma incomum no momento da lesão (p. ex., dor, dormência, formigamento, fraqueza, estalido ou sensação desagradável?)
- O atleta já sofreu esse tipo de lesão em alguma situação anterior?

Caso ele esteja sofrendo em decorrência de uma doença súbita, tente descobrir o seguinte:

- Quais sintomas o atleta apresenta (como náuseas, tontura, dificuldade de respiração, e assim por diante)?
- Ele sofre de alguma doença crônica (p. ex., diabetes, epilepsia, asma ou alergias)?
- Ele toma algum medicamento para essas doenças?
- Qual é a provável causa do surgimento da doença (p. ex., uma picada de abelha, exposição ao pó ou alimento estragado)?

As informações coletadas durante a etapa do histórico ajudarão a direcionar seu próximo passo, que é a inspeção.

Inspeção

Utilize a informação do histórico da lesão para determinar onde você deve procurar por sinais óbvios (manifestações físicas reais) de uma lesão ou doença. Por exemplo, se o atleta relatar ter escutado um estalido no tornozelo, você deverá procurar sinais de uma lesão no tornozelo, como uma deformação ou um inchaço. A seguir são apresentados alguns sinais óbvios que você deve procurar.

- *Sangramento* – É profuso ou lento? Vermelho escuro ou vermelho vivo?
- *Aparência da pele* – A pele está pálida ou avermelhada? Seca ou suada? Ela está azulada ou acinzentada?
- *Pupilas* – Compare as duas pupilas. Elas estão dilatadas (aumentadas), contraídas (pequenas) ou com tamanhos desiguais? Utilize também a lanterna pequena do seu *kit* de primeiros socorros para verificar se as pupilas reagem à luz por meio de contração (Fig. 5.1). Caso as pupilas estejam irregulares ou não apresentem reação à luz, o atleta pode estar sofrendo de uma lesão na cabeça.
- *Deformidades* – Você é capaz de ver alguma reentrância ou protuberância? Se a deformidade estiver em um lado do corpo, sempre faça comparação com o lado oposto.
- *Sinais de doenças súbitas* – Vômito ou tosse.
- *Inchaço* – Existe alguma intumescência próxima à área da lesão ou outras áreas?
- *Descoloração* – Existe algum hematoma ou alguma outra marca?
- *Capacidade de andar* – O atleta está mancando ou completamente incapacitado de suportar peso?
- *Posição de um membro superior (braço, cotovelo, antebraço, punho ou mão)* – O atleta está apoiando o antebraço com a outra mão ou o braço se encontra em uma posição atípica, como virado para o lado, por exemplo?

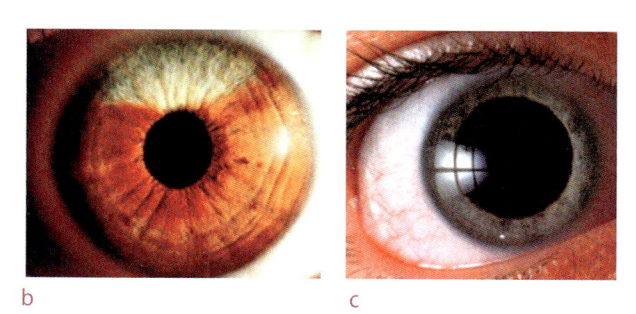

Figura 5.1 Comparando as pupilas: (a) verifique se as pupilas reagem à luz por meio de contração; (b) pupila com dilatação normal; e (c) pupila dilatada.

Fotos (b) e (c) foram fornecidas por © Custom Medical Stock Photo. Cortesia do American Safety & Health Institute.

Para algumas doenças e lesões, a verificação da frequência cardíaca (pulsação) do atleta é bastante útil. Ela pode ser medida tanto na artéria radial do pulso, (Fig. 5.2) como na artéria carótida do pescoço (Fig. 5.3). Evite utilizar o polegar para verificação do pulso, já que ele tem pulsação própria. A pulsação carótida é mais fácil de ser sentida do que a radial. No entanto, tenha cuidado para não pressionar com muita força, pois você pode causar redução do fluxo sanguíneo em direção ao cérebro do atleta. Ao tomar o pulso, tente avaliar a frequência, a regularidade e a potência dos batimentos cardíacos.

Se o atleta estava ativo, a pulsação apresentará frequência mais rápida do que na condição de repouso. A Tabela 5.1 fornece as frequências cardíacas normais por minuto, em condições de repouso, para diversas faixas etárias. Se, dentro de poucos minutos, a pulsação não retornar para os níveis de repouso ou estiver se mostrando irregular, suspeite de uma lesão ou doença com potencial risco para a vida do atleta e, neste caso, chame imediatamente uma equipe de resgate ou o serviço de emergências médicas (SEM).

A informação obtida durante a inspeção deverá ajudar na identificação mais detalhada da natureza exata de uma lesão ou doença. Essa informação, somada àquela obtida nas fases do histórico e "toque" da avaliação, que é realizado a seguir, determinará os primeiros socorros que devem ser prestados.

Tabela 5.1 Frequências cardíacas

Faixas etárias	Frequência cardíaca em repouso (batidas por minuto)
Crianças (5 a 12 anos)	60-120
Adolescentes (12 a 18 anos)	75-85
Adultos	60-100

Toque

Em algumas ocasiões, a aparência pode enganar. O que aparenta ser uma parte do corpo intacta e em perfeito funcionamento pode estar na verdade com uma grave lesão interna. Dessa forma, para realizar uma melhor avaliação quanto à natureza da lesão, toque suavemente a área lesionada com a ponta dos dedos. Comece longe da

---

Verificando o pulso do atleta

PULSAÇÃO RADIAL

1. Coloque seu dedo indicador e médio logo abaixo do polegar do atleta.
2. Deslize seus dedos para baixo até sentir a saliência do osso.
3. Movimente seus dedos para a parte interna da saliência em direção ao centro do pulso.
4. Aplique uma leve pressão para sentir o pulso do atleta.
5. Sinta a pulsação por, no máximo, 10 segundos.

PULSAÇÃO NA CARÓTIDA

1. Coloque o dedo indicador e o médio de sua mão que estiver mais próxima do corpo do atleta sobre a proeminência laríngea dele.
2. Deslize seus dedos para trás e para cima ao longo do sulco na lateral do pescoço do atleta. Utilize os dedos indicador e médio para pressionar de leve a artéria carótida.
3. Sinta a pulsação por, no máximo, 10 segundos.

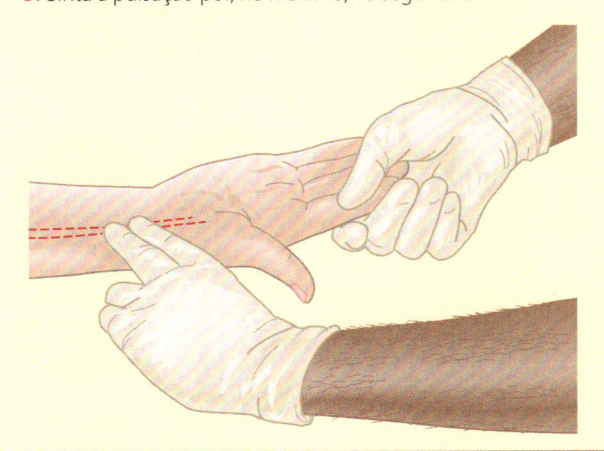

Figura 5.2 Verificando o pulso na artéria radial.

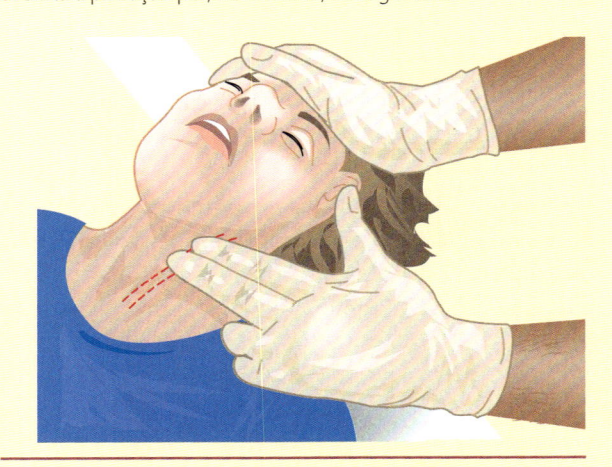

Figura 5.3 Verificando o pulso na artéria carótida.

lesão e prossiga em direção a ela. Por exemplo, se a lesão for na mão, comece pelos dedos e punho. Verifique os aspectos a seguir.

- *Ponto de sensibilidade* – Existe alguma área que esteja extremamente dolorida?
- *Temperatura da pele* – Ela está quente? Fria? Suada? Seca?
- *Sensação* – O atleta demonstra sensibilidade ao ser tocado na área?
- *Deformidade* – É possível perceber alguma reentrância ou protuberância que não foi vista durante a inspeção?

Novamente, se um lado do corpo estiver lesionado (como costelas, braço ou perna), sempre compare-o com o lado oposto. Após completar o plano de histórico, inspeção e toque da avaliação física, você terá condições de concentrar melhor suas técnicas de primeiros socorros na lesão ou doença específica que esteja acometendo o atleta.

Revise calmamente os procedimentos da avaliação física, conforme exposto na Figura 5.4.

Lembre-se de continuar a monitorar a respiração mesmo após o início da administração dos primeiros socorros no local da lesão. Você deve observar de forma contínua os sinais vitais de qualquer atleta gravemente lesionado, mesmo que a respiração dele possa parecer inicialmente normal.

TÉCNICAS BÁSICAS DE PRIMEIROS SOCORROS NO ESPORTE

Ao completar a avaliação física, talvez haja necessidade de controlar sangramentos externos, minimizar danos teciduais sistêmicos (choque) ou locais e imobilizar lesões com talas. Por isso, discutiremos técnicas básicas de primeiros socorros, por ordem de prioridade.

Controlando a hemorragia

Embora não seja uma lesão comum, a hemorragia de uma veia ou artéria pode colocar em risco a vida do atleta. Hemorragias também podem ocorrer internamente, em decorrência de lesões como hematoma muscular, ruptura esplênica e hematoma renal. Os detalhes sobre a hemorragia interna de órgãos e o modo de tratá-la são explicados no Capítulo 9.

Antes de administrar primeiros socorros para hemorragia, certifique-se de que você esteja protegido contra exposição a sangue infectado.

Prevenindo-se contra patógenos transmitidos pelo sangue

Não deixe que o medo do vírus da imunodeficiência humana (HIV), da hepatite B ou de outros patógenos transmitidos pelo sangue faça com que você deixe de prestar primeiros socorros a atletas lesionados. Procure mais informações sobre essas doenças e suas formas de transmissão. Entre em contato com a associação atlética do seu estado para obter as regras e políticas esportivas específicas relacionadas aos patógenos transmitidos pelo sangue. Por exemplo, alguns esportes exigem que os atletas troquem um uniforme manchado de sangue antes de retornar à competição.

Histórico
Determine:
 o local da lesão,
 se a lesão já ocorreu anteriormente,
 mecanismo da lesão, ou
 sintomas (p. ex., dor de cabeça, dor ou dormência).

Inspeção
Investigue:
 sangramento profuso,
 aparência da pele,
 tamanho e reação da pupila,
 deformidades,
 vômitos ou tosse,
 inchaço,
 descoloração,
 capacidade de andar,
 posição dos membros superiores ou pulsação.

Toque
Sinta:
 ponto de sensibilidade,
 temperatura da pele,
 dormência ou
 deformidade.

Figura 5.4 Protocolo de avaliação física.

Precauções para se proteger contra patógenos transmitidos pelo sangue

Se no tratamento de um atleta lesionado, for necessário lidar com:
- ferimentos ou vestimentas com sangue;
- protetores bucais;
- fluidos corporais;
- toalhas ou outros tipos de roupa com sangue;
- superfícies de jogo e equipamentos com sangue; oriente-se pelas diretrizes a seguir.

1. Use luvas descartáveis (sem látex, a fim de evitar reações alérgicas).
2. Use óculos de proteção ou uma máscara facial se houver possibilidade de seu rosto ficar exposto ao sangue ou fluidos corporais.
3. Lave imediatamente qualquer parte da sua pele que entre em contato com sangue ou fluido corporal do atleta.
4. Guarde as toalhas ou roupas contaminadas em sacos e, então, lave-os com água quente e detergente.
5. Limpe pisos, equipamento e outras superfícies contaminadas com uma solução de 1:10 de alvejante e água. Deixe a superfície secar ao ar livre após a aplicação, pois remover o excesso da solução reduz a sua eficácia.
6. Use o procedimento correto para remover luvas contaminadas (ver Remoção correta de luvas contaminadas). Coloque as luvas e bandagens contaminadas em um saco de lixo biodegradável.
7. Lave imediatamente suas mãos utilizando água e sabão após remover as luvas. Você pode realizar essa limpeza com uma esponja embebida em álcool, porém, se suas mãos estiverem visivelmente sujas, utilize água e sabão.

A observação desses passos durante todo o tempo, independentemente de quem o atleta seja, é conhecida como "adoção de precauções universais". Isso significa tratar todo o sangue humano e a maior parte dos fluidos corporais como se estivessem contaminados por patógenos transmitidos pelo sangue, mesmo na situação em que aparentem não estar.

Revise o plano da escola do seu bairro em relação:
- ao descarte de lixo contaminado;
- ao tratamento de atletas que estejam infectados com patógenos transmitidos pelo sangue;
- ao relato aos funcionários (treinadores, professores e outros) quanto à exposição a patógenos transmitidos pelo sangue;
- à proteção dos empregados contra patógenos transmitidos pelo sangue (ou seja, políticas, procedimentos, equipamento e possível vacinação contra hepatite B).

Remoção correta de luvas contaminadas

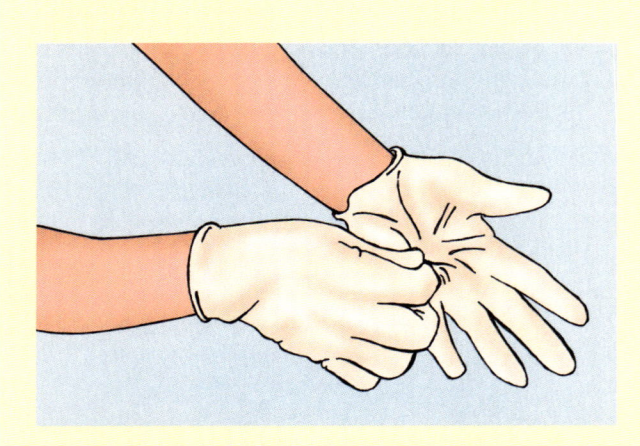

1. Com os dedos de uma das mãos puxe a luva da outra, segurando pela palma e tomando cuidado para não tocar na pele.

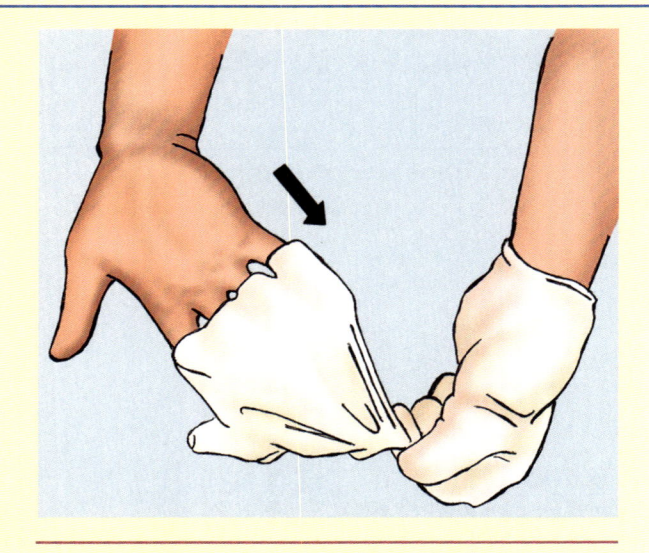

2. Puxe a luva delicadamente, na direção dos dedos, retirando-a pelo avesso. Segure firme a luva com os dedos da outra mão.

(continua)

Precauções para se proteger contra patógenos transmitidos pelo sangue *(continuação)*

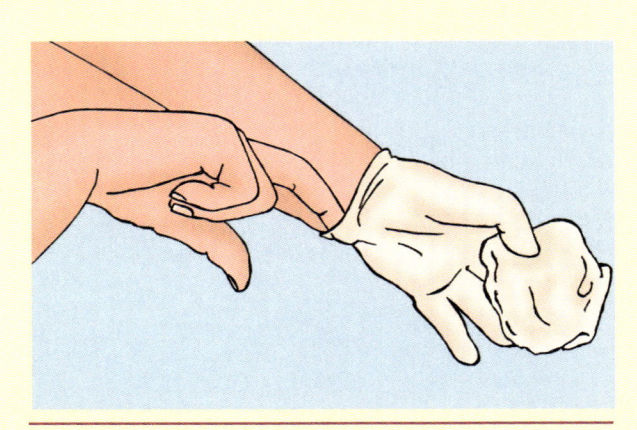

3. Sem tocar na parte externa da luva contaminada, introduza com cuidado o dedo indicador da outra mão dentro do punho da mão com luva.

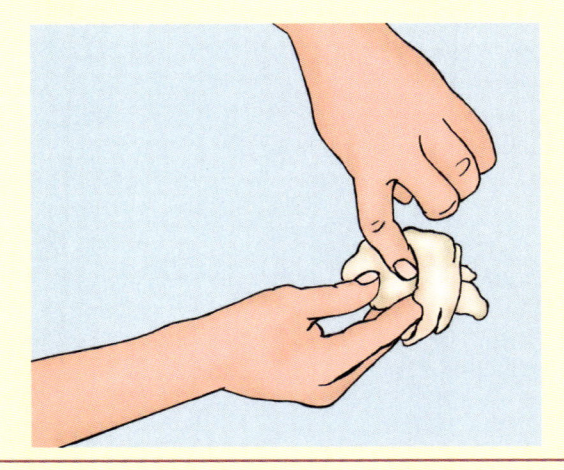

4. Remova a luva, puxando-a delicadamente para fora e para baixo, na direção dos dedos.

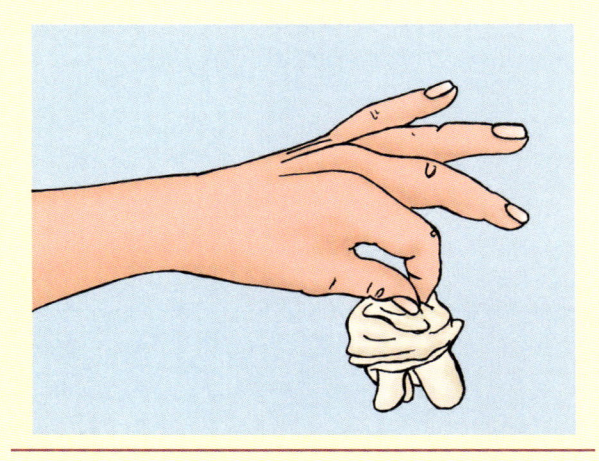

5. Coloque as duas luvas em um recipiente apropriado.

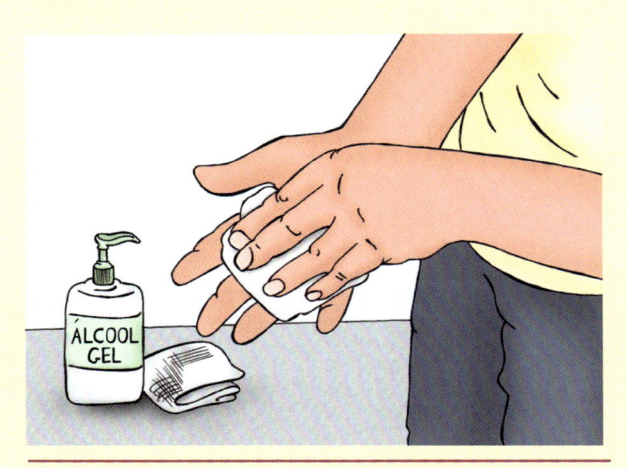

6. Utilize um antisséptico à base de álcool para limpar suas mãos e outras partes expostas da pele.

Fique alerta
Em lesões com sangramento

- Não tente retirar objetos profundamente entranhados.
- Não remova bandagens encharcadas de sangue de um ferimento. Isso pode fazer com que o sangramento reinicie. Por exemplo, se você colocar gaze sobre a mão de um atleta a fim de interromper o sangramento, não remova a gaze para verificar se o ferimento parou de sangrar. Você saberá se ainda está sangrando porque o sangue continuará vazando pela bandagem.
- Não dê aspirina ao atleta, pois pode provocar aumento do sangramento.

Sangramento arterial e venoso

Hemorragia profusa causada por corte em um membro.

Uma vez protegido contra o sangue infectado, você deverá rapidamente determinar a extensão do sangramento. Um corte em uma artéria ou veia de um membro pode causar uma hemorragia profusa. Os passos dos primeiros socorros nos casos de sangramento arterial e venoso são idênticos. No entanto, as causas e sinais de cada um são ligeiramente diferentes.

Causas do sangramento arterial
- Incisão bastante profunda, laceração ou perfuração de uma artéria.

Verifique sinais de sangramento arterial
- Sangue vermelho vivo.
- Sangramento rápido ou pulsátil.

Causas do sangramento venoso
- Incisão profunda, avulsão ou perfuração de uma veia.

Verifique sinais de sangramento venoso
- Sangue vermelho escuro.
- Sangramento rápido (contínuo).

Primeiros socorros

1. Caso ainda não o tenha feito, coloque luvas e óculos de proteção ou máscara, para se proteger contra patógenos transmitidos pelo sangue.
2. Chame o serviço médico de emergência.
3. Cubra o ferimento com gaze esterilizada.
4. Com a mão, aplique pressão firme e direta sobre o ferimento.
5. Prenda a gaze com bandagem elástica. Certifique-se de que a bandagem não esteja apertada demais a ponto de seus dedos não conseguirem escorregar sob ela.
6. Se o curativo inicial ficar molhado de sangue, coloque sobre ele outras gazes esterilizadas, prendendo-as com a bandagem.
7. Monitore a respiração e, caso necessário, providencie RCP.
8. Monitore e trate os casos de choque conforme a necessidade (abordado mais adiante neste capítulo).

Condição de jogo
- O atleta não poderá retornar à atividade até que seja examinado e liberado por um médico.

No Apêndice há um resumo das técnicas de primeiros socorros para sangramento profuso.

Fique alerta
No tratamento de choques

Não dê líquidos ao atleta que estiver em estado de choque, pois isso poderá causar vômitos ou asfixia.

Minimizando o dano tecidual sistêmico

Lesão, doença ou desidratação podem fazer com que o corpo passe para um estado de manutenção de vida. O corpo tenta preservar o sangue, a água e o oxigênio necessários para o cérebro, o coração, os pulmões e outros órgãos vitais, desviando-os da pele, membros e outros tecidos não críticos. Isso é chamado choque. Se não for tratado, o choque poderá ocasionar danos teciduais extensos e irreversíveis e até mesmo a morte.

A Tabela 5.2 apresenta um resumo do que foi discutido nos capítulos anteriores deste livro, a respeito da maneira de posicionar um atleta lesionado ou doente e também aborda as condições de posicionamento para choque ocasionado por sangramento grave.

Dano tecidual sistêmico (choque)

Estado em que o corpo desvia sangue, água e oxigênio da pele, membros e outros tecidos não críticos para o cérebro, coração, pulmões e outros órgãos vitais.

Causas
- Trauma, calor, reações alérgicas, infecções graves, desidratação, envenenamento, baixa tolerância a dor, sangramento.

Verifique a existência dos seguintes sintomas
- Fraqueza.
- Fadiga.
- Tontura.
- Náuseas.
- Sede.
- Ansiedade.

Verifique os sinais
- Pele fria e úmida.
- Pele pálida ou acinzentada.
- Pulso fraco e rápido.
- Respiração superficial e lenta.
- Pupilas dilatadas.
- Olhar fixo no vazio.
- Confusão.
- Possível inconsciência.
- Suor.
- Tremor ou calafrios.
- Lábios e unhas azuladas.

Primeiros socorros
1. Chame a equipe de resgate caso você ainda não o tenha feito.
2. Posicione o atleta corretamente, dependendo da condição em que ele se encontra (ver Tab. 5.2).
3. Monitore a respiração e, caso necessário, realize RCP.
4. Mantenha a temperatura normal do corpo cobrindo o atleta, se necessário.
5. Preste os primeiros socorros para sangramento e outras lesões.
6. Tranquilize o atleta.

Condição de jogo
- O atleta não poderá retornar às atividades até que seja examinado e liberado por um médico.

Tabela 5.2 Posições para atletas doentes ou lesionados

Condição	Posição	Fundamento
Atleta consciente com suspeita de lesão vertebral	Estabilize com as mãos a cabeça do atleta, de forma que a cabeça, o pescoço e a coluna vertebral não se movam e fiquem alinhados (Fig. 5.5)	Uma lesão vertebral normalmente é acompanhada por dor e perda de funções, porém, a ausência de dor não significa que o atleta não tenha lesões críticas. Se houver suspeita da existência de uma lesão vertebral em um atleta, assuma que ela existe
Atleta inconsciente e não lesionado com respiração normal, mas apresentando vômito ou secreções	Posição de recuperação	Proteja as vias aéreas, facilitando a drenagem de líquidos da boca
Atleta inconsciente e lesionado com respiração normal, mas apresentando vômito ou secreções OU que você precise deixar sozinho para chamar socorro	Posição de recuperação modificada (HAINES)	Proteja as vias aéreas, facilitando a drenagem de líquidos da boca. Por meio da posição de HAINES há menor movimentação do pescoço e menor risco de danos à coluna vertebral
Atleta inconsciente que não esteja respirando (ou você não tenha certeza)	Deitado reto sobre as costas para a RCP	Respiração ofegante e irregular não é normal e não proporciona o oxigênio necessário para a manutenção da vida
Atleta consciente ou inconsciente com sinais e sintomas de choque provocado por sangramento grave	Deitado reto sobre as costas	É preferível deixar o atleta deitado reto sobre as costas. Se ele apresentar vômito ou secreções, coloque-o em posição de recuperação. Se houver suspeita de lesão vertebral, utilize a posição de HAINES

Figura 5.5 Suspeita de lesão da cabeça e coluna vertebral – posicione o atleta deitado reto sobre as costas enquanto estabiliza a cabeça.

Imobilização de lesões instáveis com tala

Visando prevenir maiores danos teciduais, as fraturas ósseas, luxações e subluxações articulares, bem como as entorses de ligamento de graus II e III devem ser estabilizadas com tala. Lembre-se de que a característica distintiva dos cuidados de primeiros socorros é a prevenção de novas lesões e danos físicos. Com isso em mente, observe as diretrizes a seguir ao aplicar talas.

1. Não movimente o atleta até que toda e qualquer lesão instável tenha sido imobilizada com tala, a não ser que ele corra risco de sofrer outras lesões ou tenha necessidade de um reposicionamento para a ressuscitação cardiopulmonar (RCP) ou controle de sangramento profuso ou choque.
2. Entre em contato com a equipe médica de emergência e permita a aplicação de talas nas seguintes situações:

- luxações de grandes articulações (ombro, quadril, joelho, patela, cotovelo, punho e tornozelo);
- lesões nas quais os ossos provoquem deformidades visíveis;
- fraturas compostas;
- fraturas da coluna vertebral, pelve, quadril, coxa, cíngulo do membro superior, úmero, cotovelo, patela ou tíbia;
- fraturas com luxação na costela ou luxação da clavícula em decorrência de entorse grave na articulação esternoclavicular (ver Cap. 12);
- qualquer lesão musculoesquelética que resulte na perda de circulação ou dano aos nervos, indicados por dormência, pele acinzentada ou azulada, pele fria, incapacidade de movimentar os dedos do membro afetado, ou fraqueza significativa do membro afetado;
- qualquer lesão musculoesquelética na qual o atleta também sofra de choque.

Impeça o atleta de se movimentar até a chegada da equipe médica de emergência. Se a previsão de chegada for de 20 minutos ou menos, estabilize com suas mãos o membro lesionado. Coloque uma das mãos em cima e a outra embaixo da área lesionada, de forma a restringir os movimentos até que o serviço de emergência chegue.

3. Se a previsão para a chegada do serviço de emergência ultrapassar 20 minutos, utilize uma tala para imobilizar a lesão na posição em que foi encontrada. No entanto, em fraturas da coluna, simplesmente imobilize a cabeça, evite que o atleta se mexa e aguarde a chegada da equipe de emergências.
4. Cubra as extremidades dos ossos expostos com gaze esterilizada.
5. Para aplicar a tala, use materiais rígidos ou volumosos que sejam bem acolchoados. Não é necessário ter talas caras pré-fabricadas. Abaixadores de língua, tábuas, papelão, bastões, revistas, cobertores e travesseiros podem ser usados para tal finalidade.
6. Em caso de fraturas ou entorses graves próximas a uma articulação, imobilize os ossos acima e abaixo dela. Por exemplo, se a tíbia estiver fraturada logo abaixo do joelho, imobilize o fêmur, a tíbia e a fíbula. Para fraturas no meio de um osso, estabilize a articulação acima e abaixo dela. Por exemplo, se o úmero estiver quebrado no meio, coloque a tala e então utilize uma tipoia para imobilizar o cotovelo e o ombro.
7. Prenda a tala com cordões ou um elástico. Faça os laços acima e abaixo da lesão, mas não diretamente sobre ela. Aplique uma leve pressão com o elástico, sem pressionar diretamente a lesão.
8. Verifique periodicamente a coloração da pele, a temperatura e a sensibilidade na mão e no pé, assim como nos dedos da mão e do pé do membro imobilizado. Talas muito apertadas podem comprimir nervos ou artérias. Se o atleta reclamar de dormência, se a pele se mostrar acinzentada, azulada ou fria, ou as unhas estiverem azuladas, é indício de que a tala está apertada demais.

Veja no Apêndice um resumo das técnicas de imobilização com tala.

As figuras a seguir apresentam técnicas apropriadas de imobilização com tala. Para o úmero (Fig. 5.6), para o cotovelo (Fig. 5.7 a e b), para o antebraço e o punho (Fig. 5.8), para os dedos da mão (Fig. 5.9), para a coxa (Fig. 5.10), para a patela (Fig. 5.11), para tíbia e fíbula (Fig. 5.12), e para o pé e o tornozelo (Fig. 5.13).

Fique alerta
Na imobilização com tala

- Não tente recolocar os ossos fraturados ou deslocados. Isso pode romper nervos e artérias, assim como causar danos maiores em ossos, ligamentos, cartilagem, músculos e tendões.
- Não tente empurrar ossos expostos de volta sob a pele.

Técnicas de imobilização com tala

Figura 5.6 Tala apropriada para a parte superior do braço.

Figura 5.7a Tala apropriada para o cotovelo.

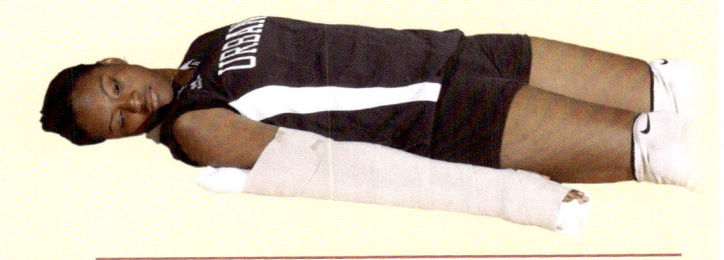

Figura 5.7b Outra opção de tala própria para o cotovelo.

Figura 5.8 Tala apropriada para o antebraço ou punho.

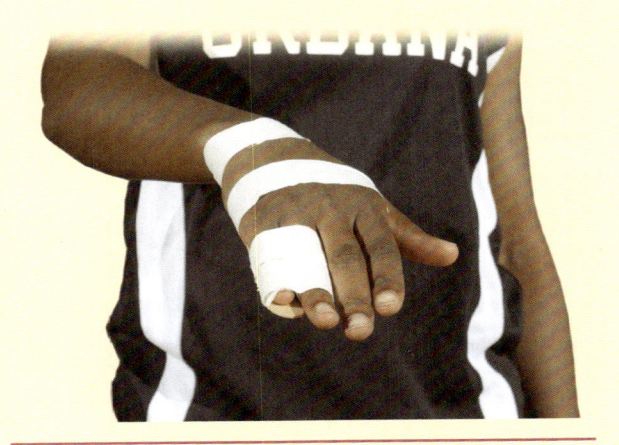

Figura 5.9 Tala apropriada para os dedos da mão.

(continua)

Técnicas de imobilização com tala *(continuação)*

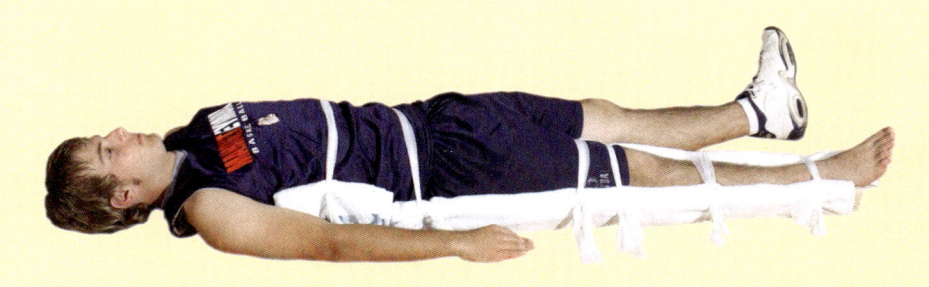

Figura 5.10 Tala apropriada para a coxa.

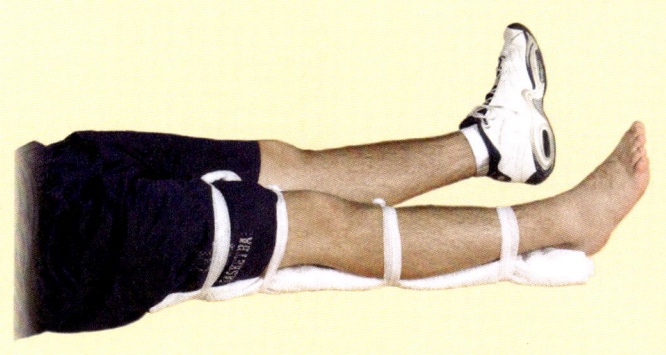

Figura 5.11 Tala apropriada para a patela.

Figura 5.12 Tala apropriada para a parte inferior da perna.

Figura 5.13 Tala apropriada para o tornozelo e o pé.

Controlando sangramento lento e contínuo

Após imobilizar com tala todas as lesões instáveis, é necessário administrar os primeiros socorros para qualquer sangramento (de vasos capilares) lento e contínuo dos ferimentos superficiais.

Consulte o Capítulo 14 para obter informações adicionais e conhecer procedimentos de primeiros socorros para abrasões e lacerações superficiais.

Sangramento capilar

Sangramento lento e contínuo causado por ferimentos superficiais.

Causas
- Abrasão ou laceração superficial na pele.

Verifique os sinais
- Sangramento lento e gotejante.

Primeiros socorros

1. Coloque luvas e óculos de proteção ou máscara, para se proteger contra patógenos transmitidos pelo sangue.
2. Aplique gaze esterilizada e, em seguida, pressione suas mãos com firmeza diretamente sobre o ferimento.
3. Uma vez que o sangramento cesse, proceda da seguinte maneira:
   a. limpe delicadamente o ferimento;
   b. cubra o ferimento com gaze ou bandagem esterilizada;
   c. caso você não consiga retirar todos os fragmentos do ferimento, ou se as bordas deste estiverem abertas e separadas (pontos podem ser necessários), encaminhe o atleta a um médico.

Condição de jogo
- O atleta poderá retornar às atividades se o sangramento cessar e ele não tiver sido encaminhado a um médico. O ferimento deve ser coberto para que fique protegido, assim como para evitar que outros atletas sejam contaminados por possíveis patógenos transmitidos pelo sangue.

Minimizando danos teciduais locais

Se uma parte do corpo estiver lesionada, a reação do tecido local do corpo pode causar danos aos tecidos adjacentes. Por exemplo, em uma entorse no tornozelo, não apenas o ligamento lesionado irá sangrar e inchar, mas também os tecidos adjacentes a ele. É por essa razão que o edema e o hematoma são visíveis ao redor de toda a articulação do tornozelo.

Uma lesão ou infecção de uma área em particular pode causar as seguintes reações teciduais localizadas:

- sangramento dos vasos sanguíneos lesionados;
- vazamento de líquidos das células teciduais danificadas;
- edema;
- elevação de temperatura;
- dor;
- perda de funções (incapacidade de usar uma parte do corpo).

O sangramento e o vazamento de líquidos das células teciduais danificadas podem interromper o fluxo sanguíneo não apenas nos tecidos lesionados, mas também nos tecidos adjacentes, o que pode retardar a recuperação. A melhor maneira de minimizar o dano tecidual local é aplicar o princípio PRICE (em inglês):

P – Proteção *(Protection)*
R – Descanso *(Rest)*
I – Gelo *(Ice)*
C – Compressão *(Compression)*
E – Elevação *(Elevation)*

Todos os componentes do PRICE funcionam no sentido de reduzir a chance de novas lesões na região. Além disso, eles minimizam o edema, prevenindo maior dano tecidual.

Proteção

Proteja o atleta de novas lesões evitando que ele se movimente e mantendo-o afastado de outros atletas e possíveis situações de risco.

Descanso

Faça com que o atleta cesse qualquer atividade que provoque dor. Se movimentos simples como curvar-se, manter-se ereto, elevar os braços acima da cabeça ou andar causarem dor, "cessar atividades" significa imobilizar o membro lesionado com uma tala ou evitar que ele suporte o peso do corpo com o uso de muletas. Não permita que o atleta retorne às atividades antes que tenha sido examinado e liberado por um médico e esteja em condições de jogar sem dores ou perda de funções (p. ex., sem mancar, sem diminuição ou adaptações nos movimentos dos braços). Se a dor ocorrer apenas durante a prática esportiva ou durante exercícios intensos, afaste o atleta destas atividades e o encaminhe a um médico.

Gelo

Durante as primeiras 72 horas seguintes a uma lesão, o gelo pode ajudar a minimizar a dor e controlar o edema causado pelo sangramento e perda de líquido dos tecidos lesionados. Há diversas maneiras de se aplicar gelo como, por exemplo, por meio de uma bolsa (Fig. 5.14a), massagem (Fig. 5.14b), compressa de gel, hidromassagem fria, bolsa química fria e baldes de gelo. Seja qual for o método utilizado, durante a aplicação de gelo os atletas costumam experimentar uma sensação de frio, formigamento, dor prolongada e imprecisa e dormência. Essas sensações são normais e esperadas. A Tabela 5.3 discute as aplicações, indicações, problemas e precauções de cada método.

O gelo auxilia no controle do edema após a lesão inicial porque reduz o fluxo sanguíneo (sangramento). Compressões e elevações também são úteis na redução da perda inicial de sangue e, uma vez interrompido o sangramento, são necessárias para a eliminação do inchaço presente.

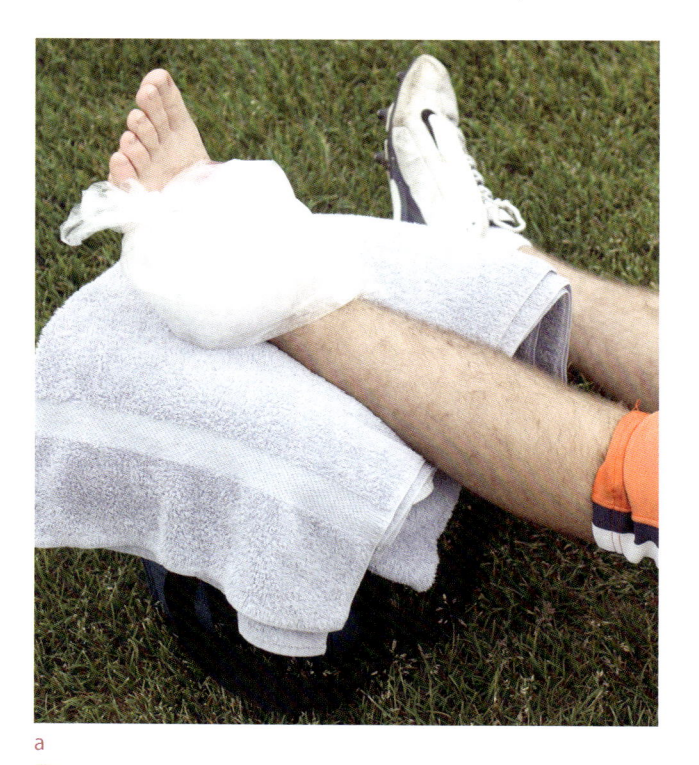

Figura 5.14 (a) Bolsa de gelo e (b) massagem com gelo.

Tabela 5.3 Tipos de aplicações de gelo

Tipo	Aplicações	Indicações	Problemas	Frequência	Precauções
Bolsa de gelo (Fig. 5.14a)	Coloque gelo picado (adapta-se melhor ao corpo) em um saco plástico e aplique diretamente sobre a lesão	Grandes áreas como costas, ombro, coxa, úmero, tórax, joelhos e tornozelos		15 a 20 minutos ou até que a região apresente dormência. Pode ser reaplicada a cada 2 horas, de acordo com a necessidade, para dor e edema	Não aplique sobre feridas abertas ou se o atleta tiver alergia ao frio. Coloque um tecido fino entre a pele e a bolsa
Massagem com gelo (Fig. 5.14b)	Esfregue diretamente sobre a lesão gelo em cubos ou congelado em um copo descartável	Pequenas áreas ósseas, como cotovelos, punhos, mãos e pés		5 a 10 minutos ou até que a região apresente dormência. Pode ser reaplicada a cada 2 horas, de acordo com a necessidade, para dor e edema	Não aplique sobre feridas abertas ou se o atleta tiver alergia ao frio
Compressa de gelo	Coloque a compressa resfriada sobre a lesão	Pequenas áreas, dependendo do tamanho da compressa		15 a 20 minutos ou até que a região apresente dormência. Pode ser reaplicada a cada 2 horas, de acordo com a necessidade, para dor e edema	As compressas tendem a congelar a pele; portanto, coloque um tecido fino entre a pele e a compressa
Turbilhão frio	Cubra com água gelada pés, pernas, mãos ou braços	Membros	1. Atletas geralmente não apresentam boa tolerância 2. Como a região lesionada fica submersa em uma piscina de hidromassagem, essa aplicação não permite elevação simultânea 3. Inconveniente	10 a 15 minutos ou até que a região apresente dormência. Pode ser repetido a cada 2 horas, de acordo com a necessidade, para dor e edema	Não coloque atletas com feridas abertas em uma piscina de hidromassagem, pois isso aumenta o risco de infecção
Bolsas químicas	Coloque a compressa resfriada sobre a lesão	Pequenas áreas, dependendo do tamanho da compressa	Pode não permanecer gelada por tempo suficiente	15 a 20 minutos ou até que a região apresente dormência. Pode ser reaplicada a cada 2 horas, de acordo com a necessidade, para dor e edema	Produtos químicos podem causar queimadura na pele, caso a compressa esteja furada
Balde de gelo	Cubra com água gelada tornozelos, pés, punhos ou mãos	Membros	1. Atletas geralmente não apresentam boa tolerância 2. Como a região lesionada fica submersa em um balde, essa aplicação não permite elevação simultânea 3. Inconveniente	10 a 15 minutos ou até que a região apresente dormência. Pode ser repetido a cada 2 horas, de acordo com a necessidade, para dor e edema	Não coloque membros com feridas abertas em um balde de gelo, pois isso aumenta o risco de infecção

> **Fique alerta**
> *Ao aplicar gelo*

Em algumas situações, o gelo pode ser prejudicial. A seguir são apresentadas algumas contraindicações, ou razões, pelas quais o gelo não deve ser aplicado.

- Não aplique gelo se o atleta não estiver sentindo a área lesionada.
- Não aplique gelo se o atleta tiver alergia ao frio. Entre as reações alérgicas ao gelo estão bolhas, pele vermelha e erupções.
- Não aplique gelo por mais de 20 minutos. Isso poderá minimizar a capacidade do gelo de restringir o fluxo sanguíneo para aquela área.
- Não aplique bandagens de compressão apertadas juntamente com o gelo, porque o nervo poderá ser danificado.
- Não aplique gelo diretamente sobre um ferimento aberto.
- Não aplique gelo diretamente sobre um nervo superficial, como o nervo ulnar localizado no cotovelo ou o nervo fibular na região externa do joelho.

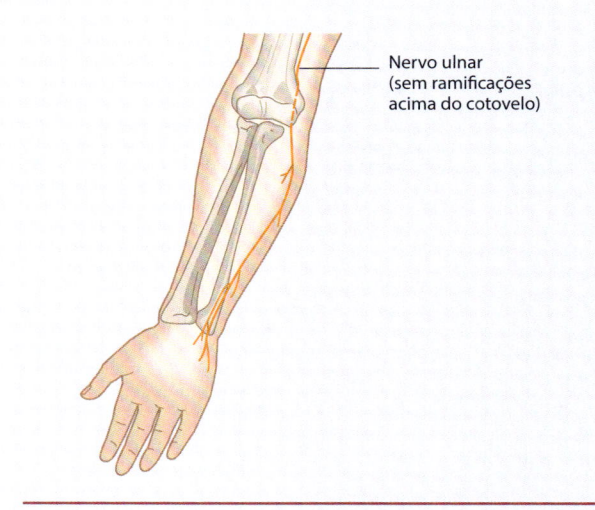

Figura 5.15 Não aplique gelo diretamente sobre o nervo ulnar.

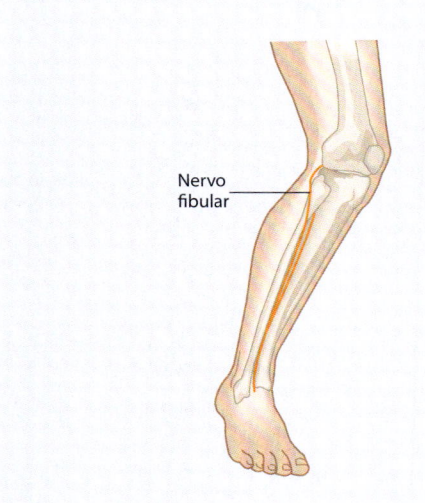

Figura 5.16 Não aplique gelo diretamente sobre o nervo fibular.

Compressão

Para controlar o sangramento inicial de tecidos de membros e articulações ou reduzir o edema residual, aplique uma bandagem elástica no membro lesionado, especialmente pés, tornozelos, joelhos, coxas, mãos ou cotovelos. Siga estes passos para aplicar de maneira eficaz uma bandagem de compressão:

1. Inicie vários centímetros abaixo da lesão (o mais distante do coração). Por exemplo, para o tornozelo, inicie a atadura logo acima dos dedos do pé (Fig. 5.17a).
2. Aplique a bandagem de baixo para cima (em direção ao coração), sobrepondo-a em espiral. Comece com uma pressão confortável e vá afrouxando a bandagem gradualmente quando estiver acima da lesão (Fig. 5.17b).
3. Verifique periodicamente a coloração da pele, a temperatura e a sensibilidade da área lesionada para se certificar de que a bandagem não esteja comprimindo nervos ou artérias. (Em uma bandagem para o antebraço, por exemplo, verifique se os dedos e as unhas estão com um tom azulado ou púrpura ou sensação de frio.) Bandagens muito apertadas podem reduzir o fluxo sanguíneo na região e causar dano tecidual.

As Figuras 5.18 a 5.21 ilustram as bandagens de compressão para outras partes do corpo.

Bandagens de compressão

Figura 5.17a Inicie a bandagem o mais distante possível do coração.

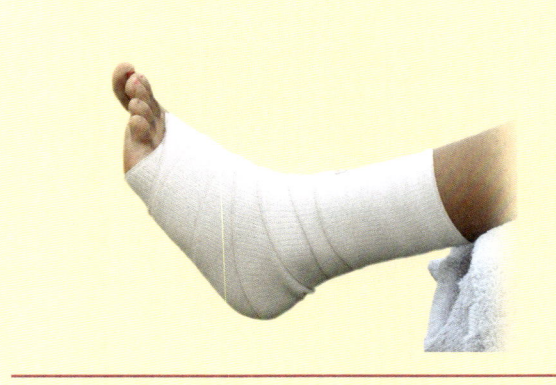

Figura 5.17b Coloque a bandagem em espiral, aplicando sempre a mesma pressão.

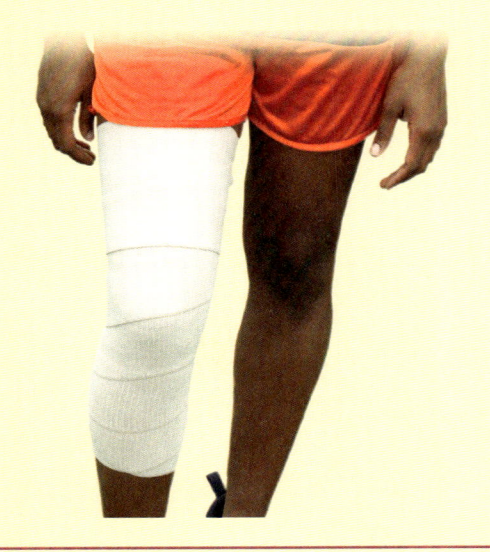

Figura 5.18 Bandagem de compressão para o joelho.

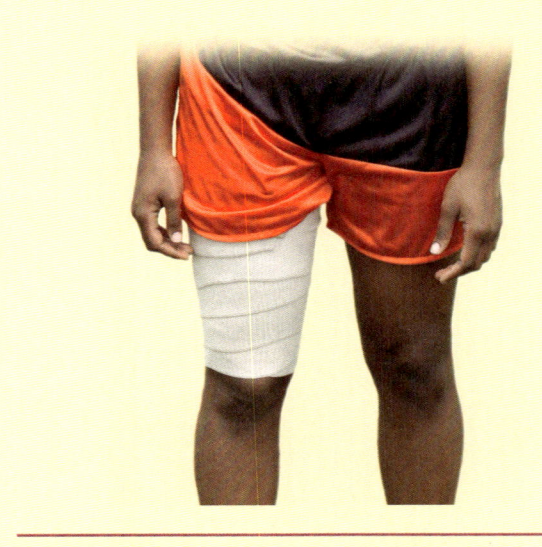

Figura 5.19 Bandagem de compressão para a coxa.

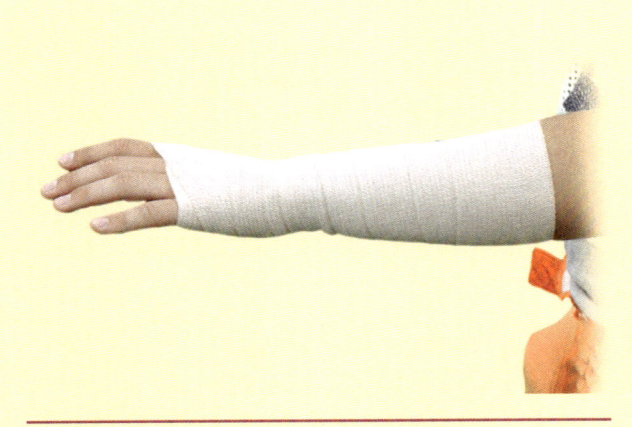

Figura 5.20 Bandagem de compressão para o antebraço.

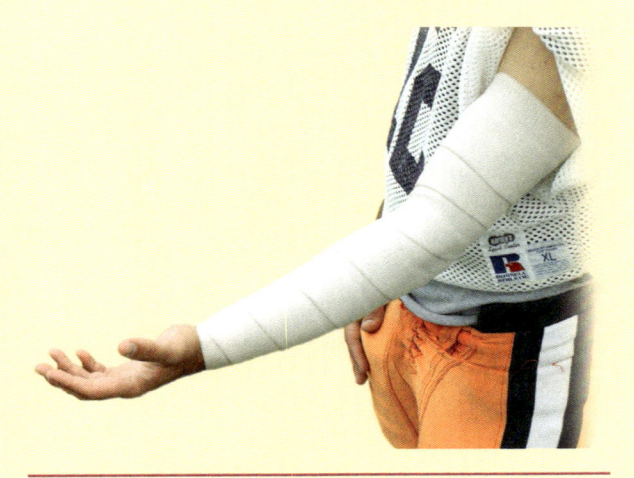

Figura 5.21 Bandagem de compressão para o cotovelo.

Fique alerta
Ao aplicar calor

Se o edema de uma lesão aguda ainda estiver presente, não aplique calor. O calor provoca aumento do fluxo sanguíneo na região e pode agravar o edema. A terapia por calor geralmente é reservada para aquecer antes de atividades ou exercícios as distensões musculares crônicas ou lesões de tendinite. Por isso, não aplique nem recomende calor a não ser mediante prescrição de um profissional médico.

Elevação

Usada em combinação com o gelo e a compressão, a elevação ajuda a minimizar o sangramento tecidual interno e o consequente edema (Fig. 5.22). Eleve a região lesionada o máximo possível acima do coração durante as primeiras 72 horas, ou por mais tempo, caso persistir o edema.

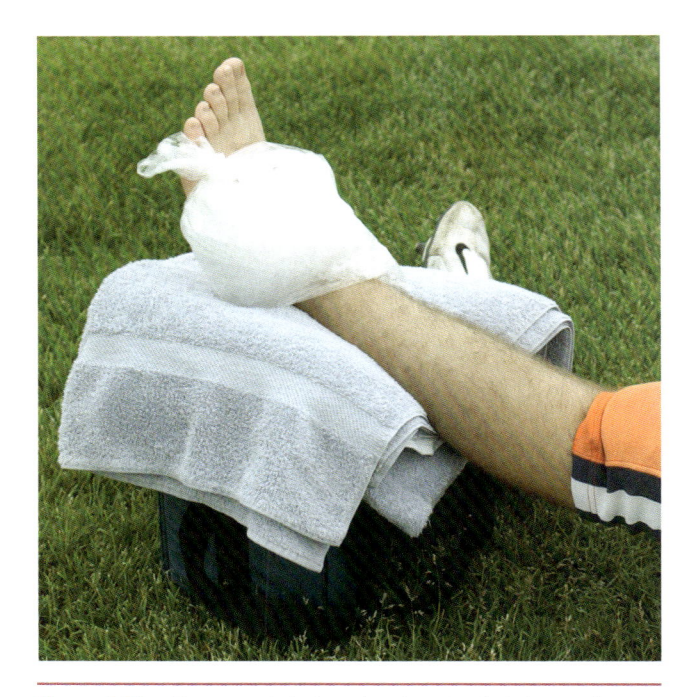

Figura 5.22 Eleve a parte lesionada acima do nível do coração.

Capítulo 5
Revisão

- Quais são os dois critérios que devem ser observados antes da realização de uma avaliação física?
- O que significa o processo HIT em uma avaliação física?
- Qual é a diferença entre sangramento arterial e venoso?
- Como você pode estancar uma hemorragia profusa?
- Quais são os sinais e sintomas do choque?
- Em que condições a imobilização com tala de uma lesão instável é aceitável?
- Como deve ser aplicada uma imobilização para fraturas ou entorses graves?
- Quais são os sinais de que uma tala está apertada demais?
- Quando um atleta que estiver com uma ferida sangrando de forma lenta e contínua poderá retornar à atividade?
- O que significa PRICE?
- Quais são os aspectos negativos para utilização de imersão em turbilhão frio e baldes de gelo?
- Como aplicar corretamente uma bandagem de compressão na coxa?
- Qual é a técnica para uma elevação eficiente?

BIBLIOGRAFIA

Berg, R.A., R. Hemphill, B.S. Abella, T.P. Aufderheide, D.M. Cave, M.F. Hazinski, E.B. Lerner, T.D. Rea, M.R. Sayre, and R.A. Swor. 2010. Part 5: Adult basic life support: 2010 American Heart Association Guidelines for Cardiopulmonary Resuscitation and Emergency Cardiovascular Care. *Circulation* 122: S685-S705.

Markenson, D., J.D. Ferguson, L. Chameides, P. Cassan, K. Chung, J. Epstein, L. Gonzales, R.A. Herrington, J.L. Pellegrino, N. Ratcliff, and A. Singer. 2010. Part 17: First aid: 2010 American Heart Association and American Red Cross guidelines for first aid. *Circulation* 122: S934-46.

CAPÍTULO 6
Removendo atletas lesionados ou doentes

Neste capítulo, você irá aprender

- Em que casos chamar o serviço de resgate para remover um atleta.
- Em que casos é aceitável que você mesmo remova o atleta.
- Quais técnicas de remoção você deve usar para remover um atleta.
- Como realizar técnicas de arrastamento por uma pessoa, resgate por quatro ou cinco pessoas, auxílio para caminhada com uma pessoa, auxílio para caminhada com duas pessoas, auxílio no carregamento a quatro mãos e auxílio no carregamento a duas mãos.

Para obter uma vitória no golfe, é fundamental saber que tipo de taco usar em cada situação particular. Por exemplo, um *driver* (taco número 1) é usado para dar uma tacada que envie a bola para longe do *tee* (local da primeira tacada – início do jogo). Um *wedge* (taco para tirar a bola dos bancos de areia) serve para dar uma tacada curta em arco na direção do *green* (área onde fica o buraco), e um *putter* (taco para colocar a bola no buraco) é adequado para uma tacada de precisão no *green*.

Essa mesma teoria pode ser aplicada para determinar quando e como remover um atleta lesionado. Deve-se escolher cuidadosamente o tipo de movimento a ser realizado e o momento adequado para fazê-lo, evitando lesionar ainda mais o atleta.

Talvez as decisões mais difíceis na prestação dos primeiros socorros sejam a da escolha do momento ideal para a remoção do atleta e a do acionamento da equipe de resgate. Como em todos os procedimentos de primeiros socorros, a regra básica para remover um atleta lesionado é errar pelo excesso de cautela. O Capítulo 1 discutiu, do ponto de vista do sistema jurídico, a sua responsabilidade como treinador, que é minimizar o risco de lesões aos atletas sob sua supervisão. Isso inclui o risco de lesões adicionais causadas pela remoção.

REMOVENDO ATLETAS GRAVEMENTE LESIONADOS

Para as lesões ou doenças graves ou que apresentem risco de morte, mantenha o atleta imóvel e chame a equipe de resgate para removê-lo. Entre os estados clínicos críticos estão:

- dificuldades de respiração;
- lesões circunscritas às costas, pescoço ou cabeça;
- choque;
- hemorragia profusa;
- lesões internas;
- inconsciência;
- luxações de grandes articulações (ombro, quadril, joelho, patela, cotovelo e tornozelo);
- fraturas compostas;
- fraturas da coluna vertebral, pelve, quadril, coxa, cíngulo do membro superior, úmero, patela ou tíbia;
- fraturas com deslocamento das costelas ou entorse da articulação esternoclavicular de grau III;
- primeira ocorrência de convulsões; e
- lesões oculares graves.

Entretanto, pode ser necessário remover ou movimentar um atleta nessas condições se (a) ele correr risco de uma nova lesão ou (b) necessitar de primeiros socorros em caso de situação de risco de morte.

Risco de nova lesão

A seguir estão listadas as situações nas quais pode ser necessário remover o atleta, em virtude da possibilidade de uma nova lesão.

- Emergências ambientais – relâmpagos, tornados, furacões, incêndios, queda de linhas de força ou enchentes.
- Local perigoso – via pública, pista de corrida, ciclovia, locais com animais sem controle, área de enxame de insetos (particularmente em corridas de estrada).

Ausência de condições para prestação de primeiros socorros em situações em que há risco de morte

A seguir estão listadas as situações nas quais é necessário remover o atleta a fim de prestar os primeiros socorros adequados.

- Atleta inconsciente deitado em decúbito ventral ou lateral, que necessita de RCP.
- Atleta que sofre de insolação com necessidade de ser rapidamente resfriado com água e gelo.

Entre as diferentes técnicas de remoção de um atleta gravemente lesionado ou doente estão o arrastamento por uma pessoa e o resgate por quatro ou cinco pessoas.

Arrastamento por uma pessoa

Objetivo: remover um atleta inconsciente de um ambiente perigoso, sem o auxílio de outras pessoas.

Técnica
1. Agache-se próximo à cabeça do atleta.
2. Coloque suas mãos sob as axilas do atleta e apoie a cabeça dele em seus antebraços.
3. Endireite parcialmente os joelhos para proteger suas costas.
4. Arraste lentamente o atleta para um local seguro.

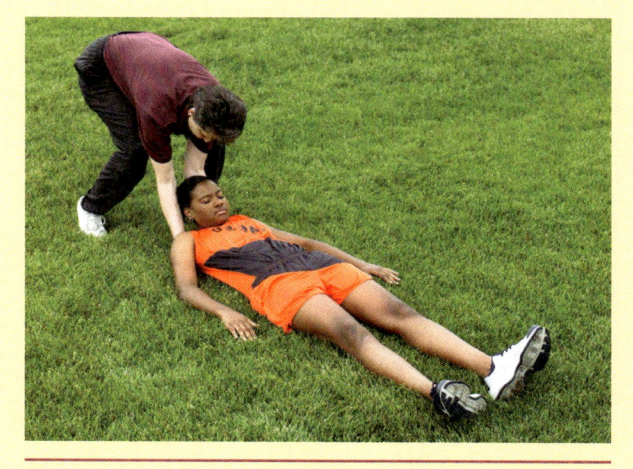

Figura 6.1 Arrastamento por uma pessoa.

Fique alerta
Ao mover atletas inconscientes e gravemente lesionados

Suspeite que o atleta inconsciente pode estar com uma lesão na coluna ou na cabeça se tiver sofrido um movimento forte e repentino (pancada direta), uma compressão ou torção da coluna vertebral. Portanto, imobilize com as mãos a cabeça, o pescoço e as costas dele antes de removê-lo ou reposicioná-lo para realizar a RCP.

Capítulo 6 Removendo atletas lesionados ou doentes **75**

Resgate por quatro ou cinco pessoas

Objetivo: virar um atleta consciente ou inconsciente que esteja deitado em decúbito ventral, respirando normalmente e que NECESSITE ser removido ou colocado sobre uma prancha para a coluna (costas). Esta técnica também pode ser utilizada para rolar vítimas inconscientes para uma posição de recuperação ou de HAINES, permitindo a saída do vômito pela boca.

Técnica

1. Um técnico em emergências médicas ou um socorrista treinado se posiciona próximo à cabeça do atleta e comanda os outros socorristas.
2. Esse indivíduo segura firme com as mãos os dois lados da cabeça da vítima e a mandíbula (Fig. 6.2a).
3. O líder dos socorristas comanda os demais para que se posicionem junto aos ombros, quadris e pernas, conforme mostrado na Figura 6.2b.
4. Um quinto socorrista coloca a prancha para a coluna (se disponível) próxima ao atleta.
5. O líder dos socorristas, com os comandos "preparar" e "para cima", instrui os demais a rolarem a vítima por completo, de forma que ela fique com o rosto voltado para a equipe de socorristas (na direção oposta à prancha), mantendo cabeça, pescoço, ombros, quadril, tronco e pernas alinhados (Fig. 6.2b).
6. O quinto socorrista desliza a prancha para perto das costas do atleta.
7. O líder, por meio dos comandos "preparar" e "para baixo", instrui todos a rolarem lentamente o atleta para cima da prancha (Fig. 6.2c).

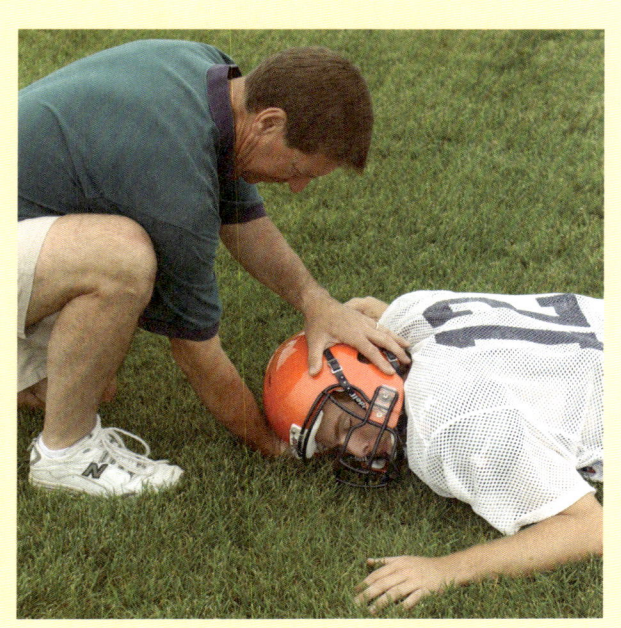

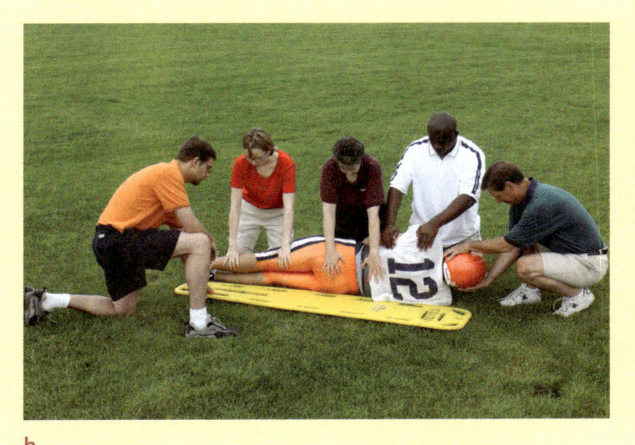

Figura 6.2 Resgate por quatro ou cinco pessoas. (a) Um socorrista treinado segura firme com as mãos os dois lados da cabeça e a mandíbula da vítima, (b) a equipe rola o atleta em sua direção e (c) então para cima da prancha.

REMOVENDO ATLETAS QUE NÃO SOFRERAM LESÕES GRAVES

Uma situação comum com a qual você pode se deparar é aquela em que o atleta sofre uma lesão de gravidade menor ou moderada, como uma fisgada no músculo ou uma contusão no braço. Nesse tipo de situação, você deve utilizar um dos vários tipos de assistência.

Atletas com lesões de menor gravidade podem ser removidos com maior prontidão, mas ainda assim deve-se agir com extrema cautela. Caso necessário, é possível remover um atleta que esteja apresentando estas condições:

- entorses e distensões;
- lesão do plexo solar ("falta de ar");
- contusões;
- lesões faciais;
- fraturas fechadas e sem luxação (sem deformidade aparente), fraturas da mão e dedos da mão, punho, antebraço, tornozelo e pé;
- luxações em dedos da mão.

Fique alerta
Ao remover um atleta que não sofreu lesões graves

Antes de remover um atleta que não tenha sofrido lesão grave, você deve:
- controlar a hemorragia profusa; e
- imobilizar ou colocar uma tala em todas as lesões instáveis.

Auxílio de uma pessoa para caminhar

Objetivo: auxiliar sozinho um atleta levemente lesionado ou com tontura a caminhar para fora da área de jogo.

Técnica
1. Instrua o atleta a colocar um braço sobre o seu ombro.
2. Segure-o pela cintura com a sua mão livre.
3. Instrua-o a se apoiar em você ao caminhar.

Figura 6.3 Auxílio de uma pessoa para caminhar.

Auxílio de duas pessoas para caminhar

Objetivo: auxiliar, com a ajuda de outra pessoa, um atleta levemente lesionado ou com tontura a caminhar para fora da área de jogo.

Técnica
1. Instrua o assistente a seguir suas orientações, evitando provocar situações de risco para o atleta.
2. Posicione-se em um lado do atleta e instrua o assistente a ficar do lado oposto.
3. Coloque um dos braços do atleta sobre seu ombro e o outro sobre o ombro do assistente, instruindo-o a se apoiar em vocês.
4. Segure o atleta pela cintura.
5. Caminhe lentamente para as linhas laterais, apoiando o atleta com seus braços e ombros.

Figura 6.4 Auxílio de duas pessoas para caminhar.

Auxílio no carregamento a quatro mãos

Objetivo: remover (com a ajuda de outra pessoa) um atleta consciente e lúcido que esteja impossibilitado de andar, mas consiga colaborar na própria remoção, segurando-se nos ombros dos socorristas. Esse carregamento é útil especialmente em casos em que a distância a percorrer é muito longa ou há dificuldade na remoção do atleta com a utilização do auxílio de duas pessoas para caminhar.

Técnica

1. Instrua o assistente a seguir suas orientações, evitando provocar situações de risco para o atleta.
2. Posicionem-se atrás do atleta, virados de frente um para o outro.
3. Segure seu antebraço direito com sua mão esquerda.
4. Em seguida, segure com a mão direita o antebraço esquerdo do assistente e o instrua a fazer o mesmo, um do outro (Fig. 6.5a).
5. Instrua o atleta a sentar-se sobre o apoio de braços e a colocar os braços dele em volta do seu ombro e do assistente (Fig. 6.5b).

Figura 6.5a Posição das mãos para o auxílio no carregamento a quatro mãos.

Figura 6.5b Posição do atleta no carregamento a quatro mãos.

Tabela 6.1 Tipo de remoção a ser usado em situações de lesão

Situação	Número de socorristas	Tipo de remoção
Atleta inconsciente com risco de sofrer nova lesão se permanecer na posição atual	1	Arrastamento por uma pessoa
Necessidade de remover um atleta inconsciente para avaliação ou prestação de primeiros socorros de salvamento	4 ou mais	Resgate por quatro ou cinco pessoas
Auxiliar um atleta levemente lesionado ou com tontura a caminhar para fora da área de jogo	1 2	Auxílio de uma pessoa para caminhar Auxílio de duas pessoas para caminhar
Remover um atleta consciente e lúcido que esteja impossibilitado de andar, mas consiga ajudar na própria remoção	2	Auxílio no carregamento a quatro mãos
Remover um atleta com leve tontura, que esteja impossibilitado de andar e necessite de apoio adicional dos socorristas	2	Auxílio no carregamento a duas mãos

Auxílio no carregamento a duas mãos

Objetivo: remover (com a ajuda de outra pessoa) um atleta com leve tontura, que esteja impossibilitado de andar e que necessite de apoio adicional dos socorristas.

Técnica

1. Instrua o assistente a seguir suas orientações, evitando provocar situações de risco para o atleta.
2. Posicione-se atrás do atleta, de frente para o seu parceiro.
3. Segure o antebraço do assistente que estiver mais próximo do atleta e o instrua a segurar o seu.
4. Faça o atleta se sentar sobre seu braço e o do assistente e a apoiar os braços em volta do seu ombro e no do assistente.
5. Apoie as costas do atleta com o braço livre.
6. Levante lentamente o atleta.

Figura 6.6 Auxílio no carregamento a duas mãos.

O Apêndice apresenta um resumo das diretrizes para remoção de atletas lesionados ou doentes, e a Tabela 6.1 aponta o tipo de remoção mais adequado para determinadas situações.

Fique alerta
Para se proteger

Se você tem um histórico de problemas nas costas ou nas pernas, ou caso seja consideravelmente mais baixo que o atleta, não tente realizar o auxílio para carregamento a quatro mãos ou a duas mãos.

Capítulo 6
Revisão

- Quais lesões são consideradas graves o suficiente para não remover o atleta até a chegada do resgate?
- Quais são as duas condições nas quais você pode remover um atleta gravemente lesionado?
- Se o atleta estiver inconsciente ou você suspeitar de lesões na cabeça, no pescoço ou nas costas, e ainda assim ele precisar ser removido, quais são as diretrizes a serem seguidas?
- Quais são os dois métodos que podem ser utilizados na remoção de atletas gravemente lesionados?
- Quais são os dois procedimentos a serem feitos antes de remover um atleta com fratura fechada sem deslocamento, distensão ou entorse?
- Quais são os quatro métodos que podem ser usados para remover um atleta que não foi lesionado gravemente?
- Você é capaz de descrever as etapas de um:
  — arrastamento por uma pessoa?
  — resgate por quatro ou cinco pessoas?
  — auxílio de uma pessoa para caminhar?
  — auxílio de duas pessoas para caminhar?
  — auxílio no carregamento a quatro mãos?
  — auxílio no carregamento a duas mãos?

PARTE III
Primeiros socorros no esporte para lesões específicas

Não aceitarei nada aquém do melhor que um jogador é capaz de fazer... e ele tem o direito de esperar que eu faça o melhor para ele e para a equipe.

Lou Holtz

Ser o melhor em primeiros socorros no esporte envolve aplicar corretamente os princípios dos primeiros socorros para lesões e doenças específicas ocorridas durante atividades esportivas. Portanto, antes de prosseguir para os próximos capítulos, você pode considerar necessário revisar o que aprendeu sobre o papel dos membros de sua equipe de profissionais de saúde para atletas e suas responsabilidades como socorrista, além dos conhecimentos de anatomia básica, avaliação e procedimentos de primeiros socorros. Afinal, você não esperaria que seus jogadores executassem uma jogada durante uma partida sem que antes ela tivesse sido revisada no treino.

Quando estiver confiante quanto à sua compreensão do material, você estará pronto para aprender a aplicar esse conhecimento em situações específicas de lesão ou doenças. A Parte III aborda mais de 110 condições diferentes. Os capítulos são ordenados de acordo com a prioridade, partindo das situações em que há risco de morte, passando pelos problemas mais graves e depois pelos de menor gravidade. Os Capítulos 7 a 11 permitirão que você se habitue aos problemas que apresentam potencial risco de morte, tal como problemas respiratórios, lesões na cabeça e na coluna, lesões em órgãos internos, doenças súbitas e doenças relacionadas à temperatura. Ainda que, durante sua carreira de treinador, você nunca se depare com tais situações em que há risco de morte, é fundamental que esteja preparado – a vida de um atleta poderá depender disso. Lesões musculoesqueléticas nos membros inferiores e superiores do corpo, lesões na face e na cabeça e problemas de pele são abordados nos Capítulos 12 a 15.

Em cada capítulo, há um resumo sobre as especificidades de cada quadro clínico, incluindo os seguintes aspectos:

- nome;
- definição;
- possíveis causas;
- sintomas (sensações que o atleta sentiu ou está sentindo); e
- sinais (manifestações físicas reais que você é capaz de observar diretamente).

Além disso, para cada situação são apresentadas as seguintes estratégias:

Primeiros socorros: como cuidar.
Condição de jogo: em que momento é seguro permitir que um atleta retorne à atividade esportiva.
Prevenção: qual a melhor maneira de se evitar futuras ocorrências de uma lesão ou doença.

Esses capítulos não abrangem tudo o que você precisa saber sobre avaliação e cuidados para todas as lesões e doenças esportivas. No entanto, eles oferecem as orientações básicas sobre a forma de agir no caso de certas lesões e doenças e podem servir como uma fonte à qual você tem a possibilidade de recorrer quando necessário.

Como treinador, frequentemente você será o socorrista inicial, por isso, tem o dever, para com seus atletas, de estar preparado para ajudá-los quando eles precisarem.

CAPÍTULO 7
Doenças e emergências respiratórias

Neste capítulo, você irá aprender

- Como identificar os sinais e os sintomas de choque anafilático, asma, colapso pulmonar, contusão na garganta, pneumonia ou bronquite, espasmo do plexo solar ("falta de ar") e hiperventilação.
- Quais são os primeiros socorros para cada uma dessas condições.
- Como evitar que alergias, asma, bronquite e pneumonia evoluam para emergências com risco de morte.

Lesões e técnicas abordadas neste capítulo

- Choque anafilático .... p. 82
- Colapso pulmonar .... p. 83
- Asma .... p. 84
- Hiperventilação .... p. 85
- Espasmo do plexo solar .... p. 87
- Pneumonia ou bronquite .... p. 87
- Contusão na garganta .... p. 88

Você está perdendo por um ponto, só restam seis segundos no cronômetro, não é mais possível pedir tempo e seu time está pegando o rebote no garrafão do time adversário. O tempo é curto demais para ser desperdiçado. Se seu time não tiver uma jogada ensaiada para lidar com a marcação sob pressão e não conseguir fazer a bola chegar até o seu cestinha, o tempo irá acabar. O mesmo vale para as doenças respiratórias. Elas podem se transformar rapidamente em situações de emergência. Portanto, se você não tiver um plano ensaiado para tratá-las, o tempo poderá acabar para um atleta com uma emergência respiratória.

A asfixia e a parada respiratória são emergências óbvias e foram abordadas no Capítulo 4. Mas as reações alérgicas, lesões de contato, náuseas e ansiedade também podem causar problemas respiratórios em atletas. Este capítulo irá auxiliar no preparo para a intervenção em caso de doenças e emergências respiratórias adicionais.

Choque anafilático

Uma reação alérgica grave a uma substância que faz com que o corpo responda com edema na garganta, lábios ou língua.

Causa
- Exposição a uma substância que pode causar alergia, como veneno de insetos, pólen, mofo, látex, certos alimentos (como amendoim e frutos do mar) e medicamentos.

Verifique a ocorrência dos seguintes sintomas
- Opressão no peito.
- Dificuldade para respirar.
- Tontura.
- Ansiedade.

Verifique os sinais
- Chiados que indicam dificuldade de respiração ou asfixia.
- Edema na língua, lábios e garganta.
- Pele, unhas ou lábios azulados ou acinzentados.
- Urticária.
- Olhos inchados.
- Cãibras abdominais.
- Náuseas.
- Vômitos.
- Confusão mental.

Primeiros socorros

Se o atleta possuir o medicamento (antialergênico), proceda da seguinte maneira:
1. Peça que alguém busque o medicamento do atleta, que pode ser uma epinefrina na forma injetável (Epi-Pen).
2. Se necessário, você pode ajudar o atleta a injetar o medicamento.[1]
3. Acione a equipe de resgate.
4. Monitore a respiração e, caso necessário, realize a RCP.

Se o atleta não possuir o medicamento, proceda da seguinte maneira:
1. Acione a equipe de resgate.
2. Monitore a respiração e realize a RCP, se houver necessidade.

Condição de jogo
- Se houve necessidade de RCP ou da presença da equipe de resgate, o atleta não poderá retornar às atividades até que seja examinado e liberado por um médico.
- Atletas que se recuperarem sem a necessidade de suporte básico de vida ou da equipe de resgate deverão obter a autorização de seu médico para retornarem às atividades.

Prevenção
- Verifique se há focos de insetos na área de jogo.
- Esteja ciente da existência de atletas portadores de alergias graves.
- Recomende a seus atletas que tragam seu antialergênico em todos os treinos e competições.

---

[1] Só administre um Epi-pen (antialergênico), quando a vítima estiver incapacitada para fazê-lo sozinha, se você tiver recebido treinamento apropriado para tal, se o medicamento tiver sido prescrito por um médico e se este procedimento for permitido pela legislação local.

O Apêndice oferece uma visão geral sobre o protocolo de primeiros socorros para choque anafilático e asma (descrito na página 94).

Colapso pulmonar

O pulmão sofre colapso parcial causado pela pressão do ar ou de líquidos.

Causas

- Golpe direto nas costelas que comprimam o pulmão ou provoquem sua ruptura.
- Colapso espontâneo de um pulmão, sem que haja lesão.
- Perfuração por um objeto pontiagudo, como uma costela quebrada, uma flecha ou um dardo.

Verifique a ocorrência dos seguintes sintomas

- Dispneia.
- Dor no peito.

Verifique os sinais

- Hematoma ou ferimento exposto no peito.
- Ruído de sucção proveniente de um ferimento aberto no peito.
- Dificuldade de respiração.
- Aumento na frequência respiratória.

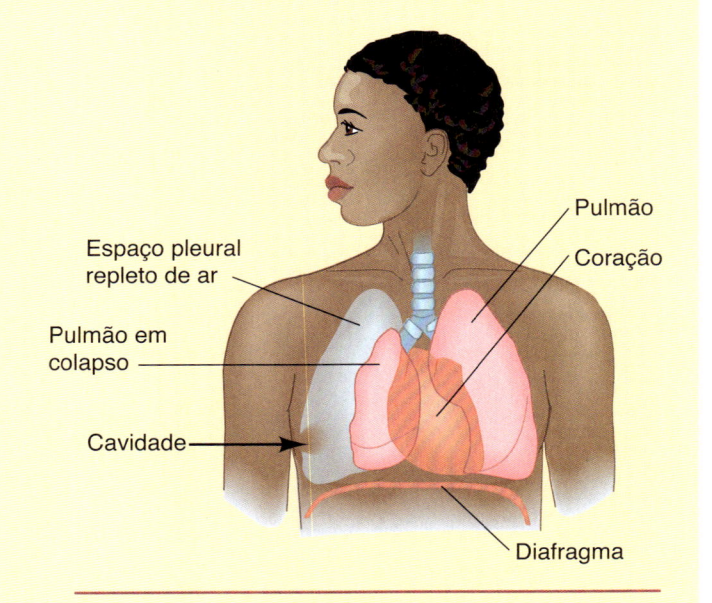

Figura 7.1 Colapso pulmonar.

Primeiros socorros

1. Acione a equipe de resgate.
2. Tranquilize o atleta.
3. Coloque-o em posição semirreclinada desde que isso não cause o agravamento da lesão.
4. Cubra qualquer ferimento aberto com material não poroso, como folha de alumínio ou diversas camadas de gaze esterilizada.
5. Monitore a respiração e, caso necessário, realize a RCP.

Condição de jogo

- O atleta não poderá retornar às atividades até que seja examinado e liberado por um médico.

Prevenção

- Faça com que os regulamentos de segurança sejam cumpridos durante treinos ou competições de arco e flecha ou arremesso de dardo.
- Exija que os atletas usem protetores para as costelas na prática de esportes de contato.

Asma

Condição em que os canais de passagem de ar dos pulmões sofrem constrição, interferindo na respiração normal.

Causas

- Reação alérgica a pó, mofo, pelo de animais domésticos ou outras substâncias.
- Exposição a ambientes frios, como pistas de patinação no gelo.
- Exposição à fumaça ou outras substâncias inalantes.
- Resposta adversa a exercícios intensos.

Verifique a ocorrência dos seguintes sintomas

- Opressão no peito.
- Dispneia.

Verifique os sinais

- Problemas durante a expiração.
- Chiados que indicam dificuldade para respirar.
- Aumento na frequência respiratória (normalmente de 12-20 respirações por minuto em repouso).
- Unhas, lábios ou pele azulados ou acinzentados.
- Pulsação com frequência aumentada para 120 batimentos por minuto ou mais.
- Atleta visivelmente assustado.

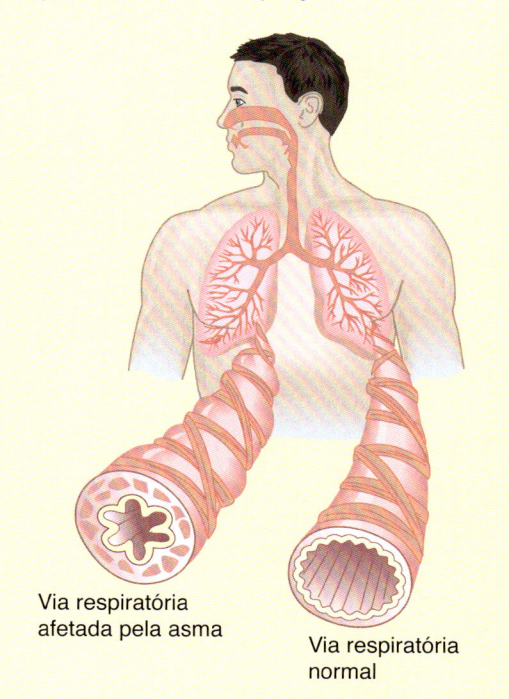

Figura 7.2 Constrição dos canais de passagem de ar causada pela asma.

Primeiros socorros

Se o atleta possuir um inalador ou medicamento para a asma, proceda da seguinte maneira:
1. Peça que alguém busque o inalador ou medicamento do atleta e o instrua a utilizá-lo.
2. Se necessário, você pode auxiliar no uso do inalador ou na aplicação do medicamento.*
3. Monitore a respiração e, caso necessário, realize a RCP (se alguma destas medidas for necessária, acione a equipe de resgate).
4. Monitore a coloração da pele e dos lábios do atleta. Se qualquer um deles se tornar azulado ou acinzentado, acione a equipe de resgate.
5. Acione a equipe de resgate caso o atleta não apresente sinais de melhora dentro de alguns minutos após a medicação ser administrada.
6. Se o atleta se recuperar dentro de alguns minutos, chame seus pais ou tutor para que o levem a um médico.

Se o medicamento para a asma não estiver disponível ou o atleta não responder à medicação, proceda da seguinte maneira:
1. Acione a equipe de resgate.
2. Monitore a respiração e, caso necessário, realize a RCP.
3. Coloque o atleta sentado ou semirreclinado.
4. Monitore e trate os casos de choque conforme a necessidade.
5. Tranquilize o atleta.

---

* Só administre um Epi-pen (antialergênico), quando a vítima estiver incapacitada para fazê-lo sozinha, se você tiver recebido treinamento apropriado para tal, se o medicamento tiver sido prescrito por um médico e este procedimento for permitido pela legislação local.

(continua)

Asma (continuação)

Condição de jogo
- Se houve necessidade de RCP ou da presença da equipe de resgate, o atleta não poderá retornar à atividade até que seja examinado e liberado por um médico.
- Atletas que se recuperarem sem a necessidade de suporte básico de vida ou assistência médica de emergência deverão obter a autorização de seu médico para retornar às atividades.

Prevenção
- Esteja ciente da existência de atletas portadores de asma e mantenha um cartão de procedimentos para cada um deles (Fig. 7.3).
- Incentive os atletas portadores de asma a assumirem um papel ativo no tratamento do seu problema.
- Recomende a esses atletas que tragam os medicamentos a todos os treinos e jogos.
- Monitore os atletas portadores de asma que participam de competições em ambientes frios ou com poeira.
- Dê a esses atletas descansos frequentes durante as atividades.
- Se um atleta portador de asma apresentar sinais e sintomas diários, encaminhe-o a um médico.

Hiperventilação

Respiração rápida que cria um déficit de dióxido de carbono na corrente sanguínea e afeta o equilíbrio entre oxigênio e dióxido de carbono.

Causas
- Respiração rápida de um atleta sobrecarregado.
- Um golpe no plexo solar.

Verifique a ocorrência dos seguintes sintomas
- Dispneia.
- Dormência ou formigamento ao redor da boca ou nos braços, mãos e pés.
- Tontura ou vertigem.
- Fraqueza.
- Dor no peito.
- Pânico ou sensação de ansiedade.

Verifique os sinais
- Respiração acelerada.
- Aumento da frequência cardíaca.
- Se não houver recuperação, o atleta corre o risco de sofrer um desmaio.

Primeiros socorros

1. Converse calmamente com o atleta e tranquilize-o.
2. Coloque-o sentado ou semirreclinado.
3. Incentive o atleta a respirar normalmente.
4. Instrua-o a inspirar lentamente, segurar a respiração por um segundo e em seguida expirar lentamente através dos lábios contraídos.
5. Se não houver recuperação dentro de alguns minutos, acione a equipe de resgate, monitore a respiração e, caso necessário, realize a RCP. Verifique também outras lesões que possam contribuir para o problema.

Condição de jogo
- O atleta poderá retornar às atividades assim que a respiração se normalizar.
- Monitore o atleta, ficando atento a sinais de reincidência do problema.
- Se houver necessidade de RCP ou da presença da equipe de resgate, o atleta não poderá retornar às atividades até que seja examinado e liberado por um médico.

Prevenção
- Tente acalmar um atleta nervoso.
- Ensine aos atletas nervosos ou ansiosos técnicas de respiração corretas.

CARTÃO DE PROCEDIMENTOS DO ALUNO PORTADOR DE ASMA

Asthma and Allergy Foundation of America
National Asthma Education and Prevention Program   EPA

Nome: _____ Série: _____ Idade: _____
Professor responsável: _____ Sala: _____
Pai/Tutor   Nome: _____ Tel. (res.): _____
             Endereço: _____ Tel. (com.): _____
Mãe/Tutor   Nome: _____ Tel. (res.): _____
             Endereço: _____ Tel. (com.): _____
Telefone para contato de emergência #1_____
                        Nome   Parentesco   Tel.
Telefone para contato de emergência #2_____
                        Nome   Parentesco   Tel.
Médico responsável pelo tratamento da asma: _____Tel.: _____
Outro médico: _____Tel.: _____

Plano de emergência

Uma ação emergencial é necessária quando o aluno apresentar sintomas como, _____, _____, _____, _____ ou medida de pico de fluxo expiratório de _____.

- **Medidas a tomar durante um episódio de asma:**
    1. Verificar o pico de fluxo expiratório.
    2. Ministrar medicação conforme relacionado abaixo. O aluno deve apresentar resposta à medicação dentro de 15 a 20 minutos.
    3. Entrar em contato com pais/tutor, se _____
    4. Verificar novamente o pico de fluxo expiratório.
    5. Caso o aluno apresente qualquer um dos sintomas abaixo, acionar o serviço de emergência médica:
        - Tosse constantemente
        - Não apresenta melhora 15 a 20 minutos após receber medicação e não é possível localizar um parente.
        - Pico de fluxo expiratório de _____
        - Tem dificuldade para respirar acompanhada de:
            — Contração do peito e pescoço
            — Corpo recurvado
            — Exaustão e falta de ar
        - Dificuldade para caminhar ou falar
        - Interrompe a atividade e não consegue retomar
        - Tem lábios ou unhas azulados ou acinzentados

    SE ISSO OCORRER, ACIONE O SERVIÇO DE EMERGÊNCIA!

- **Medicamentos de emergência para asma**

              Nome   Dosagem   Quando usar
    1. _____
    2. _____
    3. _____
    4. _____

Figura 7.3 Cartão de procedimentos para portador de asma.

Espasmo do plexo solar

O plexo solar é uma estrutura do sistema nervoso situada logo abaixo da caixa torácica.

Nessa condição, o diafragma, que faz com que os pulmões se encham com o ar, sofre um espasmo causado por sinais enviados pelo plexo solar. É comumente descrito como "falta de ar".

Causa
- Golpe direto na área abaixo da caixa torácica.

Verifique a ocorrência dos seguintes sintomas
- Incapacidade para respirar (inspirar).
- Dor logo abaixo do esterno.

Verifique os sinais
- Possível inconsciência temporária.
- Respiração difícil ou hiperventilação.

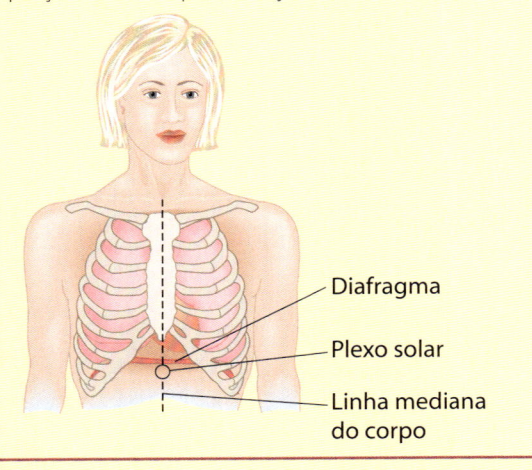

Figura 7.4 Localização do plexo solar que, se atingido com força, pode paralisar temporariamente o diafragma.

Legendas: Diafragma; Plexo solar; Linha mediana do corpo

Condição de jogo
- O atleta pode retornar às atividades se houver normalização da respiração e ausência de deformidade ou de dor na área afetada.
- Se houve necessidade de RCP ou da presença da equipe de resgate, o atleta não poderá retornar às atividades até que seja examinado e liberado por um médico.

Prevenção
- Exija que os atletas utilizem equipamentos de proteção individual adequados em esportes de contato, como futebol americano e hóquei no gelo.

Primeiros socorros
1. Tranquilize o atleta.
2. Afrouxe roupas que estejam apertadas.
3. Incentive o atleta a relaxar.
4. Instrua-o a fazer uma respiração rápida, seguida de uma lenta e profunda.
5. Monitore a respiração e, caso necessário, realize a RCP (caso a RCP seja necessária, acione a equipe de resgate).
6. Se a dor persistir ou se o atleta não se recuperar dentro de alguns minutos, acione a equipe de resgate.
7. Monitore sinais ou sintomas de outras lesões internas, entre os quais choque, vômitos ou expectoração com sangue.

Pneumonia ou bronquite

Inflamação ou infecção pulmonar provocada por vírus ou micro-organismos, capaz de causar acúmulo de líquidos ou muco dentro dos pulmões.

Causas
- Infecção por micro-organismo.
- Irritação por inalação de substâncias como poeira ou produtos químicos.
- Problemas respiratórios crônicos (p. ex., asma ou bronquite).

Verifique a ocorrência dos seguintes sintomas
- Dispneia.
- Opressão no peito.
- Dor no peito.
- Fadiga.
- Calafrios.
- Dores musculares.

Verifique os sinais
- Possível febre.
- Dificuldade para respirar.
- Tosse, possivelmente com muco.
- Chiado durante a expiração.

Primeiros socorros
1. Encaminhe o atleta a um médico caso ele esteja apresentando febre, tosse ou congestão.

Condição de jogo
- Se o atleta apresentar febre, tosse ou congestão, não deve retornar às atividades até que seja examinado e liberado por um médico.
- Se não houve febre e se a tosse e a congestão estiverem sob controle, o atleta pode retornar às atividades.

Prevenção
- Evite o contato indireto com o atleta infectado pelo uso compartilhado de garrafas de água, toalhas e afins.
- Enfatize a importância da lavagem das mãos para prevenção de doenças infecciosas.

Contusão na garganta

Contusão que pode interferir na passagem de ar para os pulmões.

Causa

- Golpe direto na região da garganta (p. ex., ser atingido por uma bola de beisebol, de *softball*, por um disco de hóquei ou por uma cotovelada no basquete ou no futebol americano).

Verifique a ocorrência dos seguintes sintomas

- Dor na garganta.
- Dor ao engolir.
- Dispneia.

Verifique os sinais

- Dificuldade para respirar.
- Frequência respiratória acelerada.
- Edema ou hematoma no ponto onde o objeto atingiu a garganta.
- Deformidade na região da garganta.
- Som semelhante a ruídos ásperos ou rangidos ao ser tocado.
- Alterações na voz – podem variar desde a rouquidão até a impossibilidade total de falar.
- Dificuldade para engolir.
- Respiração ofegante.
- Tosse.
- Expectoração ou cuspe com sangue.

Condição de jogo

- O atleta poderá retornar à atividade se respiração, pulsação, deglutição e voz se normalizarem e não houver dor ou deformidade na região da garganta.
- Se houver necessidade de RCP ou da presença da equipe de resgate, o atleta não deve retornar às atividades até que seja examinado e liberado por um médico.

Primeiros socorros

1. Tranquilize o atleta.
2. Coloque-o sentado ou semirreclinado.
3. Aplique gelo na área lesionada visando à redução do edema (ver Cap. 5 para mais detalhes sobre o uso de gelo).
4. Monitore a respiração e a circulação e, caso necessário, realize a RCP (caso a RCP seja necessária, acione a equipe de resgate).
5. Se, dentro de alguns minutos, não houver normalização da respiração ou se a garganta do atleta apresentar edema ou deformidade e ele apresentar dificuldades para falar ou engolir, acione a equipe de resgate.
6. Trate os casos de choque conforme a necessidade (ver Cap. 5) e acione a equipe de resgate se isso ocorrer.

Prevenção

- Exija que os goleiros de hóquei na grama, lacrosse e hóquei no gelo, assim como os apanhadores de beisebol e *softball* usem protetores para a garganta.

Capítulo 7
Revisão

- Defina choque anafilático.
- O que você deve fazer no caso do atleta apresentar um colapso pulmonar causado por uma cavidade no peito?
- Como a asma afeta os pulmões de um atleta?
- O que um atleta pode fazer para prevenir ataques de asma?
- O que causa a hiperventilação?
- O que você deve fazer se um atleta apresentar hiperventilação?
- Como a "falta de ar" afeta o corpo?
- Em que situação um atleta com bronquite ou pneumonia não deve participar de uma atividade?
- Quais são os sinais que indicam que uma contusão na garganta apresenta potencial risco de morte?

CAPÍTULO 8
Lesões na cabeça, na coluna vertebral e nos nervos

Neste capítulo, você irá aprender

- Como reconhecer os sinais e os sintomas de lesões na cabeça, na coluna vertebral e nos nervos.
- Quais são os primeiros socorros a serem prestados em caso dessas lesões.
- Quais são as estratégias de prevenção dessas lesões que você pode incorporar em seu plano de primeiros socorros no esporte.

Lesões abordadas neste capítulo

- Lesões na cabeça .... p. 89
  — Atleta com lesão na cabeça .... p. 92
- Lesões na coluna vertebral .... p. 96
  — Atleta com provável lesão na coluna vertebral .... p. 96
- Lesões nervosas .... p. 97
  — Queimação ou pinçamento .... p. 97

LESÕES NA CABEÇA

No passado, a maioria das lesões na cabeça era chamada de concussão e classificadas pela severidade de acordo com os sinais e sintomas. Nos esportes, utilizávamos expressões como "ouvindo sinos" ou "apitos" para descrever uma pequena concussão. Esses sinos ou apitos não causavam perda da consciência, e os sinais e sintomas típicos de desorientação, tonturas, dores de cabeça, perda da memória e distúrbios do equilíbrio eram inconveniências passageiras. As concussões leves atordoavam temporariamente o cérebro. Desta forma, assim que o atleta voltasse a parecer orientado, estava pronto para retornar. Ouvir sinos e apitos era apenas parte do jogo nos esportes de contato. Uma classificação de lesão cerebral traumática ficava reservada para as lesões mais severas que causavam lesão cerebral permanente.

Atualmente, pesquisas mais recentes demonstram que apitos e sinos não podem ser considerados como sinais de lesões leves e que não se limitam a esportes de contato, como o futebol americano ou o hóquei. A lesão cerebral nesses casos é bastante real e possivelmente de longa duração ou cumulativa.

Impactos leves sobre a cabeça não somente atordoam o cérebro; eles podem romper o fluxo sanguíneo, causar desequilíbrios químicos e elétricos e, possivelmente, lesionar as células cerebrais. Essas alterações são microscópicas e, na maioria das vezes, invisíveis às imagens cerebrais de RM ou radiografias de crânio. Entretanto, elas podem ser detectadas em testes neurológicos que avaliam a cognição, memória, capacidade de executar várias tarefas, funcionamento emocional e habilidades motoras (movimento), como equilíbrio e tempo de reação do atleta. Além disso, dores de cabeça, tonturas, náuseas e outros sinais e sintomas para pequenos traumas na realidade são manifestações de microtraumas cerebrais. Desse modo, apitos e sinos na realidade são lesões cerebrais traumáticas leves, ou LCTLs.

Pesquisadores consideram que as LCTLs não se limitam a atletas em esportes de contato. Registros de lesões em vários esportes revelaram que atividades tipicamente consideradas sem contato demonstram índices surpreendentes de LCTLs. Em um dos estudos mais abrangentes sobre lesões do esporte, Marar (2012) analisou a frequência de concussões (lesão cerebral traumática leve e severa) entre 20 atividades desportivas em escolas secundárias durante os anos de 2008 a 2010. A maior ocorrência foi encontrada no futebol americano, responsável por 47,1% das concussões encontradas. Mais surpreendente foi que esportes não considerados de contato, como o futebol feminino (8,2%), basquete feminino (5,5%) e futebol masculino (5,3%) apresentaram uma maior porcentagem de concussões no estudo do que esportes de contato como o hóquei no gelo e lacrosse. As concussões nas lutas livres atingiram 5,8% do número total de concussões registradas.

Esses dados de LCTLs foram obtidos da pesquisas conduzidas por Comstock et al. (2011) no Center for Injury Research and Policy no Nationwide Children's Hospital. Em um artigo separado feito pelo centro durante 2009-2010, a porcentagem de traumas na cabeça entre todas as lesões, comparando todos os esportes, também foi estudada. As lesões do tornozelo ficaram em primeiro lugar, com 14,7%, e as concussões em segundo, com 14,6%. Surpreendentemente, quando analisados como uma porcentagem de todas as lesões de um determinado esporte, os traumas na cabeça estavam em posições altas na lista de lesões da maioria dos 20 esportes estudados. Por exemplo, jogadores de hóquei no gelo sofriam mais lesões na cabeça do que qualquer outra lesão. As lesões na cabeça também eram a principal lesão no futebol americano, luta livre, *softball*, hóquei na grama feminino, lacrosse masculino e feminino e líderes de torcida (*cheerleading*). Foram a segunda lesão mais comum no basquete masculino e feminino, futebol feminino e vôlei feminino. A Tabela 8.1 resume os achados desse estudo.

Em um estudo mais recente, Comstock et al. (2012) coletaram dados sobre lesões de nove esportes em escolas secundárias durante 2011-2012. A partir desses dados, os pesquisadores estimaram os índices de lesões para esses esportes nas escolas norte-americanas. As lesões na cabeça foram as mais comuns entre todos os esportes combinados. O mais interessante foi que cresceram os registros de lesões na cabeça na maioria dos esportes. Isso pode ter sido causado pela maior cobertura da mídia e, consequentemente, o maior reconhecimento das lesões na cabeça relacionadas ao esporte. Os dados do Center for Injury Research and Policy parecem indicar que a prevenção de lesões na cabeça precisa ser direcionada para todos os esportes estudados. A Tabela 8.2 resume as estimativas de lesões na cabeça projetadas no estudo de vigilância para lesões de 2011-2012.

Tabela 8.1 Frequência de lesões na cabeça por esporte

Esporte	Percentual de lesões neste esporte
Hóquei no gelo masculino	24,2
Líderes de torcida (*cheerleading*)	20,3
Lacrosse feminino	19,4
Futebol americano	19,2
Lacrosse masculino	18,6
Futebol feminino	15,7
Softball	14,3
Basquete masculino	13,9
Hóquei na grama feminino	13,4
Basquete feminino	12,1
Futebol masculino	10,8
Luta livre	10,3
Vôlei feminino	8,5
Beisebol	5,0
Atletismo masculino	4,1
Ginástica olímpica feminina	3,4
Natação e mergulho feminino	2,7

Dados de Comstock, Collins e McIlvain, 2011.

Tabela 8.2 Frequência estimada de lesões na cabeça por esporte

Esporte	Percentual estimado de lesões neste esporte
Luta livre	24,6
Futebol feminino	23,8
Futebol americano	23,6
Futebol masculino	23,0
Softball	21,2
Basquete feminino	20,8
Vôlei feminino	16,3
Beisebol	14,6
Basquete masculino	13,9

Dados de Comstock et al., 2013.

A maioria dessas lesões não é de curto prazo, de modo que o atleta se recupere em alguns minutos ou mesmo no mesmo dia. No estudo de Marar, 40% dos sintomas de concussão (dores de cabeça, tonturas, dificuldades de concentração, confusão, sensibilidade à luz e náusea) se resolveram em 3 dias ou menos. Mas a resolução dos sintomas não necessariamente significa que o atleta esteja totalmente recuperado. Pode levar uma semana, um mês, seis meses ou mais em alguns casos. A duração de tempo não depende de como o atleta se sente ou parece estar. Um atleta que parece estar bem e se sente bem ainda pode apresentar deficiências na cognição, memória, capacidade de realizar múltiplas tarefas, funções emocionais e habilidades motoras (movimentos), indicativos de que o cérebro não se recuperou totalmente. Se o atleta é liberado para retornar à participação antes da recuperação total do cérebro, o cérebro pode sofrer uma nova lesão caso o atleta sofra um impacto pequeno ou se for sacudido muito rapidamente, o que é conhecido como a síndrome do segundo impacto, que pode causar um edema cerebral excessivo e potencialmente letal.

Impactos repetidos, mesmo os menores, podem levar a dano cerebral cumulativo e dano permanente ao funcionamento cerebral. Registros de problemas de saúde duradouros, sofridos por atletas após impactos repetidos sobre a cabeça, trouxeram as LCTLs para a linha de frente dos assuntos da mídia e despertaram a atenção dos legisladores. Mas, apesar de toda a repercussão e de todas as leis bem intencionadas, os desafios permanecem os mesmos. Como reconhecer os sinais de uma lesão cerebral e, mais importante, o que pode ser feito para preveni-la? As seções a seguir focam nas causas, sinais e sintomas, além de estratégias de primeiros socorros que você pode utilizar para minimizar lesões cerebrais de longo prazo ou permanentes.

Lesões no cérebro são comumente causadas por um de dois mecanismos:

1. Um golpe direto na cabeça pode lesionar o crânio ou um tecido cerebral no lado do impacto (Fig. 8.1) ou no lado oposto ao impacto (Fig. 8.2). Por exemplo, se o atleta bate a cabeça na trave, ele pode sofrer uma fratura craniana no local do impacto ou uma lesão cerebral no mesmo lado ou no lado oposto.
2. No caso de um choque ou abalo brusco e forte na cabeça, sem contato, o cérebro pode se deslocar de um lado para o outro dentro do crânio. Existe uma hipótese de que esses tipos de lesão por abalo podem também causar fraturas na base do crânio.

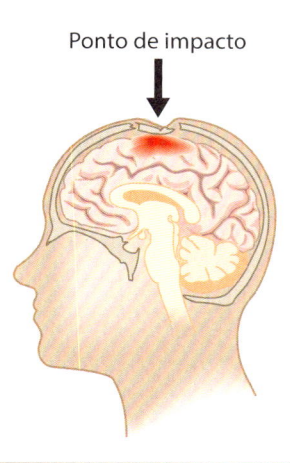

Figura 8.1 Lesão craniana em decorrência de golpe direto.

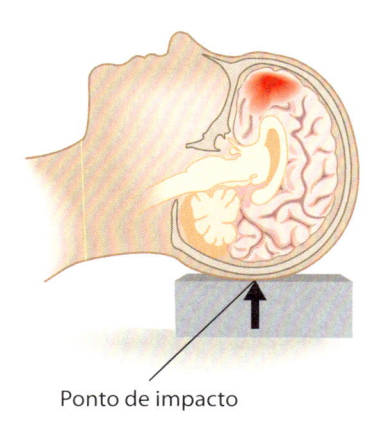

Figura 8.2 Lesão de tecido mole no lado oposto ao golpe direto.

Fique alerta
Quando o atleta está utilizando um capacete e protetores de ombros

1. Cheque a respiração colocando sua mão próximo ao nariz e boca do atleta para sentir as respirações ou observar para ver a subida e descida do tórax ou abdome do atleta.
2. Estabilize a cabeça e o pescoço, mas mantenha o capacete e os protetores – a remoção destes equipamentos moverá o pescoço.

Atleta com lesão na cabeça

Se o atleta sofreu um impacto sobre a cabeça ou uma lesão em chicotada sobre a cabeça e o pescoço, avalie imediatamente à procura de sinais e sintomas de lesões na cabeça.

Causas
- Golpe direto na cabeça.
- Pancada ou batida súbita ou forte na cabeça.

Verifique a ocorrência dos seguintes sintomas
- Dor de cabeça.
- Tontura.
- Zumbido nos ouvidos.
- Sonolência.
- Náuseas.
- Visão dupla ou embaçada.

Verifique os sinais
- Confusão.
- Instabilidade.
- Incapacidade de realizar várias tarefas (incapaz de desempenhar várias habilidades atléticas na primeira tentativa ou de desempenhar uma habilidade corretamente quando distraído.
- Perda de memória de curto prazo.
- Mudanças emocionais, como irritabilidade ou depressão.
- Ausência de resposta ao toque ou vocal (chame o atleta pelo nome e bata em seu ombro).
- Respiração irregular.
- Hemorragia ou ferimento no local do golpe.
- Hemorragia ou liberação de fluidos pelo nariz, boca ou ouvidos.
- Fraqueza ou dormência em membros superiores ou inferiores.
- Dor na região cervical com diminuição do movimento.
- Deformidade no local do golpe.
- Convulsões.
- Anormalidades nas pupilas (desiguais no tamanho ou sem reação à luz).
- Vômito.

Primeiros socorros

Se o atleta exibe qualquer um dos sinais ou sintomas previamente listados, tire-o da atividade. Sintomas como dores de cabeça ou o relato de estar ouvindo sinos podem ser sinais iniciais de uma lesão mais séria. Nesses casos, faça o seguinte:

1. Continue a monitorar o atleta e alerte os serviços de emergência médica se os sinais e sintomas piorarem.
2. Contate imediatamente os pais ou guardião e faça com que eles levem o atleta ao médico.
3. Forneça aos pais ou guardião uma listagem sobre os sinais e sintomas (Fig. 8.3) que devem ser monitorados.

Para as lesões com sinais mais severos, como confusão, desequilíbrio, vômitos, convulsões, cefaleias progressivas, irritabilidade crescente, comportamento incomum, dormência em membros superiores ou inferiores, dor na região cervical com diminuição dos movimentos, anormalidades nas pupilas ou inconsciência, faça o seguinte:

1. Acione imediatamente a equipe de resgate.
2. Imobilize a cabeça e o pescoço até que o SEM chegue. Mantenha o atleta com o capacete quando estabilizar a cabeça e o pescoço. Você não quer mobilizar desnecessariamente a cabeça ou o pescoço. Isso é especialmente verdadeiro se o atleta também estiver utilizando protetores para os ombros.
3. Monitore a respiração e a circulação e, caso necessário, realize a RCP.
4. Controle qualquer hemorragia profusa, mas evite aplicar pressão excessiva sobre uma ferida na cabeça.
5. Monitore e trate os casos de choque conforme a necessidade.
6. Imobilize qualquer fratura ou lesão instável desde que não balance o atleta, o que pode piorar sua condição.

(continua na página 94)

Concussões na cabeça em esportes do ensino médio

Uma ficha para os PAIS

O que é uma concussão?

Uma concussão é um tipo de lesão cerebral traumática. As concussões são causadas por um impacto sobre a cabeça. Mesmo queixas como ouvir sinos ou o que parece ser um pequeno calo ou golpe na cabeça podem representar uma lesão séria.

Você não consegue ver uma concussão. Os sinais e sintomas podem aparecer logo após a ocorrência da lesão ou depois de alguns dias ou semanas. Se o seu filho se queixar de qualquer sintoma de concussão, ou você observar algum, procure atendimento médico imediatamente.

Quais são os sinais e sintomas de uma concussão?

Se seu filho apresenta um galo ou teve um impacto sobre a cabeça durante um jogo ou treino, procure um dos seguintes sinais de concussão:

SINTOMAS RELATADOS PELO ATLETA	SINAIS OBSERVADOS POR PAIS OU TUTORES
• Dores de cabeça ou "pressão" na cabeça • Náuseas ou vômito • Problemas de equilíbrio ou vertigens • Visão dupla ou embaçada • Sensibilidade à luz • Sensibilidade a barulho • Sensação de sonolência, lentidão, confusão mental • Problemas de concentração ou de memória • Confusão • Relatos de que "não está se sentindo bem", ou que "está para baixo"	• Aparente desorientação ou perturbação • Confusão com relação a atribuições ou posições • Esquecimento de instruções • Incerteza quanto ao jogo, ao placar ou ao adversário • Movimentos sem coordenação • Lentidão para responder a perguntas • Perda de consciência (mesmo que brevemente) • Alteração de humor, comportamento ou personalidade

Como você pode ajudar seu filho na prevenção de uma concussão ou outras lesões cerebrais sérias?

- Assegure-se de que eles sigam as regras de segurança determinadas pelos técnicos e as regras do esporte.
- Encoraje-os a praticar esportes com espírito desportivo durante todo o tempo.
- Assegure-se de que eles utilizem o equipamento protetor apropriado para a atividade. O equipamento de proteção deve estar bem ajustado e sofrer manutenção periódica.
- O uso de capacetes é obrigatório para reduzir o risco de lesão cerebral séria ou fratura do crânio.
  Entretanto, os capacetes não foram projetados para prevenir concussões. Não existe capacete à prova de concussões. Dessa forma, mesmo com um capacete, é importante que crianças e adolescentes evitem traumas na cabeça

O que você deve fazer se desconfiar que seu filho sofreu uma concussão?

Procure atendimento médico imediatamente. Um profissional de saúde terá condições de identificar o nível de gravidade da concussão e determinar o tempo necessário para que o atleta retorne às atividades esportivas.

Mantenha seu filho fora dos jogos. Concussões têm recuperação demorada. Não permita que seu filho retorne aos jogos antes que um profissional de saúde o libere. Atletas que retornam aos jogos muito rapidamente (enquanto o cérebro ainda está se recuperando) correm sério risco de sofrer uma segunda concussão. Concussões reiteradas podem ser muito graves. Elas podem causar danos permanentes ao cérebro, prejudicando o atleta pelo resto da vida.

Comunique a todos os treinadores do seu filho sobre a ocorrência de concussões recentes. Os treinadores precisam saber se seu filho já teve uma concussão. O técnico de seu filho pode não saber de uma concussão que seu filho sofreu em outro esporte ou atividade, a menos que você o informe.

Se você acha que seu filho sofreu uma concussão:
Não avalie individualmente. Tire-o do jogo. Procure aconselhamento de um profissional da área de saúde.

É melhor perder um jogo do que toda a temporada.

Para mais informações (em inglês), visite **www.cdc.gov/Concussion**.

Abril de 2013

Figura 8.3 Ficha de sinais e sintomas de lesões na cabeça do Centers for Disease Control and Prevention.

Atleta com lesão na cabeça *(continuação)*

Condição de jogo

- Quando um atleta pode retornar aos esportes após uma lesão cerebral? Na maioria dos casos, essa decisão já foi tomada para você. Cheque as leis estaduais ou os regulamentos da National Federation of State High School Associations (NFHS) para assegurar-se de que seus atletas estão recebendo os cuidados e supervisão necessários. A NFHS proíbe o retorno de atletas até que sejam examinados e liberados por um médico. Muitos estados possuem leis com diretrizes similares ou ainda mais estritas. Cheque as leis locais de seu estado sobre lesões cerebrais em atletas.

Prevenção

- Instrua-se a respeito de concussões e instrua seus atletas, os pais ou responsáveis (Fig. 8.3). Visite o site do CDC (em inglês): www.cdc.gov.
- Durante a pré-temporada, rastreie à procura de qualquer história de lesões na cabeça, coluna ou em nervos. Faça com que esses atletas sejam avaliados por um médico, preferivelmente um neurologista, antes de permitir que eles participem de atividades desportivas.
- Utilize um teste cerebral durante a pré-temporada. Existem vários programas de computador ou testes que podem avaliar a função cerebral normal de cada atleta, incluindo memória, cognição, controle motor (muscular e equilíbrio) e outras funções antes do início de uma temporada desportiva. A informação é utilizada como linha de base a partir da qual a função cerebral do atleta possa ser comparada na suspeita ou na ocorrência de uma lesão. Médicos e preparadores físicos monitoram essa informação durante a recuperação do atleta e determinam quando ele pode retornar progressivamente às atividades. Esses testes também podem ser utilizados para monitorar o atleta à procura de sinais de diminuição da função cerebral em sua recuperação antes de um retorno total às atividades. Uma diminuição na função sinaliza que o atleta não está pronto para prosseguir e pode necessitar diminuir a intensidade de seu programa de recuperação. Esse tipo de teste pode ser uma importante ferramenta para você, seus atletas e seus médicos, ajudando a determinar mais objetivamente a severidade da lesão cerebral, o nível de recuperação e a capacidade do atleta no retorno às atividades.
- Incorpore exercícios de fortalecimento do pescoço em seus programas de condicionamento durante a pré-temporada e durante a temporada regular. Eles podem ser feitos simplesmente com o movimento contra a resistência da cabeça com uma mão (ver Figs. 8.4 e 8.5).

Para esportes que necessitam do uso de capacetes, assegure-se de:

- Que os capacetes sejam regularmente checados para danos e substituídos, se necessário.
- Que capacetes velhos sejam regularmente substituídos.
- Que os capacetes estejam adequadamente ajustados para cada atleta.
- Que os atletas sejam instruídos sobre a colocação correta dos capacetes. Um capacete adequado não é efetivo se as faixas de fixação no queixo não estiverem presas e firmes.
- Que os atletas sejam repetidamente lembrados para não utilizar o topo de seus capacetes como ponto de contato durante golpes ou que não abaixem a cabeça antes de ter contato com outros atletas. Reforce essa regra conforme necessário, destacando a técnica apropriada.
- Proibir mergulhos em águas rasas (profundidade inferior a 1,80 m).
- Treinar e usar observadores durante todos os momentos nas atividades de ginástica olímpica e de líderes de torcida.
- Monitorar atletas em busca de sinais e sintomas de lesões na cabeça.
- Orientar os atletas sobre sinais e sintomas de lesões na cabeça. Encoraje-os a relatarem sinais de suspeita de lesão cerebral em seus companheiros de equipe. Considere dar algum tipo de recompensa a esses atletas, de modo a encorajar essa prática.

O Apêndice apresenta um resumo de como avaliar e prestar os primeiros socorros em caso de lesões na cabeça.

Fique alerta
Com sais aromáticos

Evite usar sais aromáticos ou amônia para acordar um atleta inconsciente. O cheiro forte pode fazer com que ele sacuda a cabeça bruscamente, piorando a situação.

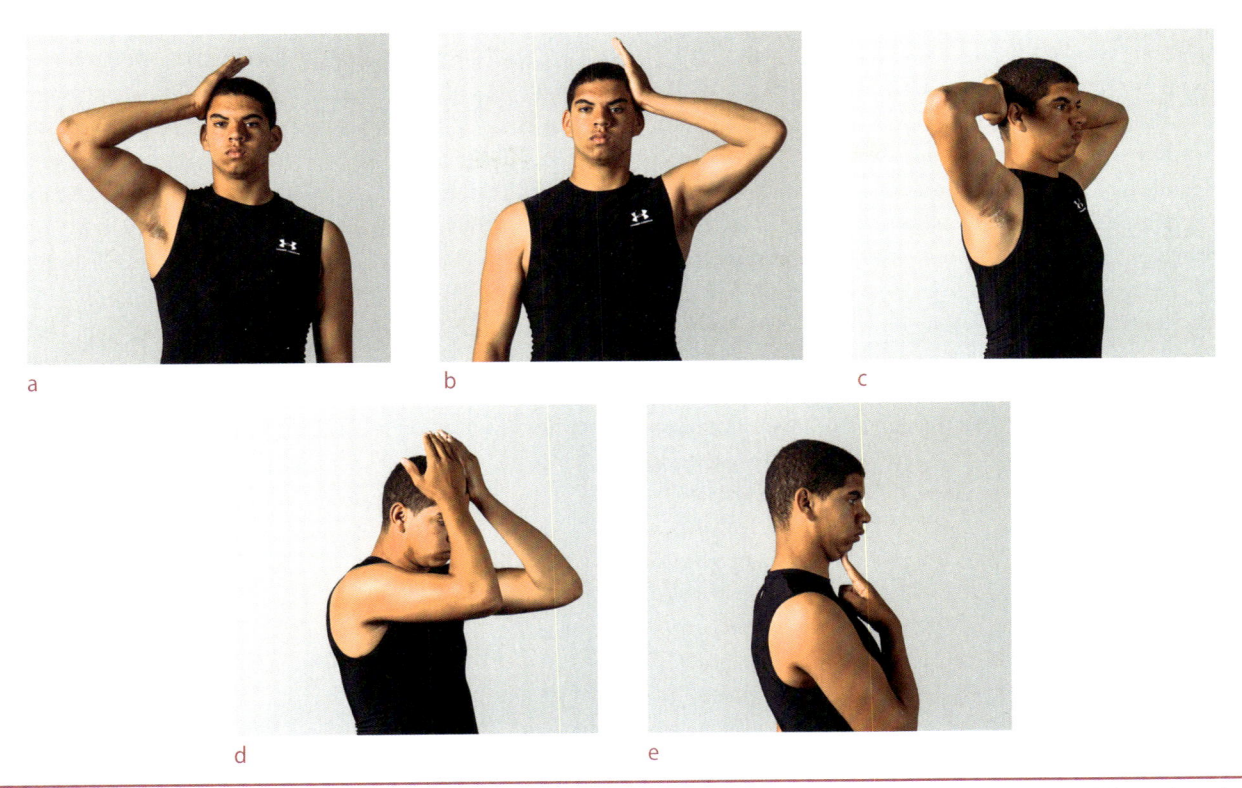

Figura 8.4 Exercícios isométricos (sem movimentos) para o fortalecimento do pescoço. (a e b) Flexão lateral, (c) extensão, (d) flexão frontal e (e) retração do queixo. Para os exercícios de a-d, coloque suas mãos de encontro à cabeça e empurre sua mão com o máximo de força sem mover a cabeça. Para o exercício e, empurre seu queixo para trás o máximo possível e mantenha esta posição.

Figura 8.5 Exercícios isotônicos para o fortalecimento do pescoço. (a e b) Flexão lateral, (c) extensão, (d) flexão frontal e (e-f) rotação. Mova sua cabeça na direção dos ombros, para trás e para a frente, rode para cada lado com seu auxílio. Mantenha o queixo encaixado durante a realização de cada um desses exercícios.

LESÕES NA COLUNA VERTEBRAL

Um trauma no dorso, o movimento de um bastão para rebater a bola ou qualquer movimento forçado pode lesionar a coluna ou os nervos. Conforme discutido no Capítulo 3, a coluna vertebral é constituída de ossos (vértebras) que protegem a medula espinal. As vértebras são fixadas por ligamentos e músculos, e os nervos se ramificam na medula espinal entre as vértebras (ver Fig. 3.6). Os discos cartilaginosos ficam localizados entre as vértebras e sua função é auxiliar na absorção do impacto entre os ossos.

Um impacto direto, um movimento de torção forçado, uma compressão e um alongamento forçado além do normal na coluna podem causar diversas lesões neste local, incluindo distensões, entorses, contusões, fraturas, e ruptura de discos. Entorses, contusões e distensões são as lesões mais comuns do dorso na prática desportiva. As lesões mais severas da coluna e pescoço, como as rupturas discais e as fraturas vertebrais são menos comuns. A Tabela 8.3 lista a frequência das lesões cervicais em vários esportes a nível colegial. As lesões da medula espinal, nervos e cartilagens podem causar dormência e, nas lesões mais graves, paralisia – uma perda temporária ou permanente da função em certas partes do corpo.

Não é importante saber qual tipo de lesão o atleta sofreu na coluna vertebral. Sua primeira abordagem de primeiros socorros será determinada pelos sinais e sintomas descritos aqui. Sempre suspeite de lesão grave na coluna vertebral ou na cabeça, caso o atleta esteja inconsciente. Nunca remova o atleta durante a avaliação a não ser que não haja possibilidade de verificar os ABCs ou ele esteja correndo risco de novas lesões.

Se o atleta estiver usando um capacete, não o retire! Removê-lo pode causar agravamento da lesão. Caso você suspeite de uma lesão grave na coluna vertebral, estabilize imediatamente a cabeça e a coluna da vítima.

Tabela 8.3   Frequência de lesões de pescoço por esporte

Esporte	Percentual de lesões neste esporte
Natação e mergulho feminino	4,5
Líderes de torcida (*cheerleading*)	3,1
Luta livre	3,1

Dados de Comstock, Collins e McIlvain, 2012.

Atleta com provável lesão na coluna vertebral

Causas
- Golpe direto.
- Compressão.
- Torção ou rotação.

Na suspeita de lesão na coluna, procure por estes sinais e sintomas de gravidade:

Verifique a ocorrência dos seguintes sintomas
- Dores na coluna vertebral ou em uma região próxima.
- Dormência ou formigamento nos pés ou nas mãos (toque um dedo do atleta e peça que o identifique).

Verifique os sinais
- Nível de resposta do atleta (caso ele esteja inconsciente ou parcialmente alerta, considere a ocorrência de uma lesão na cabeça).
- Respiração irregular.
- Hemorragia profusa.
- Hemorragia ou liberação de líquidos pela boca, nariz ou ouvidos.
- Deformidade na coluna vertebral (se isso puder ser verificado por um socorrista treinado, sem remoção do atleta).
- Paralisia (peça ao atleta mover os dedos das mãos ou dos pés).

Condição de jogo
- O atleta não poderá retornar às atividades até que seja examinado e liberado por um médico.

Primeiros socorros

Na presença de qualquer um dos sinais e sintomas acima, considere que o atleta tem uma lesão na coluna e administre os primeiros socorros apropriados.

1. Acione a equipe de resgate.
2. Cheque a respiração sem mobilizar o atleta. Se o atleta não respira, peça para alguém sustentar a cabeça e o pescoço enquanto você inicia as manobras de reanimação.
3. Se o atleta respira, estabilize a cabeça e o pescoço até que o SEM assuma o atendimento. Deixe o atleta de capacete durante a estabilização da cabeça e pesccço. Você não quer mover desnecessariamente a cabeça e o pescoço. Isso é especialmente verdadeiro se o atleta também utiliza protetores de ombro. Se o atleta respira normalmente, continue a monitorar e inicie a reanimação se necessário.
4. Controle qualquer sangramento profuso, mas evite aplicar pressão excessiva sobre um ferimento na cabeça.
5. Monitore e trate os casos de choque conforme a necessidade.
6. Deixe para a equipe de resgate, a imobilização de qualquer outra fratura ou lesão instável.

(continua)

Atleta com provável lesão na coluna vertebral (continuação)

Prevenção

Existem várias formas de prevenir lesões de nervos e da coluna:
- Incorpore exercícios de fortalecimento do pescoço nos programas de condicionamento físico durante a pré-temporada e durante a temporada regular (ver Figs. 8.4 e 8.5).
- Proíba os jogadores de usarem os capacetes como ponto de contato ao atacar ou marcar.
- Recomende a todos os jogadores de futebol americano que já sofreram lesões no pescoço que usem equipamentos de proteção individual para essa região.
- Proíba mergulhos em águas rasas (profundidade inferior a 1,80 m).
- Exija assistentes/monitores para ginastas que estejam treinando técnicas ou exercícios de rotina.

Figura 8.6 Protetores para o pescoço ajudam a evitar que a cabeça do jogador se desloque de maneira brusca para o lado.

LESÕES NERVOSAS

Durante a prática de esportes, algumas vezes um nervo pode ser pinçado, distendido ou traumatizado. Isso pode ocorrer próximo à coluna vertebral ou próximo a uma articulação onde se localiza um nervo (por exemplo, o nervo ao longo da face interna do cotovelo). Neste capítulo, limitamos a discussão às lesões nervosas que ocorrem próximo à coluna cervical. Ela é chamada de queimação ou pinçamento e é uma lesão nervosa comum sofrida por atletas, especialmente aqueles que participam de esportes de contato.

Queimação ou pinçamento

A queimação ou pinçamento ocorre quando um grupo de nervos (plexo braquial) que se origina da região cervical para o membro superior é distendido.

Causa
- A cabeça é flexionada ou estendida e forçada rapidamente para um lado e inclinada para baixo, conforme mostra a Figura 8.7.

Verifique a ocorrência dos seguintes sintomas
- Formigamento ou queimação no pescoço, ombro ou braço.
- Sensação de choque elétrico no pescoço ou ombro.
- Sensação de peso ou perda da sensibilidade no braço.

Verifique os sinais
- Dormência em um dos lados da mão ou do braço (toque um dedo do atleta e peça que o identifique).
- Fraqueza em um dos lados da mão ou do braço (peça ao atleta que aperte seus dedos com cada uma das mãos; qualquer diferença significativa na força do braço lesionado em comparação com o braço normal significa que o nervo foi distendido e possivelmente lesionado).

Primeiros socorros

Se a sensibilidade e a força não retornarem dentro de 5 minutos, ou houver fragilidade ou deformidade na região da coluna vertebral, proceda da seguinte maneira:
1. Acione a equipe de resgate.
2. Estabilize a cabeça e a coluna vertebral do atleta.
3. Monitore a respiração e a circulação do atleta e, caso necessário, realize a RCP.
4. Monitore e trate os casos de choque conforme a necessidade.
5. Estabilize qualquer outra fratura ou lesão instável.

Se a sensibilidade e a força retornarem em alguns minutos, chame os pais ou guardiões e peça para que eles o levem ao médico.

(continua)

Queimação ou pinçamento *(continuação)*

Condição de jogo

É melhor exagerar na precaução e exigir que um atleta que exibe sinais e sintomas de lesão nervosa seja avaliado e liberado por um médico antes de retornar às atividades. Isso é especialmente válido no caso das queimações, já que podem se tornar um problema recorrente e, em longo prazo, causar danos às estruturas nervosas.

Prevenção

Existem diversas formas de prevenir lesões nervosas e da coluna:

- Incorpore exercícios de fortalecimento do pescoço em seus programas de condicionamento na pré-temporada e durante a temporada normal (ver Figs. 8.4 e 8.5).
- Oriente seus atletas a não utilizarem seus capacetes como ponto de contato quando tentam derrubar outros atletas.
- Recomende que todos os jogadores de futebol americano que sofreram lesões no pescoço utilizem imobilizadores (Fig. 8.6).
- Proíba mergulhos a uma profundidade inferior a 1,80 m.
- Solicite observadores para ginastas e líderes de torcida durante a prática de habilidades ou de suas rotinas.

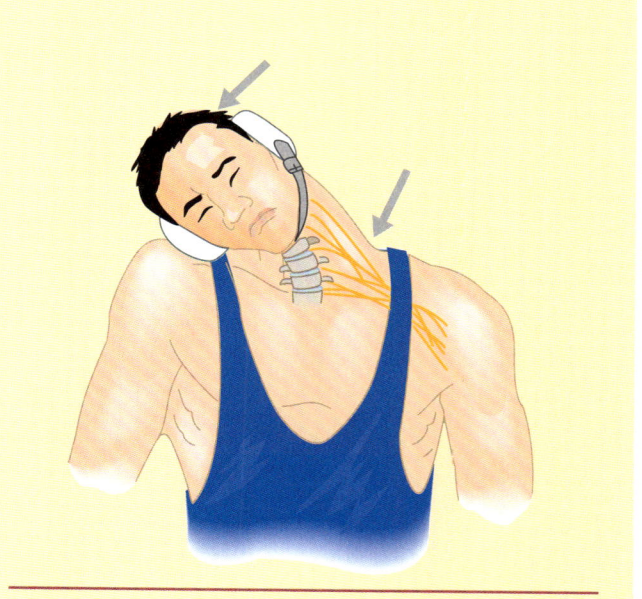

Figura 8.7 Mecanismo de uma lesão de queimação.

BIBLIOGRAFIA

Centers for disease Control and Prevention. 2013. *Heads up: Concussion in high school sports: A fact sheet for parents.* www.cdc.gov/concussion/pdf/Parents_Fact_Sheet-a.pdf.

Comstock, R.D., C.L. Collins, J.D. Corlette, and E.N. Fletcher. 2013. Summary report: National high school sports-related injury surveillance study, 2011-2012 school year. Retrieved June 21, 2013 from www.nationwidechildrens.org/cirp-rio-study-reports.

Comstock, R.D., C.L. Collins, and N.M. McIlvain, 2012. Convenience sample summary report. National high school sports-related injury surveillance study, 2010-2011 school year. Retrieved June 21, 2013 from www.nationwidechildrens.org/cirp-rio-study-reports.

Comstock, R.D., C.L. Collins, and N.M. McIlvain. 2011. Convenience summary report. National high school sports-related injury surveillance study, 2009-2010 school year. Retrieved June 6, 2013 from www.nationwidechildrens.org/cirp-rio-study-reports.

Marar, M., N.M. McIlvain, S.K. Fields, and R.D. Yard. 2012. Epidemiology of concussions among United States high school athletes in 20 sports. *The American Journal of Sports Medicine* 40: 747-755.

Capítulo 8 Revisão

- Verifique a existência de lesões na cabeça ou na coluna vertebral quando a causa tiver sido um golpe direto, um movimento forte ou repentino da cabeça ou uma compressão, torção ou rotação da coluna vertebral. Essas lesões devem ser avaliadas rapidamente e tratadas da forma correta para evitar maiores complicações.
- Quais são alguns dos sintomas e sinais de uma lesão na cabeça?
- Quando é aceitável que um atleta com uma lesão leve na cabeça retorne às atividades?
- Quais são alguns dos sintomas e sinais de uma lesão na coluna vertebral?
- Descreva o mecanismo de lesão por queimação ou pinçamento.
- Quando é aceitável que um atleta com uma lesão por queimação ou pinçamento retorne às atividades?
- O que pode ser feito para auxiliar na prevenção de queimações ou pinçamentos no pescoço?

CAPÍTULO 9
Lesões em órgãos internos

Neste capítulo, você irá aprender

- A reconhecer lesões internas, como ruptura de baço, hematoma nos rins ou trauma testicular, em um atleta.
- A discernir se as lesões em órgãos internos com risco de morte estão em estado inicial ou avançado.
- A assistir um atleta lesionado enquanto espera pela equipe de resgate.
- O que deve ser monitorado caso um atleta apresente sinais secundários de uma lesão interna.
- Que informações fornecer aos pais de um atleta que sofreu uma lesão em órgãos internos.

Lesões e técnicas abordadas neste capítulo

- Ruptura de baço (esplênica)........................p. 100
- Hematoma nos rins...................................p. 101
- Trauma testicular......................................p. 103

Nos esportes, o corpo está frequentemente sujeito à ação de forças de grande intensidade. No futebol americano, com arremessos de 144 km/h na direção das laterais do tronco do batedor e ombreiras de mais de 100 kg, os *linebackers* (jogadores que ficam logo atrás da linha de defesa) partem em direção aos *quarterbackers* (jogadores responsáveis pela organização das jogadas ofensivas) para interceptá-los, e é surpreendente que órgãos internos tão delicados não sofram lesões com maior frequência. Felizmente, o corpo possui um escudo interno – as costelas e a pelve – que auxiliam no amortecimento de alguns golpes que incidem sobre os órgãos internos. Nas raras ocasiões em que um atleta sofre uma lesão em um desses órgãos, o reconhecimento imediato e o tratamento médico de emergência são cruciais. A princípio, essas lesões podem parecer secundárias, porém, existe a possibilidade de evoluírem rapidamente para quadros clínicos que colocam a vida em risco. Por isso, é fundamental que lesões em órgãos internos sejam tratadas por equipes médicas.

Você pode ajudar a minimizar as complicações desse tipo de lesão aprendendo a:

1. reconhecer os sinais e sintomas das lesões de baço, renais e testiculares;
2. monitorar o atleta até a chegada do auxílio médico; e
3. instruir os atletas e os pais sobre os sinais e sintomas de lesões internas.

Em geral, as lesões internas graves levam algumas horas para se manifestar. Por isso, é fundamental que um atleta lesionado seja monitorado, caso seu estado piore. Você deve alertar os pais ou tutores sobre a lesão, e fornecer informações sobre os sinais e sintomas graves que devem ser observados, que possam indicar evolução do estado do atleta para uma situação de risco de morte. É aconselhável dar a eles cópias dos protocolos de primeiros socorros (ver Apêndice).

As lesões internas mais comuns nos esportes são:

- ruptura de baço;
- hematoma nos rins; e
- trauma testicular.

O colapso pulmonar também é considerado uma lesão interna, e está incluído no Capítulo 7, na categoria de emergência respiratória.

O Apêndice fornece uma visão geral do protocolo de primeiros socorros para os casos de rupturas de baço (esplênicas), hematoma nos rins e traumas testiculares.

Fique alerta
Quando há suspeita de lesões internas

- Não dê alimentos ou água para um atleta com suspeita de lesões internas. Se qualquer um dos órgãos digestivos estiver lesionado, os alimentos ou líquidos ingeridos podem se espalhar pela cavidade abdominal, aumentando o risco de infecção e, se houver necessidade de uma cirurgia, a probabilidade de vômito e de uma potencial aspiração durante a anestesia geral aumenta.
- Não permita que um atleta com possíveis lesões internas saia de um jogo ou de um treino sem a supervisão de um adulto responsável.
- Se um atleta sofrer um golpe aparentemente leve na região de um órgão interno, só permita que ele volte para casa depois de ter alertado o atleta e seus pais sobre os sinais e sintomas de uma lesão interna grave.

Ruptura de baço (esplênica)

É uma lesão com risco de morte, causada por contusão no baço, órgão que atua como reservatório de células vermelhas do sangue.

Causa

- Um golpe direto no lado esquerdo do corpo, abaixo do estômago e das costelas inferiores (Fig. 9.1). O golpe provoca lesão no tecido do baço e pode causar hemorragia interna profusa.

Verifique a ocorrência dos seguintes sintomas

Estágio inicial

- Dor na região abdominal superior esquerda.

Estágio avançado (risco de morte)

- A dor evolui para o ombro esquerdo ou o pescoço (Fig. 9.2).
- Sensação de desmaio.
- Tontura.

Verifique os sinais

Estágio inicial

- Sensibilidade ao toque na região abdominal superior esquerda.
- Abrasão ou hematoma sobre a área lesionada.

Estágio avançado (risco de morte)

- Palidez.
- Pulso rápido.
- Vômito.
- Rigidez dos músculos abdominais.
- Pressão arterial baixa.
- Dispneia (falta de ar).

Primeiros socorros

1. Acione a equipe de resgate se os sinais e sintomas iniciais evoluírem para estágios avançados.
2. Monitore a circulação e a respiração e realize a RCP, se houver necessidade (se essa medida for necessária, acione a equipe de resgate).
3. Trate os casos de choque, se necessário, e acione a equipe de resgate caso isso ocorra.
4. Trate outras lesões, como possíveis fraturas nas costelas.
5. Se os sinais e sintomas não evoluírem para estágios avançados, mas a sensibilidade na área abdominal superior persistir por mais de 15 minutos, chame os pais ou o tutor do atleta para levá-lo a um médico.

(continua)

Ruptura de baço (esplênica) *(continuação)*

Figura 9.1 Localização de uma lesão de baço.

Figura 9.2 Uma lesão no baço pode resultar em dores no ombro esquerdo e na região do pescoço.

Condição de jogo

- Caso tenha sido encaminhado a um médico ou a presença da equipe de resgate tenha sido necessária, o atleta não poderá retornar às atividades até que seja examinado e liberado por um médico.
- Se o atleta retornar às atividades antes de se restabelecer totalmente de uma ruptura de baço, outro golpe direto poderá causar hemorragia profusa. Isso é possível mesmo que os sinais e sintomas apresentados não evoluam para estágios avançados.

Prevenção

- Em esportes de contato, exija que os atletas usem os equipamentos de proteção individual adequados.
- Não permita que atletas com mononucleose participem das atividades antes de serem examinados e liberados por um médico. A mononucleose pode fazer com que o baço aumente de tamanho e fique em risco de sofrer lesões por contusão.

Hematoma nos rins

Contusão nos rins (Fig. 9.3).

Causa

- Golpe direto em qualquer um dos lados da região central das costas.

Verifique a ocorrência dos seguintes sintomas

Estágio inicial

- Dor no local do golpe.

Estágio avançado (risco de morte)

- A dor se irradia para a região lombar da coluna vertebral, parte externa das coxas ou região pélvica frontal (Fig. 9.4).
- Sensação de desmaio.
- Tontura.

Verifique os sinais

Estágio inicial

- Hematoma ou abrasão.
- Sensibilidade ao toque na área lesionada.

Estágio avançado (risco de morte)

- Edema abdominal.
- Aumento da frequência cardíaca.
- Micção frequente e com ardência.
- Urina turva ou com sangue.
- Vômito.
- Enrijecimento dos músculos das costas na área da lesão.
- Pele gelada ao toque.
- Palidez.

(continua)

Hematoma nos rins *(continuação)*

Condição de jogo

- Caso tenha sido encaminhado a um médico ou a presença da equipe de resgate tenha sido necessária, o atleta não poderá retornar às atividades até que seja examinado e liberado por um médico. Um hematoma leve nos rins pode piorar com o tempo, provocando risco de morte.

Prevenção

- Em esportes de contato, exija que os atletas usem equipamentos de proteção individual adequados para os rins ou um colete com proteção.

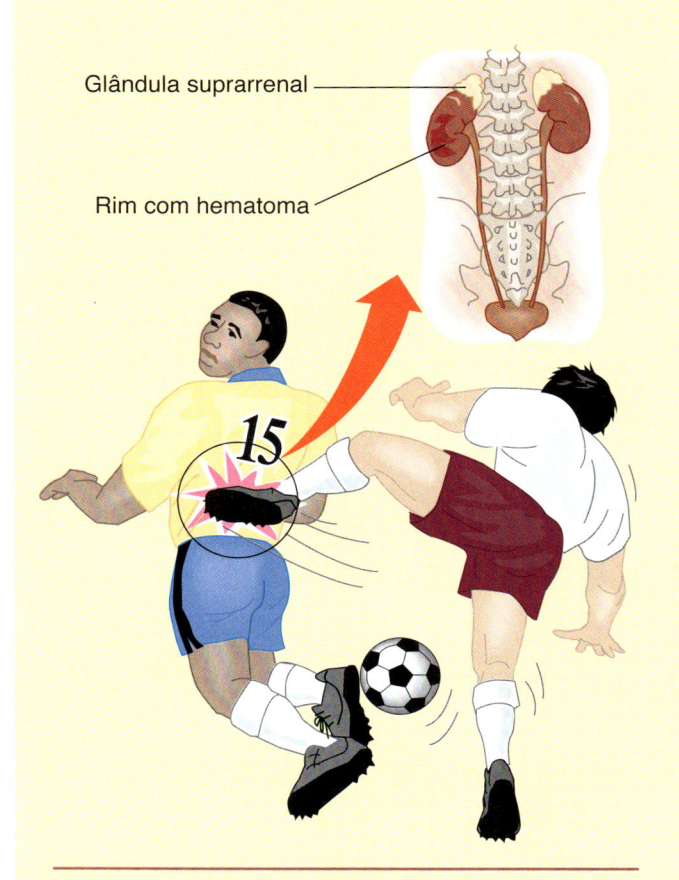

Figura 9.3 Localização de uma lesão nos rins.

Figura 9.4 Uma lesão nos rins pode resultar em dores na região lombar da coluna vertebral, parte externa das coxas ou região pélvica frontal.

Primeiros socorros

1. Acione a equipe de resgate se os sinais e sintomas iniciais evoluírem para estágios avançados.
2. Monitore a circulação e a respiração e realize a RCP, se houver necessidade (se essa medida for necessária, acione a equipe de resgate).
3. Monitore e trate os casos de choque (se necessário) e acione a equipe de resgate caso isso ocorra.
4. Trate outras lesões de acordo com a necessidade.
5. Se os sinais e sintomas não evoluírem para estágios avançados, mas a dor na área do hematoma persistir por mais de 15 minutos, chame os pais ou o tutor do atleta para levá-lo ao médico.

Trauma testicular

Contusão ou trauma nos testículos. Em lesões graves, os testículos podem se romper ou o funículo espermático pode sofrer uma torção (interrompendo assim o fluxo sanguíneo na região, o que pode causar esterilidade).

Causa
- Golpe direto na região da virilha.

Verifique a ocorrência dos seguintes sintomas
- Dor.
- Náuseas.

Verifique os sinais
Para todos os casos
- Peça ao atleta que realize um autoexame, procurando por edema, hematoma e deformidade.
- Espasmo dos testículos.

Estágio avançado
- Atrofia dos testículos.
- Urina turva ou com sangue.
- Vômito.

Condição de jogo
- O atleta não poderá retornar às atividades até que as dores diminuam ou até que ele seja examinado e liberado por um médico.

Prevenção
- Exija que os atletas usem equipamentos de proteção individual, como a coquilha (em esportes de contato).

Primeiros socorros

1. Auxilie o atleta a permanecer em uma posição em que se sinta mais confortável.
2. Incentive-o a inspirar de forma lenta e profunda.
3. Aplique gelo na região por 15 minutos.
4. Encaminhe o atleta a um médico nos seguintes casos: se a dor não cessar após 20 minutos, se houver atrofia dos testículos, se a urina ficar turva ou com sangue ou se os testículos apresentarem edema, hematoma ou sensibilidade por mais de 1 hora após a ocorrência da lesão (Koester, 2000).
5. Se o atleta se recuperar dentro de alguns minutos ou se os testículos apresentarem edema, hematoma ou sensibilidade por mais de 1 hora após a ocorrência da lesão (Koester, 2000), notifique os pais e explique como identificar sinais e sintomas de uma lesão mais grave (urina turva ou com sangue, testículos atrofiados ou que apresentem edema, hematoma ou sensibilidade).

Capítulo 9 Revisão

- Quais são os sinais e sintomas de uma ruptura de baço? Por que não se deve dar alimentos ou líquidos a um atleta com uma possível lesão em órgãos internos?
- Quais são os sinais e sintomas avançados de uma lesão nos rins com potencial risco de morte?
- Quais são os sinais e sintomas de uma lesão testicular grave?

BIBLIOGRAFIA

Koester, M.C. 2000. Initial evaluation and management of acute scrotal pain. Journal of Athletic Training 35(1): 76-79.

CAPÍTULO 10
Doenças súbitas

Neste capítulo, você irá aprender

- A reconhecer um atleta acometido por uma emergência diabética e como prestar os primeiros socorros.
- A reconhecer sinais e sintomas de convulsões de pequeno e grande mal.
- A reconhecer reações adversas a medicamentos e suplementos.
- A evitar e prestar primeiros socorros em caso de desmaios.
- A reconhecer os sinais e sintomas da gripe.
- A reconhecer os sinais e sintomas da gastrenterite.
- A evitar que a gripe e a gastrenterite se espalhem entre seus atletas.

Lesões e reações abordadas neste capítulo

- Reação à insulina .... p. 106
- Cetoacidose .... p. 107
- Convulsão .... p. 108
- Reação ou *overdose* de depressores .... p. 109
- Reação ou *overdose* de estimulantes .... p. 110
- Reação ou *overdose* de *ecstasy* .... p. 111
- Reação à creatina .... p. 112
- Uso abusivo de esteroides anabolizantes .... p. 113
- Desmaio .... p. 114
- Gastrenterite .... p. 115
- Gripe .... p. 115

Um movimento descoordenado, um arremesso ruim, um bastão derrubado ou um serviço na rede têm condições de alterar repentinamente o curso de uma competição. Da mesma maneira, uma doença aguda pode modificar de repente o desempenho de um atleta.

Qualquer pessoa está sujeita a adoecer sem aviso prévio. Porém, é frequente que alguns atletas continuem a jogar mesmo doentes e tentem esconder seu estado do treinador. Por isso, peça a eles que relatem doenças comuns, como um resfriado, e fique alerta para identificá-las. Também é fundamental ter conhecimento dos atletas portadores de patologias específicas, como diabetes ou epilepsia. Este capítulo irá ajudá-lo a reconhecer e prestar primeiros socorros para emergências diabéticas, convulsões, *overdose* ou reação a medicamentos, reações adversas a suplementos, desmaios, gripe e gastrenterite.

DIABETES

O diabetes é uma doença que afeta a capacidade do corpo de produzir e regular corretamente a insulina. Essa substância é produzida pelo pâncreas e controla o consumo de glicose (açúcar) pelos tecidos do corpo. Essa é a principal fonte de energia para os tecidos, especialmente para o cérebro e para os rins. Sem os níveis adequados de insulina, os tecidos podem receber glicose em excesso (hiperglicemia) ou em quantidades insuficientes (hipoglicemia).

No diabetes do tipo 1, que geralmente se desenvolve durante a infância, o corpo não produz insulina. Já o do tipo 2, mais comum que o do tipo 1, impede a utilização correta da insulina pelo corpo e está se tornando cada vez mais prevalente em crianças.

Em indivíduos com problemas graves de diabetes pode ser necessária a administração de insulina por meio de injeções ou de uma bomba que fornece este hormônio em doses reduzidas por um pequeno tubo inserido sob a pele. Pessoas com diabetes do tipo 2 geralmente tomam pílulas de insulina. Como o exercício e a dieta podem afetar a quantidade do hormônio que o corpo necessita, atletas diabéticos devem ser atentamente monitorados quanto aos sinais da doença. Aqueles que apresentam problemas para controlar o diabetes estão propensos a sofrer uma cetoacidose ou uma reação à insulina, ambas com possibilidade de risco de morte. Esta seção explica as medidas corretas de primeiros socorros para complicações relacionadas ao diabetes.

O Apêndice apresenta um resumo das técnicas de primeiros socorros para a cetoacidose e a reação à insulina.

Reação à insulina

Condição em que os níveis de glicose (açúcar) de um atleta caem abaixo dos padrões normais (hipoglicemia).

Causa
- Elevado nível de insulina, que pode ser consequência da ingestão de medicamentos para controlar os níveis de glicose no sangue.

Verifique a ocorrência dos seguintes sintomas
Leve
- Fome.

Verifique os sinais
Leves
- Irritabilidade.
- Ligeira fraqueza.

Moderados
- Pupilas dilatadas.
- Tremor.
- Sudorese.
- Pulso rápido e forte.

Graves
- Confusão.
- Convulsões.
- Inconsciência.

Primeiros socorros

Leve a moderado
1. Afaste o atleta de todas as atividades.
2. Faça-o ingerir açúcar, doces, refrigerantes ou sucos de frutas.
3. Acione a equipe de resgate se o atleta não se recuperar dentro de alguns minutos ou se os sinais indicarem a evolução para um quadro grave.
4. Monitore a respiração e realize a RCP, se houver necessidade.
5. Informe os pais ou o tutor do atleta.

Grave
1. Acione a assistência médica de emergência.
2. Se o atleta estiver inconsciente, coloque-o em posição de recuperação (se não estiver lesionado) ou na posição de HAINES (se estiver lesionado) para que o vômito ou os líquidos sejam liberados pela boca.
3. Monitore a respiração e realize a RCP, se houver necessidade.

Condição de jogo
Leve a moderado
- Afaste o atleta de qualquer atividade pelo restante do dia.
- Ele não poderá retornar às atividades antes que o nível de insulina estabilize.

Grave
- O atleta não poderá retornar às atividades até que seja examinado e liberado por um médico.

Prevenção
- Durante treinos e competições, monitore cuidadosamente atletas que sofram de diabetes. É possível, por exemplo, utilizar um código de sinais predeterminados, feitos com a mão, que podem ser feitos quando o atleta não estiver se sentindo bem.
- Sugira que os atletas portadores de diabetes tragam suco de frutas ou doces para os treinos e jogos.
- Não permita a participação de um atleta com diabetes não controlado em qualquer prática esportiva.

Cetoacidose

Condição causada por uma deficiência de insulina grave ou prolongada, que pode resultar em um alto nível de glicose (açúcar) no sangue (hiperglicemia). O corpo tenta compensar eliminando o excesso de açúcar pela urina, o que causa um aumento na micção e, portanto, desidratação e desequilíbrio (químico) de eletrólitos.

Causas
- Baixo nível de insulina, o que pode ser consequência de estresse, certos medicamentos, excesso de comida ou exercícios em quantidade insuficiente.

Verifique a ocorrência dos seguintes sintomas
Estágio inicial
- Sede excessiva.
- Boca seca.
- Náuseas.

Estágio avançado
- Dores de cabeça.
- Dores abdominais.

Verifique os sinais
Estágio inicial
- Hálito doce, com odor de frutas.
- Micção excessiva.

Estágio avançado
- Pele quente, vermelha e seca.
- Pulso rápido e fraco.
- Respiração pesada.
- Vômito.

Primeiros socorros

Estágio inicial
1. Afaste o atleta de todas as atividades.
2. Recomende a ele que verifique os níveis de glicose do sangue (caso ele tenha um monitor) e administre insulina, caso necessário.
3. Acione a equipe de resgate se o atleta não se recuperar dentro de alguns minutos ou se os sinais indicarem evolução para um quadro grave.
4. Monitore a respiração e realize a RCP, se houver necessidade.
5. Informe os pais ou o tutor do atleta.

Estágio avançado
1. Acione a equipe de resgate.
2. Se o atleta estiver inconsciente, coloque-o em posição de recuperação (se não estiver lesionado) ou na posição de HAINES (se estiver lesionado), para que o vômito ou os líquidos sejam liberados pela boca.
3. Monitore a respiração e realize a RCP, se houver necessidade.

Condição de jogo
Estágio inicial
- Afaste o atleta de qualquer atividade pelo restante do dia.
- Ele não poderá retornar às atividades antes que os níveis de insulina e de açúcar no sangue se estabilizem.

Estágio avançado
- O atleta não poderá retornar às atividades até que seja examinado e liberado por um médico.

Prevenção
- Propicie aos atletas diabéticos intervalos frequentes durante treinos e competições para a ingestão de líquidos.
- Não permita a participação de um atleta com diabetes não controlado em qualquer prática esportiva.

CONVULSÕES

Como as convulsões podem ser causadas por uma ampla variedade de problemas, é importante investigar outros problemas de saúde ao avaliar um atleta que acabou de sofrer uma convulsão. Embora a epilepsia seja a principal causa da maioria das convulsões, existem diversas outras causas.

O Apêndice apresenta uma visão geral do protocolo de primeiros socorros para convulsões de pequeno e grande mal.

Convulsão

Episódio de atividade elétrica anormal no cérebro, que pode provocar mudanças repentinas no estado de consciência, no comportamento e no controle muscular de um atleta.

Causas
- Epilepsia.
- Lesões na cabeça.
- Infecção ou tumor no cérebro.
- Abuso de drogas.
- Parada respiratória.
- Febre alta.
- Insolação.
- Hipoglicemia.
- Reações a medicamentos.
- Descontinuidade de medicamentos.

Verifique os sinais

Convulsões de pequeno mal/menor gravidade
- Comportamento atordoado ou desatento.
- Confusão.
- Perda de coordenação.
- Possível perda da fala.
- Piscar de olhos ou outros pequenos movimentos repetitivos.
- Em geral, essas convulsões são breves, com duração de segundos. Entretanto, há a possibilidade da ocorrência de vários ataques em um mesmo dia.

Convulsões de grande mal/maior gravidade
- Olhos geralmente ficam abertos.
- Corpo aparenta rigidez ou inflexibilidade.
- Músculos se contraem de forma violenta em espasmos ou convulsões que geralmente cessam em 1 ou 2 minutos.
- O atleta pode parar de respirar temporariamente ou aparentar não respirar, e a respiração se tornar profunda após a convulsão.
- Lábios ou pele azulados.
- Inconsciência, seguida de um retorno gradual à consciência.
- Micção descontrolada durante a convulsão.
- Confusão temporária após a convulsão.

Primeiros socorros

Convulsões de pequeno mal/menor gravidade
1. Monitore, observando se o quadro evolui para uma convulsão de grande mal.
2. Afaste o atleta das atividades.
3. Informe os pais ou o tutor do atleta.

Convulsões de grande mal/maior gravidade
1. Afaste todos os objetos que estiverem perto do atleta. (Proteja a cabeça dele com um travesseiro ou outro material macio, se houver disponibilidade.)
2. Não impeça a movimentação do atleta.
3. Não tente colocar nada na boca do atleta, nem afastar seus dentes.
4. Após o término das convulsões, verifique a respiração e realize a RCP, se houver necessidade.
5. Se o atleta não for epiléptico, verifique outras possíveis lesões ou doenças.
6. Caso não haja suspeita de lesões na cabeça, na coluna ou em outros locais, coloque-o em posição de recuperação. Se ele apresentar outras lesões que não sejam na cabeça ou coluna, coloque-o na posição de HAINES. Com isso, os líquidos poderão ser liberados pela boca.
7. Trate os casos de choque, se necessário, e acione a equipe de resgate caso isso ocorra.
8. Se o atleta sofrer de epilepsia e ele se recuperar em alguns minutos, chame os pais ou o tutor.
9. Se o atleta estiver sofrendo de uma lesão ou doença, tendo uma convulsão pela primeira vez, tiver um ataque epiléptico prolongado (por mais de 5 minutos), apresentar confusão ou inconsciência prolongada (por mais de 10 a 15 minutos), tiver dificuldade em respirar ou não for epiléptico, você deverá acionar a equipe de resgate.
10. Incentive-o a descansar.

Condição de jogo
- Coloque o atleta em repouso pelo restante do dia.
- Se a convulsão foi causada por uma lesão ou doença, ou foi a primeira ocorrência, o atleta deve ser examinado e liberado por um médico antes de retornar às atividades.

Prevenção
- Não permita que atletas com quadros agudos de doenças participem de atividades antes que o estaco de saúde deles retorne ao normal.

> **Fique alerta**
> *Com convulsões*
>
> Quando um atleta apresentar uma convulsão, não tome as seguintes atitudes:
> - Impedir que ele se movimente;
> - Colocar qualquer coisa na boca do atleta; ou
> - Tentar afastar os dentes.

USO ABUSIVO DE DROGAS

Outra causa possível de doenças súbitas em atletas é o exagero na dose de determinadas substâncias, assim como uma reação adversa a elas. Há diversas categorias de drogas de uso comum por atletas:

Depressores – Entre eles se encontram: álcool, narcóticos (morfina, heroína e codeína), barbitúricos (fenobarbital), ácido-gama-hidroxibutírico (GHB – "*ecstasy* líquido"), Rohypnol ("Boa-noite Cinderela") e cloridrato de cetamina ("special K" ou "vitamina K"). Essas drogas deprimem o sistema nervoso central, o que pode levar atletas a ingerirem doses excessivas para obter uma sensação de calma e relaxamento. O uso do GHB como esteroide sintético para fisiculturismo também é comum.

Estimulantes – A cocaína (em pedra e em pó) e as anfetaminas são as mais comuns. Essas drogas estimulam o sistema nervoso central e fazem com que os atletas se sintam mais ágeis e alertas.

Combinação de drogas – O MDMA (conhecido como *ecstasy*, Adam, XTC, *hug*, *beans* e droga do amor) combina propriedades estimulantes e alucinógenas.

Você deve ser capaz de reconhecer os sinais e os sintomas de uma possível *overdose* ou de uma reação adversa a essas drogas. Além disso, é importante que você instrua e aconselhe seus atletas, evitando a utilização das seguintes medidas de primeiros socorros.

Reação ou *overdose* de depressores

Reações perigosas e com possível risco de morte em decorrência do uso de depressores ou de uma quantidade excessiva de um depressor.

Verifique a ocorrência dos seguintes sintomas
- Sensação de relaxamento.
- Fadiga.
- Depressão (cloridrato de cetamina).

Verifique os sinais
- Pele úmida, fria e pálida.
- Constrição das pupilas, que podem não reagir à luz.
- Pulso fraco e rápido.
- Possível inconsciência.
- Respiração superficial, que pode parar.
- Coma (GHB).
- Convulsões (GHB).
- Amnésia anterógrada – diminuição da capacidade de lembrar de eventos ocorridos enquanto estava sob o efeito da droga (Rohypnol e cetamina).
- Alucinações (cloridrato de cetamina).
- Delírio (cloridrato de cetamina).
- Função motora prejudicada (cloridrato de cetamina).

Primeiros socorros
1. Afaste o atleta de todas as atividades.
2. Acione a equipe de resgate caso ele apresente problemas respiratórios ou nível de consciência alterado.
3. Monitore a respiração e realize a RCP, se houver necessidade.
4. Se o atleta estiver inconsciente, coloque-o em posição de recuperação (se não estiver lesionado) ou na posição de HAINES (se estiver lesionado), para que o vômito ou os líquidos sejam liberados pela boca.
5. Trate os casos de choque, se necessário, e acione a equipe de resgate caso isso ocorra.
6. Se o atleta se recuperar rapidamente, comunique os pais ou tutor e encaminhe-o a um médico.

(continua)

Reação ou overdose de depressores *(continuação)*

Condição de jogo
- O atleta não poderá retornar à atividade até que seja examinado e liberado por um médico.

Prevenção
- Forneça instruções sobre o abuso de drogas.
- Monitore atletas que apresentarem comportamento característico de abuso de depressores: letargia, desatenção, mudanças de humor, fadiga e reações lentas.

Reação ou *overdose* de estimulantes

Reações perigosas e com possível risco de morte causadas pelo uso de estimulantes ou por uma *overdose*.

Verifique a ocorrência dos seguintes sintomas
- Ausência de fadiga.
- Irritabilidade.
- Excitação, euforia.
- Excessiva vivacidade.
- Agitação.
- Ansiedade.

Verifique os sinais
- Pupilas dilatadas.
- Aumento da temperatura corporal.
- Pulsação rápida.
- Alucinações.
- Paranoia (altas doses de cocaína).
- Parada cardíaca (casos extremos).
- Confusão.
- Mudanças de temperamento.

Primeiros socorros

1. Afaste o atleta de todas as atividades.
2. Acione a equipe de resgate se os sintomas não melhorarem ou se o atleta apresentar dificuldade respiratória.
3. Monitore a respiração e realize a RCP, se houver necessidade.
4. Se o atleta estiver inconsciente, coloque-o em posição de recuperação (se não estiver lesionado) ou na posição de HAINES (se estiver lesionado), para que o vômito ou os líquidos sejam liberados pela boca.
5. Trate os casos de choque, se necessário, e acione a equipe de resgate caso isso ocorra.
6. Se o atleta se recuperar rapidamente, comunique os pais ou tutor e encaminhe-o a um médico.

Condição de jogo
- O atleta não poderá retornar às atividades até que seja examinado e liberado por um médico.

Prevenção
- Forneça instruções sobre o abuso de drogas.
- Monitore atletas que apresentarem comportamento característico de abuso de estimulantes: hiperatividade ou fadiga extrema, mudanças de humor, alterações drásticas no desempenho e agressividade.

Reação ou *overdose* de *ecstasy*

Reações perigosas e com possível risco de morte causadas pelo uso de *ecstasy* ou por uma *overdose* desta substância.

Verifique a ocorrência dos seguintes sintomas

- Depressão.
- Ansiedade.
- Náuseas.
- Sensação de desmaio.
- Visão turva.

Verifique os sinais

- Tensão muscular.
- Ranger involuntário dos dentes.
- Insônia.
- Paranoia.
- Calafrios.
- Sudorese.
- Aumento da frequência cardíaca.
- Confusão.

Primeiros socorros

1. Afaste o atleta de todas as atividades.
2. Acione a equipe de resgate se os sintomas não melhorarem ou se o atleta apresentar dificuldade respiratória.
3. Monitore a respiração e realize a RCP, se houver necessidade.
4. Se o atleta estiver inconsciente, coloque-o em posição de recuperação (se não estiver lesionado) ou na posição de HAINES (se estiver lesionado), para que o vômito ou os líquidos sejam liberados pela boca.
5. Trate os casos de choque, se necessário, e acione a equipe de resgate caso isso ocorra.
6. Se o atleta se recuperar rapidamente, comunique os pais ou tutor e encaminhe-o a um médico.

Condição de jogo

- O atleta não poderá retornar às atividades até que seja examinado e liberado por um médico.

Prevenção

- Forneça instruções sobre o abuso de drogas.
- Monitore todos os atletas que apresentarem comportamento característico de abuso de *ecstasy*: ansiedade, confusão, ranger involuntário dos dentes e insônia.

REAÇÕES A SUPLEMENTOS

Anunciados como produtos que melhoram o desempenho por meio do aumento da força, redução da fadiga e melhora da resistência, os suplementos tornam-se cada vez mais populares entre atletas. Entretanto, uma vez que os produtos nutricionais não são regulados pela Food and Drug Administration (FDA), há possibilidade de conterem substâncias que não estão especificadas no rótulo, sendo especialmente perigoso no caso de atletas portadores de alergias graves a certas substâncias, como o pólen de abelha (um suplemento comum). Um suplemento de uso comum entre os esportistas é a creatina.

Creatina

A creatina é uma substância composta por aminoácidos (os constituintes básicos das proteínas). Ela é encontrada principalmente nos músculos, onde auxilia na liberação de energia necessária para curtos períodos de exercícios ou atividades físicas. Embora a creatina seja sintetizada no corpo e também esteja presente nos alimentos (especialmente em carnes magras e peixes), ela se tornou bastante popular na forma de suplemento industrializado. Os suplementos à base de creatina são amplamente utilizados por atletas que desejam melhorar seu desempenho em exercícios ou atividades esportivas de curta duração e alta intensidade. Descobriu-se que, quando administrada em determinadas doses, ela proporciona melhoria em exercícios como levantamento de peso, ciclismo e salto.

Estudos revelam que entre 5,6 a 16,7% dos atletas do ensino médio utilizam essa substância (Castillo e Comstock, 2007). Essa situação pode ser problemática, pois ainda não se conhecem os efeitos a longo prazo e as consequências para o desenvolvimento de atletas adolescentes que o uso da creatina pode acarretar, além de ainda serem insuficientes as pesquisas que visem à determinação de doses adequadas para jovens. Ademais, os suplementos não são submetidos às mesmas restrições rigorosas impostas tanto aos medicamentos vendidos sem receita como àqueles que exigem prescrição médica; eles não são controlados quanto ao conteúdo ou à pureza. Assim, é preferível atuar com segurança e proteger seus atletas por meio da proibição do uso de suplementos voltados à melhoria do desempenho, como a creatina.

Alguns atletas apresentam reações adversas à creatina. A seguir, estão sinais e sintomas que você deve observar.

Reação à creatina

Essa substância pode causar distúrbios gastrintestinais, cãibras, ganho de peso ou desidratação.

Verifique a ocorrência dos seguintes sintomas

- Náuseas.
- Desconforto estomacal (gases).
- Perda de apetite.

Verifique os sinais

- Ganho de peso (por causa da retenção de líquidos nos músculos).
- Cãibras musculares.
- Desidratação.
- Diarreia.

Primeiros socorros

1. Afaste o atleta de todas as atividades até que os sinais e os sintomas desapareçam.
2. Monitore os sinais e os sintomas apresentados pelo atleta e providencie os primeiros socorros necessários caso eles evoluam para um quadro de maior gravidade, como lesões abdominais (Cap. 9) ou doenças relacionadas ao calor (Cap. 11).

Condição de jogo

- Se o atleta apresentar sinais de desidratação (ver Cap. 11), não permita que ele retorne às atividades até que esteja devidamente reidratado.

Prevenção

- Instrua os atletas e seus pais sobre a suplementação alimentar nos esportes.
- Monitore atletas que apresentarem sinais e sintomas compatíveis com os efeitos colaterais da creatina: ganho de peso, náuseas, cãibras, desidratação e desconforto abdominal.

Esteroides anabolizantes

São substâncias industrializadas derivadas da testosterona, o hormônio reprodutor masculino. Apesar de serem indicadas para aplicações terapêuticas, o uso dessas substâncias só é permitido mediante prescrição médica. Os esteroides podem aumentar a massa e a força muscular e é por esse motivo que os atletas os utilizam, mesmo ilegalmente, visando à melhoria de seu desempenho e porte atlético. Estudos desenvolvidos com estudantes do ensino médio revelam que o percentual dos indivíduos que utilizam esteroides varia de 2,5 a 11%. Observou-se que a utilização entre atletas, principalmente jogadores de futebol americano, é maior do que entre os não atletas (Castillo e Comstock, 2007).

Apesar de sua capacidade de melhorar o desempenho, os esteroides anabolizantes causam graves prejuízos para a saúde. Eles podem provocar elevação da pressão arterial, aumento dos níveis de colesterol, doenças cardiovasculares, danos ao fígado e infertilidade (nos homens). Se usados por adolescentes, podem estancar prematuramente o processo de crescimento, resultando em jovens com estatura mais baixa.

Uso abusivo de esteroides anabolizantes

Verifique a ocorrência dos seguintes sintomas

- Humor instável.
- Dores nas articulações.
- Nervosismo.

Verifique os sinais

Homens
- Calvície.
- Aumento das mamas.
- Redução do tamanho dos testículos.

Mulheres
- Aumento de pelos na face.
- Intensificação do tom grave da voz.
- Redução do tamanho das mamas.
- Alterações do ciclo menstrual.

Ambos os sexos
- Pele amarelada (sinal de icterícia).
- Edema nos pés e nos tornozelos (sinal de doença cardiovascular).
- Mau hálito.
- Tremores.
- Aumento de acne.

Primeiros socorros

1. Monitore os sinais e os sintomas apresentados pelo atleta, observando se há indícios de doenças ou lesões de maior gravidade, e providencie um médico se necessário.
2. Converse com o atleta e seus pais a respeito da suspeita do uso de esteroide.
3. Oriente o atleta a consultar um médico.

Condição de jogo

- O atleta não pode retornar às atividades até que seja examinado e liberado por um médico.

Prevenção

- Instrua os atletas e seus pais sobre o uso abusivo de esteroides anabolizantes. Há excelentes recursos disponíveis (em inglês) em: www.drugabuse.gov/drugs-abuse/steroids-anabolic e www.drugabuse.gov/Drugpages/PSAGamePlan.html.
- Monitore atletas que apresentem sinais e sintomas de uso de esteroides.

Se houver a suspeita de que algum de seus atletas está usando esteroides, converse com ele a respeito dos problemas que essa substância pode ocasionar e sobre a ilegalidade do uso para finalidades que não sejam terapêuticas.

OUTRAS DOENÇAS AGUDAS

Alergias a picadas de insetos, desmaios, gripe e gastrenterite são outras possíveis doenças súbitas com as quais você pode se deparar. Atletas alérgicos a picadas de determinados insetos são predispostos a sofrer choques anafiláticos. Esse assunto foi abordado no Capítulo 7. O desmaio em atletas é causado com maior frequência por doenças ou desidratação, enquanto a gripe e alguns casos de gastrenterite podem ocorrer a qualquer momento e se espalhar rapidamente entre os outros esportistas. Cada uma dessas doenças agudas exige avaliação e primeiros socorros prestados com rapidez e precisão.

Desmaio

Perda temporária de consciência que não é causada por uma lesão na cabeça. Pode ser classificada como uma forma leve de choque.

Causa
- Geralmente é provocado por fadiga extrema, desidratação, queda de pressão arterial ou doença.

Verifique a ocorrência dos seguintes sintomas
- Náuseas.
- Fraqueza.
- Dores de cabeça.
- Fadiga.
- Tontura.

Verifique os sinais
- Pele úmida, fria e pálida.
- Respiração ocasionalmente fraca e rápida.
- Possível perda de consciência.

Primeiros socorros

Se o atleta estiver consciente
1. Instrua-o a se sentar (em uma cadeira ou banco) com a cabeça entre os joelhos, conforme mostrado na Figura 10.1, ou deitar-se.
2. Monitore e trate os casos de choque, se necessário, e acione a equipe de resgate caso isso ocorra.
3. Se ele não se recuperar dentro de alguns minutos, acione a equipe de resgate.

Se o atleta estiver inconsciente
1. Monitore a respiração e realize RCP, se houver necessidade.
2. Acione a equipe de resgate se o atleta não se recuperar dentro de poucos minutos.
3. Coloque-o em posição de recuperação (se não estiver lesionado) ou na posição de HAINES (se estiver lesionado), mas não de costas, para que os líquidos sejam liberados pela boca.
4. Monitore e trate os casos de choque, se necessário, e acione a equipe de resgate caso isso ocorra.

Figura 10.1 Posição que auxilia na prevenção de desmaios.

Condição de jogo
- Coloque o atleta em repouso pelo restante do dia.
- Comunique os pais ou tutor.
- O atleta deve ser examinado e liberado por um médico em caso de doença.

Prevenção
- Se o atleta sentir tontura, sente-o com a cabeça entre os joelhos, conforme mostrado na figura.

Gastrenterite

Exposição a toxinas ou infecção repentina que afeta o estômago e os intestinos. Inclui quadros comumente chamados de infecção estomacal ou intoxicação alimentar.

Causa
- Contato direto com bactéria, vírus e certos parasitas ou germes que causam gastrenterite. Eles podem se espalhar por meio de inalação, contato pessoal, consumo de alimentos ou líquidos contaminados e contato com superfícies ou animais contaminados.

Verifique a ocorrência dos seguintes sintomas
- Náuseas.
- Dores de cabeça.
- Dores abdominais.
- Dores musculares.
- Fraqueza.
- Calafrios.

Verifique os sinais
- Diarreia.
- Cãibras estomacais.
- Vômito.
- Febre baixa (37,2°C).
- Desidratação (lábios secos e rachados, pele seca, sede extrema, ausência de urina durante 6 horas).

Condição de jogo
- O atleta não poderá retornar às atividades até que os sinais e os sintomas estejam ausentes por 48 horas ou até que seja examinado e liberado por um médico.

Primeiros socorros
1. Afaste o atleta de todas as atividades.
2. Sugira a ele que evite alimentos sólidos.
3. Incentive-o a consumir apenas gelo picado até que o vômito pare, e então beber líquidos claros.
4. Encaminhe o atleta imediatamente a um médico se qualquer um destes sinais estiver presente:
   a. fortes dores abdominais, particularmente na região inferior direita do abdome;
   b. vômito vigoroso;
   c. febre acima de 38°C;
   d. vômito ou fezes com sangue;
   e. sinais e sintomas com duração superior a 48 horas;
   f. sinais de desidratação;
   g. possibilidade de intoxicação alimentar.

Prevenção
- Evite o contato direto de um atleta infectado com os demais.
- Evite o contato indireto com um atleta infectado por meio do compartilhamento de garrafas de água, toalhas, utensílios de alimentação, etc.
- Certifique-se de que os atletas lavem as mãos após usar o banheiro.

Gripe

Doença viral infecciosa que afeta o sistema respiratório (nariz, garganta e pulmões).

Causa
- Inalação do vírus ou contato direto com ele.

Verifique a ocorrência dos seguintes sintomas
- Dores nos músculos ou articulações.
- Dores de cabeça.
- Fadiga.

Verifique os sinais
- Febre.
- Tosse seca.
- Congestão nasal.
- Dor de garganta.
- Coriza.
- Olhos lacrimejantes.

Primeiros socorros
1. Afaste o atleta de todas as atividades.
2. Incentive-o a ingerir líquidos.

Condição de jogo
- O atleta não poderá retornar às atividades até que os sinais e os sintomas estejam ausentes por 48 horas ou até que seja examinado e liberado por um médico.

Prevenção
- Evite o contato direto de um atleta infectado com os demais.
- Evite o contato indireto com um atleta infectado por meio do compartilhamento de garrafas de água, toalhas, utensílios de alimentação, etc.

Capítulo 10
Revisão

- O exercício e a dieta podem afetar a quantidade de insulina que o corpo necessita. Assim, atletas diabéticos precisam ser atentamente monitorados quanto aos sinais da doença.
- O que causa uma reação à insulina?
- Qual é o socorro emergencial que você pode prestar visando a minimizar uma reação à insulina?
- Explique as causas da cetoacidose.
- Discuta a diferença entre a reação à insulina e a cetoacidose diabética.
- Qual a medida de primeiros socorros que pode ser prestada em caso de cetoacidose em estágio inicial?
- O que ocorre com o cérebro durante uma convulsão?
- Relacione algumas causas comuns de convulsões.
- Quais são os sinais e os sintomas de uma convulsão de pequeno mal/menor gravidade?
- Quais são os sinais e os sintomas de uma convulsão de grande mal/maior gravidade?
- Quais são algumas das substâncias que deprimem o sistema nervoso central?
- Quais são os sinais e os sintomas de uma *overdose* de depressores ou uma reação adversa a eles?
- Quais são algumas das substâncias que estimulam o sistema nervoso central?
- Quais são os sinais e os sintomas de uma *overdose* de estimulantes ou uma reação adversa a eles?
- Você é capaz de descrever as técnicas de primeiros socorros em caso de uma *overdose* de depressivos e estimulantes ou uma reação adversa a eles?
- Descreva os primeiros socorros em caso de desmaios.
- O que causa a gastrenterite?
- Quais são os sinais e os sintomas da gastrenterite?
- Quais são os sinais e os sintomas da gripe?
- O que você pode fazer para evitar a disseminação da gastrenterite e da gripe entre os atletas?

BIBLIOGRAFIA

Castillo, E.M. and R.D. Comstock. 2007. Prevalence of use of performance-enhancing substances among United States adolescents. *Pediatric Clinics of North America*.54(4): 663-675.

Evans, N.A. and A.B. Parkinson. Special Q & A: Steroid use and the young athlete. *ACSM Fit Society Page*, Fall 2005, pp.5-6. www.ladiesworkoutexpress.com/wellness/docs/fitsoc_fall05.pdf. Acesso em 8/1/2007.

Lattavo, A., Kopperud, A., and P.D. Rogers. (2007). Creatine and Other Supplements. Pediatric Clinics of North America. 54: 735-760.

National Institute on Drug Abuse. *NIDA InfoFacts: Steroids (Anabolic-Androgenic)*. www.nida.nih.gov/Infofacts/Steroids.html.

U.S. Department of Health and Human Services and SAMHA's National Clearinghouse for Alcohol & Drug Information - Publications. *Tips for Teens: The truth about steroids*. http://ncadi.samhsa.gov/govpubs/phd726/.

SITES ÚTEIS

www.nida.nih.gov (National Institute on Drug Abuse)
www.playclean.org (Promoção de políticas de combate às drogas, com foco nos jovens, por meio da prática esportiva).
www.theantidrug.com (Parents Against Drugs)
www.joinaad.org (Athletes Against Drugs)
www.usantidoping.org (U.S. Anti-Doping Agency)
www.gssiweb.com (Gatorade Sports Science Institute)

CAPÍTULO 11
Problemas relacionados ao clima

Neste capítulo, você irá aprender

- A evitar lesões e doenças relacionadas ao calor, ao frio e a relâmpagos.
- A identificar sinais e sintomas de cãibras por calor.
- A identificar e diferenciar sinais e sintomas de exaustão por calor e insolação.
- A identificar sinais e sintomas de geladuras de primeiro, segundo e terceiro graus e hipotermias de leves a graves.
- Quais são os primeiros socorros a prestar nos casos de cãibras por calor, exaustão por calor, insolações, geladuras, hipotermias e lesões por relâmpagos.

Lesões e doenças abordadas neste capítulo

- Cãibras por calor .... p. 122
- Exaustão por calor .... p. 123
- Insolação .... p. 124
- Geladura .... p. 126
- Hipotermia .... p. 126
- Lesões por relâmpago .... p. 127

Relâmpagos faiscantes, calor sufocante e frio paralisante fazem parte da rotina das temporadas de esportes ao ar livre. Ainda assim, é importante não negligenciar as graves doenças e lesões que essas situações podem gerar. Relâmpagos, insolações e hipotermias podem apresentar risco à vida, e as geladuras, causar desfiguração.

Felizmente, existem formas de se criar proteção contra essas condições. Você desempenha um papel fundamental na prevenção das doenças relacionadas ao frio e ao calor e das lesões por relâmpagos, bem como na rápida identificação destas condições e prestação dos primeiros socorros apropriados.

REGULAÇÃO DA TEMPERATURA

Antes de aprender os primeiros socorros específicos em casos de doenças no esporte relacionadas à temperatura, é essencial que se aprenda primeiro como a temperatura do corpo é regulada. Existem diversas maneiras pelas quais ela se altera – metabolismo, convecção, condução, radiação e evaporação. A Figura 11.1 ajuda a ilustrar cada uma delas.

Metabolismo

À medida que as células do corpo trabalham e utilizam energia (metabolismo), acontece produção de calor. Por isso, quando os atletas estão ativos, ocorre um aumento na frequência metabólica que provoca elevação da temperatura do corpo.

Convecção

Na convecção, perde-se ou ganha-se calor por meio do ar (vento) que circula ao redor do corpo. Quando a temperatura do ar está mais quente que a do corpo, este ganha calor. Caso contrário, quando está mais fria, o corpo perde calor.

Ganho de calor

Radiação (sol)

Condução (banco quente de metal)

Convecção (temperatura do ar mais alta que a da pele)

Metabolismo (esforço muscular)

Perda de calor

Radiação (temperatura do corpo mais alta que ao seu redor)

Condução (chuva, neve, banho frio, contato com objetos frios, bebidas geladas)

Convecção (temperatura do ar mais fria que a da pele)

Evaporação (suor)

Figura 11.1 Métodos de alteração da temperatura do corpo.

Condução

Outra maneira pela qual o corpo ganha ou perde calor é pelo contato com objetos mais frios ou mais quentes. Esse processo é chamado condução. Por exemplo, um atleta sentado dentro de uma hidromassagem quente sofrerá uma elevação da temperatura corporal. Em contrapartida, ao se sentar em um banco frio de metal, ele perderá calor.

Radiação

A radiação ocorre quando se ganha calor por meio do contato com ondas eletromagnéticas, como as do sol. O grau de nebulosidade e o ângulo de incidência do sol têm influência sobre os efeitos radioativos. O calor pode passar do corpo para o ambiente por meio de radiação, sempre que a temperatura do ambiente for menor que a do corpo.

Evaporação

O suor é o mecanismo interno que o corpo tem para se resfriar. No entanto, esse mecanismo só é eficaz quando o suor de fato evapora através da pele. A quantidade de umidade presente no ar influencia diretamente o volume de suor evaporado. Quanto mais úmido estiver o ambiente, menor será o volume de suor evaporado, e maior a dificuldade do corpo para perder calor. O equipamento e o tipo de roupa também podem afetar a evaporação do suor. Um capacete, por exemplo, impede que o calor da cabeça se dissipe por meio de radiação, evaporação e convecção.

Com esta compreensão sobre as formas de regulação da temperatura corporal, vejamos o que pode acontecer quando ela se desregula. Em primeiro lugar, veremos as doenças relacionadas à exaustão por calor e, em seguida, mudaremos nosso foco para as doenças relacionadas ao frio.

DOENÇAS RELACIONADAS À EXAUSTÃO POR CALOR

Após sofrer uma exaustão por calor e deixar o treino mais cedo no dia anterior, talvez Korey Stringer, *offensive tackle* (jogador que bloqueia a defesa adversária) do Minnesota Vikings, tenha considerado que não poderia se dar ao luxo de diminuir o ritmo durante os treinamentos e condicionamentos, ainda que aquele fosse mais um dia de calor intenso. Assim, ele se esforçou durante o treino. Foi difícil; vomitou diversas vezes. Finalmente chegara o momento de passar para o tão esperado ambiente com ar-condicionado. Lá, apareceram os sintomas de insolação, incluindo fraqueza e respiração acelerada. Embora tenha sido imediatamente avaliado e tratado por preparadores físicos, e transportado para um hospital, o atleta não estava reagindo ao chegar lá. A temperatura do seu corpo tinha se elevado acima de 42°C, resultando em falência múltipla dos órgãos e morte.

Em 1997, em um intervalo de um mês, três atletas universitários de luta greco-romana morreram tentando ganhar peso. Uma edição de 20 de fevereiro de 1998 do Morbidity and Mortality Weekly Report, publicado pelo Centers for Disease Control and Prevention, concluiu que todas as três vítimas estavam usando roupas impermeáveis ao vapor e se exercitaram vigorosamente em ambientes quentes. "Essas condições causaram desidratação e doenças relacionadas ao calor", afirmou o relatório, que apontava que a temperatura do corpo de um dos lutadores era de 42°C no momento da morte.

Fatalidades e doenças relacionadas ao calor não são exclusividade dos esportes universitários e profissionais. Houve 15 mortes relacionadas ao calor em esportes de ensino médio nos Estados Unidos entre 1995 e julho de 2002, de acordo com a National Federation for State High School Associations. Felizmente, as doenças relacionadas ao calor são facilmente evitáveis.

Prevenção de doenças relacionadas à exaustão por calor

A chave para a prevenção é o equilíbrio de todos os fatores que influenciam a temperatura do corpo, de forma a fazer com que esta temperatura permaneça em um patamar seguro. Eis aqui como consegui-lo:

- *Monitore as condições climáticas e ajuste os treinos de acordo com elas.* A Tabela 11.1 apresenta os valores de temperatura do ar e de umidade relativa que são potencialmente perigosos. Tenha em mente, no entanto, que já ocorreram mortes relacionadas à exaustão por calor no futebol americano em temperaturas da ordem de 27°C, com um índice de umidade relativa de 40%. Se a medida do calor e da umidade for igual ou superior a essas condições, certifique-se de que os atletas estejam adaptados à temperatura e usando uniformes leves de treinos. Programe os treinos para o início da manhã ou da noite para evitar o calor do meio do dia.
- *Acostume os atletas aos exercícios em temperatura e umidade altas.* Se você se encontra em local de clima quente ou realiza treinos durante o verão, os atletas precisam de tempo (aproximadamente 7 a 10 dias) para se adaptar às altas temperaturas e à umidade. Durante esse período, realize treinos curtos em níveis de atividades baixos a moderados e forneça líquidos e intervalos de descanso a cada 15 ou 20 minutos. O consenso da National Athletic Trainers' Association de 2009 oferece diretrizes mais específicas para a aclimatação de atletas escolares a condições ambientais de temperatura elevada. A Tabela 11.2 resume as recomendações da organização.
- *Mude para roupas leves e menos equipamento.* Os atletas sentirão menos calor se usarem shorts, camisetas brancas e menos equipamento (sobretudo capacetes e enchimentos de proteção), especialmente durante o período de adaptação ao calor. Os equipamentos bloqueiam a evaporação do suor.
- *Identifique e monitore os atletas propensos a doenças relacionadas ao calor.* Todos aqueles que já foram acometidos anteriormente por uma doença causada pelo calor são particularmente propensos a uma reincidência e devem ser continuamente monitorados durante a atividade. Também correm risco atletas desidratados, acima do peso, muito musculosos ou sem condicionamento, bem como os que tomam certos medicamentos (anti-histamínicos, descongestionantes, alguns remédios para asma, determinados suplementos e medicamentos para disfunções de déficit de atenção/hiperatividade). Portanto, monitore-os atentamente e certifique-se de que eles bebam bastante líquido. Coloque em repouso os atletas que estiverem desidratados até que tenham se recuperado (ver o próximo item para maiores informações sobre a hidratação adequada).

    Os sinais e sintomas de desidratação incluem:
    — sede;
    — pele avermelhada;
    — fadiga;
    — cãibras musculares;
    — apatia;
    — lábios e boca secos;
    — urina com coloração escura (deveria ser clara ou amarelo-clara);
    — sensação de cansaço.

- *Imponha de forma rigorosa uma hidratação adequada.* Atletas podem perder uma grande quantidade de água por meio do suor. Se esse líquido não for reposto, o corpo terá menos água para se refrescar e ficará desidratado. A desidratação não apenas aumenta o risco de desenvolvimento de doenças relacionadas ao calor, como também diminui o desempenho do atleta. Na realidade, com a perda de apenas 2% do peso corporal pelo suor já pode haver uma redução no desempenho atlético. Atletas desidratados podem, por exemplo, experimentar:

Tabela 11.1 Precauções em altas temperaturas

Temperatura (36°C)	Umidade	Precauções
26-32	<70%	Monitorar atletas propensos a problemas relacionados ao calor
26-32	>70%	5 minutos de repouso após 30 minutos de atividade
32-37	<70%	5 minutos de repouso após 30 minutos de atividade
32-37	>70%	Atividades de curta duração nos finais de tardes ou inícios das manhãs

Tabela 11.2 Recomendações para aclimatação ao calor

Semana	Dia(s)	Equipamento	Duração do treino	Frequência do treino	Atividades do treino	Caminhadas
1	1	Capacetes somente	3 horas por dia	Um por dia	Aquecimento, alongamento, descanso, caminhadas (durante 2 dias) condicionamento e musculação são considerados atividades do treino. Nenhuma dessas atividades deve ser utilizada para estender a atividade além das horas de treino recomendadas	Uma permitida por dia além do treino, mas os atletas devem ter um período de recuperação de 3 horas entre a caminhada e o treino.
	2					
	3					
	4	Capacetes e protetores de ombro				
	5					
2	6	Equipamento completo	Não mais do que 5 horas por dia em dias de dois treinos Nenhum treino isolado que dure mais que 3 horas	Alternar dois treinos por dia com um treino por dia ou dois treinos por dia com um dia de recuperação.		Uma permitida nos dias de somente um treino, mas deve ser separada do treino por um período de recuperação de 3 horas.
	7					
	8					
	9					
	10					
	11					
	12					
	13					
	14					

Nota: qualquer atleta que perde um treino, seja qual for o motivo, ainda deve completar uma progressão completa por 14 dias. Portanto, o atleta deve continuar do ponto em que estava antes do treino perdido.
Adaptado de D.J. Casa and D. Csillan, 2009, "Preseason heat-acclimatization guidelines for secondary school athletics," *Journal of Athletic Training*. 44 (3): 332-333.

— diminuição da força muscular;
— aumento de fadiga;
— diminuição da função mental (p. ex., concentração); e
— diminuição da resistência.

Não espere que os atletas bebam líquidos em quantidade suficiente por conta própria. A maioria deles só começa a sentir sede depois de ter perdido 3% ou mais de seu peso corporal por meio do suor (água). Nesse momento já apresentarão redução no nível de desempenho e o risco de doenças de exaustão por calor terá aumentado. Além disso, a quantidade de líquidos que eles bebem pode não ser suficiente para repor a água perdida pelo suor.

Para uma hidratação adequada, a National Athletic Trainers' Association (Casa et al., 2000) recomenda:

- 500 a 600 mL de líquidos pelo menos 2 horas antes de exercícios, treinos ou competições;

> **Bebidas isotônicas *versus* água**
>
> Se os atletas estiverem:
> - empenhados em atividades vigorosas ou de alta intensidade;
> - treinando ou competindo por mais de uma hora;
> - treinando ou competindo mais de uma vez por dia; ou
> - desidratados,
>
> as bebidas isotônicas (com 6 a 7% de solução de carboidratos e contendo sódio) são preferíveis, pois elas:
> - estimulam a sede;
> - promovem a retenção de líquidos;
> - repõem carboidratos usados como energia;
> - ajudam a reduzir cãibras musculares; e
> - agradam aos atletas (por causa do sabor), o que faz com que eles bebam mais.

- outros 200 a 300 mL de água ou bebida isotônica, 10 a 15 minutos antes de exercícios, treinos ou competições;
- como regra geral, 200 a 300 mL de água gelada (10°C a 15°C) ou bebida isotônica a cada 10 a 20 minutos durante exercícios, treinos ou competições; e
- após exercícios, treinos e competições, cerca de 700 mL de água ou bebida isotônica para cada 500 mL de água perdidos por meio do suor (Manore et al., 2000).

Para determinar a quantidade de peso perdido por meio de suor, pese os atletas vestidos com as roupas de baixo antes e depois de treinos e competições que forem realizados em condições de intenso calor e umidade.

- *Reponha os eletrólitos perdidos por meio do suor.* Durante atividades com duração superior a 45 ou 50 minutos, quantidades substanciais de eletrólitos, como sódio (sal) e potássio, são perdidas pelo suor. Essas substâncias interferem na contração muscular, no equilíbrio de líquidos e em outras funções do corpo, devendo, portanto, ser repostas. Além disso, o sódio tem a função de ativar o mecanismo de sede do organismo, estimulando, assim, os atletas a beberem (manterem-se hidratados). Para os praticantes de esportes, a melhor forma de reposição desses nutrientes é por meio da ingestão de bebidas esportivas (contendo sódio) e uma dieta normal. A reposição do sódio também pode ser feita por meio de pequenas quantidades de sal na comida, portanto, o acréscimo ou ingestão excessiva de sal não são recomendados. Apenas uma pequena quantidade de potássio é perdida no suor. Laranjas e bananas são boas fontes desse nutriente.
- *Proíba o uso de saunas, roupas de vinil, diuréticos ou outros meios artificiais de redução rápida de peso.* O NFHS Wrestling Rules Committee já proibiu esses métodos.

Identificando e tratando doenças de exaustão por calor

Durante a atividade física o corpo pode produzir de 10 a 20 vezes a quantidade de calor que produz quando está em repouso (metabolismo). Aproximadamente 75% desse calor deve ser eliminado. Se a temperatura do ar for inferior à do corpo, a radiação, a condução e a convecção podem ajudar a dissipar de 65 a 75% desse calor. No entanto, se a temperatura do ar estiver próxima à do corpo, essas formas de perda de calor são menos eficazes, e o corpo depende mais da transpiração. A alta umidade reduz a evaporação de suor e coloca em risco de doenças de exaustão por calor os atletas que estiverem se exercitando.

As sessões a seguir abordam três tipos de doenças de exaustão por calor:

- cãibras;
- exaustão;
- insolação.

Cada uma delas possui sinais e sintomas diferentes, assim como requerem diferentes intervenções de primeiros socorros. A insolação oferece risco à vida, enquanto a exaustão e as cãibras por calor normalmente não. Portanto, é importante que você aprenda a avaliar os sinais e sintomas e a aplicar as técnicas de primeiros socorros que são adequadas para cada doença.

Para um resumo dos primeiros socorros para cãibras, exaustão por calor e insolação, consulte o Apêndice.

Cãibras por calor

Espasmos musculares repentinos (é comum ocorrerem no quadríceps, isquiotibiais ou panturrilhas).

Causas
- Desidratação.
- Perda de eletrólitos (sódio e potássio).
- Redução do fluxo sanguíneo para os músculos.
- Fadiga.

Verifique a ocorrência dos seguintes sintomas
- Dor.
- Fadiga.

Verifique os sinais
- Espasmos musculares intensos, geralmente no quadríceps, isquiotibiais ou panturrilhas.

Primeiros socorros

1. Coloque o atleta em repouso.
2. Ajude-o a alongar o músculo afetado.
3. Dê a ele uma bebida isotônica (contendo sódio).
4. Se os espasmos não cessarem com o alongamento ou após alguns minutos de descanso, investigue outras causas possíveis.
5. Se os espasmos persistirem ou outras lesões forem encontradas, comunique o fato aos pais ou tutores e encaminhe o atleta a um médico.

Condição de jogo
- O atleta poderá retornar às atividades quando cessarem os espasmos e ele estiver apto a correr, pular e rebater sem mancar ou sentir dores.
- Você deverá observar se o atleta apresenta piora dos sinais ou sintomas ou quaisquer sinais de desidratação, e encaminhá-lo a um médico caso isso ocorra.
- Se encaminhado a um médico, ele não poderá retornar às atividades até que seja examinado e liberado.

Prevenção
- Certifique-se de que os atletas mantenham uma boa hidratação.
- Coloque em repouso o atleta que apresentar sinais de desidratação.
- Instrua os pais e tutores a respeito de desidratação e doenças causadas pelo calor. Visite o site www.nata.org/sites/default/files/Heat-Illness-Parent-Coach-Guide.pdf (em inglês) para obter um folheto explicativo.

Exaustão por calor

Estado de choque causado pela desidratação.

Causa

- Desidratação que ocorre quando o suprimento de água e eletrólitos para o corpo se esgota por meio do suor.

Verifique a ocorrência dos seguintes sintomas

- Dores de cabeça.
- Náuseas.
- Tontura.
- Calafrios.
- Fadiga.
- Sede.

Verifique os sinais

- Pele pálida, fria e viscosa.
- Pulsação rápida e fraca.
- Perda de coordenação.
- Pupilas dilatadas.
- Suor profuso.

Primeiros socorros

1. Remova rapidamente o atleta para uma área fresca e com sombra. Deixe o atleta descansando em decúbito dorsal com os pés elevados.
2. Faça a mensuração da temperatura retal. Se estiver se aproximando dos 40°C, passe para a etapa 9 dos primeiros socorros.
3. Aplique gelo ou toalhas frias e úmidas no pescoço, costas ou estômago do atleta, a fim de ajudar a resfriar o corpo.
4. Dê ao atleta água gelada ou bebidas isotônicas (caso ele esteja consciente e apto a ingerir líquido).
5. Monitore a respiração e realize a RCP, se houver necessidade.
6. Monitore e trate os casos de choque, se necessário, e acione a equipe de resgate caso isso ocorra.
7. Acione a equipe de resgate se o atleta não se recuperar, se suas condições piorarem ou ele ficar inconsciente.
8. Se o atleta se recuperar, chame os pais ou tutores para levá-lo para casa.
9. Se ele estiver apresentando sinais ou sintomas de doenças causadas pelo calor que colocam a vida em risco, vômitos, consciência alterada, desorientação, gagueira, desmaios, atitudes agressivas, e assim por diante, proceda da seguinte maneira:
    a. remova imediatamente roupas e equipamentos em excesso e mergulhe o atleta em água fria (piscina para crianças ou banheira);
    b. acione a equipe de resgate;
    c. monitore a respiração e realize a RCP, se houver necessidade.

Condição de jogo

- O atleta não poderá de forma alguma retornar às atividades no mesmo dia em que sofreu a exaustão por calor. Se ele for encaminhado a um médico ou não se recuperar rapidamente, não permita que retorne às atividades até que seja examinado e liberado por um médico.
- O atleta não poderá retornar às atividades até que o peso perdido com o suor seja recuperado.

Prevenção

- Certifique-se de que os atletas mantenham uma boa hidratação.
- Coloque em repouso o atleta que estiver apresentando sinais de desidratação.
- Instrua os pais e tutores a respeito de desidratação e doenças causadas pelo calor. Visite o site www.nata.org/sites/default/files/Heat-Illness-Parent-Coach-Guide.pdf (em inglês) para obter um folheto explicativo.

Insolação

Quadro no qual a temperatura do corpo atinge níveis perigosamente altos, colocando em risco a vida do atleta.

Causa

- Uma disfunção no centro de controle de temperatura do cérebro, causada por desidratação extrema, febre ou um equilíbrio inadequado da regulação da temperatura do corpo.

Verifique a ocorrência dos seguintes sintomas

- Sensação de muito calor.
- Náuseas.
- Irritabilidade.
- Fadiga.

Verifique os sinais

- Pele vermelha ou avermelhada e quente.
- Grande elevação da temperatura do corpo – temperatura retal de 40°C ou mais.
- Pulsação rápida.
- Respiração rápida.
- Pupilas contraídas.
- Vômito.
- Diarreia.
- Confusão.
- Possíveis convulsões.
- Possível inconsciência.
- Possível parada respiratória ou cardíaca.

Primeiros socorros

1. Acione a equipe de resgate.
2. Remova imediatamente roupas e equipamentos em excesso e mergulhe o atleta em água fria (piscina para crianças ou banheira).
3. Coloque-o em posição semirreclinada. Se estiver inconsciente, eleve a cabeça do paciente ou coloque-o em decúbito lateral para permitir que líquidos e vômitos sejam drenados pela boca.
4. Monitore a respiração e realize a RCP, se houver necessidade.
5. Monitore e trate os casos de choque conforme a necessidade (**não** cubra o atleta com cobertores).
6. Dê a ele água gelada ou bebidas isotônicas (caso esteja consciente e apto a ingerir líquidos).

Condição de jogo

- O atleta não poderá retornar às atividades até que seja examinado e liberado por um médico, e após isso deverá retomá-las gradualmente.

Prevenção

- Certifique-se de que os atletas mantenham uma boa hidratação.
- Coloque em repouso o atleta que estiver apresentando sinais de desidratação.
- Após um atleta ter sofrido uma exaustão por calor, não permita que ele retorne aos treinos e competições antes de estar totalmente reidratado.
- Instrua os pais e tutores a respeito de desidratação e doenças causadas pelo calor. Visite o site www.nata.org/sites/default/files/Heat-Illness-Parent-Coache-Guide.pdf (em inglês) para obter um folheto explicativo.

DOENÇAS RELACIONADAS AO FRIO

Assim como as doenças causadas pelo calor, as relacionadas ao frio são provocadas por um desequilíbrio dos fatores que afetam a temperatura do corpo. A exposição a climas e equipamentos frios faz com que a temperatura corporal caia abaixo do normal. Para contrapor-se a isso, o corpo tenta ganhar ou conservar calor por meio de tremores (que aumentam o metabolismo) e da redução do fluxo sanguíneo para a pele e as extremidades (para conservar o calor e o fluxo de sangue para o cérebro, coração e pulmões). Isso pode resultar em geladura ou hipotermia.

Prevenção de doenças relacionadas ao frio

O corpo resiste melhor a temperaturas frias quando está preparado para enfrentá-las. A seguir estão algumas instruções sobre como reduzir o risco de doenças relacionadas ao frio.

- *Certifique-se de que os atletas estejam usando roupas de proteção adequadas.* Atletas devem vestir camadas de roupas para permitir que o suor se evapore e para que estejam protegidos contra o frio. Lã, Gore-Tex™ e Lycra™ são excelentes materiais para vestimentas. Além disso, certifique-se de que a cabeça e o pescoço estejam cobertos, a fim de prevenir perda excessiva de calor. As mitenes (luvas sem dedos) são preferíveis às luvas porque permitem que os dedos se aqueçam uns aos outros.

- *Mantenha os atletas ativos, a fim de conservar o calor do corpo.* Atletas que precisem permanecer em pé ao longo das linhas laterais devem continuar se movimentando para ajudar a produzir calor corporal. Saltos e corrida no lugar são bons exercícios para os que estiverem nessa situação.
- *Monitore a sensação térmica (Fig.11.2) e ajuste a exposição ao frio de acordo com ela.* A combinação de vento, temperaturas frias e condições de umidade aumenta o risco de hipotermia do atleta.
- *Monitore atletas que corram risco de contrair doenças relacionadas ao frio.* Atletas magros, ainda que altamente condicionados, estão propensos a doenças relacionadas ao frio porque possuem menos gordura para ajudar a isolar seu corpo. Aqueles que estiverem desidratados também correm riscos.
- *Enfatize a necessidade de hidratação adequada.* Para uma hidratação adequada, a National Athletic Trainers' Association recomenda (Casa et al., 2000):
  — 500 a 600 mL de líquidos pelo menos 2 horas antes de exercícios, treinos ou competições;
  — outros 200 a 300 mL de água ou bebida isotônicas, 10 a 15 minutos antes de exercícios, treinos ou competições;
  — como regra geral nos casos em que seja esperada uma sudorese intensa, 200 a 300 mL de água ou bebida isotônica gelada, a cada 10 a 20 minutos durante exercícios, treinos ou competições; e
  — após exercícios, treinos ou competições, cerca de 700 mL de água ou bebida isotônica para cada 500 mL de água perdidos pelo suor (Manore et al., 2000).

Identificação e tratamento de doenças relacionadas ao frio

O nível de gravidade das geladuras e hipotermias pode variar de leve a grave. Cada estágio possui sinais e sintomas específicos que determinam os primeiros socorros a serem ministrados.

Para protocolos de primeiros socorros para geladura e hipotermia, consulte o Apêndice.

Fique alerta
Com geladuras

- Não esfregue nem massageie áreas atingidas por geladuras.
- Não aplique gelo em áreas atingidas por geladuras.
- Não permita que o tecido atingido por geladuras seja novamente congelado.

Qualquer uma dessas atitudes pode piorar o estado do atleta.

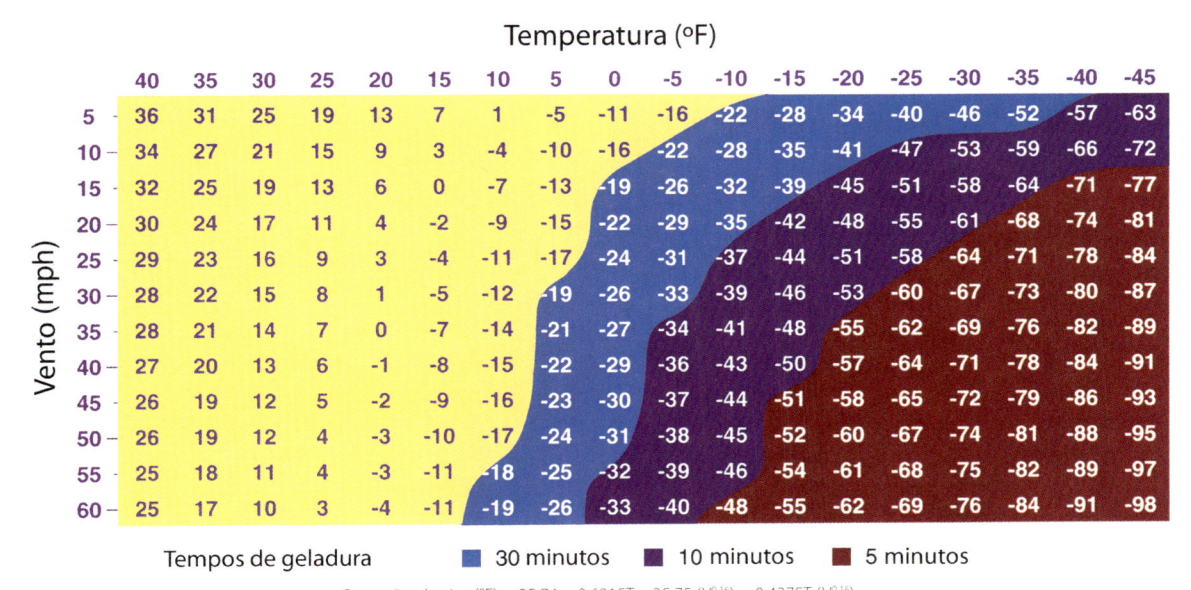

Temperatura (°F)

Vento (mph)	40	35	30	25	20	15	10	5	0	-5	-10	-15	-20	-25	-30	-35	-40	-45
5	36	31	25	19	13	7	1	-5	-11	-16	-22	-28	-34	-40	-46	-52	-57	-63
10	34	27	21	15	9	3	-4	-10	-16	-22	-28	-35	-41	-47	-53	-59	-66	-72
15	32	25	19	13	6	0	-7	-13	-19	-26	-32	-39	-45	-51	-58	-64	-71	-77
20	30	24	17	11	4	-2	-9	-15	-22	-29	-35	-42	-48	-55	-61	-68	-74	-81
25	29	23	16	9	3	-4	-11	-17	-24	-31	-37	-44	-51	-58	-64	-71	-78	-84
30	28	22	15	8	1	-5	-12	-19	-26	-33	-39	-46	-53	-60	-67	-73	-80	-87
35	28	21	14	7	0	-7	-14	-21	-27	-34	-41	-48	-55	-62	-69	-76	-82	-89
40	27	20	13	6	-1	-8	-15	-22	-29	-36	-43	-50	-57	-64	-71	-78	-84	-91
45	26	19	12	5	-2	-9	-16	-23	-30	-37	-44	-51	-58	-65	-72	-79	-86	-93
50	26	19	12	4	-3	-10	-17	-24	-31	-38	-45	-52	-60	-67	-74	-81	-88	-95
55	25	18	11	4	-3	-11	-18	-25	-32	-39	-46	-54	-61	-68	-75	-82	-89	-97
60	25	17	10	3	-4	-11	-19	-26	-33	-40	-48	-55	-62	-69	-76	-84	-91	-98

Tempos de geladura: ■ 30 minutos ■ 10 minutos ■ 5 minutos

Sensação térmica (°F) = 35,74 + 0,6215T − 35,75 ($V^{0,16}$) + 0,4275T ($V^{0,16}$)
Onde T = Temperatura do ar (°F); V = Velocidade do vento (milhas/hora)

Figura 11.2 Índice de temperaturas de sensação térmica do National Weather Service.

Geladura

Estado no qual os tecidos congelam e os vasos sanguíneos se contraem.

A geladura superficial envolve o congelamento localizado da pele e dos tecidos logo abaixo da superfície. Nariz, ouvidos, dedos dos pés e das mãos são particularmente propensos a sofrer geladura superficial. A geladura profunda se inicia superficialmente, porém, avança para os tecidos mais internos, como músculos e tendões.

Causa

- Exposição de partes do corpo ao frio, causando o congelamento de tecidos e contração dos vasos sanguíneos.

Verifique a ocorrência dos seguintes sintomas

- Dores, coceiras, queimação ou ardência em regiões que podem se tornar dormentes conforme a geladura se agrava. Esses sintomas podem reaparecer quando as áreas afetadas forem reaquecidas.

Verifique os sinais

Geladura de primeiro grau (superficial)
- Pele vermelha ou avermelhada que pode se tornar branca ou acinzentada.

Geladura de segundo grau
- Pele esbranquiçada, rígida e pálida.
- Possibilidade de surgimento de bolhas e uma coloração púrpura na pele quando a região for reaquecida.

Geladura de terceiro grau (profunda)
- Bolhas.
- Pele azulada.
- Rigidez e sensação de frio intenso na área atingida pela geladura.

Condição de jogo

- O atleta não poderá retornar às atividades até que seja examinado e liberado por um médico.

Primeiros socorros

Geladuras de primeiro e segundo graus
1. Remova o atleta para uma área aquecida.
2. Retire roupas frias e úmidas.
3. Monitore e trate os casos de choque, se for necessário, e acione a equipe de resgate caso isso ocorra.
4. Reaqueça a região encharcando-a com água limpa e quente (de 37°C a 40°C). Não realize o reaquecimento se houver risco de a região recongelar ou se o atleta estiver nas proximidades de um centro médico.
5. Chame os pais ou tutor do atleta para levá-lo a um médico.

Geladura de terceiro grau
1. Acione a equipe de resgate.
2. Remova o atleta para uma área aquecida.
3. Retire roupas frias ou úmidas.
4. Monitore a respiração e realize a RCP, se houver necessidade.
5. Monitore e trate os casos de choque, se for necessário.

Hipotermia

Estado no qual a temperatura do corpo cai abaixo de 35°C.

Causas

- Exposição prolongada a ambientes frios, úmidos e com vento.
- Fadiga extrema, como a sofrida após uma maratona ou triatlo.
- Desidratação.

Verifique a ocorrência dos seguintes sintomas

Quando a temperatura do corpo cair abaixo de 35°C:
- Irritabilidade.
- Sonolência.
- Letargia.

Verifique os sinais

De 32°C a 35°C (hipotermia leve a moderada)
- Perda de coordenação.
- Perda de sensibilidade.
- Calafrios.
- Pele rígida e pálida.
- Dormência.
- Irritabilidade.
- Leve confusão.
- Depressão.
- Comportamento retraído.
- Pulso irregular e lento.
- Respiração lenta.
- Movimentos letárgicos.
- Incapacidade de andar.
- Dificuldade para falar.

(continua)

Hipotermia (continuação)

De 30 °C a 32 °C (hipotermia grave)
- Alucinações.
- Pupilas dilatadas.
- Queda da frequência cardíaca.
- Queda da frequência respiratória.
- Confusão.
- Semiconsciência.
- Interrupções nos calafrios.
- Rigidez muscular.
- Pele azulada e edema.

29 °C ou menos (hipotermia também grave)
- Inconsciência.
- Parada respiratória.
- Pulsação irregular a nula.

Condição de jogo
- O atleta não poderá retornar às atividades até que seja examinado e liberado por um médico.

Primeiros socorros

Hipotermia leve a moderada
1. Remova o atleta para uma área aquecida.
2. Acione a equipe de resgate.
3. Retire delicadamente roupas frias e úmidas.
4. Envolva o atleta em cobertores.
5. Monitore e trate os casos de choque, se for necessário.

Hipotermia grave
1. Acione a equipe de resgate.
2. Cubra o atleta com cobertores.
3. Tenha muito cuidado ao lidar com ele. Movimentos excessivos ou que causem choque podem fazer com que o sangue frio circule novamente, causando uma parada cardíaca ao atingir o coração.
4. Monitore o pulso e realize a RCP, se houver necessidade.
5. Monitore e trate os casos de choque, se for necessário.

LESÕES RELACIONADAS A RELÂMPAGOS

De acordo com a National Weather Service, um terço de todos os indivíduos que sofrem lesões por relâmpagos nos Estados Unidos está entre aqueles envolvidos em atividades recreativas e esportivas. Lugares típicos para a ocorrência dessas lesões incluem pistas de atletismo, campos de golfe e piscinas. Bastões, cercas, bancos e arquibancadas de metal, assim como árvores e água são bons condutores de eletricidade, e os atletas, equipes e espectadores nas proximidades desses objetos ficam vulneráveis aos relâmpagos. Uma vez que essas descargas atmosféricas tendem a atingir objetos mais altos, permanecer em um campo de jogo aberto aumenta o risco de uma lesão por relâmpagos. Procurar abrigo sob uma árvore também é arriscado, pois o raio pode se deslocar através dela até objetos próximos. Para minimizar o risco desse tipo de lesão, revise as diretrizes de segurança no Capítulo 2 e desenvolva uma política de segurança contra relâmpagos.

Lesões por relâmpago

O relâmpago pode causar uma extensa gama de lesões, queimaduras e fraturas até paradas cardíacas.

Causa
- Impacto direto ou indireto de um relâmpago.

Verifique a ocorrência dos seguintes sintomas

Se consciente:
- dores de cabeça;
- tontura.

Verifique os sinais
- Queimaduras no ponto de entrada e saída.
- Desorientação (se consciente).
- Inconsciência.

(continua)

Lesões por relâmpago *(continuação)*

Primeiros socorros

1. Remova rapidamente o atleta (esteja atento a outras possíveis lesões) para uma área segura, longe de relâmpagos.
2. Acione a equipe de resgate.
3. Monitore a respiração e realize a RCP, se houver necessidade.
4. Monitore e trate os casos de choque, se for necessário.
5. Remova roupas, sapatos e cintos incandescentes para evitar queimaduras.
6. Caso a respiração se mantenha e não haja suspeita de fraturas, coloque o atleta (inconsciente ou confuso) em posição de recuperação (ver Cap. 4), para que líquidos e vômito sejam liberados pela boca.

Condição de jogo

- O atleta não poderá retornar às atividades até que seja examinado e liberado por um médico.

Prevenção

- Desenvolva um plano de prevenção de relâmpagos (ver Cap. 2).
- Interrompa as atividades quando ocorrerem trovões, ainda que sem relâmpagos, ou use a regra dos 30-30 (Walsh et al., 2000) para a suspensão de atividades esportivas ou recreativas: se o trovão ocorrer em um intervalo de 30 segundos após o clarão do raio, procure abrigo. Não deixe o abrigo até 30 minutos após a última queda de raio ou som de trovão.

Capítulo 11 Revisão

- Descreva os cinco métodos por meio dos quais o corpo ganha ou perde calor.
- Um atleta que possui um histórico anterior de lesões, seja por calor ou relacionadas ao frio, fica propenso a sofrer o mesmo problema novamente?
- Quais são os três tipos comuns de doenças relacionadas ao calor?
- Quais são os sinais e sintomas de uma exaustão por calor?
- Quais são os sinais e sintomas de uma insolação?
- Quais são os primeiros socorros em casos de insolação?
- Que providências podem ser tomadas a fim de prevenir doenças relacionadas ao calor?
- Que providências podem ser tomadas a fim de prevenir doenças relacionadas ao frio?
- Explique o que acontece com uma parte do corpo afetada por geladura em diferentes níveis de gravidade.
- Quais são os primeiros socorros em casos de geladura?
- Defina hipotermia.
- Quais são os primeiros socorros em casos de hipotermia?
- Que tipos de lesões podem resultar da queda de um relâmpago?

BIBLIOGRAFIA

Casa, D.E., L.E Armstrong, S.K. Hillman, S.J. Montain, R.V. Reiff, B.S.E. Rich, W.O. Roberts, and J.A. Stone. 2000. National Athletic Trainers' Association position statement: Fluid replacement for athletes. *Journal of Athletic Training* 35(2): 212-224.

Casa, D.E. and D. Csillan. 2009. Preseason heat-acclimatization guidelines for secondary school athletics. *Journal of Athletic Training* 44(3):332-3.

Centers for Disease Control and Prevention. 1998. Hyperthermia and dehydration-related deaths associated with intentional rapid weight loss-North Carolina, Wisconsin, and Michigan, November-December 1997. *Morbidity and Mortality Weekly Report* 47(6): 105-108.

Manore, M.M., S.I. Barr, and G.E. Butterfield. 2000. Nutrition and athletic performance: Position of the American Dietetic Association, Dietitians of Canada, and the American College of Sports Medicine. *Journal of the American Dietetic Association* 100:1543-1556.

Walsh, K.M., B. Bennett, M.A. Cooper, R.L. Holle, R. Kithil, and R.E. Lopez. 2000. National Athletic Trainers' Association position statement: Lightning safety for athletics and recreation. *Journal of Athletic Training* 35 (4): 471-477.

CAPÍTULO 12
Lesões musculoesqueléticas nos membros superiores

Neste capítulo, você irá aprender

- A reconhecer lesões musculoesqueléticas nos membros superiores.
- Quais os primeiros socorros a se prestar para cada uma dessas lesões.
- A evitar lesões musculoesqueléticas nos membros superiores.
- Quais as condições necessárias para que um atleta lesionado possa retornar aos jogos.

Lesões abordadas neste capítulo

Ombro
- Fratura da clavícula .... p. 130
- Entorse da articulação acromioclavicular (AC) (separação do ombro) .... p. 131
- Entorse esternoclavicular (EC) (separação do ombro) p. 132
- Luxação ou subluxação do ombro .... p. 134
- Distensão do manguito rotador .... p. 135
- Distensão do músculo peitoral .... p. 136
- Distensão do deltoide .... p. 137
- Distensão do músculo trapézio superior .... p. 138
- Distensão do músculo romboide .... p. 139

Lesões abordadas neste capítulo (continuação)

Tórax
- Fratura ou contusão na costela .... p. 140

Braço
- Fratura do úmero .... p. 141
- Distensão do músculo bíceps .... p. 142
- Distensão do músculo tríceps .... p. 143
- Tendinite do bíceps .... p. 144
- Tendinite do tríceps .... p. 145

Cotovelo
- Fratura do cotovelo .... p. 146
- Luxação ou subluxação do cotovelo .... p. 147
- Contusão do nervo ulnar .... p. 148
- Entorse do cotovelo .... p. 149
- Cotovelo de tenista .... p. 150
- Cotovelo de golfista .... p. 151
- Fratura por estresse da epífise (placa de crescimento) do cotovelo .... p. 152
- Bursite do cotovelo .... p. 152

Antebraço, punho e mão
- Fratura do antebraço .... p. 153
- Fratura do punho .... p. 154
- Entorse do punho .... p. 155
- Fratura da mão .... p. 156
- Luxação do dedo .... p. 157
- Entorse do dedo .... p. 158
- Fratura do polegar ou de outro dedo da mão .... p. 159

Esportes que envolvem arremessos, giros, levantamentos, agarrões, impulso e tração exigem muito da parte superior do corpo, ombros, braços, punhos e mãos. Por exemplo, durante a fase de aceleração do arremesso, a articulação do ombro atinge uma velocidade angular de mais de 7.000 graus por segundo (Fleisig, Dillman e Andrew 1994); e na ginástica, o cotovelo é submetido a uma força de compressão de aproximadamente duas vezes o peso do corpo ao realizar um salto (Koh, Grabiner e Weiker 1992).

Não é de se estranhar que as lesões na parte superior do corpo sejam comuns em alguns esportes. Este capítulo irá ajudá-lo a identificar esses tipos de lesões e prestar os primeiros socorros.

Decisões sobre os primeiros socorros em casos de lesões musculoesqueléticas frequentemente dependem da gravidade da lesão – leve (grau I), moderada (grau II) e grave (grau III). Você pode achar necessário rever as definições e ilustrações de distensões e entorses de graus I, II e III nas páginas 37-38. Além disso, muitos dos protocolos de primeiros socorros neste capítulo incluem o uso de gelo e a imobilização (com tala) da região lesionada. Você pode encontrar diretrizes para a aplicação de gelo na página 69 e imobilização com tala nas páginas 63-66.

OMBRO

Lesões agudas do ombro – aquelas que ocorrem de forma repentina – são comuns no futebol americano e na luta greco-romana, enquanto as lesões crônicas do ombro – as que se desenvolvem de forma gradual – em geral ocorrem no vôlei, natação, beisebol e *softball*. Por exemplo, um estudo sobre lesões esportivas em estudantes do ensino médio (Comstock, Collins e Yard 2008), demonstrou que as lesões que acometem os braços e os ombros eram as de maior incidência (19,6%) entre jogadores de beisebol e correspondiam a 19,3% de todas as lesões sofridas pelos praticantes de luta greco-romana. A Tabela 12.1 ilustra a incidência de lesões no braço e no ombro em diversos esportes.

O Apêndice resume os primeiros socorros em caso de fraturas, entorses e distensões nos ombros.

Tabela 12.1 Frequência das lesões no ombro e na parte superior do braço em relação a todas as regiões corporais lesionadas

Esporte	Percentual
Beisebol	19,6
Luta greco-romana	19,3
Hóquei no gelo	14,1 (feminino e masculino)
Lacrosse	12,3 (feminino e masculino)
Futebol americano	12,1
Softball	10,9

Extraído de Comstock, Collins e Yard 2008 e Yard e Comstock 2006.

Fratura da clavícula

Fratura ou fissura na clavícula.

Causa
- Golpe direto na parte frontal ou lateral do ombro.

Verifique a ocorrência dos seguintes sintomas
- Dor na parte frontal do ombro ao longo da clavícula.
- Dor ao levantar o braço.
- Sensação de crepitação.

Verifique os sinais
- Deformidade.
- Edema.
- Sensibilidade na região.

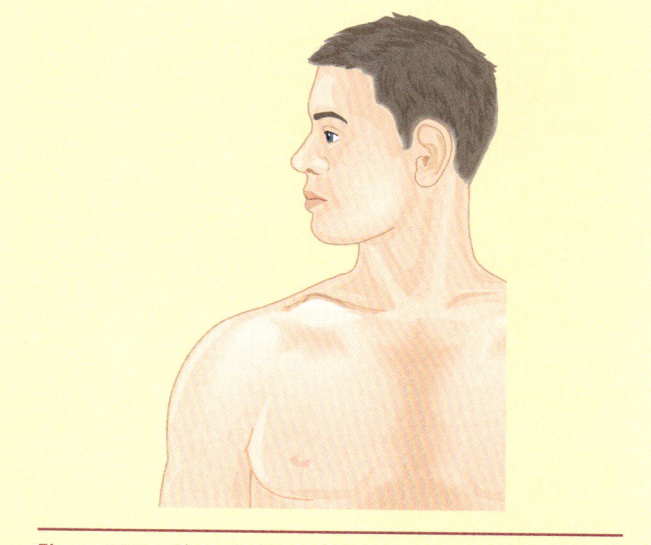

Figura 12.1 Clavícula fraturada.

(continua)

Capítulo 12 Lesões musculoesqueléticas nos membros superiores **131**

Entorse do tornozelo

Primeiros socorros

1. Imobilize o braço com uma tala e prenda-o junto ao corpo com uma bandagem elástica.
2. Acione a equipe de resgate se os ossos estiverem demasiadamente fora de posição ou expostos, ou no caso de o atleta estar em estado de choque.
3. Aplique gelo na lesão e encaminhe o atleta a um médico (caso não esteja em choque).

Figura 12.2 Imobilização com tala e bandagem elástica em clavícula quebrada.

Condição de jogo
- O atleta não poderá retornar às atividades até que seja examinado e liberado por um médico, seu ombro não esteja doendo e apresente plena recuperação de força, flexibilidade e amplitude de movimento.

Prevenção
- Exija que os atletas usem ombreiras adequadamente ajustadas caso este acessório faça parte do equipamento padrão.

Entorse da articulação acromioclavicular (AC) (separação do ombro)

Estiramento ou ruptura dos ligamentos que conectam a clavícula à escápula – a articulação acromioclavicular.

Causas
- Golpe direto na parte superior ou lateral do ombro.
- Queda sobre o braço estendido.

Verifique a ocorrência dos seguintes sintomas

Grau I
- Dor leve ao longo do lado externo da clavícula.
- Dor leve ao levantar o braço acima da cabeça.
- Dor leve ao estender o braço ao longo do corpo.

Graus II e III
- Dor moderada a intensa ao longo do lado externo da clavícula.
- Dor moderada a intensa ao levantar o braço acima da cabeça.
- Dor moderada a intensa ao estender o braço ao longo do corpo.

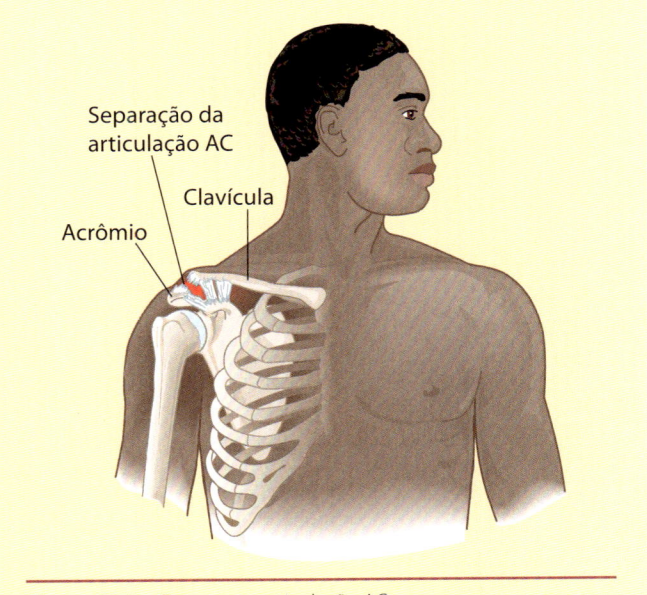

Figura 12.3 Entorse na articulação AC.

(continua)

Entorse da articulação acromioclavicular (AC) (separação do ombro) *(continuação)*

Verifique os sinais

Grau I
- Pequena elevação da extremidade da clavícula.
- Sensibilidade leve na região sobre o lado externo da clavícula.

Graus II e III
- Elevação moderada a intensa do lado externo da clavícula.
- Sensibilidade, moderada a intensa, na região sobre o lado externo da clavícula.

Condição de jogo

Grau I
- O atleta poderá retornar às atividades se os sinais e sintomas regredirem, se apresentar ausência de dor no ombro, bem como plena recuperação de força, flexibilidade e amplitude de movimento.
- Se encaminhado a um médico, o atleta não poderá retornar às atividades até que seja examinado e liberado.
- Ao retornar às atividades, o atleta pode se beneficiar do uso de equipamento de proteção individual (EPI) específico para essa lesão.

Graus II e III
- O atleta não poderá retornar às atividades até que seja examinado e liberado por um médico, seu ombro não esteja doendo e apresente plena recuperação de força, flexibilidade e amplitude de movimento.

Primeiros socorros

Grau I
1. Afaste o atleta de atividades que causem dor.
2. Aplique gelo.
3. Encaminhe o atleta a um médico caso os sinais e sintomas se agravem (passem a ocorrer com mais frequência, especialmente em atividades diárias) ou não regridam dentro de alguns dias.

Graus II e III
1. Imobilize o braço com uma tala e prenda-o junto ao corpo com uma bandagem elástica (ver Fig. 12.2).
2. Monitore e trate os casos de choque quando necessário e acione a equipe de resgate caso isso ocorra.
3. Aplique gelo e encaminhe o atleta (se este não estiver em estado de choque) a um médico.

- Ao retornar às atividades, o atleta pode se beneficiar do uso de EPI específico para essa lesão.

Prevenção
- Exija que os atletas usem ombreiras adequadamente ajustadas, caso este acessório faça parte do equipamento padrão.

Entorse esternoclavicular (EC) (separação do ombro)

Estiramento ou ruptura dos ligamentos que conectam a clavícula ao esterno (osso do peito) conforme apresentado na figura.

Causas
- Queda sobre a mão estendida.
- Golpe direto que projete a clavícula para a frente ou para trás.

Verifique a ocorrência dos seguintes sintomas

Grau I
- Dor leve na articulação da clavícula ao esterno.
- Dor leve ao movimentar o braço ao longo do tórax, estendê-lo para trás ao nível do ombro e ao encolher os ombros.

Graus II e III
- Tontura (se a clavícula for projetada para trás na articulação EC, pode ter danificado os principais vasos sanguíneos que se dirigem para o cérebro).

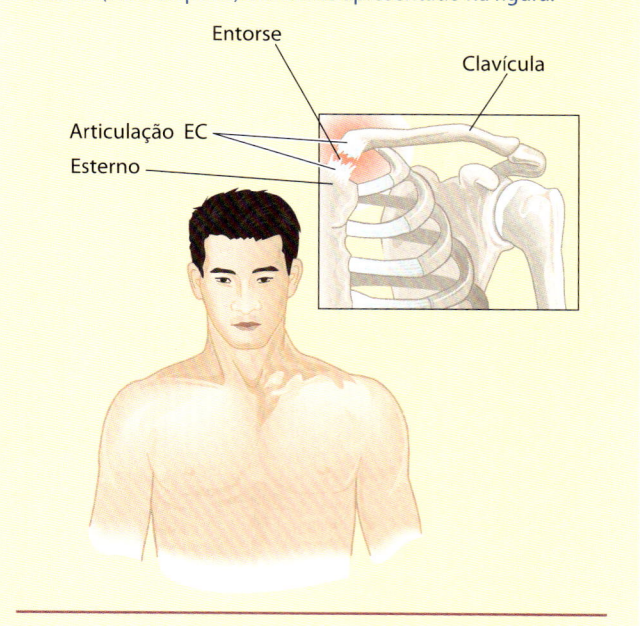

Figura 12.4 Entorse EC.

(continua)

Entorse esternoclavicular (EC) (separação do ombro) *(continuação)*

- Dor moderada a intensa na articulação da clavícula ao esterno.
- Dor moderada a intensa ao movimentar o braço ao longo do tórax, estendê-lo para trás ao nível do ombro e ao encolher os ombros.

Verifique os sinais

Grau I

- Pequena deformidade na articulação da clavícula ao esterno.

Graus II e III

- Deformidade moderada a grave na articulação da clavícula ao esterno.
- Possível inconsciência (se a clavícula for deslocada para trás em direção ao pescoço).
- Parada cardíaca ou respiratória (se a clavícula for deslocada para trás em direção ao pescoço).

Primeiros socorros

Grau I

Em caso de deslocamento da clavícula para a frente, proceda da seguinte maneira:
1. Afaste o atleta de atividades que causem dor.
2. Aplique gelo.
3. Encaminhe o atleta a um médico caso os sinais e sintomas se agravem (passem a ocorrer com mais frequência, especialmente em atividades diárias) ou não regridam dentro de alguns dias.

Em caso de deslocamento da clavícula para trás, proceda da seguinte maneira:
1. Afaste o atleta de todas as atividades.
2. Aplique gelo sobre a lesão e encaminhe o atleta a um médico.

Graus II e III

Em caso de deslocamento da clavícula para a frente, proceda da seguinte maneira:
1. Imobilize o braço com uma tala e prenda-o junto ao corpo com uma bandagem elástica (ver Fig. 12.2).
2. Monitore e trate os casos de choque quando necessário e acione a equipe de resgate caso isso ocorra.
3. Aplique gelo e encaminhe o atleta (se este não estiver em estado de choque) a um médico.

Em caso de deslocamento da clavícula para trás, proceda da seguinte maneira:
1. Acione a equipe de resgate.
2. Monitore a respiração e, caso necessário, realize a RCP.
3. Monitore e trate os casos de choque, caso necessário.
4. Não permita que o atleta movimente o braço.

Condição de jogo

- O atleta não poderá retornar às atividades até que seja examinado e liberado por um médico, seu ombro não esteja doendo e apresente plena recuperação de força, flexibilidade e amplitude de movimento.
- Ao retornar aos esportes de contato, o atleta deverá usar equipamento de proteção individual (EPI) específico para esta lesão.

Prevenção

- Exija que os atletas usem ombreiras, caso este acessório faça parte do equipamento padrão.

Luxação ou subluxação do ombro

Em uma luxação, o úmero (osso do braço) é deslocado da cavidade articular (AC). Em uma subluxação, o úmero é deslocado da cavidade articular, mas retorna espontaneamente à posição original.

Causas
- Golpe para trás no braço quando este se encontra erguido lateralmente, conforme mostrado na figura.
- Contração vigorosa dos músculos do ombro.
- Queda sobre o braço estendido.

Verifique a ocorrência dos seguintes sintomas
- Dor intensa no ponto onde o osso do braço se conecta à escápula.
- Sensação de frouxidão articular ou instabilidade.
- Formigamento no braço ou na mão (causado pelo pinçamento dos nervos do osso deslocado).
- Sensação ou som de estalido.

Verifique os sinais

Subluxação
- Falta de sensibilidade no braço ou na mão (causada pelo pinçamento dos nervos do osso deslocado).
- Coloração azulada da mão ou braço (causada pela interrupção de fluxo sanguíneo em virtude do deslocamento do osso).

Luxação
- Incapacidade para movimentação do braço.
- O ombro adquire uma aparência plana em vez de arredondada.
- O braço fica em posição ligeiramente afastada da lateral do corpo.
- Falta de sensibilidade no braço ou na mão (causada pelo pinçamento dos nervos e artérias do osso deslocado).
- Coloração azulada da mão ou braço (causada pela interrupção do fluxo sanguíneo em virtude do deslocamento do osso).

Condição de jogo
- O atleta não poderá retornar às atividades até que seja examinado e liberado por um médico, seu ombro não esteja doendo e apresente plena recuperação de força, flexibilidade e amplitude de movimento.

Prevenção
- Incentive os atletas a realizarem exercícios de pré-temporada para fortalecimento dos ombros.

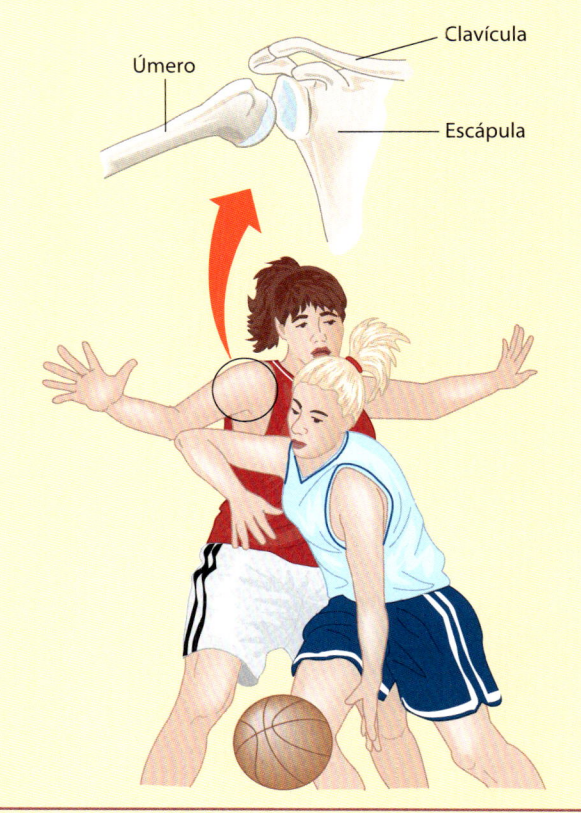

Figura 12.5 O atleta pode sofrer luxação no ombro ao receber um golpe para trás no braço quando este está erguido lateralmente.

Primeiros socorros

Subluxação
1. Imobilize o braço com uma tala e prenda-o junto ao corpo com uma bandagem elástica (ver Fig. 12.2).
2. Monitore e trate os casos de choque quando necessário e acione a equipe de resgate caso isso ocorra.
3. Aplique gelo à lesão e encaminhe o atleta (se este não estiver em estado de choque) a um médico.

Luxação
1. Acione a equipe de resgate.
2. Se a assistência médica demorar mais que 20 minutos, imobilize o braço na posição em que você o encontrou.
3. Não tente forçar o úmero de volta para a cavidade articular.
4. Monitore e trate os casos de choque se for necessário.
5. Aplique gelo.

Distensão do manguito rotador

Estiramento ou ruptura dos músculos utilizados nos movimentos feitos para arremessar, nadar e rebater. Esses músculos são essenciais na fixação do úmero à cavidade glenoidal (cavidade óssea que constitui o ponto de articulação do úmero e da escápula).

Causas
- Arremesso lateral.
- Giro com uma raquete ou arremesso usando apenas o braço e não o corpo.
- Músculos do ombro fracos e rígidos.

Verifique a ocorrência dos seguintes sintomas

Todos os graus
- Dor ao nadar, arremessar, cortar, sacar e ao realizar movimentos de *backhand* e *forehand* (técnica de movimento do tênis).
- Dor ao levantar o braço acima da cabeça.

Verifique os sinais

Grau I
- Leve sensibilidade na região frontal do ombro, logo abaixo do lado externo da clavícula, ao longo da escápula, ou na parte externa do ombro.
- Rigidez muscular.

Graus II e III
- Saliência ou concavidade no local onde o músculo ou tendão foi rompido.
- Incapacidade de arremessar, cortar, sacar ou rebater um *forehand* ou *backhand* com movimentos normais.
- Sensibilidade, de moderada a intensa, na região frontal do ombro, logo abaixo do lado externo da clavícula, ao longo da escápula, ou na parte externa do ombro.
- Fraqueza no braço.
- Edema.
- Espasmo muscular.

Condição de jogo

Grau I
- O atleta poderá retornar às atividades se os sinais e sintomas regredirem, se apresentar ausência de dor no ombro, bem como plena recuperação de força, flexibilidade e amplitude de movimento.
- Se encaminhado a um médico, o atleta não poderá retornar às atividades até que seja examinado e liberado.

Graus II e III
- O atleta não poderá retornar às atividades até que seja examinado e liberado por um médico, seu ombro não esteja doendo e apresente plena recuperação de força, flexibilidade e amplitude de movimento.

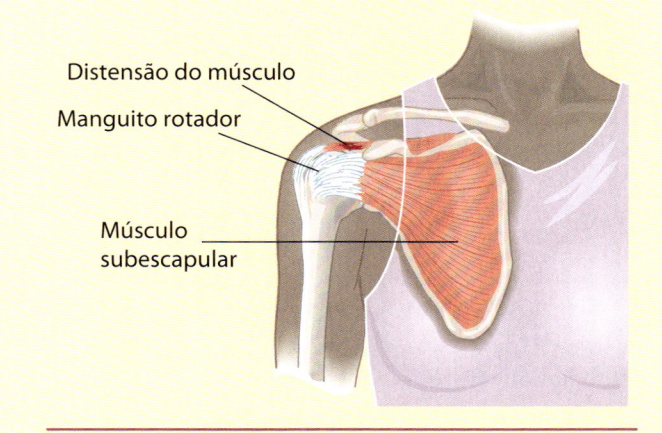

Figura 12.6 Distensão do manguito rotador.

Primeiros socorros

Grau I
1. Afaste o atleta de atividades que causem dor.
2. Aplique gelo.
3. Encaminhe o atleta a um médico caso os sinais e sintomas se agravem (passem a ocorrer com mais frequência, especialmente em atividades diárias) ou não regridam dentro de alguns dias.

Graus II e III
1. Imobilize o braço com uma tala e prenda-o junto ao corpo com uma bandagem elástica (ver Fig. 12.2).
2. Monitore e trate os casos de choque quando necessário e acione a equipe de resgate caso isso ocorra.
3. Aplique gelo e encaminhe o atleta (se este não estiver em estado de choque) a um médico.

Prevenção
- Incentive os atletas a realizarem exercícios de pré-temporada para fortalecer e alongar os ombros.
- No início da temporada, instrua os atletas a iniciarem sua prática de arremessos por aqueles de curta distância e pouca velocidade, aumentando gradualmente tanto uma quanto a outra.
- Instrua os atletas a arremessarem de uma posição acima da cabeça e a usarem, além dos braços, o corpo e as pernas.

Distensão do músculo peitoral

Estiramento ou ruptura dos músculos utilizados para trazer os braços à frente do tórax.

Causas

- Arremesso lateral.
- Giro com a raquete ou arremesso usando apenas o braço.
- Fraqueza e falta de flexibilidade dos músculos do ombro e do tórax.
- Levantar pesos excessivamente pesados ou utilizar técnicas incorretas, como abaixar demais os cotovelos no supino reto.

Verifique a ocorrência dos seguintes sintomas

- Dor ao nadar, cortar, sacar, arremessar com os braços lateralmente, movimentos de *forehand* (técnica do tênis), flexões de braço e supino reto e inclinado.
- Dor ao estender o braço à frente do tórax.
- Dor ao estender o braço lateralmente.
- Dor na região frontal do ombro ou tórax, abaixo da clavícula.
- Leve rigidez muscular.

Verifique os sinais

Grau I

- Leve sensibilidade na região.

Graus II e III

- Saliência ou concavidade no local onde o músculo ou tendão foi rompido.
- Incapacidade de arremessar, cortar, sacar ou rebater um *forehand* com movimentos normais.
- Fraqueza no braço.
- Sensibilidade ao toque, de moderada a intensa.
- Edema.
- Espasmo muscular.

Condição de jogo

Grau I

- O atleta poderá retornar às atividades se os sinais e sintomas regredirem, se apresentar ausência de dor no ombro, bem como plena recuperação de força, flexibilidade e amplitude de movimento.
- Caso seja encaminhado a um médico, o atleta não poderá retornar às atividades até que seja examinado e liberado.

Graus II e III

- O atleta não poderá retornar às atividades até que seja examinado e liberado por um médico, seu ombro não esteja doendo e apresente plena recuperação de força, flexibilidade e amplitude de movimento.

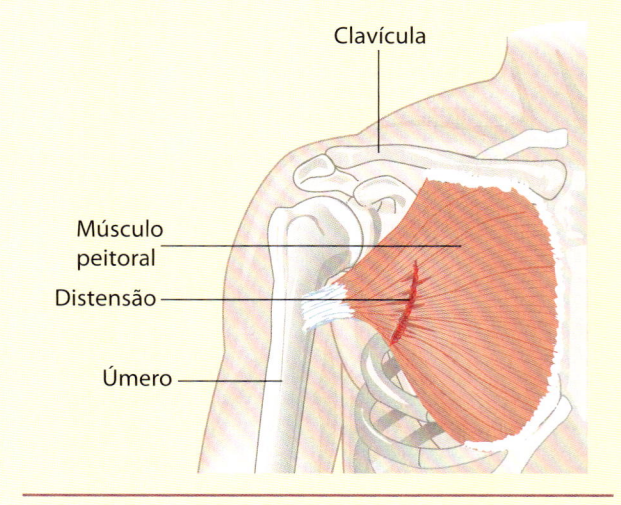

Figura 12.7 Distensão do músculo peitoral.

Primeiros socorros

Grau I

1. Afaste o atleta de atividades que causem dor.
2. Aplique gelo.
3. Encaminhe o atleta a um médico caso os sinais e sintomas se agravem (passem a ocorrer com mais frequência, especialmente em atividades diárias) ou não regridam dentro de alguns dias.

Graus II e III

1. Imobilize o braço com uma tala e prenda-o junto ao corpo com uma bandagem elástica (ver Fig. 12.2).
2. Monitore e trate os casos de choque quando necessário e acione a equipe de resgate caso isso ocorra.
3. Aplique gelo e encaminhe o atleta (se este não estiver em estado de choque) a um médico.

Prevenção

- Incentive os atletas a realizarem exercícios de pré-temporada para fortalecer e alongar os ombros.
- No início da temporada, instrua os atletas a iniciarem sua prática de arremessos por aqueles de curta distância e pouca velocidade, aumentando gradualmente, tanto uma quanto a outra.
- Instrua os atletas a arremessarem de uma posição acima da cabeça e a usarem, além dos braços, o corpo e as pernas.

Distensão do deltoide

Estiramento ou ruptura dos músculos ao redor das partes posterior, anterior e lateral do ombro.

Causas

- Fraqueza e falta de flexibilidade dos músculos do ombro.
- Arremesso lateral.

Verifique a ocorrência dos seguintes sintomas

- Dor ao arremessar, cortar, sacar e nadar.
- Dor ao levantar o braço à frente, para o lado ou para trás.
- Leve rigidez muscular.

Verifique os sinais

Grau I

- Leve sensibilidade ao toque sobre a região posterior, anterior ou lateral do ombro, abaixo da clavícula ou da espinha da escápula.

Graus II e III

- Saliência ou concavidade no local onde o músculo ou tendão foi rompido.
- Incapacidade de arremessar, cortar ou sacar com movimentos normais.
- Sensibilidade ao toque, de moderada a intensa, sobre a região posterior, anterior ou lateral do ombro abaixo da clavícula ou da espinha da escápula.
- Fraqueza no braço.
- Edema.
- Espasmo muscular.

Condição de jogo

Grau I

- O atleta poderá retornar às atividades se os sinais e sintomas regredirem, se apresentar ausência de dor no ombro, bem como plena recuperação de força, flexibilidade e amplitude de movimento.
- Caso seja encaminhado a um médico, o atleta não poderá retornar às atividades até que seja examinado e liberado.

Graus II e III

- O atleta não poderá retornar às atividades até que seja examinado e liberado por um médico, seu ombro não esteja doendo e apresente plena recuperação de força, flexibilidade e amplitude de movimento.

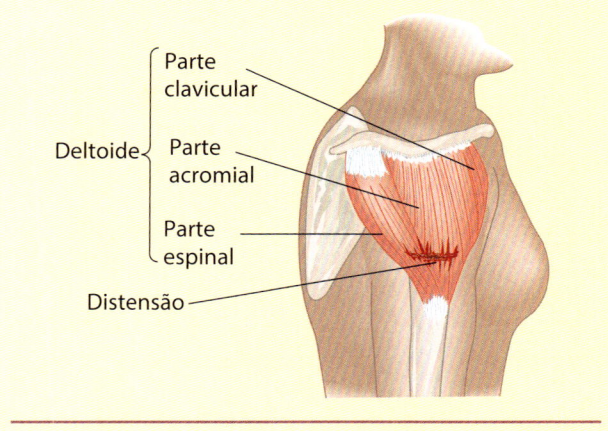

Figura 12.8 Distensão do músculo deltoide.

Primeiros socorros

Grau I

1. Afaste o atleta de atividades que causem dor.
2. Aplique gelo.
3. Encaminhe o atleta a um médico caso os sinais e sintomas se agravem (passem a ocorrer com mais frequência, especialmente em atividades diárias) ou não regridam dentro de alguns dias.

Graus II e III

1. Imobilize o braço com uma tala e prenda-o junto ao corpo com uma bandagem elástica (ver Fig. 12.2).
2. Monitore e trate os casos de choque quando necessário e acione a equipe de resgate caso isso ocorra.
3. Aplique gelo sobre a lesão e encaminhe o atleta (se este não estiver em estado de choque) a um médico.

Prevenção

- Incentive os atletas a realizarem exercícios de pré-temporada para fortalecer e alongar os ombros.
- Instrua os atletas a arremessarem de uma posição acima da cabeça e a usarem, além dos braços, o corpo e as pernas.

Distensão do músculo trapézio superior

Estiramento ou ruptura do músculo trapézio. Esse músculo se estende da base do crânio às extremidades do ombro, descendo até o início da região lombar.

Diferentes partes do músculo contraem os ombros, estendem a cabeça para trás e aproximam as escápulas.

Causas
- Fraqueza dos músculos dorsais ou do pescoço.
- Rigidez dos músculos do tórax.
- Levantamento de peso excessivo ou contração incorreta dos ombros.

Verifique a ocorrência dos seguintes sintomas
Grau I
- Leve dor ao contrair os ombros, estender a cabeça para trás e aproximar as escápulas.
- Dor leve ao estender o braço à frente do tórax.
- Rigidez no pescoço e na região superior e medial das costas.

Graus II e III
- Dor moderada a intensa ao contrair os ombros, estender a cabeça para trás e aproximar as escápulas.
- Dor moderada a intensa ao estender o braço à frente do tórax.

Verifique os sinais
Grau I
- Leve rigidez muscular na região posterior do pescoço, logo acima da escápula, ou abaixo da região superior e medial das costas.
- Leve dor no pescoço, logo acima da escápula, ou abaixo da região superior e medial das costas.

Graus II e III
- Saliência ou concavidade no local onde o músculo ou tendão foi rompido.
- Incapacidade de arremessar, cortar, sacar ou rebater com um movimento de *forehand*.
- Dor moderada a intensa na região do pescoço, logo acima da escápula, ou abaixo da região superior e medial das costas.
- Fraqueza ao estender o braço para trás ou impulsionar a cabeça nesse mesmo sentido.
- Edema.
- Espasmo muscular.

Condição de jogo
Grau I
- O atleta poderá retornar às atividades se os sinais e sintomas regredirem, se apresentar ausência de dor no ombro, bem como plena recuperação de força, flexibilidade e amplitude de movimento.
- Caso seja encaminhado a um médico, o atleta não poderá retornar às atividades até que seja examinado e liberado.

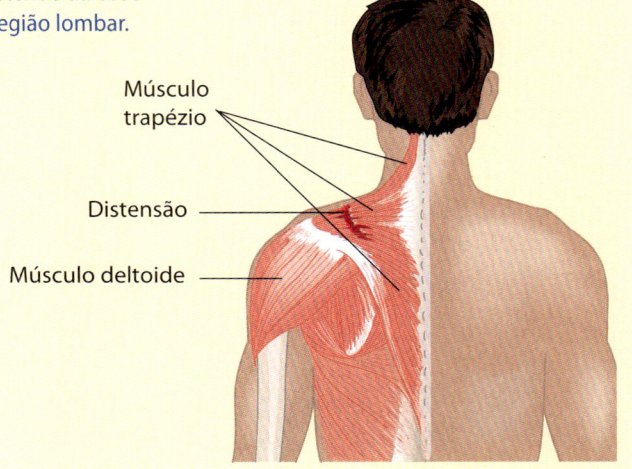

Figura 12.9 Distensão do músculo trapézio superior.

Primeiros socorros

Grau I
1. Afaste o atleta de atividades que causem dor.
2. Aplique gelo.
3. Encaminhe o atleta a um médico caso os sinais e sintomas se agravem (passem a ocorrer com mais frequência, especialmente em atividades diárias) ou não regridam dentro de alguns dias.

Graus II e III
1. Imobilize o braço com uma tala e prenda-o junto ao corpo com uma bandagem elástica (ver Fig. 12.2).
2. Monitore e trate os casos de choque quando necessário e acione a equipe de resgate caso isso ocorra.
3. Aplique gelo sobre a lesão e encaminhe o atleta (se este não estiver em estado de choque) a um médico.

Graus II e III
- O atleta não poderá retornar às atividades até que seja examinado e liberado por um médico, o pescoço, o ombro e as costas não estejam doendo, e tanto o pescoço como o ombro tenham recuperado plenamente a força, a flexibilidade e a amplitude de movimento.

Prevenção
- Incentive os atletas a realizarem exercícios de pré-temporada para fortalecimento do pescoço e da parte superior das costas, bem como alongamento do músculo peitoral (tórax) e do latíssimo do dorso (região posterior do tórax).

Distensão do músculo romboide

Estiramento ou ruptura do músculo na região entre a escápula e a coluna. São esses músculos que tracionam as escápulas na direção da coluna.

Causa
- Fraqueza dos músculos da região superior das costas e rigidez dos músculos do tórax.

Verifique a ocorrência dos seguintes sintomas

Grau I
- Dor leve ao contrair os ombros e ao fazer movimento de aproximação das escápulas.
- Dor leve ao estender o braço à frente do tórax.
- Dor leve na região entre as escápulas e a coluna.
- Rigidez muscular na região entre a escápula e a coluna.

Graus II e III
- Dor moderada a intensa ao contrair os ombros e ao fazer movimento de aproximação das escápulas.
- Dor moderada a intensa ao estender o braço à frente do tórax.
- Dor moderada a intensa na região entre as escápulas e a coluna.

Verifique os sinais

Grau I
- Leve rigidez muscular entre a escápula e a coluna.
- Leve sensibilidade ao toque na região entre a escápula e a coluna.

Graus II e III
- Saliência ou concavidade no local onde o músculo ou tendão foi rompido.
- Incapacidade de nadar ou rebater com um movimento de *backhand*.
- Sensibilidade, de moderada a intensa, na região entre a escápula e a coluna.
- Fraqueza ao fazer movimento de aproximação das escápulas e ao estender o braço para trás (quando elevado lateralmente para fora, na altura do ombro).
- Edema.
- Espasmo muscular.

Condição de jogo

Grau I
- O atleta poderá retornar às atividades se os sinais e sintomas regredirem, se apresentar ausência de dor no ombro, bem como plena recuperação de força, flexibilidade e amplitude de movimento.
- Caso seja encaminhado a um médico, o atleta não poderá retornar às atividades até que seja examinado e liberado.

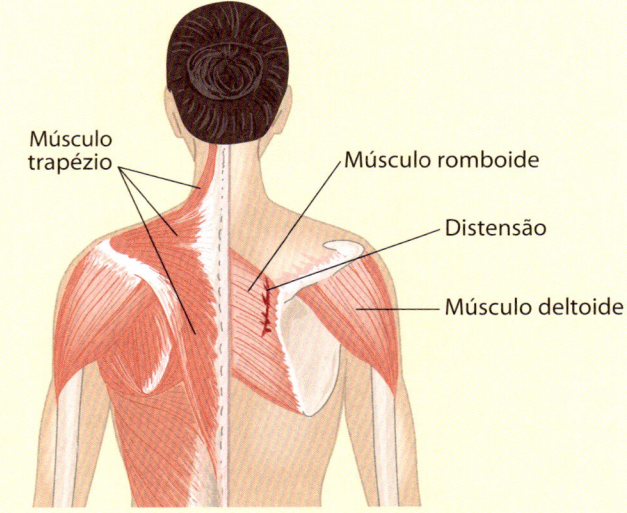

Figura 12.10 Distensão do músculo romboide.

Primeiros socorros

Grau I
1. Afaste o atleta de atividades que causem dor.
2. Aplique gelo.
3. Encaminhe o atleta a um médico caso os sinais e sintomas se agravem (passem a ocorrer com mais frequência, especialmente em atividades diárias) ou não regridam dentro de alguns dias.

Graus II e III
1. Imobilize o braço com uma tala e prenda-o junto ao corpo com uma bandagem elástica (ver Fig. 12.2).
2. Monitore e trate os casos de choque quando necessário e acione a equipe de resgate caso isso ocorra.
3. Aplique gelo sobre a lesão e encaminhe o atleta (se este não estiver em estado de choque) a um médico.

Graus II e III
- O atleta não poderá retornar às atividades até que seja examinado e liberado por um médico, o músculo não esteja doendo e o ombro tenha recuperado plenamente a força, a flexibilidade e a amplitude de movimento.

Prevenção
- Incentive os atletas a realizarem exercícios de pré-temporada para fortalecer a parte superior das costas e alongar o músculo peitoral (tórax) e o latíssimo do dorso.

TÓRAX

Em esportes de contato, as costelas estão sujeitas a sofrer lesões como consequência de golpes de cotovelos, capacetes, discos de hóquei, bolas de beisebol ou *softball*, além do risco de serem esmagadas pelo peso de outros jogadores. Como técnico, você deverá ser capaz de diferenciar entre uma fratura na costela com risco potencial à vida e uma simples contusão.

Fratura ou contusão na costela

Contusão torácica ou fratura da costela.

Causa
- Golpe direto sobre a caixa torácica.

Verifique a ocorrência dos seguintes sintomas

Contusão
- Dor leve ao respirar, tossir, espirrar ou rir.

Fratura
- Dor moderada a intensa ao respirar, tossir, espirrar ou rir.

Verifique os sinais

Contusão
- Edema.
- Hematoma.
- Leve sensibilidade na região.

Fratura
- Deformidade.
- Resposta de dor a uma leve compressão da caixa torácica em qualquer um dos lados da lesão.
- Sensibilidade ao toque, de moderada a intensa, sobre o local da lesão.
- Edema.
- Dificuldade para respirar (em caso de perfuração do pulmão pela costela fraturada).

Condição de jogo
- O atleta não poderá retornar às atividades até que seja examinado e liberado por um médico.
- Caso o atleta retorne aos esportes de contato, a região lesionada deverá ser isolada com equipamento de proteção individual.

Prevenção
- Exija que os atletas usem protetores para as costelas, caso sejam apropriados para o esporte (futebol americano e hóquei no gelo).

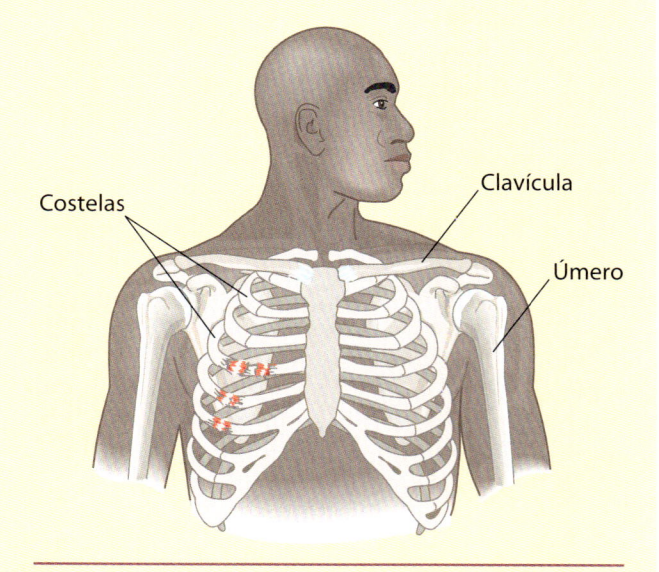

Figura 12.11 Fratura da costela.

Primeiros socorros

Contusão
1. Afaste o atleta de todas as atividades.
2. Aplique gelo e encaminhe-o a um médico.

Fratura
1. Afaste o atleta de todas as atividades.
2. Se o atleta apresentar dificuldades para respirar, ferida exposta no tórax ou uma costela deslocada para trás (na direção dos órgãos internos), ou ainda esteja em estado de choque, acione a equipe de resgate.
3. Caso não haja ocorrência de nenhum dos problemas citados, aplique gelo e encaminhe o atleta a um médico.

BRAÇO

O úmero (osso do braço) e os músculos ao longo de sua extensão estão sujeitos a sofrer lesões nos esportes por golpe direto, torção e tensão. Entre as lesões agudas do braço estão as fraturas e as distensões do bíceps e do tríceps. Além disso, atividades com movimentos repetitivos de empurrar, puxar e levantar podem, com o passar do tempo, inflamar os tendões dos músculos e causar tendinite no bíceps ou no tríceps.

Lesões agudas no braço

Fratura do úmero

Fissura ou fratura do úmero.

Causas
- Golpe direto.
- Lesão por torção.
- Lesão por compressão.

Verifique a ocorrência dos seguintes sintomas
- Dor intensa.

Verifique os sinais
- Deformidade.
- Edema.
- Intensa sensibilidade na região.
- Incapacidade para movimentar o braço.
- Coloração azulada da pele do antebraço, punho, mão ou dedos (caso a fratura tenha lesionado os vasos sanguíneos).
- Perda de sensibilidade e formigamento no antebraço, punho, mão ou dedos (caso a fratura tenha lesionado os nervos).

Condição de jogo
- O atleta não poderá retornar às atividades até que seja examinado e liberado por um médico, o ombro e o cotovelo não estejam doendo e tenham recuperado plenamente a força, a flexibilidade e a amplitude de movimento.

Prevenção
- Instrua os atletas a flexionarem o braço ao cair.

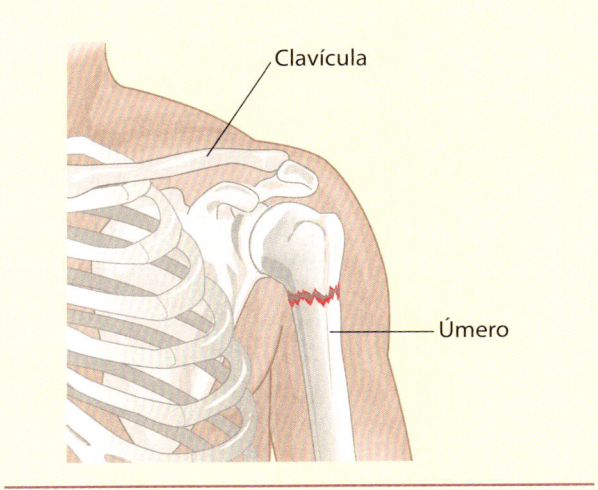

Figura 12.12 Fratura do úmero.

Primeiros socorros

1. Acione a equipe de resgate.
2. Monitore a respiração e, caso necessário, realize a RCP.
3. Monitore e trate os casos de choque se for necessário.
4. Não permita que o atleta movimente o braço.
5. Aplique gelo por 15 minutos.

Distensão do músculo bíceps

Estiramento ou ruptura do bíceps.

Causa
- Contração ou estiramento repentinos e violentos do músculo bíceps.

Verifique a ocorrência dos seguintes sintomas
Grau I
- Dor leve ao longo do braço.
- Dor leve ao flexionar o cotovelo.
- Dor leve quando o cotovelo é estendido e o braço está posicionado atrás do corpo.
- Rigidez ao longo do braço.
- Dor leve ao levantar a parte superior do braço para a frente.

Graus II e III
- Dor moderada a intensa ao longo da região anterior do braço.
- Dor moderada a intensa ao flexionar o cotovelo.
- Dor moderada a intensa quando o cotovelo é estendido e o braço está posicionado atrás do corpo.
- Dor moderada a intensa ao levantar o braço para a frente.

Verifique os sinais
Grau I
- Leve rigidez muscular ao longo da região do braço.
- Leve sensibilidade na região.

Graus II e III
- Saliência ou concavidade no local onde o músculo ou tendão foi rompido.
- Incapacidade de levantar objetos tendo o cotovelo flexionado (rosca direta).
- Incapacidade de flexionar ou estender completamente o cotovelo.
- Incapacidade de levantar o braço para a frente.
- Sensibilidade, de moderada a intensa, na região.
- Edema.
- Hematoma – ocorre vários dias após uma ruptura parcial ou total do músculo.
- Espasmo muscular.

Condição de jogo
Grau I
- O atleta pode voltar às atividades se sinais e sintomas regredirem, seu bíceps não estiver doendo, além da plena recuperação da amplitude de movimento dos ombros e cotovelos, bem como recuperação de força e flexibilidade no bíceps.
- Se for enviado a um médico, o atleta só poderá voltar às atividades depois de examinado e liberado.

Graus II e III
- O atleta não poderá retornar às atividades até que seja examinado e liberado por um médico, apresente ausência de dor no bíceps, bem como plena recuperaço da amplitude de movimentos dos ombros e cotovelos e plena recuperação de força e flexibilidade no bíceps.

Prevenção
- Incentive os atletas a realizarem exercícios de pré-temporada para fortalecimento e alongamento dos braços.

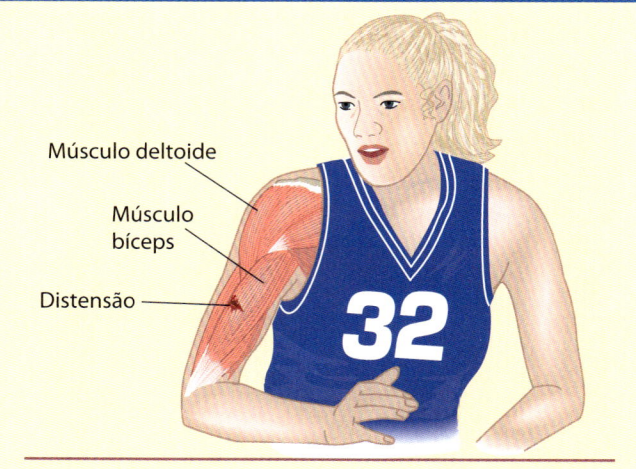

Figura 12.13 Distensão do bíceps.

Primeiros socorros

Grau I
1. Afaste o atleta de atividades que causem dor.
2. Aplique gelo.
3. Encaminhe o atleta a um médico caso os sinais e sintomas se agravem (passem a ocorrer com mais frequência, especialmente em atividades diárias) ou não regridam dentro de alguns dias.

Graus II e III
1. Imobilize o braço com uma tala.
2. Monitore e trate os casos de choque quando necessário e acione a equipe de resgate caso isso ocorra.
3. Aplique gelo e encaminhe o atleta (se não estiver em estado de choque) a um médico.

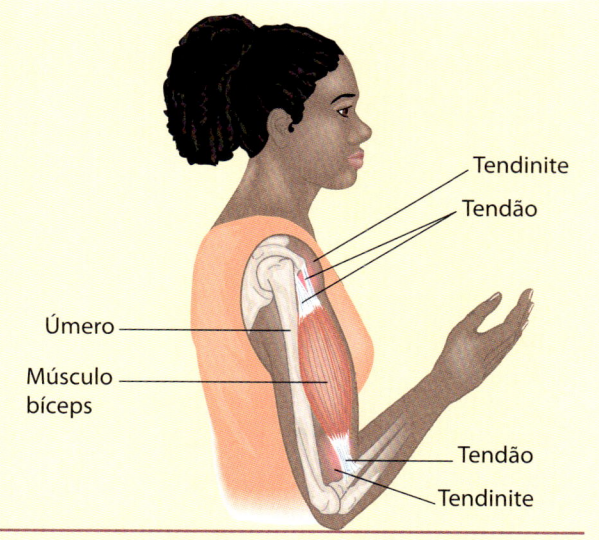

Figura 12.14 Áreas de dor na distensão do bíceps, tendinite do bíceps, cotovelo de golfista e fratura por estresse da placa de crescimento.

Distensão do músculo tríceps

Estiramento ou ruptura do músculo tríceps. Esse músculo alinha o cotovelo e estende o braço para trás.

Causas
- Contração ou estiramento vigorosos e repetidos do tríceps.
- Fraqueza ou falta de flexibilidade do tríceps.

Verifique a ocorrência dos seguintes sintomas

Grau I
- Dor leve ao longo da região posterior do braço.
- Dor leve ao estender a parte superior do braço para trás.
- Dor leve ao estender o cotovelo para vencer uma resistência (extensão do tríceps).
- Dor leve ao flexionar o cotovelo e estender o braço para a frente e para cima em direção à cabeça.
- Rigidez ao longo da região posterior do braço.

Graus II e III
- Dor moderada a intensa ao longo da região posterior do braço.
- Dor moderada a intensa ao estender o braço para trás.
- Dor moderada a intensa ao estender o cotovelo para vencer uma resistência (extensão do tríceps).
- Dor moderada a intensa ao flexionar o cotovelo e estender o braço para a frente e para cima em direção à cabeça.

Verifique os sinais

Grau I
- Leve rigidez muscular ao longo da região posterior do braço.
- Leve sensibilidade na região.

Graus II e III
- Saliência ou concavidade no local onde o músculo ou tendão foi rompido.
- Incapacidade para flexionar ou estender completamente o cotovelo.
- Sensibilidade, de moderada a intensa, na região.
- Edema.
- Hematoma – ocorre vários dias após uma ruptura parcial ou total do músculo.
- Espasmo muscular.

Condição de jogo

Grau I
- O atleta poderá retornar às atividades se os sinais e sintomas regredirem, se apresentar ausência de dor no tríceps, bem como plena recuperação de força e flexibilidade, e tanto o ombro como o cotovelo apresentarem total amplitude de movimento.
- Caso seja encaminhado a um médico, o atleta não poderá retornar às atividades até que seja examinado e liberado.

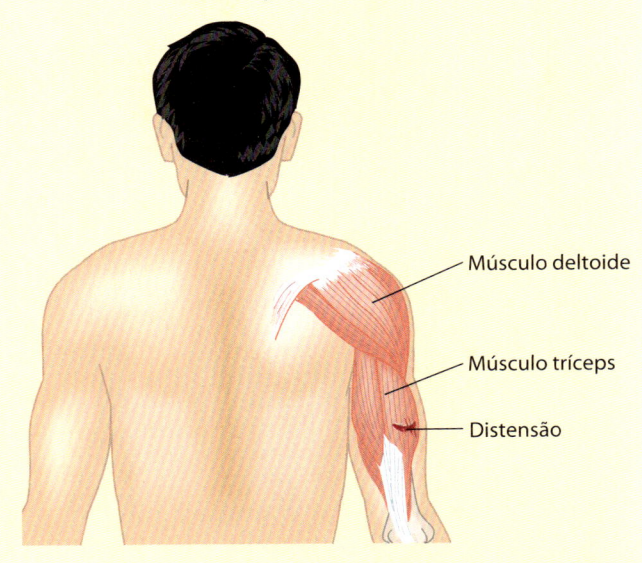

Figura 12.15 Distensão do músculo tríceps.

Primeiros socorros

Grau I
1. Afaste o atleta de atividades que causem dor.
2. Aplique gelo.
3. Encaminhe o atleta a um médico caso os sinais e sintomas se agravem (passem a ocorrer com mais frequência, especialmente em atividades diárias) ou não regridam dentro de alguns dias.

Graus II e III
1. Imobilize o braço com uma tala, caso seja tolerado.
2. Monitore e trate os casos de choque quando necessário e acione a equipe de resgate caso isso ocorra.
3. Aplique gelo e encaminhe o atleta (se este não estiver em estado de choque) a um médico.

Graus II e III
- O atleta não poderá retornar às atividades até que seja examinado e liberado por um médico, o tríceps não esteja doendo e apresente plena recuperação de força e flexibilidade, e tanto o ombro como o cotovelo apresentem total amplitude de movimento.

Prevenção
- Incentive os atletas a realizarem exercícios de pré-temporada para fortalecer e alongar o braço.

Lesões crônicas no braço

Tendinite do bíceps

Inflamação no tendão do bíceps (ver Fig. 12.14).

Causas
- Contração ou estiramento vigorosos e repetidos do bíceps.
- Fraqueza e falta de flexibilidade do bíceps.

Verifique a ocorrência dos seguintes sintomas
Leve
- Dor leve ao longo da região anterior do braço próxima ao ombro ou cotovelo.
- Dor leve ao levantar o braço para a frente.
- Dor leve quando o cotovelo é estendido e o braço está posicionado atrás do corpo.

Moderada a grave
- Dor moderada a intensa ao longo da região anterior do braço, próxima ao ombro ou cotovelo.
- Dor moderada a intensa ao levantar o braço para a frente.
- Dor moderada a intensa quando o cotovelo é estendido e o braço está posicionado atrás do corpo.

Verifique os sinais
Leve
- Leve sensibilidade ao longo da região anterior do braço, próxima ao ombro ou cotovelo.

Moderada a grave
- Queda na capacidade de levantar objetos mantendo o cotovelo flexionado e de levantar o braço.
- Edema.
- Sensibilidade, de moderada a intensa, ao longo da região anterior do braço, próxima ao ombro ou cotovelo.

Primeiros socorros

Leve
1. Afaste o atleta de atividades que causem dor.
2. Aplique gelo.
3. Encaminhe o atleta a um médico caso os sinais e sintomas se agravem (passem a ocorrer com mais frequência, especialmente em atividades diárias) ou não regridam dentro de alguns dias.

Moderada a grave
1. Afaste o atleta de todas as atividades.
2. Aplique gelo sobre a lesão e encaminhe o atleta a um médico.

Condição de jogo
Leve
- O atleta poderá retornar às atividades se os sinais e sintomas regredirem, se apresentar ausência de dor no tendão, amplitude total de movimento no ombro e cotovelo, bem como força e flexibilidade totais no bíceps.
- Caso seja encaminhado a um médico, o atleta não poderá retornar às atividades até que seja examinado e liberado.

Moderada a grave
- O atleta não poderá retornar às atividades até que seja examinado e liberado por um médico, apresente ausência de dor no tendão, plena amplitude de movimento no ombro e no cotovelo, bem como força e flexibilidade totais no bíceps.

Prevenção
- Incentive os atletas a realizarem exercícios de pré-temporada para fortalecer e alongar o braço.

Tendinite do tríceps

Inflamação no tendão do tríceps (ver Fig. 12.15).

Causas

- Contração ou estiramento vigorosos e repetidos do tríceps.
- Fraqueza ou falta de flexibilidade do tríceps.

Verifique a ocorrência dos seguintes sintomas

Leve

- Dor leve ao longo da região posterior do braço, próxima ao ombro ou cotovelo.
- Dor leve ao estender o cotovelo.
- Dor leve ao flexionar o cotovelo e estender o braço para a frente e para cima em direção à cabeça.
- Dor leve ao estender o braço para trás.

Moderada a grave

- Dor moderada a intensa ao longo da região posterior do braço, próxima ao ombro ou cotovelo.
- Dor moderada a intensa ao estender o cotovelo.
- Dor moderada a intensa ao flexionar o cotovelo e estender o braço para a frente e para cima em direção à cabeça.
- Dor moderada a intensa ao estender o braço para trás.

Verifique os sinais

Leve

- Leve sensibilidade ao longo da região posterior do cotovelo.

Moderada a grave

- Sensibilidade, de moderada a intensa, ao longo da região posterior do cotovelo.
- Queda ou ausência de capacidade de estender o cotovelo para vencer uma resistência (extensão do tríceps).
- Queda ou ausência de capacidade de estender o braço para trás.
- Edema.

Primeiros socorros

Leve

1. Afaste o atleta de atividades que causem dor.
2. Aplique gelo.
3. Encaminhe o atleta a um médico caso os sinais e sintomas se agravem (passem a ocorrer com mais frequência, especialmente em atividades diárias) ou não regridam dentro de alguns dias.

Moderada a grave

1. Afaste o atleta de todas as atividades.
2. Aplique gelo e encaminhe o atleta a um médico.

Condição de jogo

Leve

- O atleta poderá retornar às atividades se os sinais e sintomas regredirem, se apresentar ausência de dor no tendão e amplitude total de movimento no cotovelo, bem como força e flexibilidade totais no tríceps.
- Caso seja encaminhado a um médico, o atleta não poderá retornar às atividades até que seja examinado e liberado.

Moderada a grave

- O atleta não poderá retornar às atividades até que seja examinado e liberado por um médico, o cotovelo e o tríceps não estejam doendo e ele recupere amplitude total de movimento no cotovelo, bem como força e flexibilidade totais no tríceps.

Prevenção

- Incentive os atletas a realizarem exercícios de pré-temporada para fortalecer e alongar o braço.

COTOVELO

O cotovelo é lesionado com mais frequência nos jogos de tênis, beisebol, *softball* e nas lutas greco-romanas. Jogadores de tênis, beisebol e *softball* estão particularmente suscetíveis a lesões crônicas, como o "cotovelo de tenista", enquanto lutadores e ginastas estão mais propensos a lesões agudas, como uma luxação. Em um estudo sobre lesões esportivas em estudantes do ensino médio (Comstock, Collins e Yard 2008), observou-se que de todos os tipos de lesão as que atingem o cotovelo apresentam um índice de 9,6% entre lutadores e de 6,7% entre jogadores de beisebol.

Consulte no Apêndice, o protocolo de primeiros socorros tanto para lesões agudas como crônicas do cotovelo.

Lesões agudas do cotovelo

Fratura do cotovelo

Fratura de um dos três ossos do cotovelo ou de todos eles: úmero distal (o braço), rádio (antebraço) e ulna (antebraço).

Causa
- Golpe direto.

Verifique a ocorrência dos seguintes sintomas
- Dormência ao redor da área ou ao longo do antebraço e da mão (se a fratura lesionar os nervos).
- Dor intensa.
- Sensação desagradável no local da lesão.

Verifique os sinais
- Deformidade.
- Edema.
- Intensa sensibilidade ao toque no local da lesão.
- Incapacidade para flexionar ou estender o cotovelo.
- Pele azulada no antebraço, punho, mão ou dedos (se a fratura lesionar os vasos sanguíneos).
- Perda de sensibilidade e formigamento no antebraço, punho, mão ou dedos (se a fratura lesionar os nervos).

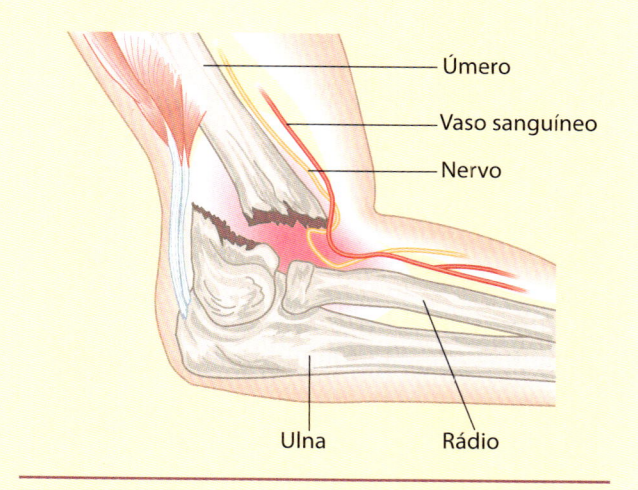

Figura 12.16 Fratura do úmero distal.

Primeiros socorros

Acione a equipe de resgate se os ossos estiverem demasiadamente fora de posição (deformidade) ou expostos, se houver sinais de danos nos nervos ou interrupção da circulação, ou se o atleta estiver em estado de choque.
Se nenhuma das situações acima se aplicar, proceda da seguinte maneira:
1. imobilize o braço com uma tala na posição em que você o encontrou;
2. prenda o braço junto ao corpo com uma bandagem elástica;
3. monitore e trate os casos de choque quando necessário e acione a equipe de resgate caso isso ocorra;
4. aplique gelo (evite o nervo que se dirige para a mão – ver Fig. 12.17) e encaminhe o atleta a um médico.

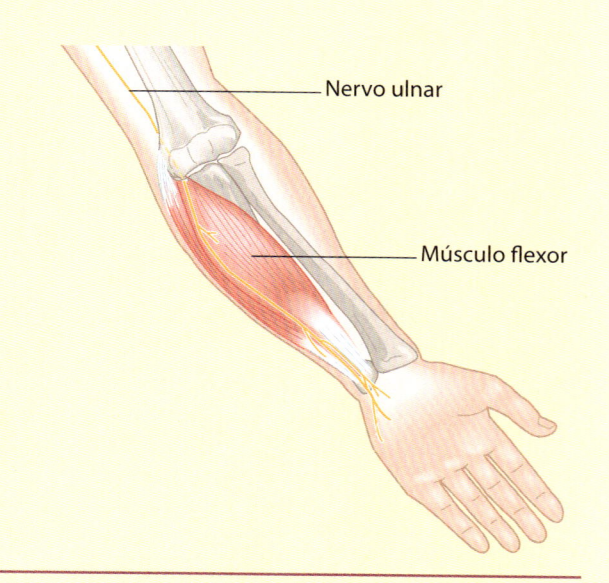

Figura 12.17 Ao aplicar gelo na região do cotovelo, evite a parte mais interna deste para não atingir o nervo ulnar, que se dirige para a mão.

Condição de jogo
- O atleta não poderá retornar às atividades até que seja examinado e liberado por um médico, seu cotovelo não esteja doendo e apresente plena recuperação de força, flexibilidade e amplitude de movimento.

Prevenção
- Incentive os atletas a usarem equipamentos de proteção individual para o cotovelo durante a prática de esportes de alto impacto, como futebol americano, hóquei no gelo, lacrosse e basquete.

Luxação ou subluxação do cotovelo

Tanto na luxação como na subluxação, os ossos da articulação do cotovelo são deslocados, porém, no caso da subluxação, os ossos voltam espontaneamente para a posição de origem.

Causas
- Golpe direto.
- Queda sobre a mão espalmada.
- Torção grave no cotovelo.
- Cotovelo estendido violentamente para trás.

Verifique a ocorrência dos seguintes sintomas

Subluxação
- Formigamento ao longo do antebraço e da mão (se o osso com subluxação estiver pinçando os nervos).
- Sensação ou som de estalido.
- Sensação de frouxidão articular ou instabilidade.

Luxação
- Dor intensa.
- Formigamento ao longo do antebraço e da mão (se o osso com subluxação estiver pinçando os nervos).
- Sensação ou som de estalido.
- Sensação de frouxidão articular ou instabilidade.

Verifique os sinais

Subluxação
- Falta de sensibilidade na mão (se o osso com subluxação estiver pinçando o nervo).
- Intensa sensibilidade ao redor do cotovelo.
- Edema.

Luxação
- Cotovelo em posição ligeiramente encurvada.
- Edema ou outra deformidade ao redor da região do cotovelo.
- Incapacidade para flexionar ou estender o cotovelo.
- Falta de sensibilidade na mão (se o osso com subluxação estiver pinçando o nervo).
- Intensa sensibilidade ao redor do cotovelo.

Primeiros socorros

Subluxação
1. Afaste o atleta de todas as atividades.
2. Imobilize o braço com uma tala e prenda-o junto ao corpo com uma bandagem elástica.
3. Monitore e trate os casos de choque quando necessário e acione a equipe de resgate caso isso ocorra.
4. Aplique gelo (evite o nervo que se dirige para a mão – ver Fig. 12.17) e encaminhe o atleta a um médico.

Luxação
1. Acione a equipe de resgate.
2. Monitore e trate os casos de choque quando necessário.
3. Não permita que o atleta movimente o cotovelo.
4. Aplique gelo (evite o nervo que se dirige para a mão – ver Fig. 12.17).

Condição de jogo
- O atleta não poderá retornar às atividades até que seja examinado e liberado por um médico, seu cotovelo não esteja doendo e apresente plena amplitude de movimento, e tanto o cotovelo como o punho e a mão tenham recuperado totalmente a força e a flexibilidade.
- Ao retornar às atividades, o atleta pode precisar usar equipamento de proteção individual ou órteses.

Prevenção
- Incentive os atletas a realizarem exercícios de pré-temporada para fortalecer e alongar os músculos do bíceps, tríceps e antebraço.

Contusão do nervo ulnar

Lesão que provoca hematoma na região do nervo ulnar na parte posterior da articulação do cotovelo. Às vezes é referido como uma pancada no cotovelo que produz sensação de choque.

Causa
- Golpe direto na região posterior interna do cotovelo.

Verifique a ocorrência dos seguintes sintomas
Leve
- Formigamento ao longo do antebraço e da mão (se a lesão atingir o nervo) que dura poucos minutos.
- Dor leve que se irradia desde o cotovelo até o antebraço.

Moderada a grave
- Formigamento ao longo do antebraço e da mão (se a lesão atingir o nervo) que dura mais que 5 minutos.
- Dor moderada a intensa que se irradia desde o cotovelo até o antebraço.

Verifique os sinais
Leve
- Leve sensibilidade na região.

Moderada a grave
- Sensibilidade ao toque, de moderada a intensa, na região.
- Perda da força de preensão.
- Edema.
- Hematoma.
- Fraqueza na mão.
- Perda de sensibilidade nos dedos anular e mínimo.

Condição de jogo
Leve
- Se a dormência e o formigamento desaparecerem em alguns minutos e a força de preensão estiver igual à da outra mão, o atleta pode retornar à atividade.

Moderada a grave
- O atleta não poderá retornar às atividades até que seja examinado e liberado por um médico, apresente ausência de dor e amplitude total de movimento no cotovelo, e força total na mão.

Prevenção
- Incentive os atletas a usarem equipamentos de proteção individual para o cotovelo durante a prática de esportes de alto impacto, como futebol americano, hóquei no gelo, lacrosse e basquete.

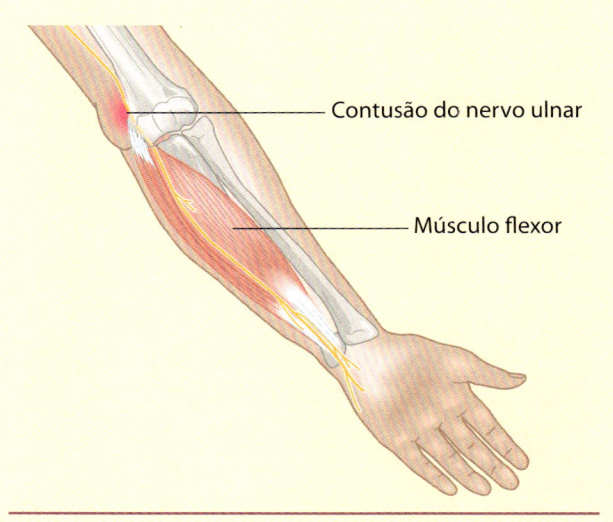

Figura 12.18 Contusão do nervo ulnar.

Primeiros socorros

Leve
1. Afaste o atleta das atividades até que a dormência e o formigamento tenham desaparecido e ele tenha recuperado a amplitude total de movimento do cotovelo e força total da mão.

Moderada a grave
1. Afaste o atleta de todas as atividades.
2. Imobilize o braço com uma tala, caso tolerado.
3. Trate os casos de choque quando necessário e acione a equipe de resgate caso isso ocorra.
4. Encaminhe o atleta a um médico.

Entorse do cotovelo

Estiramento ou ruptura dos ligamentos que mantêm os ossos do cotovelo alinhados.

Causa
- Golpe direto ou lesão por torção que força o cotovelo lateralmente ou para trás.

Verifique a ocorrência dos seguintes sintomas

Grau I
- Dor leve ao longo da região lateral, posterior ou anterior do cotovelo.
- Dor leve ao flexionar e estender o cotovelo.

Graus II e III
- Dor moderada a intensa ao longo da região lateral, posterior ou anterior do cotovelo.
- Dor moderada a intensa ao flexionar e estender o cotovelo.
- Sensação de frouxidão ou instabilidade no cotovelo.

Verifique os sinais

Grau I
- Leve sensibilidade na região lateral, posterior ou anterior do cotovelo.

Graus II e III
- Sensibilidade ao toque, de moderada a intensa, na região lateral, posterior ou anterior do cotovelo.
- Incapacidade de flexionar ou estender totalmente o cotovelo.
- Edema.

Condição de jogo

Grau I
- O atleta poderá retornar às atividades se a dor regredir e ele apresentar total amplitude de movimento no cotovelo, bem como força e flexibilidade totais no cotovelo e no punho.
- Caso seja encaminhado a um médico, o atleta não poderá retornar às atividades até que seja examinado e liberado.

Graus II e III
- O atleta não poderá retornar às atividades até que seja examinado e liberado por um médico, seu cotovelo não esteja doendo e apresente amplitude total de movimento, e tanto o cotovelo como o punho tenham recuperado total força e flexibilidade.

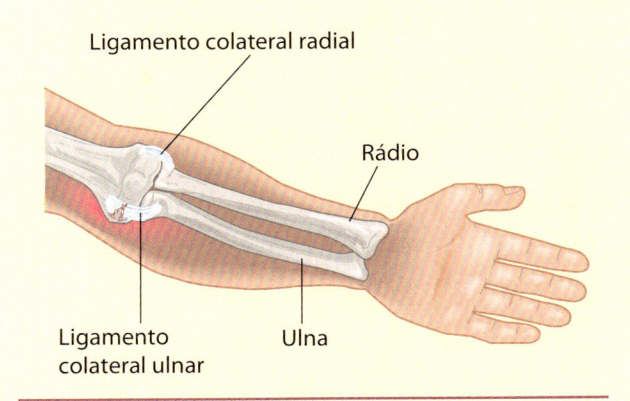

Figura 12.19 Entorse do cotovelo.

Primeiros socorros

Grau I
1. Afaste o atleta de atividades que causem dor.
2. Aplique gelo.
3. Encaminhe o atleta a um médico caso os sinais e sintomas se agravem (passem a ocorrer com mais frequência, especialmente em atividades diárias) ou não regridam dentro de alguns dias.

Graus II e III
1. Não permita que o atleta use o braço em suas atividades.
2. Imobilize o braço com uma tala, caso tolerado.
3. Monitore e trate os casos de choque quando necessário e acione a equipe de resgate caso isso ocorra.
4. Aplique gelo (evite o nervo que se dirige para a mão – ver Fig. 12.17) e encaminhe o atleta a um médico.

Prevenção
- Incentive os atletas a realizarem na pré-temporada um treinamento de força e flexibilidade para braços e antebraços.

Lesões crônicas do cotovelo

Cotovelo de tenista

Distensão ou inflamação crônica em que os músculos do punho aderem à parte externa da articulação do cotovelo.

Causas
- Fraqueza ou falta de flexibilidade dos músculos do punho.
- Aplicação incorreta de técnicas de golpes (particularmente os golpes do tipo *backhand*) em esportes de raquete – com uso do punho para produzir toda a força do balanço (*swing*) em vez do ombro e do corpo.
- Cordas da raquete excessivamente apertadas.

Verifique a ocorrência dos seguintes sintomas
Leve
- Dor leve, geralmente em golpes do tipo *backhand* em esportes de raquete.
- Dor leve ao agarrar ou cerrar o punho.
- Dor leve ao levantar objetos com a palma da mão virada para baixo.

Moderada a grave
- Dor moderada a intensa, geralmente em golpes do tipo *backhand* em esportes de raquete.
- Dor moderada a intensa ao agarrar ou cerrar o punho.
- Dor moderada a intensa ao levantar objetos com a palma da mão voltada para baixo.

Verifique os sinais
Leve
- Leve sensibilidade na região externa do cotovelo.

Moderada a grave
- Sensibilidade, de moderada a intensa, na região externa do cotovelo.
- Incapacidade para levantar objetos com a palma da mão voltada para baixo.
- Edema na região externa do cotovelo.

Condição de jogo
Leve
- O atleta poderá retornar às atividades se os sinais e sintomas regredirem, o cotovelo não estiver doendo, e ele recuperar plenamente a força, a flexibilidade e a amplitude de movimento, tanto no cotovelo como no punho.
- Caso seja encaminhado a um médico, o atleta não poderá retornar às atividades até que seja examinado e liberado.

Moderada a grave
- O atleta não poderá retornar às atividades até que seja examinado e liberado por um médico, se apresentar ausência de dor no cotovelo e recuperar plenamente a força, a flexibilidade e a amplitude de movimento, tanto no cotovelo como no punho.

Prevenção
- Incentive os atletas a realizarem na pré-temporada um treinamento de força e flexibilidade para a parte superior dos braços e antebraços.
- Instrua os atletas a usarem o ombro e o corpo para dar impulso em um golpe de *backhand*

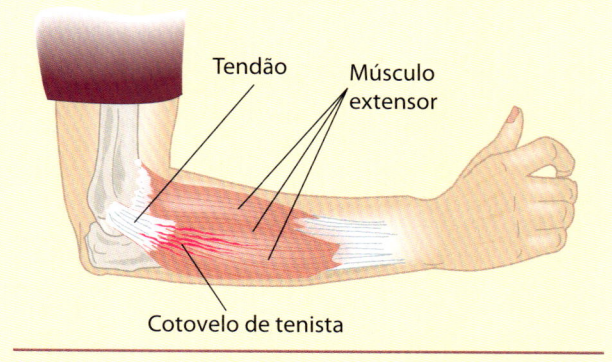

Figura 12.20 Cotovelo de tenista.

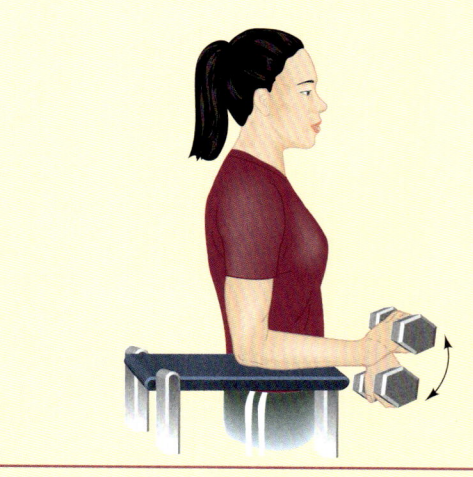

Figura 12.21 Um dos sintomas do cotovelo de tenista é a dor ao levantar objetos com o punho mantendo a palma da mão voltada para baixo.

Primeiros socorros

Leve
1. Não permita que o atleta use o braço em atividades que causem dor.
2. Aplique gelo.
3. Encaminhe o atleta a um médico caso os sinais e sintomas se agravem (passem a ocorrer com mais frequência, especialmente em atividades diárias) ou não regridam.

Moderada a grave
1. Não permita que o atleta use o braço em suas atividades.
2. Aplique gelo e encaminhe o atleta a um médico.

Cotovelo de golfista

Distensão ou inflamação crônica em que os músculos do punho aderem à parte interna da articulação do cotovelo.

Causas
- Usar em excesso os músculos do punho quando enfraquecidos ou sem flexibilidade.
- Arremessar lateralmente.
- Dar impulso em um golpe de *forehand* com a raquete, usando apenas o antebraço e o punho.

Verifique a ocorrência dos seguintes sintomas
Leve
- Dor leve, geralmente em golpes de *forehand* em esportes de raquete.
- Dor leve ao agarrar ou cerrar o punho.
- Dor leve ao levantar objetos com o punho tendo a palma da mão voltada para cima.

Moderada a grave
- Dor moderada a intensa, geralmente em golpes de *forehand* em esportes de raquete.
- Dor moderada a intensa ao agarrar ou cerrar o punho.
- Dor moderada a intensa ao levantar objetos com o punho tendo a palma da mão voltada para cima.

Verifique os sinais
Leve
- Leve sensibilidade na região interna do cotovelo.

Moderada a grave
- Sensibilidade, de moderada a intensa, na região interna do cotovelo.
- Incapacidade para levantar objetos com a palma da mão voltada para cima.
- Edema na região interna do cotovelo.

Condição de jogo
Leve
- O atleta poderá retornar às atividades se os sinais e sintomas regredirem, se apresentar ausência de dor no cotovelo e recuperar plenamente a força, a flexibilidade e a amplitude de movimento tanto no cotovelo como no punho.
- Caso seja encaminhado a um médico, o atleta não poderá retornar às atividades até que seja examinado e liberado.

Moderada a grave
- O atleta não poderá retornar às atividades até que seja examinado e liberado por um médico, o cotovelo não esteja mais doendo e ele recupere plenamente a força, a flexibilidade e a amplitude de movimento tanto no cotovelo como no punho.

Prevenção
- Incentive os atletas a realizarem na pré-temporada um treinamento de força e flexibilidade para os braços e antebraços.
- Instrua os atletas a usarem o ombro e o corpo para dar impulso em um golpe de *forehand*.

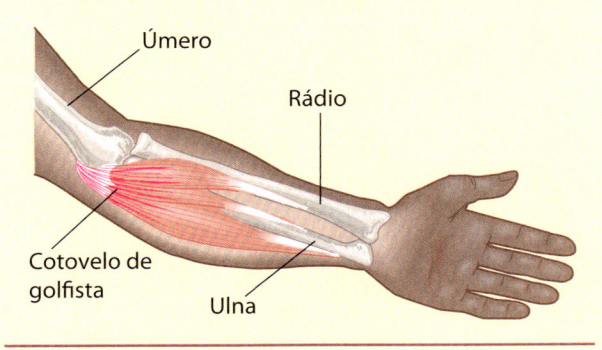

Figura 12.22 Cotovelo de golfista.

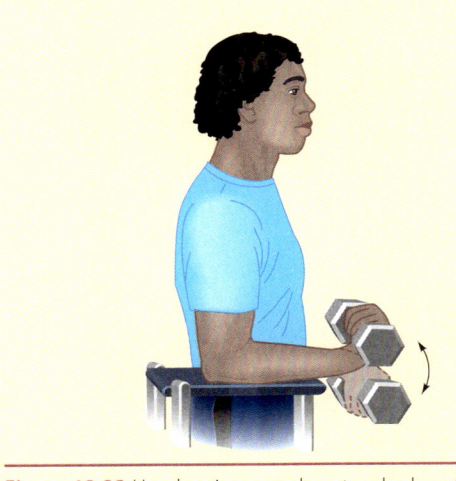

Figura 12.23 Um dos sintomas do cotovelo de golfista é a dor ao levantar objetos com o punho mantendo a palma da mão voltada para cima.

Primeiros socorros

Leve
1. Não permita que o atleta use o braço em atividades que causem dor.
2. Aplique gelo (evite o nervo que se dirige para a mão – ver Fig. 12.17).
3. Encaminhe o atleta a um médico caso os sinais e sintomas se agravem (passem a ocorrer com mais frequência, especialmente em atividades diárias) ou não regridam.

Moderada a grave
1. Não permita que o atleta use o braço em suas atividades.
2. Aplique gelo (evite o nervo que se dirige para a mão – ver Fig. 12.17) e encaminhe o atleta a um médico.

Fratura por estresse da epífise (placa de crescimento) do cotovelo

Fratura na placa de crescimento do úmero (osso do braço) na altura do cotovelo (ver também Fig. 12.14).

Causa
- Arremesso vigoroso e repetitivo que enfraquece a placa de crescimento, conduzindo à fratura.

Verifique a ocorrência dos seguintes sintomas
- Dor no lado interno do cotovelo, suscetível a agravamento gradual com a atividade.
- Dores quando em repouso.

Verifique os sinais
- Edema na região interna do cotovelo.
- Sensibilidade na região interna do cotovelo.

Primeiros socorros

Leve
1. Não permita que o atleta use o braço em suas atividades.
2. Aplique gelo (evite o nervo que se dirige para a mão – ver Fig. 12.17) e encaminhe o atleta a um médico.

Moderada a grave
1. Afaste o atleta de todas as atividades.
2. Imobilize o braço com uma tala, caso tolerado.
3. Monitore e trate os casos de choque quando necessário e acione a equipe de resgate caso isso ocorra.
4. Aplique gelo (evite o nervo que se dirige para a mão – ver Fig. 12.17) e encaminhe o atleta a um médico.

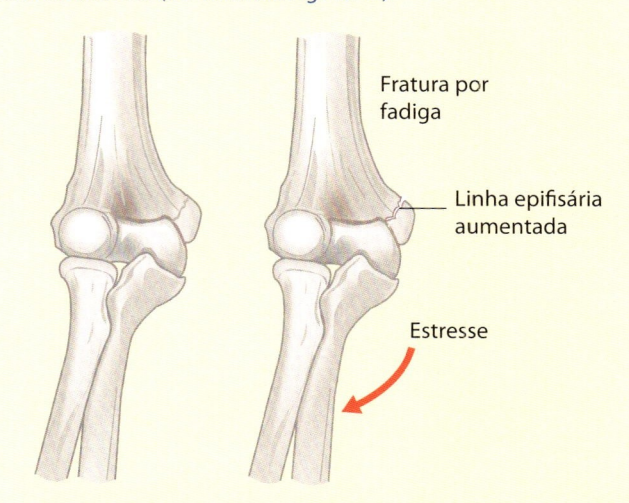

Figura 12.24 Fratura por estresse da placa de crescimento do cotovelo.

Condição de jogo
- O atleta não poderá retornar às atividades até que seja examinado e liberado por um médico.

Prevenção
- Incentive os atletas a realizarem na pré-temporada um treinamento de força e flexibilidade para os braços e antebraços.
- Siga as diretrizes da liga quanto ao limite de arremessos violentos por atletas em fase de crescimento.

Bursite do cotovelo

Inflamação da bursa do cotovelo.

Causas
- Golpe único ou golpes repetidos no cotovelo.
- Inflamação.

Verifique a ocorrência dos seguintes sintomas
- Dor ao longo da região posterior do cotovelo.

Verifique os sinais
- Edema local gradual ou repentino na região posterior do cotovelo.
- Saliência perceptível na região posterior do cotovelo.
- Aquecimento da região (indicativo de possível inflamação).

Condição de jogo
- O atleta não poderá retornar às atividades até que seja examinado e liberado por um médico, seu cotovelo não esteja doendo e apresente plena recuperação de força, flexibilidade e amplitude de movimento.

Primeiros socorros
1. Não permita que o atleta use o cotovelo em suas atividades.
2. Aplique gelo e encaminhe o atleta a um médico.

- Ao retornar às atividades, o atleta deverá usar equipamentos de proteção individual para o cotovelo.

Prevenção
- Incentive os atletas a usarem equipamentos de proteção individual para o cotovelo durante a prática de esportes de alto impacto, como futebol americano, hóquei no gelo, lacrosse, luta greco-romana e basquete.

ANTEBRAÇO, PUNHO E MÃO

Quase todas as lesões esportivas que envolvem o antebraço, o punho e a mão são agudas. Essas são as mais comuns entre todas as lesões no *softball* (15%), beisebol (11%), vôlei (10%) e luta greco-romana (7,9%) (Comstock, Collins e Yard, 2008). A Tabela 12.2 ilustra a ocorrência de lesões de punho e mãos em diversos esportes. Na sequência, são apresentados os problemas mais comuns do antebraço, punho e mão em atividades esportivas.

O Apêndice apresenta um resumo sobre os primeiros socorros para lesões comuns do antebraço, punho e mão.

Tabela 12.2 Frequência das lesões no punho e na mão entre todos os casos relatados

Esporte	Percentual
Hóquei na grama	34,0 (feminino e masculino)
Lacrosse	22,9 (feminino e masculino)
Hóquei no gelo	15,8 (feminino e masculino)
Softball	15
Beisebol	11,1
Vôlei	10
Futebol americano	9,2
Basquete masculino	8,1
Luta greco-romana	7,9
Basquete feminino	7,8

Extraído de Comstock, Collins e Yard 2008 e Yard e Comstock 2006.

Fratura do antebraço

Fratura do rádio, ulna ou ambos.

Causas
- Golpe direto.
- Queda sobre a mão espalmada.

Verifique a ocorrência dos seguintes sintomas
- Dor.

Verifique os sinais
- Edema.
- Deformidade.
- Intensa sensibilidade na região.
- Incapacidade para girar ou torcer o braço a fim de virar a palma da mão para cima ou para baixo.
- Incapacidade de flexionar ou estender o punho ou o cotovelo (dependendo do local da lesão no antebraço).
- Pele azulada nas mãos ou nos dedos (se a fratura lesionar os vasos sanguíneos).
- Perda de sensibilidade e formigamento na mão e nos dedos (se a fratura lesionar os nervos).

Condição de jogo
- O atleta não poderá retornar às atividades até que seja examinado e liberado por um médico, se apresentar ausência de dor no antebraço e recuperar plenamente a força, a flexibilidade e a amplitude de movimento do cotovelo e do punho, bem como força de preensão equivalente na mão.

Prevenção
- Incentive os atletas a usarem equipamentos de proteção individual para o antebraço durante a prática de futebol americano e hóquei no gelo.

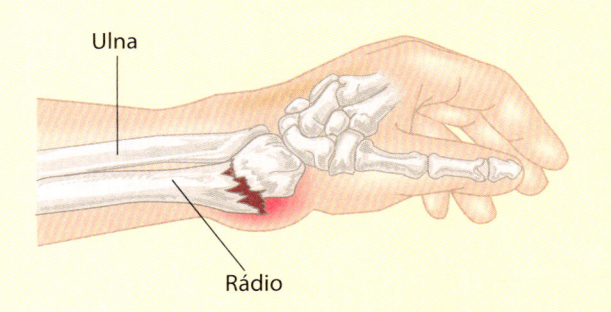

Figura 12.25 Em uma fratura do antebraço, o rádio, a ulna ou ambos os ossos do antebraço podem ser quebrados.

Primeiros socorros

Acione a equipe de resgate se os ossos estiverem demasiadamente fora de posição ou expostos, se houver sinais de danos nos nervos ou interrupção da circulação, ou, ainda, se o atleta estiver em estado de choque.

Se nenhuma das situações acima se aplicar, proceda da seguinte maneira:
1. imobilize o braço com uma tala na posição em que você o encontrou;
2. monitore e trate os casos de choque quando necessário e acione a equipe de resgate caso isso ocorra;
3. aplique gelo (evite o nervo que se dirige para a mão – ver Fig. 12.17) e encaminhe o atleta a um médico.

Fratura do punho

Fratura em um ou mais dos pequenos ossos do punho.

Causas

- Golpe direto.
- Queda sobre a mão espalmada.

Verifique a ocorrência dos seguintes sintomas

- Dor ao girar o punho.
- Dor ao flexionar o punho.
- Dor ao inclinar o punho de um lado para o outro.

Verifique os sinais

- Edema.
- Deformidade.
- Sensibilidade na região.
- Incapacidade de torcer ou girar o antebraço e o punho.
- Incapacidade de flexionar o punho.
- Pele azulada nas mãos ou nos dedos (se a fratura lesionar os vasos sanguíneos).
- Perda de sensibilidade e formigamento na mão e nos dedos (se a fratura lesionar os nervos).

Condição de jogo

- O atleta não poderá retornar às atividades até que seja examinado e liberado por um médico, o punho não esteja mais doendo e apresente total amplitude movimento, e a mão e o antebraço tenham recuperado totalmente a força e a flexibilidade.

Prevenção

- Instrua os atletas a evitarem quedas sobre a mão espalmada.

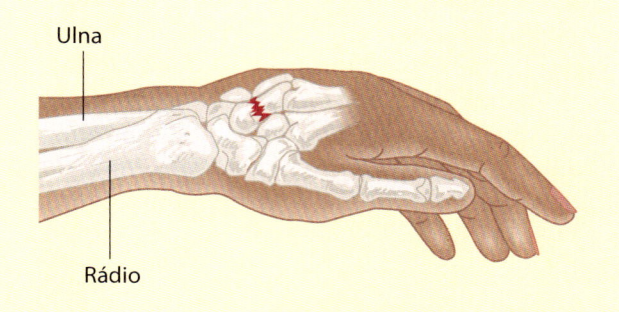

Figura 12.26 Ossos do punho fraturados.

Primeiros socorros

Acione a equipe de resgate se os ossos estiverem demasiadamente fora de posição ou expostos, se houver sinais de danos nos nervos ou interrupção da circulação, ou, ainda, se o atleta estiver em estado de choque.

Se nenhuma das situações acima se aplicar, proceda da seguinte maneira:

1. imobilize o antebraço e a mão, com uma tala, na posição em que você os encontrou;
2. aplique uma tipoia, caso tolerado;
3. monitore e trate os casos de choque quando necessário e acione a equipe de resgate caso isso ocorra;
4. aplique gelo e encaminhe o atleta a um médico.

Entorse do punho

Estiramento ou ruptura dos ligamentos que mantêm os ossos do punho alinhados.

Causas
- Lesão por torção.
- Queda sobre a mão espalmada.

Verifique a ocorrência dos seguintes sintomas
Grau I
- Dor leve ao longo da região lateral, posterior ou anterior do punho.
- Dor leve ao flexionar demasiadamente o punho.
- Dor leve ao girar a palma da mão para cima ou para baixo.

Graus II e III
- Dor moderada a intensa ao longo da região lateral, posterior ou anterior do punho.
- Dor moderada a intensa ao flexionar demasiadamente o punho.
- Dor moderada a intensa ao girar a palma da mão para cima ou para baixo.
- Sensação de frouxidão ou falta de estabilidade no punho.

Verifique os sinais
Grau I
- Leve sensibilidade ao toque sobre a região lateral, posterior ou anterior do punho.

Graus II e III
- Sensibilidade ao toque, de moderada a intensa, sobre a região lateral, posterior ou anterior do punho.
- Redução da força de preensão.
- Edema.
- Deformidade, no caso em que a entorse resulte no deslocamento do osso do punho.

Condição de jogo
Grau I
- O atleta poderá retornar às atividades se a dor regredir e ele recuperar plenamente a força, a flexibilidade e a amplitude de movimento no punho, bem como a força de preensão equivalente na mão.
- Caso seja encaminhado a um médico, o atleta não poderá retornar às atividades até que seja examinado e liberado.

Graus II e III
- O atleta não poderá retornar às atividades até que seja examinado e liberado por um médico, se apresentar ausência de dor no punho e plena recuperação de força, flexibilidade e amplitude de movimento, e a mão apresentar força de preensão equivalente.

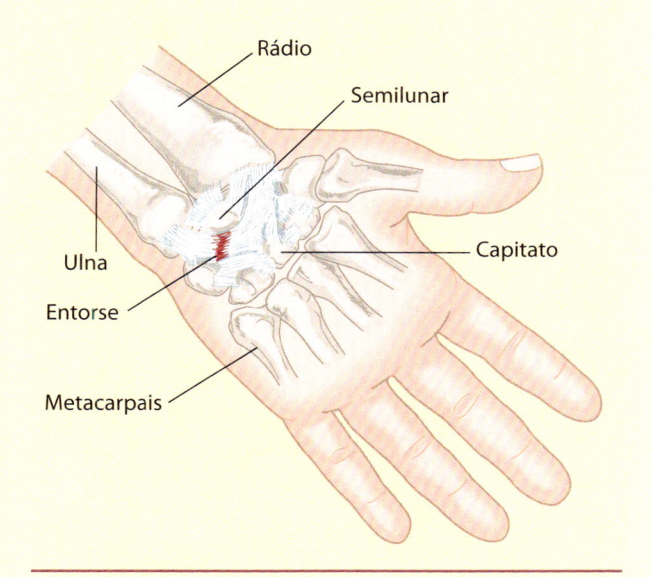

Figura 12.27 Entorse do punho.

Primeiros socorros

Grau I
1. Afaste o atleta de atividades que causem dor.
2. Aplique gelo.
3. Encaminhe o atleta a um médico caso os sinais e sintomas se agravem (passem a ocorrer com mais frequência, especialmente em atividades diárias) ou não regridam dentro de alguns dias.

Graus II e III
1. Não permita que o atleta use o braço em suas atividades.
2. Imobilize o punho e a mão com uma tala ou faixa crepe e prenda-os junto ao corpo com uma tipoia.
3. Monitore e trate os casos de choque se for necessário e acione a equipe de resgate caso isso ocorra.
4. Aplique gelo e encaminhe o atleta a um médico.

Prevenção
- Incentive os atletas a realizarem na pré-temporada um treinamento de força e flexibilidade para o braço e o antebraço.
- Instrua os atletas a evitarem quedas sobre a mão espalmada.

Fratura da mão

Fratura do(s) osso(s) da mão.

Causas
- Golpe direto.
- Queda sobre a mão espalmada.

Verifique a ocorrência dos seguintes sintomas
- Dor localizada ao redor da área lesionada.
- Sensação desagradável.
- Dor ao agarrar ou cerrar o punho.

Verifique os sinais
- Sensibilidade na região.
- Edema.
- Deformidade.
- Perda de função.
- Fraqueza na preensão.

Condição de jogo
- O atleta não poderá retornar às atividades até que seja examinado e liberado por um médico, a mão não esteja doendo e ele recupere totalmente a amplitude de movimento do punho, bem como a força e a flexibilidade no punho e na mão.

Prevenção
- Incentive os atletas a usarem equipamentos de proteção individual para a mão durante a prática de futebol americano, lacrosse e hóquei no gelo.

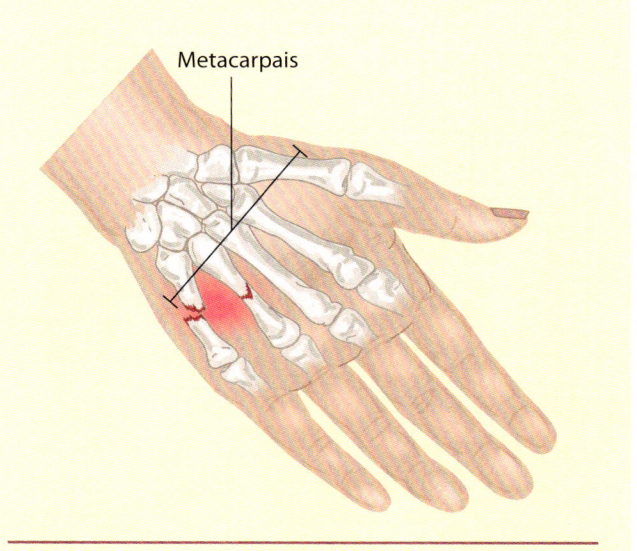

Figura 12.28 Em uma fratura da mão, um ou mais ossos são quebrados.

Primeiros socorros

Acione a equipe de resgate se os ossos estiverem demasiadamente fora de posição ou projetando-se através da pele, se houver sinais de danos nos nervos ou interrupção da circulação, ou, ainda, se o atleta estiver em estado de choque. Se nenhuma das situações acima se aplicar, proceda da seguinte maneira:
1. imobilize a mão e os dedos;
2. prenda a mão junto ao corpo aplicando uma tipoia ao braço;
3. monitore e trate os casos de choque quando necessário e acione a equipe de resgate caso isso ocorra;
4. aplique gelo e encaminhe o atleta a um médico.

Luxação do dedo

Em uma luxação, os ossos do dedo saem da posição funcional.

Causas
- Golpe direto na extremidade do dedo.
- Esmagamento ou pinçamento vigoroso do dedo entre dois objetos.

Verifique a ocorrência dos seguintes sintomas
- Dor intensa.
- Formigamento no dedo (se o osso deslocado estiver pinçando o nervo).
- Sensação ou som de estalido.
- Sensação de frouxidão ou instabilidade na articulação.

Verifique os sinais
- Dedo em uma posição dobrada.
- Edema.
- Deformidade.
- Incapacidade para flexionar ou estender o dedo.
- Perda de sensibilidade no dedo (se o osso deslocado estiver pinçando o nervo).
- Intensa sensibilidade na articulação do dedo.

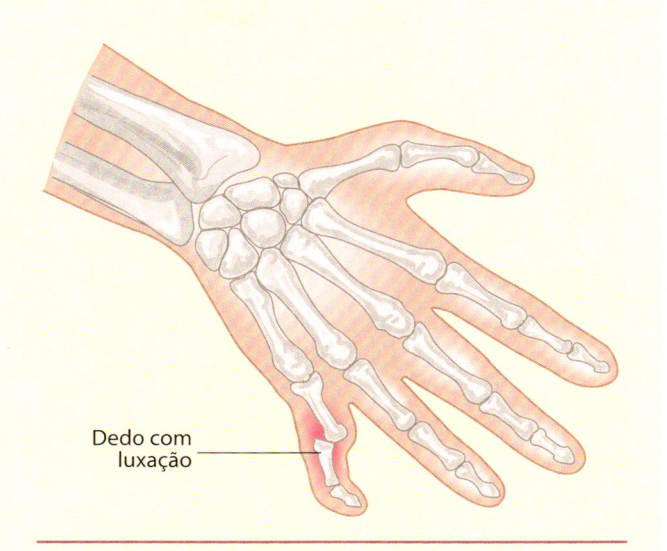

Figura 12.29 Luxação do dedo.

Primeiros socorros

Acione a equipe de resgate se:
1. o atleta estiver em estado de choque; ou
2. houver sinais de dano no nervo ou interrupção da circulação.

Se nenhuma das situações acima se aplicar, proceda da seguinte maneira:
1. imobilize a mão e o dedo (na posição em que você os encontrou);
2. monitore e trate os casos de choque se for necessário;
3. aplique gelo e encaminhe o atleta a um médico.

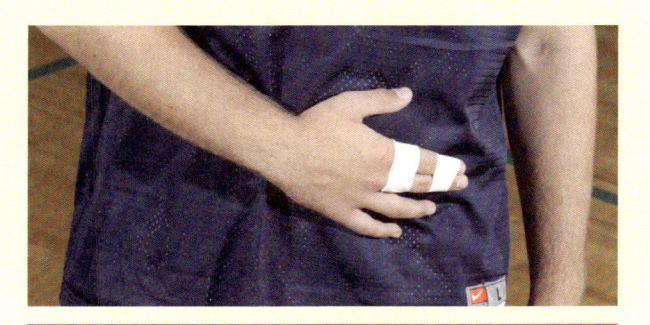

Figura 12.30 Esparadrapo como proteção para o dedo.

- Ao retornar às atividades, o atleta pode precisar usar um esparadrapo como proteção para o dedo. Aplique o esparadrapo mantendo esse dedo junto ao dedo adjacente na direção da linha média da mão.

Prevenção
- Incentive os atletas a realizarem exercícios de pré-temporada para fortalecimento e alongamento dos músculos do punho e da mão.
- Recomende aos atletas que, antes de treinos e jogos, coloquem esparadrapos nos dedos lesionados anteriormente.

Condição de jogo
- O atleta não poderá retornar às atividades até que seja examinado e liberado por um médico, o dedo não esteja doendo e ele recupere plenamente a força, a flexibilidade e a amplitude de movimento no punho, na mão e no dedo.

Entorse do dedo

Estiramento ou ruptura dos ligamentos da articulação do dedo.

Causas
- Golpe direto sobre a extremidade do dedo.
- Torção da articulação do dedo.

Verifique a ocorrência dos seguintes sintomas

Grau I
- Dor leve ao flexionar ou estender a articulação lesionada.
- Dor leve ao longo da região lateral, posterior ou anterior da articulação do dedo.

Graus II e III
- Dor moderada a intensa ao flexionar ou estender a articulação lesionada.
- Dor moderada a intensa ao longo da região lateral, posterior ou anterior da articulação do dedo.
- Sensação de frouxidão ou instabilidade na articulação.
- Sensação desagradável.
- Sensação ou som de estalido.

Verifique os sinais

Grau I
- Leve sensibilidade na região lateral, posterior ou anterior da articulação do dedo.

Graus II e III
- Sensibilidade, de moderada a intensa, na região lateral, posterior ou anterior da articulação do dedo.
- Incapacidade para flexionar ou estender a articulação lesionada.
- Redução da força de preensão.
- Edema.

Condição de jogo

Grau I
- O atleta poderá retornar às atividades se a dor regredir e ele recuperar plenamente a força e a amplitude de movimento no dedo.
- Caso seja encaminhado a um médico, o atleta não poderá retornar às atividades até que seja examinado e liberado.
- Quando o atleta retornar à atividade, deverá usar esparadrapo para proteção no dedo (ver Fig. 12.30). Isso não se aplica a entorses do polegar.

Graus II e III
- O atleta não poderá retornar às atividades até que seja examinado e liberado por um médico, seu dedo não esteja doendo e apresente plena recuperação de força e amplitude de movimento.
- Quando retornar às atividades, o atleta poderá precisar de esparadrapos para proteção (ver Fig. 12.30).

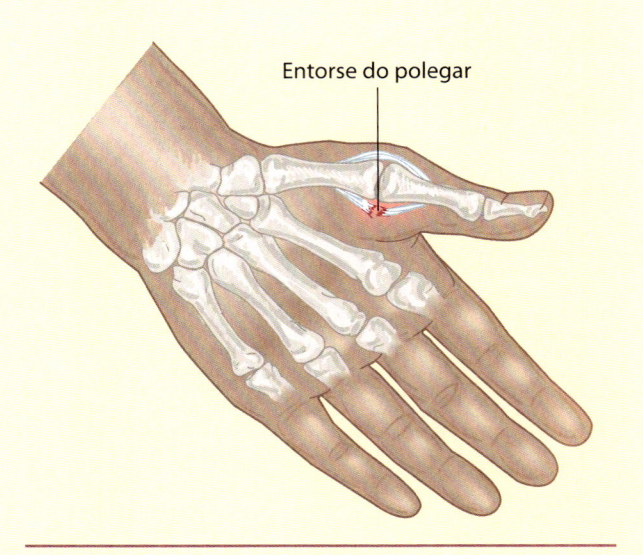

Figura 12.31 Em uma entorse do polegar, os ligamentos são rompidos ou estirados (como mostrado aqui).

Primeiros socorros

Grau I
1. Afaste o atleta de atividades que causem dor.
2. Aplique gelo.
3. Encaminhe o atleta a um médico caso os sinais e sintomas se agravem (passem a ocorrer com mais frequência, especialmente em atividades diárias) ou não regridam em alguns dias.

Graus II e III
1. Não permita que o atleta use a mão em suas atividades.
2. Imobilize o dedo com uma tala ou esparadrapo.
3. Monitore e trate os casos de choque quando necessário e acione a equipe de resgate caso isso ocorra.
4. Aplique gelo, instrua o atleta a manter elevada a região da lesão e encaminhe-o a um médico.

Prevenção
- Incentive os atletas a realizarem exercícios de pré-temporada para fortalecimento do antebraço e da mão.
- Instrua os atletas a evitarem quedas sobre a mão espalmada.
- Recomende aos atletas que, antes de treinos e jogos, coloquem esparadrapos nos dedos lesionados anteriormente.

Fratura do polegar ou de outro dedo da mão

Fratura de um ou mais ossos do polegar ou demais dedos.

Causas
- Golpe direto na extremidade do dedo.
- Esmagamento ou pinçamento vigoroso do dedo entre dois objetos.

Verifique a ocorrência dos seguintes sintomas
- Dor ao flexionar ou estender o dedo.
- Dor quando a extremidade do dedo é tocada.

Verifique os sinais
- Edema.
- Deformidade.
- Incapacidade para flexionar ou estender o dedo.

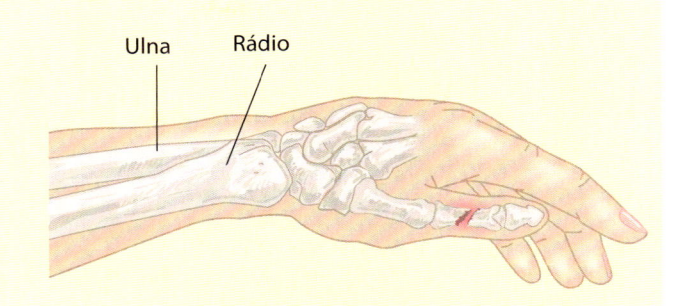

Figura 12.32 Fratura do polegar.

Primeiros socorros

Acione a equipe de resgate se os ossos estiverem expostos, se houver sinais de danos nos nervos ou interrupção da circulação, ou, ainda, se o atleta estiver em estado de choque.
Se nenhuma das situações acima se aplicar, proceda da seguinte maneira:

1. imobilize a mão e os dedos;
2. prenda a mão junto ao corpo aplicando uma tipoia ao braço;
3. monitore e trate os casos de choque quando necessário e acione a equipe de resgate caso isso ocorra;
4. aplique gelo e encaminhe o atleta a um médico.

Condição de jogo
- O atleta não poderá retornar às atividades até que seja examinado e liberado por um médico, o dedo não esteja doendo e ele recupere plenamente a força, a flexibilidade e a amplitude de movimento no punho, na mão e no dedo.
- Ao retornar às atividades, o atleta pode precisar usar esparadrapo para proteção (ver Fig. 12.30).

Prevenção
- Recomende aos atletas que, antes de jogos e treinos, coloquem esparadrapos nos dedos anteriormente lesionados.

Capítulo 12
Revisão

- Qual é o mecanismo de lesão de uma fratura da clavícula?
- Onde a dor ou sensibilidade local é sentida em um caso de entorse da articulação AC?
- Por que o fato de a clavícula ser empurrada para trás em uma entorse da articulação EC pode representar um potencial risco à vida?
- Quais são as atividades esportivas que causam dor para um atleta que sofreu uma distensão do manguito rotador?
- Quais são os movimentos do ombro que podem causar dor se o atleta sofrer uma distensão do músculo peitoral?
- Onde está localizado o músculo deltoide?
- Quais são as três ações do músculo trapézio?
- Quais são as duas possíveis causas de uma distensão do músculo romboide?
- Como você poderia diferenciar entre uma costela contundida e uma fraturada?
- Que tipo de sinal pode ser indício de que uma fratura do úmero lesionou um nervo?
- Quais são os dois mecanismos de lesão de uma distensão do bíceps?
- Quais são os sinais de uma distensão do tríceps de graus II e III?
- Uma tendinite do bíceps, de moderada a grave, poderia causar incapacidade ou diminuição da capacidade para que tipo de ações?
- Em quais condições é aceitável que um atleta com tendinite do tríceps, de moderada a grave, retorne à atividade?
- Ao aplicar gelo em uma potencial fratura do úmero distal, qual região do cotovelo deve ser evitada e por quê?
- Onde está localizado o nervo ulnar?
- Em que posição geralmente se encontra o cotovelo após sofrer luxação?
- Quais são as potenciais causas de uma entorse do cotovelo?
- Que região geralmente dói no caso de um cotovelo de tenista?
- Ao levantar um objeto, que posição da mão geralmente causa dor quando o atleta sofre de cotovelo de golfista?
- Que parte do cotovelo normalmente é lesionada quando o atleta sofre uma fratura da placa de crescimento do cotovelo em decorrência de um arremesso?
- Quais são os sinais de uma bursite do cotovelo?
- Em uma fratura do antebraço, que condições físicas exigiriam o acionamento da equipe de resgate?
- Como você imobilizaria um punho com suspeita de fratura? (Caso necessário, revise o Cap. 5)
- Que ações podem ser tomadas a fim de prevenir uma entorse do punho?
- Em uma fratura da mão, que movimentos podem causar dor?
- Quais são os sinais de uma luxação do dedo?
- Quais são os sinais de uma entorse do dedo?
- Como você imobilizaria o polegar ou algum outro dedo da mão que tenha sofrido fratura?

BIBLIOGRAFIA

Comstock, R.D., C.L. Collins, E.E. Yard. National high school sports-related injury surveillance study, 2005-06 and 2006-07 school years (Personal communication, February 1, 2008).

Fleisig, G.S., C.J. Dillman, J.R. Andrew. 1994. Biomechanics of the shoulder during throwing. In *The Athletic Shouder*, edited by J.E. Andrews and K.E. Wilk. New York: Churchill Livingstone.

Koh, T.J., M.D. Grabiner, G.G. Weiker. 1992. Technique and ground reaction forces in the back handspring. *American Journal of Sports Medicine* 20:61-66.

Yard, E.E. and R.D. Comstock. 2006. Injuries sustained by pediatric ice hockey, lacrosse, and field hockey athletes presenting to United States emergency departments. *Journal of Athletic Training*, 41(4):441-449.

CAPÍTULO 13
Lesões musculoesqueléticas nos membros inferiores

Neste capítulo, você irá aprender

- De que forma identificar lesões musculoesqueléticas nos membros inferiores.
- Quais são os primeiros socorros a serem prestados para cada um desses tipos de lesões.
- De que forma evitar lesões musculoesqueléticas nos membros inferiores.
- Quais são as condições a serem observadas antes que um atleta lesionado possa retornar aos jogos.

Lesões abordadas neste capítulo

Abdome e costas
- Distensão abdominal .... p. 162
- Dor aguda nas laterais do tronco .... p. 163
- Distensão da região lombar da coluna .... p. 163

Quadril e coxa
- Luxação e subluxação do quadril .... p. 165
- Contusão do quadril (contusão da crista ilíaca) .. p. 166
- Distensão do flexor do quadril .... p. 167
- Distensão do adutor da coxa .... p. 168
- Fratura da coxa .... p. 169
- Contusão da coxa .... p. 170
- Distensão do quadríceps .... p. 171
- Distensão dos músculos isquiotibiais .... p. 172

Joelho
- Entorse do joelho .... p. 174
- Luxação ou subluxação da patela .... p. 176
- Ruptura da cartilagem .... p. 177
- Tendinite da patela .... p. 178
- Dor patelofemoral .... p. 179
- Distensão do trato iliotibial .... p. 180

Perna, tornozelo e pé
- Distensão da panturrilha .... p. 182
- Fratura da perna .... p. 183

Lesões abordadas neste capítulo (continuação)

- Entorse do tornozelo .... p. 184
- Contusão do calcanhar .... p. 185
- Metatarsalgia .... p. 187
- Periostite tibial (canelite) .... p. 188
- Fratura por estresse da tíbia .... p. 189
- Síndrome compartimental por esforço .... p. 191
- Tendinite do tendão do calcâneo .... p. 192
- Fascite plantar .... p. 193

Da cintura para baixo, a parte inferior do corpo tem de suportar forças incrivelmente grandes. Por exemplo, ao correr, o quadril absorve uma força que é sete vezes maior que o peso do corpo. E no basquete, a aterrissagem que se segue a um arremesso (salto) ou a uma bandeja produz forças verticais de cinco a sete vezes o peso do corpo (Cavanaugh e Robinson 1989). Essas forças podem sobrecarregar os músculos das costas e do abdome, assim como dos quadris, coxas, joelhos, pernas, tornozelos, pés e dedos dos pés. Sua capacidade de avaliar rapidamente lesões nessas áreas e de prestar os primeiros socorros ajudará a diminuir o tempo que seus atletas ficarão afastados das atividades para se recuperar.

Este capítulo irá ajudá-lo a reconhecer e prestar os primeiros socorros para lesões crônicas e agudas nos membros inferiores.

ABDOME E COSTAS

Uma vez que os músculos abdominais e das costas auxiliam na sustentação do corpo durante todos os movimentos, as lesões nessas áreas podem se tornar debilitantes e crônicas caso não sejam identificadas rapidamente e tratadas de forma adequada.

O Apêndice apresenta um resumo dos primeiros socorros para lesões abdominais.

Distensão abdominal

Estiramento ou ruptura das fibras do músculo abdominal.

Causas

- Contração ou estiramento repentino dos músculos abdominais.
- Fraqueza ou falta de flexibilidade dos músculos abdominais.

Verifique a ocorrência dos seguintes sintomas

Grau I

- Dor leve ao contrair os músculos abdominais.
- Dor leve ao erguer o corpo da posição deitada para a sentada.
- Dor leve ao fazer exercícios abdominais.

Graus II e III

- Dor moderada a intensa ao contrair os músculos abdominais.
- Dor moderada a intensa ao erguer o corpo da posição deitada para a sentada.
- Dor moderada a intensa ao fazer exercícios abdominais.

Verifique os sinais

Grau I

- Leve sensibilidade ao toque na região.

Graus II e III

- Sensibilidade ao toque, de moderada a intensa, na região.
- Saliência ou concavidade no local onde o músculo foi rompido.
- Fraqueza abdominal.
- Hematoma (surge em 1 ou 2 dias após a lesão inicial).

Condição de jogo

Grau I

- O atleta poderá retornar às atividades se os sinais e sintomas regredirem, o abdome não estiver doendo e ele apresentar força e flexibilidade plenas nos músculos abdominais.
- Caso seja encaminhado a um médico, o atleta não poderá retornar às atividades até que seja examinado e liberado.

Graus II e III

- O atleta não poderá retornar às atividades até que seja examinado e liberado por um médico, apresente ausência de dor no abdome e plena força e flexibilidade nos músculo do abdome e do quadril, bem como total amplitude de movimento do tronco e do quadril.

Prevenção

- Incentive os atletas a realizarem exercícios de pré-temporada para fortalecer e alongar os músculos abdominais, da região lombar da coluna e do quadril.

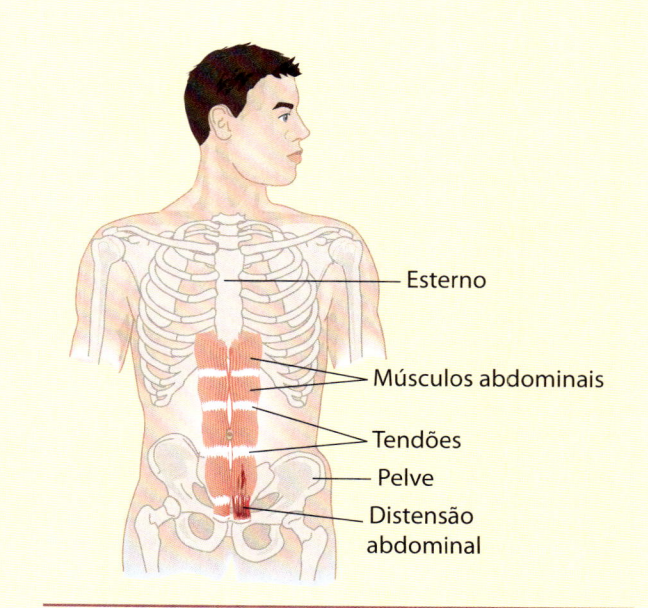

Figura 13.1 Uma distensão abdominal.

Primeiros socorros

Grau I

1. Afaste o atleta de atividades que causem dor.
2. Aplique gelo.
3. Encaminhe o atleta a um médico caso os sinais e sintomas se agravem (passem a ocorrer com mais frequência, especialmente em atividades diárias) ou não regridam dentro de alguns dias.

Graus II e III

1. Afaste o atleta de todas as atividades.
2. Monitore e trate os casos de choque quando necessário e acione a equipe de resgate caso isso ocorra.
3. Acione a equipe de resgate se:
   a. o atleta apresentar sinais e sintomas de uma hérnia muscular – saliência na parede abdominal, acompanhada de náusea e vômitos; ou
   b. o ferimento tiver sido causado por um golpe direto e o atleta apresentar sintomas e sinais de uma lesão interna – choque, vômitos, urina com sangue ou dor reflexa.
4. Aplique gelo e encaminhe o atleta a um médico (caso a equipe de resgate não tenha sido acionada).

Dor aguda nas laterais do tronco

Cãibra ou espasmo no lado direito ou no esquerdo. Ocorre com mais frequência em corredores ou atletas com pouca resistência cardiovascular.

Causa
- Desconhecida.

Verifique a ocorrência dos seguintes sintomas
- Dor aguda na região lateral durante a atividade.
- A dor geralmente desaparece após o atleta descansar.

Verifique os sinais
- Nenhum.

Condição de jogo
- O atleta poderá retornar às atividades quando a dor regredir e as frequências cardíaca e respiratória se normalizarem.
- Se a dor não regredir, o atleta deve ser examinado e liberado por um médico a fim de descartar outros problemas.

Primeiros socorros

1. Instrua o atleta a se curvar e pressionar com as pontas dos dedos o lado onde houver dor.
2. Peça ao atleta que respire fundo e solte o ar com os lábios apertados.
3. Instrua-o a alongar os músculos posicionando o braço sobre a cabeça e curvando a cintura para o lado oposto.

Prevenção
- Instrua os atletas a realizarem aquecimento aeróbico e cardiovascular adequado antes das atividades.
- Instrua os atletas a não comerem 2 horas antes de atividades extenuantes

Distensão da região lombar da coluna

Estiramento ou ruptura das fibras do músculo das costas.

Causas
- Contração ou estiramento repentino dos músculos da região lombar.
- Fraqueza dos músculos abdominais.
- Tensão nos músculos da região lombar e do quadril.

Verifique a ocorrência dos seguintes sintomas

Grau I
- Dor leve ao contrair os músculos da região lombar.
- Dor leve ao erguer o corpo da posição deitada para a sentada.
- Dor leve ao curvar o corpo para a frente.
- Dor leve ao arquear as costas.
- Dor leve ao flexionar a cintura.

Graus II e III
- Dor moderada a intensa ao contrair os músculos da região lombar.
- Dor moderada a intensa ao erguer o corpo da posição deitada para a sentada.
- Dor moderada a intensa ao curvar o corpo para a frente.
- Dor moderada a intensa ao arquear as costas.
- Dor moderada a intensa ao flexionar a cintura.

Verifique os sinais

Grau I
- Leve sensibilidade no ponto da lesão (em qualquer um dos lados da coluna).

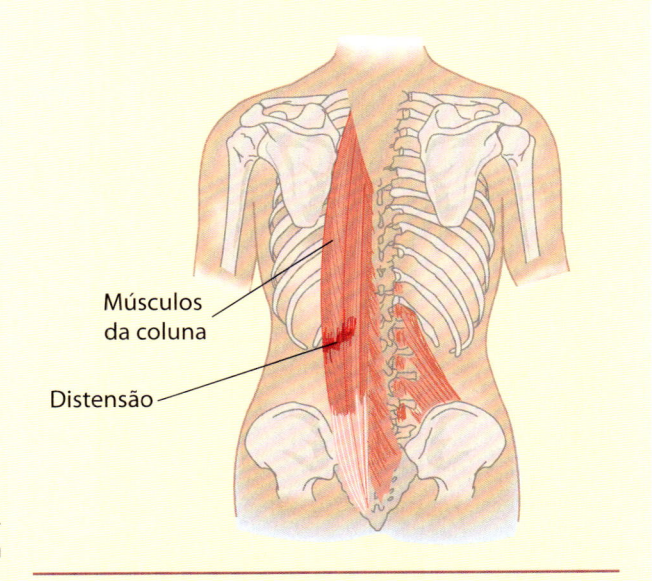

Figura 13.2 Distensão da região lombar da coluna.

Graus II e III
- Sensibilidade, de moderada a intensa, no ponto da lesão (em qualquer um dos lados da coluna).
- Saliência ou concavidade no local onde o músculo foi rompido.
- Fraqueza nas costas.
- Hematoma (surge em 1 ou 2 dias após a lesão inicial).

(continua)

Distensão da região lombar da coluna *(continuação)*

Condição de jogo

Grau I

- O atleta poderá retornar às atividades se os sinais e sintomas regredirem, suas costas não estiverem doendo e ele apresentar total amplitude de movimento no tronco e no quadril, bem como plena flexibilidade e força nos músculos das costas.
- Caso seja encaminhado a um médico, o atleta não poderá retornar às atividades até que seja examinado e liberado.

Graus II e III

- O atleta não poderá retornar às atividades até que seja examinado e liberado por um médico, suas costas não doam mais e ele apresente total amplitude de movimento no tronco e no quadril, bem como plena força e flexibilidade nos músculos das costas, do quadril e do abdome.

Prevenção

- Incentive os atletas a realizarem exercícios de pré-temporada para fortalecer e alongar os músculos da região lombar, do quadril e do abdome.

Primeiros socorros

Grau I

1. Afaste o atleta de atividades que causem dor.
2. Aplique gelo.
3. Encaminhe o atleta a um médico caso os sinais e sintomas se agravem (passem a ocorrer com mais frequência, especialmente em atividades diárias) ou não regridam dentro de alguns dias.

Graus II e III

1. Afaste o atleta de todas as atividades.
2. Monitore e trate os casos de choque se for necessário e acione a equipe de resgate caso isso ocorra.
3. Acione a equipe de resgate se:
   a. a lesão tiver sido causada por um golpe direto e provocar deformação da coluna ou sensibilidade ao toque direto sobre ela; ou
   b. o atleta apresentar sinais e sintomas de danos no nervo – dor aguda, dormência ou formigamento em uma perna, fraqueza na perna, paralisia do membro inferior ou incontinência.
4. Aplique gelo sobre a lesão e encaminhe o atleta a um médico (caso a equipe de resgate não tenha sido acionada).

Veja um resumo dos primeiros socorros para os casos de distensão da região lombar no Apêndice.

QUADRIL E COXA

Vamos agora examinar as lesões comuns, tanto as agudas como as crônicas, que podem ocorrer nos quadris e na coxa. Lesões no quadril podem ser extremamente dolorosas e debilitantes; e as que atingem a coxa, especialmente distensões e contusões musculares, são comuns na maioria dos esportes. Durante o início da temporada, muitos atletas sofrem distensões nos músculos quadríceps, isquiotibiais e na região da virilha por estarem fora de forma, com os músculos fracos e sem flexibilidade.

Nos esportes do ensino médio estudados por Comstock, Collins e Yard (2008), o futebol registrou uma alta incidência de lesões na perna e no quadril, com 19,6 e 13,3% de todas as lesões sofridas por jogadores de futebol do sexo masculino e feminino, respectivamente. A Tabela 13.1 ilustra a ocorrência dessas lesões em outros esportes. A seção a seguir irá ajudá-lo a tratar do quadril dolorido e das lesões na coxa mais frequentes que seus atletas poderão sofrer.

O Apêndice pode ser uma referência útil no que diz respeito ao tratamento adequado das lesões da coxa e do quadril de seus atletas.

Tabela 13.1 Frequência das lesões de quadril e coxa em relação às das demais partes do corpo

Esporte	Percentual
Futebol masculino	19,6
Futebol feminino	13,3
Luta greco-romana	10,5
Lacrosse masculino	10,3
Futebol americano	10,1
Softball	9,0
Basquete masculino	8,2
Basquete feminino	8,2
Lacrosse feminino	8,2

Dados extraídos de Comstock, Collins e Yard 2008 e Hinton et al. 2005.

Luxação e subluxação do quadril

Tanto na luxação como na subluxação, a cabeça do fêmur é deslocada do soquete da pelve (acetábulo), porém, no caso desta última, ela retorna espontaneamente à sua posição funcional.

Causas

- Cerca de 70 a 80% de todas as luxações do quadril são causadas pelo deslocamento da cabeça do fêmur para trás e para fora do soquete. Em geral, essas lesões ocorrem quando o atleta cai sobre o joelho flexionado, com a coxa rotacionada para dentro e posicionada próximo à linha média do corpo. Um exemplo é o jogador de futebol americano que, ao ser interceptado, cai para a frente sobre o joelho flexionado.

Verifique a ocorrência dos seguintes sintomas

- Dor intensa no quadril e na coxa.
- Formigamento na perna e no pé (se o osso deslocado estiver pinçando os nervos).
- Sensação de frouxidão ou instabilidade.
- Sensação ou som de estalido.
- Dor no joelho, na perna ou até mesmo nas costas.

Verifique os sinais

Subluxação

- Falta de sensibilidade na perna, pé ou dedos do pé (se o osso deslocado estiver pinçando o nervo).
- Hematoma na perna, pé ou dedos do pé (se o osso deslocado estiver interrompendo a irrigação sanguínea).
- Claudicação (irregularidade no andar – mancar).

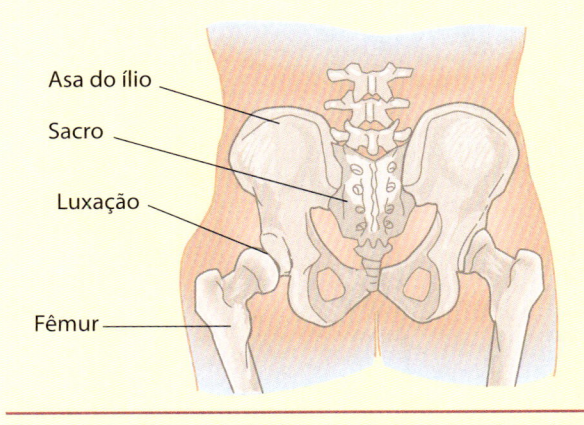

Figura 13.3 Na maioria das luxações do quadril, a cabeça do fêmur é deslocada do soquete da pelve (acetábulo).

Luxação

- Incapacidade de andar.
- Incapacidade de movimentar a coxa.
- A perna lesionada pode parecer estar menor (luxação posterior).
- Falta de sensibilidade na perna, pé ou dedos do pé (se o osso deslocado estiver pinçando o nervo).
- Hematoma na perna, pé ou dedos do pé (se o osso deslocado estiver interrompendo a irrigação sanguínea).

Primeiros socorros

Subluxação

1. Oriente o atleta a não caminhar com a perna lesionada.
2. Monitore e trate os casos de choque se for necessário e acione a equipe de resgate caso isso ocorra.
3. Acione a equipe de resgate se o atleta estiver sentindo dor intensa, apresentar limitação de movimentos do quadril ou sinais e sintomas de danos no nervo, ou, ainda, interrupção da irrigação sanguínea.
4. Aplique gelo sobre a lesão e encaminhe o atleta a um médico.

Luxação

1. Acione a equipe de resgate.
2. Evite que o atleta movimente a perna.
3. Monitore e trate os casos de choque se necessário.
4. Aplique gelo.

Condição de jogo

- O atleta não poderá retornar às atividades até que seja examinado e liberado por um médico, apresente ausência de dor e total amplitude de movimento no quadril, bem como plena força e flexibilidade no quadril e na coxa.

Prevenção

- Incentive os atletas a realizarem exercícios de pré-temporada para fortalecimento do quadril.

Contusão do quadril (contusão da crista ilíaca)

Hematoma na região frontal superior do osso do quadril.

Causa

- Compressão.

Verifique a ocorrência dos seguintes sintomas

Leve

- Dor leve ao levantar a coxa para a frente.
- Dor leve ao arquear as costas.

Moderada a grave

- Dor moderada a intensa ao levantar a coxa para a frente.
- Dor moderada a intensa ao arquear as costas.

Verifique os sinais

Leve

- Leve sensibilidade ao toque na região frontal do osso do quadril.

Moderada a grave

- Incapacidade de levantar a coxa para a frente.
- Edema.
- Hematoma (surge em 1 ou 2 dias após a lesão inicial).
- Sensibilidade ao toque, de moderada a intensa, na região frontal do osso do quadril.
- Dor moderada a intensa ao caminhar.
- Claudicação ou incapacidade para caminhar.

Condição de jogo

Leve

- O atleta poderá retornar às atividades se os sinais e sintomas regredirem, se apresentar ausência de dor e amplitude total de movimento no quadril, bem como plena força e flexibilidade nos músculos da coxa e do quadril.
- Caso seja encaminhado a um médico, o atleta não poderá retornar às atividades até que seja examinado e liberado.
- Ao retornar às atividades, o atleta deverá usar equipamento de proteção individual (EPI) para o quadril.

Moderada a grave

- O atleta não poderá retornar às atividades até que seja examinado e liberado por um médico, apresente ausência de dor e amplitude total de movimento no quadril, bem como plena força e flexibilidade nos músculos da coxa e do quadril.
- Ao retornar às atividades, o atleta deverá usar EPI para o quadril.

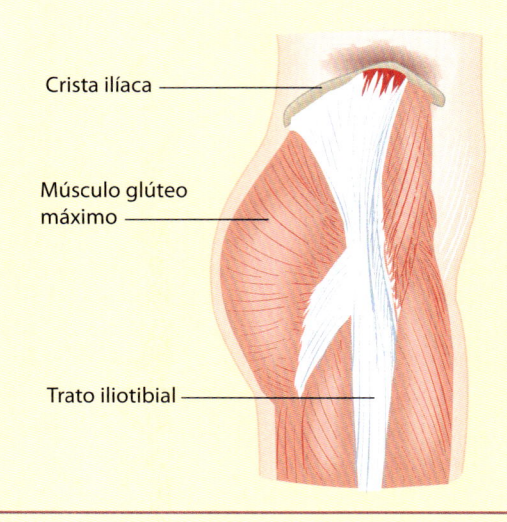

Figura 13.4 Contusão do quadril.

Primeiros socorros

Leve

1. Afaste o atleta de atividades que causem dor.
2. Aplique gelo.
3. Encaminhe o atleta a um médico caso os sinais e sintomas se agravem (passem a ocorrer com mais frequência, especialmente em atividades diárias) ou não regridam dentro de alguns dias.

Moderada a grave

1. Afaste o atleta de todas as atividades.
2. Evite que o atleta caminhe com a perna lesionada.
3. Monitore e trate os casos de choque se for necessário e acione a equipe de resgate caso isso ocorra.
4. Aplique gelo sobre a lesão e encaminhe o atleta a um médico (caso ele não esteja em estado de choque).

Prevenção

- Incentive os atletas a usarem equipamentos de proteção (EPI) para o quadril durante a prática de futebol americano, vôlei, hóquei no gelo, beisebol e *softball*.

Distensão do flexor do quadril

Estiramento ou ruptura dos músculos localizados na região frontal superior da coxa ou da pelve.

Causas
- Contração ou estiramento vigoroso (lesão por tensão) dos músculos.
- Fraqueza ou falta de flexibilidade dos músculos do quadril ou da coxa.

Verifique a ocorrência dos seguintes sintomas

Grau I
- Dor leve na região frontal superior da coxa.
- Dor leve ao tentar levantar a coxa para a frente.
- Dor leve ao correr.

Graus II e III
- Dor moderada a intensa na região frontal superior da coxa.
- Dor moderada a intensa ao tentar levantar a coxa para a frente.
- Dor moderada a intensa ao correr.
- Sensação ou som de estalido.

Verifique os sinais

Grau I
- Leve sensibilidade na região frontal do quadril.

Graus II e III
- Sensibilidade, de moderada a intensa, na região frontal do quadril.
- Saliência ou concavidade no local onde o músculo foi rompido.
- Fraqueza no quadril e na coxa.
- Hematoma (surge em 1 ou 2 dias após a lesão inicial).
- Incapacidade de elevar a coxa para a frente ou para cima.
- Edema.
- Claudicação.

Condição de jogo

Grau I
- O atleta poderá retornar às atividades se os sinais e sintomas regredirem, o quadril não estiver doendo e apresentar plena força, flexibilidade e amplitude de movimento.
- Caso seja encaminhado a um médico, o atleta não poderá retornar às atividades até que seja examinado e liberado.
- Ao retornar às atividades, o atleta deverá fazer uso de faixas elásticas para suporte do quadril e da coxa.
- Ao retornar às atividades, o atleta deverá alongar diariamente os músculos superiores do quadril e quadríceps.

Graus II e III
- O atleta não poderá retornar às atividades até que seja examinado e liberado por um médico, o quadril não esteja doendo e apresente plena força, flexibilidade e amplitude de movimento.
- Ao retornar às atividades, o atleta deverá fazer uso de faixas elásticas para suporte do quadril e da coxa.
- Ao retornar às atividades, o atleta deverá alongar diariamente os músculos superiores do quadril e quadríceps.

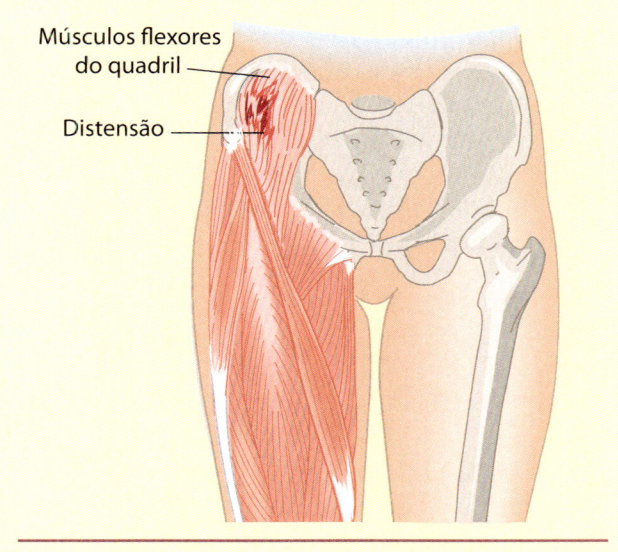

Figura 13.5 Distensão do flexor do quadril.

Primeiros socorros

Grau I
1. Afaste o atleta de atividades que causem dor.
2. Aplique gelo.
3. Encaminhe o atleta a um médico caso os sinais e sintomas se agravem (passem a ocorrer com mais frequência, especialmente em atividades diárias) ou não regridam dentro de alguns dias.

Graus II e III
1. Afaste o atleta de todas as atividades.
2. Monitore e trate os casos de choque se for necessário e acione a equipe de resgate caso isso ocorra.
3. Acione a equipe de resgate se o músculo estiver completamente rompido (saliente).
4. Oriente o atleta a não caminhar com a perna lesionada.
5. Aplique gelo sobre a lesão e encaminhe o atleta a um médico (caso a equipe de resgate não tenha sido acionada).

Prevenção
- Incentive os atletas a realizarem exercícios de pré-temporada para fortalecimento e alongamento do core (centro de força), do quadril e da coxa.
- Instrua os atletas a realizarem aquecimento aeróbico e cardiovascular adequado antes das atividades.

Distensão do adutor da coxa

Estiramento ou ruptura dos músculos adutores (parte interna da coxa).

Causas

- Contração ou estiramento vigoroso (lesão por tensão) dos músculos adutores da coxa.
- Fraqueza ou falta de flexibilidade dos músculos adutores da coxa.
- Movimento de rotação da parte superior do corpo com os pés fixados no solo.

Verifique a ocorrência dos seguintes sintomas

Grau I

- Dor leve ao longo dos adutores da coxa.
- Dor leve ao tentar mover a coxa para dentro em direção à outra perna.
- Dor leve ao correr.
- Dor leve ao fazer jogadas de corte e de pivô.
- Dor leve ao mover-se lateralmente.

Graus II e III

- Dor moderada a intensa ao longo dos adutores da coxa.
- Dor moderada a intensa ao tentar mover a coxa para dentro em direção à outra perna.
- Dor moderada a intensa ao correr.
- Dor moderada a intensa ao fazer jogadas de corte e de pivô.
- Dor moderada a intensa ao mover-se lateralmente.
- Sensação ou som de estalido.

Verifique os sinais

Grau I

- Leve sensibilidade ao longo dos adutores da coxa.

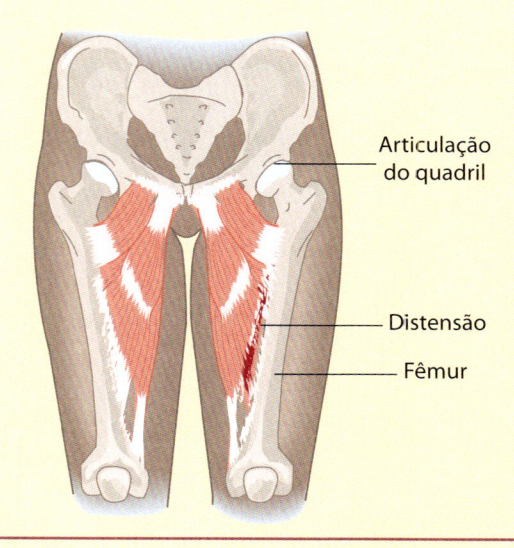

Figura 13.6 Distensão do adutor da coxa.

Graus II e III

- Sensibilidade, de moderada a intensa, sobre os adutores da coxa.
- Saliência ou concavidade no local onde o músculo foi rompido.
- Fraqueza nos adutores da coxa.
- Hematoma nos adutores ou joelhos (surge em 1 ou 2 dias após a lesão inicial).
- Incapacidade de mover a coxa para dentro em direção à outra perna (como ao chutar cruzado, por exemplo).
- Incapacidade de estender as pernas em afastamento lateral.
- Edema.
- Claudicação.

Primeiros socorros

Grau I

1. Afaste o atleta de atividades que causem dor.
2. Aplique gelo.
3. Encaminhe o atleta a um médico caso os sinais e sintomas se agravem (passem a ocorrer com mais frequência, especialmente em atividades diárias) ou não regridam dentro de alguns dias.

Graus II e III

1. Afaste o atleta de todas as atividades.
2. Monitore e trate os casos de choque se for necessário e acione a equipe de resgate caso isso ocorra.
3. Acione a equipe de resgate se o músculo estiver completamente rompido (saliente).
4. Oriente o atleta a não caminhar com a perna lesionada.
5. Aplique gelo sobre a lesão e encaminhe o atleta a um médico (caso a equipe de resgate não tenha sido acionada).

(continua)

Distensão do adutor da coxa *(continuação)*

Condição de jogo

Grau I

- O atleta poderá retornar às atividades se os sinais e sintomas regredirem, se apresentar ausência de dor na coxa e total amplitude de movimento no quadril, bem como plena força e flexibilidade no quadril e na coxa.
- Caso seja encaminhado a um médico, o atleta não poderá retornar às atividades até que seja examinado e liberado.
- Ao retornar às atividades, o atleta deverá fazer uso de faixas elásticas ou protetores emborrachados para sustentar os adutores da coxa.
- Ao retornar às atividades, o atleta deverá alongar diariamente os músculos adutores.

Graus II e III

- O atleta não poderá retornar às atividades até que seja examinado e liberado por um médico, a coxa não esteja doendo e ele apresente total amplitude de movimento no quadril, bem como plena força e flexibilidade no quadril e na coxa.
- Ao retornar às atividades, o atleta deverá fazer uso de faixas elásticas ou protetores emborrachados para sustentar a coxa.
- Ao retornar às atividades, o atleta deverá alongar os músculos adutores diariamente.

Prevenção

- Incentive os atletas a realizarem exercícios de pré-temporada para fortalecimento e alongamento do core, do quadril e da coxa.
- Instrua os atletas a realizarem aquecimento aeróbico e cardiovascular adequado antes das atividades.

Fratura da coxa

Fratura do fêmur.

Causas

- Compressão.
- Lesão por torção ou rotação.

Verifique a ocorrência dos seguintes sintomas

- Sensação ou som de estalido ou rompimento.
- Sensação desagradável.
- Dor no local da lesão ao apertar delicadamente a coxa acima e em seguida abaixo do ponto atingido.
- Dor intensa ao fazer qualquer movimento.

Verifique os sinais

- Deformidade.
- Incapacidade para mover a coxa.
- Perda de sensibilidade na perna, pés ou dedos dos pés (se o osso deslocado estiver pinçando os nervos).
- Hematoma na perna, pés ou dedos dos pés (se o osso deslocado estiver interrompendo a irrigação sanguínea).
- Espasmo muscular.

Primeiros socorros

1. Acione a equipe de resgate.
2. Evite que o atleta movimente o quadril e a perna.
3. Monitore e trate os casos de choque conforme necessário.
4. Aplique gelo por 15 minutos.

Condição de jogo

- O atleta não poderá retornar às atividades até que seja examinado e liberado por um médico e tenha recuperado plenamente a amplitude de movimento no quadril e no joelho, bem como a força e a flexibilidade no quadríceps e nos isquiotibiais.
- Ao retornar aos esportes de contato, o atleta deverá usar equipamento de proteção (EPI) para a coxa.

Prevenção

- Exija que os atletas usem equipamentos de proteção (EPI) para a coxa durante a prática de futebol americano e hóquei no gelo.

Contusão da coxa

Hematoma nos tecidos moles ou osso da coxa.

Causa
- Compressão.

Verifique a ocorrência dos seguintes sintomas

Leve
- Dor leve ao levantar a coxa para a frente ou ao estendê-la para trás (dependendo do local da lesão).
- Dor leve ao correr.
- Dor leve ao flexionar ou estender o joelho.

Moderada a grave
- Dor moderada a intensa ao levantar a coxa para a frente ou ao estendê-la para trás (dependendo do local da lesão).
- Dor moderada a intensa ao correr.
- Dor moderada a intensa ao flexionar ou estender o joelho.

Verifique os sinais

Leve
- Leve sensibilidade na região da lesão.
- Dor leve ao caminhar.

Moderada a grave
- Incapacidade para levantar a coxa para a frente ou estendê-la para trás (dependendo do local da lesão).
- Incapacidade para flexionar ou estender o joelho.
- Edema.
- Hematoma (surge em 1 ou 2 dias após a lesão inicial).
- Sensibilidade ao toque, de moderada a intensa, na região da lesão.
- Dor moderada a intensa ao caminhar.
- Espasmo muscular.
- Diminuição da força na coxa.
- Claudicação.

Condição de jogo

Leve
- O atleta poderá retornar às atividades se os sinais e sintomas regredirem, se apresentar ausência de dor na coxa e amplitude total de movimento no quadril e no joelho, bem como plena força e flexibilidade no músculo da coxa.
- Caso seja encaminhado a um médico, o atleta não poderá retornar às atividades até que seja examinado e liberado.
- Ao retornar aos esportes de contato, o atleta deverá fazer uso de equipamentos de proteção (EPI) sobre a região, uma vez que golpes repetidos podem causar a calcificação do tecido muscular.

Moderada a grave
- O atleta não poderá retornar às atividades até que seja examinado e liberado por um médico, apresente ausência de dor na coxa e amplitude total de movimento no quadril e no joelho, bem como plena força e flexibilidade no músculo da coxa.
- Ao retornar às atividades, o atleta deverá fazer uso de equipamentos de proteção (EPI) sobre a região, uma vez que golpes repetidos podem causar a calcificação do tecido muscular.

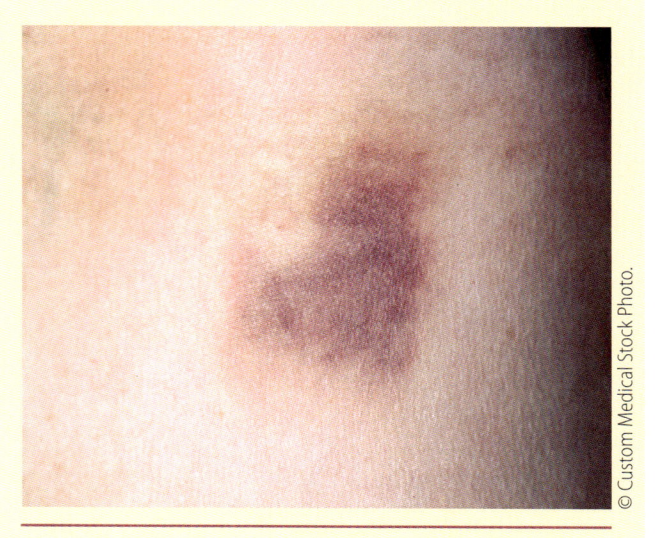

Figura 13.7 Contusão da coxa.

Primeiros socorros

Leve
1. Afaste o atleta de atividades que causem dor.
2. Aplique gelo por 15 minutos e, em seguida, uma faixa elástica.
3. Encaminhe o atleta a um médico caso os sinais e sintomas se agravem (passem a ocorrer com mais frequência, especialmente em atividades diárias) ou não regridam dentro de alguns dias.

Moderada a grave
1. Afaste o atleta de todas as atividades.
2. Oriente o atleta a não caminhar com a perna lesionada.
3. Monitore e trate os casos de choque se for necessário e acione a equipe de resgate caso isso ocorra.
4. Aplique gelo sobre a lesão e encaminhe o atleta a um médico (caso não esteja em estado de choque).

Prevenção
- Exija que os atletas usem protetores (EPI) para a coxa na prática do futebol americano e hóquei no gelo.

Distensão do quadríceps

Estiramento ou ruptura dos músculos do quadríceps.

Causas
- Contração ou estiramento vigoroso dos músculos quadríceps.
- Fraqueza ou falta de flexibilidade dos músculos.

Verifique a ocorrência dos seguintes sintomas
Grau I
- Dor leve na região frontal da coxa.
- Dor leve ao tentar levantar a coxa para a frente ou estender o joelho.
- Dor leve ao correr.
- Dor leve ao estender a coxa para trás mantendo o joelho flexionado.

Graus II e III
- Dor moderada a intensa na região frontal da coxa.
- Dor moderada a intensa ao levantar a coxa para a frente ou estender o joelho.
- Dor moderada a intensa ao correr.
- Dor moderada a intensa ao estender a coxa para trás mantendo o joelho flexionado.
- Sensação ou som de estalido.
- Dor ao subir ou descer escadas.

Verifique os sinais
Grau I
- Leve sensibilidade na região frontal da coxa.

Graus II e III
- Sensibilidade, de moderada a intensa, na região frontal da coxa.
- Saliência ou concavidade no local onde o músculo foi rompido.
- Hematoma na coxa, joelho ou parte inferior da perna (surge em 1 ou 2 dias após a lesão inicial).
- Diminuição da capacidade ou incapacidade total para flexionar a coxa para a frente ou estender o joelho.
- Edema.
- Claudicação.

Condição de jogo
Grau I
- O atleta poderá retornar às atividades se os sinais e sintomas regredirem, se apresentar ausência de dor na coxa e total amplitude de movimento no quadril e no joelho, bem como plena força e flexibilidade no quadríceps.
- Caso seja encaminhado a um médico, o atleta não poderá retornar às atividades até que seja examinado e liberado.
- Ao retornar às atividades, o atleta pode fazer uso de faixas elásticas ou protetores emborrachados para sustentar a coxa.
- Ao retornar às atividades, o atleta deverá alongar o quadríceps diariamente.

Graus II e III
- O atleta não poderá retornar às atividades até que seja examinado e liberado por um médico, apresente ausência de dor na coxa e total amplitude de movimento no quadril e no joelho, bem como plena força e flexibilidade no quadríceps.

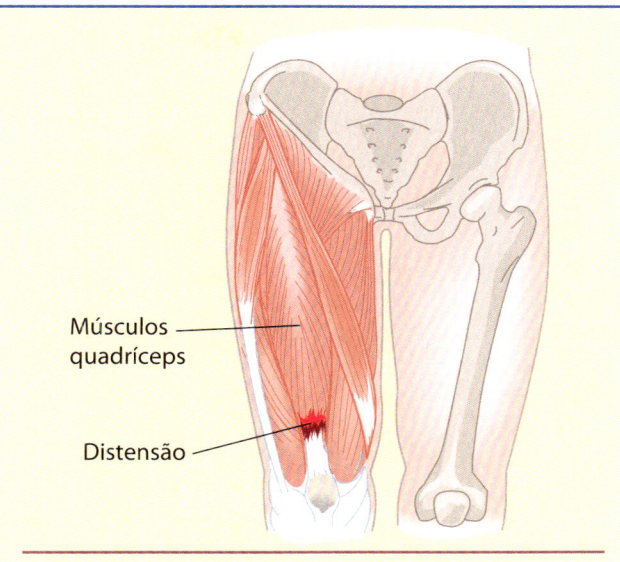

Figura 13.8 Distensão do quadríceps.

Primeiros socorros

Grau I
1. Afaste o atleta de atividades que causem dor.
2. Aplique gelo.
3. Encaminhe o atleta a um médico caso os sinais e sintomas se agravem (passem a ocorrer com mais frequência, especialmente em atividades diárias) ou não regridam dentro de alguns dias.

Graus II e III
1. Afaste o atleta de todas as atividades.
2. Monitore e trate os casos de choque se for necessário e acione a equipe de resgate caso isso ocorra.
3. Acione a equipe de resgate se o músculo estiver completamente rompido (saliente).
4. Evite que o atleta caminhe com a perna lesionada.
5. Aplique gelo sobre a lesão e encaminhe o atleta a um médico (caso a equipe de resgate não tenha sido acionada).

- Ao retornar às atividades, o atleta deverá fazer uso de faixas elásticas ou protetores emborrachados para sustentar a coxa.
- Ao retornar às atividades, o atleta deverá alongar o quadríceps diariamente.

Prevenção
- Incentive os atletas a realizarem exercícios de pré-temporada para fortalecimento e alongamento do core, do joelho, quadril e coxa.
- Instrua os atletas a realizarem aquecimento aeróbico e cardiovascular adequado antes das atividades.

Distensão dos músculos isquiotibiais

Estiramento ou ruptura dos músculos isquiotibiais.

Causas
- Contração ou estiramento vigorosos dos músculos isquiotibiais (lesão por tensão).
- Fraqueza ou falta de flexibilidade dos músculos isquiotibiais.

Verifique a ocorrência dos seguintes sintomas

Grau I
- Dor leve na parte posterior da coxa.
- Dor leve ao tentar estender a coxa para trás ou flexionar o joelho.
- Dor leve ao correr.
- Dor leve ao flexionar a coxa para a frente com o joelho estendido.

Graus II e III
- Dor moderada a intensa na parte posterior da coxa.
- Dor moderada a intensa ao tentar estender a coxa para trás ou flexionar o joelho.
- Dor moderada a intensa ao caminhar.
- Dor moderada a intensa ao flexionar a coxa para a frente com o joelho estendido.
- Sensação ou som de estalido.

Verifique os sinais

Grau I
- Leve sensibilidade na parte posterior da coxa.

Graus II e III
- Sensibilidade, de moderada a intensa, na parte posterior da coxa.
- Saliência ou concavidade no local onde o músculo foi rompido.
- Hematoma na coxa, joelho ou parte inferior da perna (surge em 1 ou 2 dias após a lesão inicial).
- Diminuição da capacidade ou incapacidade total para estender a coxa para trás ou flexionar o joelho.
- Edema.
- Claudicação.

Condição de jogo

Grau I
- O atleta poderá retornar às atividades se os sinais e sintomas regredirem, se apresentar ausência de dor na coxa e total amplitude de movimento no quadril e no joelho, bem como plena força e flexibilidade nos músculos isquiotibiais.
- Caso seja encaminhado a um médico, o atleta não poderá retornar às atividades até que seja examinado e liberado.
- Ao retornar às atividades, o atleta pode fazer uso de faixas elásticas ou protetores emborrachados para sustentar a coxa.
- Ao retornar às atividades, o atleta deverá alongar os músculos isquiotibiais diariamente.

Graus II e III
- O atleta não poderá retornar às atividades até que seja examinado e liberado por um médico, apresente ausência de dor na coxa e amplitude total de movimento no quadril e no joelho, bem como plena força e flexibilidade nos músculos isquiotibiais.

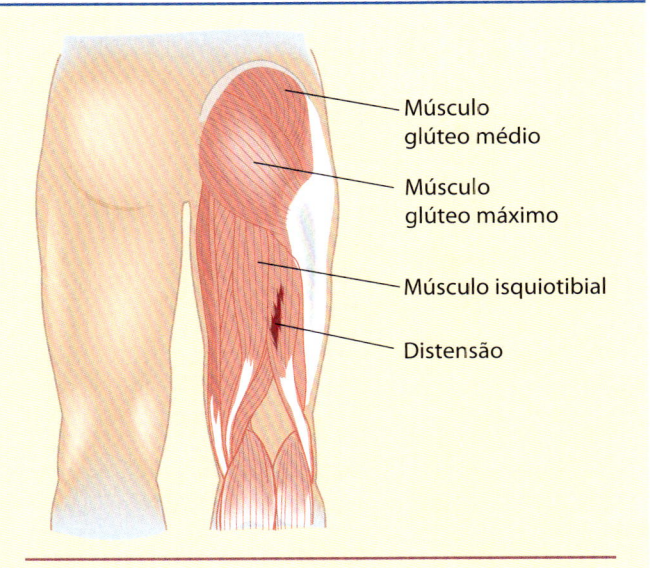

Figura 13.9 Distensão dos isquiotibiais.

Primeiros socorros

Grau I
1. Afaste o atleta de atividades que causem dor.
2. Aplique gelo.
3. Encaminhe o atleta a um médico caso os sinais e sintomas se agravem (passem a ocorrer com mais frequência, especialmente em atividades diárias) ou não regridam dentro de alguns dias.

Graus II e III
1. Afaste o atleta de todas as atividades.
2. Monitore e trate os casos de choque se for necessário e acione a equipe de resgate caso isso ocorra.
3. Acione a equipe de resgate se o músculo estiver completamente rompido (saliente).
4. Oriente o atleta a não caminhar com a perna lesionada.
5. Aplique gelo sobre a lesão e encaminhe o atleta a um médico (caso a equipe de resgate não tenha sido acionada).

- Ao retornar às atividades, o atleta pode fazer uso de faixas elásticas ou protetores emborrachados para sustentar a coxa.
- Ao retornar às atividades, o atleta deverá alongar os músculos isquiotibiais diariamente.

Prevenção
- Incentive os atletas a realizarem exercícios de pré-temporada para fortalecimento e alongamento do core, joelho, quadril e coxa.
- Instrua os atletas a realizarem aquecimento aeróbico e cardiovascular adequado antes das atividades.

JOELHO

O joelho é talvez a segunda região mais atingida por lesões em todos os esportes. De acordo com Comstock, Collins e Yard (2008), nas atividades esportivas escolares, elas são proporcionalmente mais frequentes em garotas do que em garotos. As maiores frequências estão entre as jogadoras de futebol e lacrosse, com 21,8 e 21,4%, respectivamente. A Tabela 13.2 destaca a ocorrência das lesões do joelho em outros esportes, e a Figura 13.10 mostra as áreas de dor nas lesões de joelho comuns.

Consulte o Apêndice se tiver alguma dúvida em relação aos cuidados apropriados para as lesões de joelho comuns nos esportes.

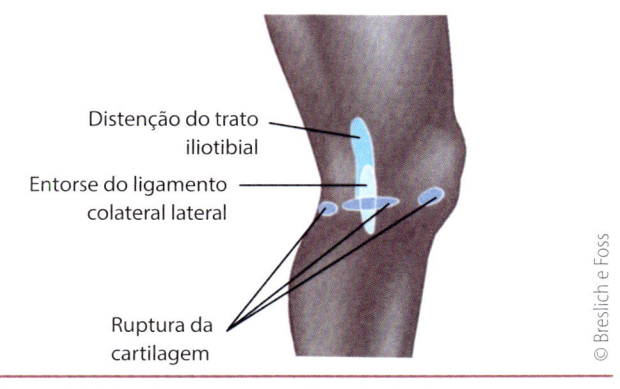

Figura 13.10a Parte externa das áreas de dor da perna em casos de entorse do ligamento colateral lateral, ruptura da cartilagem e distensão do trato iliotibial.

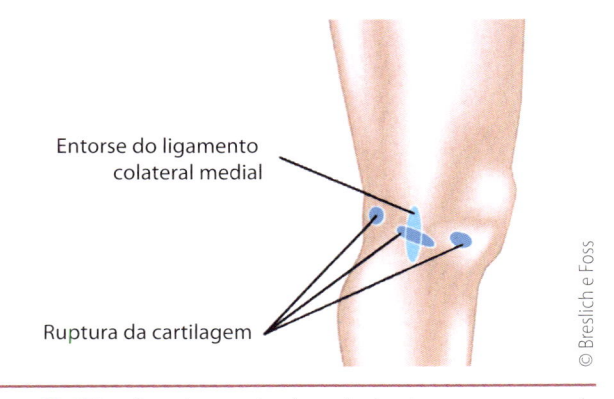

Figura 13.10b Parte interna das áreas de dor da perna em casos de ruptura da cartilagem e entorse do ligamento colateral medial.

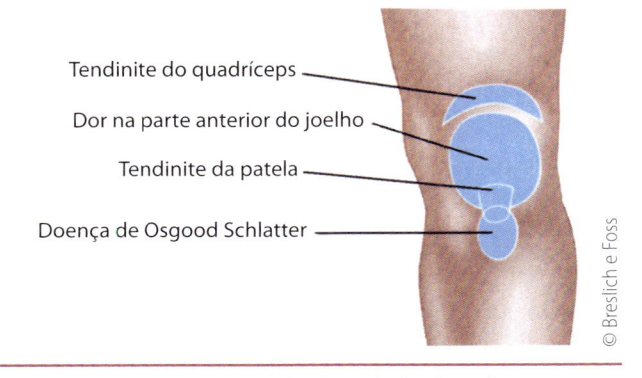

Figura 13.10c Parte anterior das áreas de dor do joelho em casos de doença de Osgood-Schlatter, tendinite do quadríceps, dor patelofemoral e tendinite da patela.

Tabela 13.2 Frequência das lesões de joelho em relação às das demais partes do corpo

Esporte	Percentual
Futebol feminino	21,8
Lacrosse feminino	21,4
Basquete feminino	18,4
Lacrosse masculino	15,5
Futebol americano	15,4
Futebol masculino	15,4
Luta greco-romana	14,4
Softball feminino	11,9
Vôlei feminino	11,0
Beisebol	7,7

Dados extraídos de Comstock, Collins e Yard 2008 e Hinton et al. 2005.

Lesões agudas do joelho

Entorse do joelho

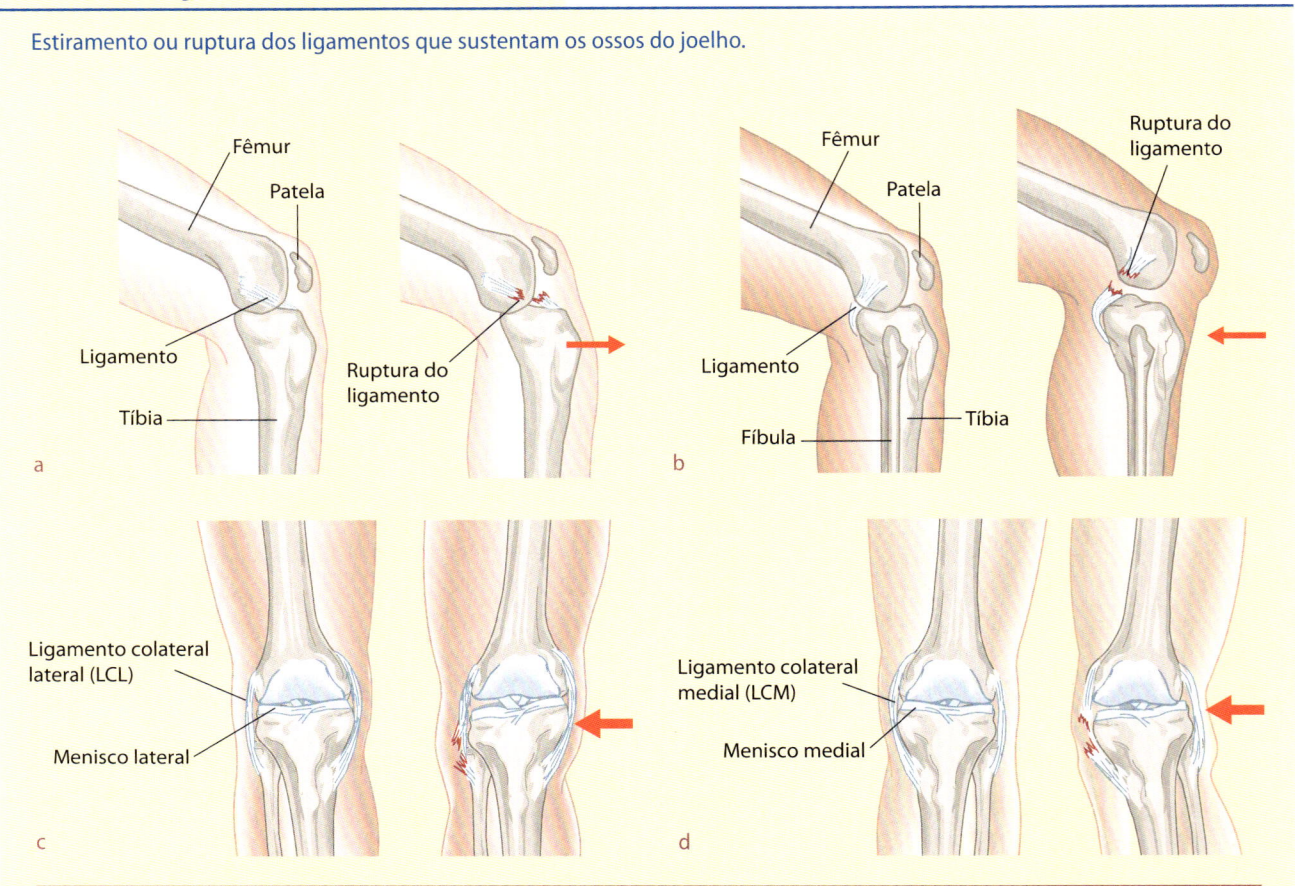

Estiramento ou ruptura dos ligamentos que sustentam os ossos do joelho.

Figura 13.11 Entorses dos seguintes ligamentos do joelho: (a) ligamento cruzado anterior (LCA), (b) ligamento cruzado posterior (LCP), (c) ligamento colateral lateral (LCL) e (d) ligamento colateral medial (LCM).

Causas
- Compressão na região anterior, lateral ou posterior do joelho.
- Lesão por torção ou rotação.
- Hiperextensão ou hiperflexão do joelho.
- Fraqueza dos músculos da coxa.

Verifique a ocorrência dos seguintes sintomas
Grau I
- Dor leve ao estender ou flexionar o joelho (ver Fig. 13.10, a e b).

Graus II e III
- Dor moderada a intensa ao estender ou flexionar o joelho (ver na Fig. 13.10, a e b, as possíveis áreas de dor).
- Sensação de frouxidão ou instabilidade.
- Sensação ou som de estalido.

Verifique os sinais
Grau I
- Leve sensibilidade na região.

Graus II e III
- Sensibilidade, de moderada a intensa, na região.
- Edema.
- Claudicação.

(continua)

Entorse do joelho *(continuação)*

Fissura ou fratura do úmero (Fig. 12.12).

Primeiros socorros

Grau I
1. Afaste o atleta de atividades que causem dor.
2. Aplique gelo.
3. Encaminhe o atleta a um médico caso os sinais e sintomas se agravem (passem a ocorrer com mais frequência, especialmente em atividades diárias, como caminhar) ou não regridam dentro de alguns dias.

Graus II e III
1. Afaste o atleta de todas as atividades.
2. Instrua o atleta a não caminhar com a perna lesionada.
3. Monitore e trate os casos de choque se for necessário e acione a equipe de resgate caso isso ocorra.
4. Acione a equipe de resgate se o atleta apresentar qualquer uma das seguintes condições:
   a. sinais e sintomas de lesão no nervo (formigamento ou dormência na parte inferior da perna, pé ou dedos do pé);
   b. sinais e sintomas de interrupção da irrigação sanguínea (hematoma no pé, nos dedos do pé ou nas unhas).
5. Aplique gelo sobre a lesão e encaminhe o atleta a um médico (caso a equipe de resgate não tenha sido acionada).

Condição de jogo

Grau I
- O atleta poderá retornar às atividades se os sinais e sintomas regredirem, se apresentar ausência de dor e total amplitude de movimento no joelho, bem como plena força e flexibilidade no quadríceps, nos isquiotibiais e na panturrilha.
- Caso seja encaminhado a um médico, o atleta não poderá retornar às atividades até que seja examinado e liberado.

Graus II e III
- O atleta não poderá retornar às atividades até que seja examinado e liberado por um médico, apresente ausência de dor e total amplitude de movimento no joelho, bem como plena força e flexibilidade no quadríceps, nos isquiotibiais e na panturrilha.

Prevenção
- Incentive os atletas a realizarem exercícios de pré-temporada para fortalecer e alongar os músculos do quadril, quadríceps, isquiotibiais e panturrilha.

Luxação ou subluxação da patela

Tanto na luxação como na subluxação, a patela desliza para fora da tróclea femoral (sulco intercondilar), porém, no caso da subluxação, a patela retorna espontaneamente à posição funcional.

Causas

- Compressão na região interna da patela.
- Contração vigorosa dos músculos externos do quadríceps.
- Torção ou rotação.
- Fraqueza dos músculos internos do quadríceps.

Verifique a ocorrência dos seguintes sintomas

Subluxação

- Dor ao flexionar ou estender o joelho.
- Sensação de que a patela está "saindo do lugar".
- Dor ao longo da região interna do joelho.
- Sensação ou som de estalido.
- Sensação desagradável.

Luxação

- Sensação de que a patela está "saindo do lugar".
- Dor ao longo da região interna do joelho.
- Sensação ou som de estalido.

Verifique os sinais

Subluxação

- Sensibilidade na região ao longo da parte interna do joelho.
- Edema.
- Claudicação.

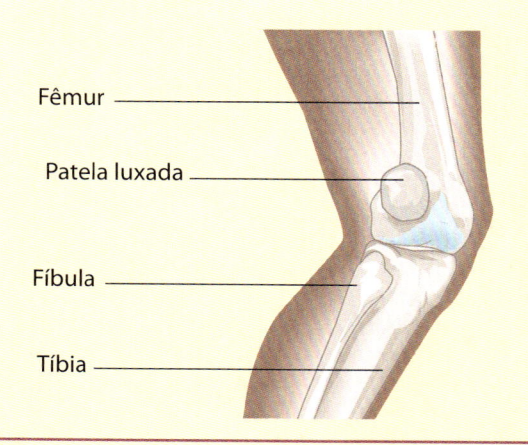

Figura 13.12 Patela luxada.

Luxação

- Deformidade visível – patela deslocada para fora do joelho.
- Edema.
- Incapacidade para flexionar ou estender o joelho.
- Intensa sensibilidade ao toque na região ao longo da parte interna da patela.

Primeiros socorros

Subluxação

1. Afaste o atleta de todas as atividades.
2. Instrua o atleta a não caminhar com a perna lesionada.
3. Monitore e trate os casos de choque se for necessário e acione a equipe de resgate caso isso ocorra.
4. Aplique gelo sobre a lesão e encaminhe o atleta a um médico.

Luxação

1. Acione a equipe de resgate.
2. Não tente colocar a patela de volta no lugar.
3. Monitore e trate os casos de choque se necessário.
4. Evite que o atleta movimente a perna lesionada.
5. Aplique gelo (caso tolerado pelo atleta).

Condição de jogo

- O atleta não poderá retornar às atividades até que seja examinado e liberado por um médico, apresente ausência de dor e total amplitude de movimento no joelho, bem como plena força e flexibilidade no quadríceps, nos isquiotibiais e na panturrilha.

Prevenção

- Incentive os atletas a realizarem exercícios de pré-temporada para fortalecer e alongar os músculos quadríceps, isquiotibiais e panturrilha.

Ruptura da cartilagem

Ruptura da cartilagem na parte superior da tíbia.

Causas
- Compressão.
- Lesão por torção ou rotação, especialmente na condição em que o joelho está flexionado e o pé plantado no solo.
- Joelho flexionado ao extremo sem levantar o pé.

Verifique a ocorrência dos seguintes sintomas
- Sensação de que o joelho está "travado" ou "não se mexe".
- Sensação de que o joelho está "se desprendendo".
- Sensação de frouxidão ou instabilidade.
- Dor no local da lesão, especialmente ao longo da linha de articulação entre o fêmur e a tíbia (ver Fig. 13.10, a e b).
- Sensação ou som de estalido.

Verifique os sinais
- Diminuição da capacidade ou incapacidade total para flexionar ou estender o joelho completamente.
- Edema tardio (em caso de lesão apenas na cartilagem) ou imediato (lesão da cartilagem e entorse do ligamento).
- "Travamento" do joelho (impossibilidade de ser flexionado ou estendido).
- Caminhar com o joelho flexionado ou o pé estendido.
- Claudicação.

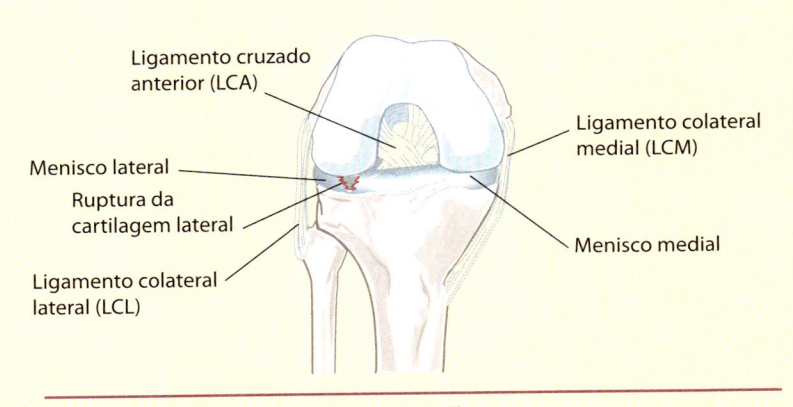

Figura 13.13 Ruptura da cartilagem do joelho.

Condição de jogo
- O atleta não poderá retornar às atividades até que seja examinado e liberado por um médico, apresente ausência de dor e total amplitude de movimento no joelho, bem como plena força e flexibilidade no quadríceps, nos isquiotibiais e na panturrilha.

Prevenção
- Incentive os atletas a realizarem exercícios de pré-temporada para fortalecer e alongar os músculos do quadril, quadríceps, isquiotibiais e panturrilha.

Primeiros socorros
1. Afaste o atleta das atividades.
2. Evite que o atleta caminhe com a perna lesionada.
3. Monitore e trate os casos de choque se for necessário e acione a equipe de resgate caso isso ocorra.
4. Aplique gelo e encaminhe o atleta a um médico.

Lesões crônicas no joelho

Tendinite da patela

Inflamação do tendão que liga a patela ao osso da parte inferior da perna (tíbia).

Causas
- Contração vigorosa dos músculos quadríceps.
- Fraqueza e falta de flexibilidade dos músculos quadríceps, isquiotibiais e panturrilha.

Verifique a ocorrência dos seguintes sintomas
Leve
- Dor leve da parte inferior da patela até a parte superior da tíbia (ver Fig. 13.10c).
- Dor leve ao realizar atividades que envolvam corridas e saltos.
- Dor leve ao estender o joelho com força.

Moderada a grave
- Dor moderada a intensa da parte inferior da patela até a parte superior da tíbia (ver Fig. 13.10c).
- Dor moderada a intensa ao realizar atividades que envolvam corridas e saltos.
- Dor moderada a intensa ao estender o joelho com força.

Verifique os sinais
Leve
- Leve sensibilidade na região entre a patela e a parte superior da tíbia.

Moderada a grave
- Diminuição da capacidade ou incapacidade total para estender o joelho vigorosamente, em especial ao saltar, levantar pesos e correr.
- Espessamento do tendão da patela.
- Sensibilidade, de moderada a intensa, na região entre a patela e a parte superior da tíbia.
- Edema localizado.
- Claudicação.

Condição de jogo
Leve
- O atleta poderá retornar às atividades se os sinais e sintomas regredirem, se apresentar ausência de dor e total amplitude de movimento no joelho, bem como plena força no quadríceps e flexibilidade total no quadríceps, nos isquiotibiais e na panturrilha.
- Caso seja encaminhado a um médico, o atleta não poderá retornar às atividades até que seja examinado e liberado.
- Ao retornar às atividades, o atleta pode fazer uso de joelheiras emborrachadas a fim de manter o tendão aquecido durante o exercício.
- Ao retornar às atividades, o atleta deverá alongar diariamente os músculos isquiotibiais, quadríceps e panturrilha.

Moderada a grave
- O atleta não poderá retornar às atividades até que seja examinado e liberado por um médico, se apresentar ausência de dor e total amplitude de movimento no joelho, bem como plena

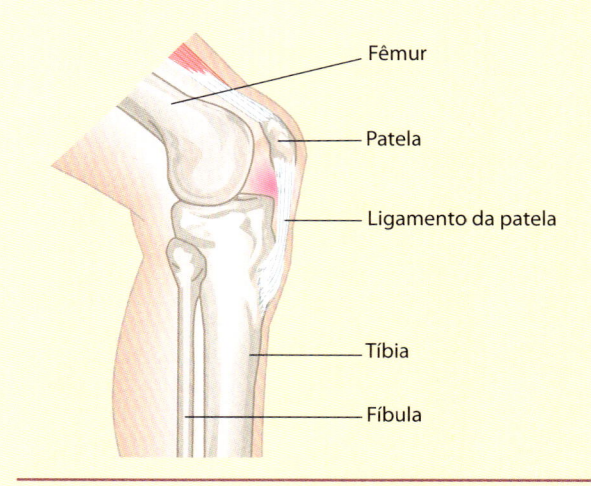

Figura 13.14 A tendinite da patela é uma inflamação do tendão que liga a patela à tíbia.

Primeiros socorros

Leve
1. Afaste o atleta de atividades que causem dor.
2. Aplique gelo.
3. Encaminhe o atleta a um médico caso os sinais e sintomas se agravem (passem a ocorrer com mais frequência, especialmente em atividades diárias) ou não regridam dentro de alguns dias.

Moderada a grave
1. Afaste o atleta de todas as atividades.
2. Monitore e trate os casos de choque se for necessário e acione a equipe de resgate caso isso ocorra.
3. Evite que o atleta movimente a perna lesionada.
4. Aplique gelo sobre a lesão e encaminhe o atleta a um médico (caso não esteja em estado de choque).

força no quadríceps e flexibilidade total no quadríceps, nos isquiotibiais e na panturrilha.
- Ao retornar às atividades, o atleta pode fazer uso de joelheiras emborrachadas a fim de manter o tendão aquecido durante o exercício.
- Ao retornar às atividades, o atleta deverá alongar diariamente os músculos isquiotibiais, quadríceps e panturrilha.

(continua)

Tendinite da patela *(continuação)*

Prevenção

- Incentive os atletas a realizarem exercícios de pré-temporada para fortalecimento do core, glúteos e quadríceps, e alongamento do quadríceps, isquiotibiais e panturrilha.
- Instrua os atletas a realizarem aquecimento aeróbico e cardiovascular adequado antes das atividades.

Dor patelofemoral

Irritação entre a patela e o fêmur. Em geral ocorre com o passar do tempo.

Causas

- Compressão na parte superior da patela.
- Incapacidade da patela se estabilizar adequadamente na tróclea do fêmur.
- Episódios repetidos de luxação e subluxação patelar.
- Fraqueza dos músculos quadríceps e glúteos (nádegas) ou falta de flexibilidade dos músculos quadríceps, isquiotibiais e panturrilha.

Verifique a ocorrência dos seguintes sintomas

Leve

- Dor leve ao correr, saltar ou usar escadas.
- Dor leve atrás da patela (ver Fig. 13.10c).
- Sensação desagradável na parte posterior da patela.
- Leve sensação de dor ao permanecer sentado por períodos prolongados.

Moderada a grave

- Dor moderada a intensa ao correr, saltar ou usar escadas.
- Dor moderada a intensa atrás da patela (ver Fig. 13.10c).
- Sensação desagradável atrás da patela.
- Sensação de dor moderada a intensa ao permanecer sentado por períodos prolongados.

Verifique os sinais

Leve

- Leve sensibilidade na região inferior da patela.

Moderada a grave

- Sensibilidade, de moderada a intensa, na região inferior da patela.
- Diminuição da capacidade ou incapacidade total para estender o joelho vigorosamente, em especial ao saltar, levantar pesos e correr.
- Claudicação.

Condição de jogo

Leve

- O atleta poderá retornar às atividades se os sinais e sintomas regredirem, se apresentar ausência de dor e total amplitude de movimento no joelho, bem como força no quadríceps e flexibilidade no quadríceps, nos isquiotibiais e na panturrilha.

Primeiros socorros

Leve

1. Afaste o atleta de atividades que causem dor.
2. Aplique gelo.
3. Encaminhe o atleta a um médico caso os sinais e sintomas se agravem (passem a ocorrer com mais frequência, especialmente em atividades diárias) ou não regridam dentro de alguns dias.

Moderada a grave

1. Afaste o atleta de todas as atividades.
2. Monitore e trate os casos de choque se for necessário e acione a equipe de resgate caso isso ocorra.
3. Evite que o atleta caminhe com a perna lesionada.
4. Aplique gelo sobre a lesão e encaminhe o atleta a um médico (caso não esteja em estado de choque).

- Caso seja encaminhado a um médico, o atleta não poderá retornar às atividades até que seja examinado e liberado.
- Ao retornar às atividades, o atleta deverá alongar diariamente os músculos isquiotibiais, quadríceps e panturrilha.

Moderada a grave

- O atleta não poderá retornar às atividades até que seja examinado e liberado por um médico, apresente ausência de dor e total amplitude de movimento no joelho, bem como plena força no quadríceps e flexibilidade total no quadríceps, nos isquiotibiais e na panturrilha.
- Ao retornar às atividades, o atleta deverá alongar diariamente os músculos isquiotibiais, quadríceps e panturrilha.

Prevenção

- Incentive os atletas a realizarem exercícios de pré-temporada para fortalecimento do core, glúteos e quadríceps, e alongamento do quadríceps, isquiotibiais e panturrilha.
- Instrua os atletas a realizarem aquecimento aeróbico e cardiovascular adequado antes das atividades.

Distensão do trato iliotibial

Estiramento ou irritação do tecido conjuntivo ao longo da parte externa da coxa. Em geral ocorre com o passar do tempo.

Causas

- Estiramento violento do tecido conjuntivo que se prende na parte externa do joelho.
- Fraqueza ou falta de flexibilidade nos músculos da coxa.
- Correr na mesma direção em uma pista ou correr na margem em declive de uma estrada.
- Fraqueza ou falta de flexibilidade nos músculos do quadril.

Verifique a ocorrência dos seguintes sintomas

Leve

- Dor leve ao longo da parte externa do joelho (ver Fig. 13.10a).
- Dor leve ao correr, saltar, pedalar ou usar escadas.

Moderada a grave

- Dor moderada a intensa ao longo da parte externa do joelho (ver Fig. 13.10a).
- Dor moderada a intensa ao correr, saltar, pedalar ou usar escadas.

Verifique os sinais

Leve

- Leve sensibilidade ao longo da parte externa do joelho.

Moderada a grave

- Sensibilidade, de moderada a intensa, ao longo da parte externa do joelho.
- Edema.
- Claudicação.

Primeiros socorros

Leve

1. Afaste o atleta de atividades que causem dor.
2. Aplique gelo.
3. Encaminhe o atleta a um médico caso os sinais e sintomas se agravem (passem a ocorrer com mais frequência, especialmente em atividades diárias) ou não regridam dentro de alguns dias.

Moderada a grave

1. Afaste o atleta de todas as atividades.
2. Monitore e trate os casos de choque se for necessário e acione a equipe de resgate caso isso ocorra.
3. Evite que o atleta movimente a perna lesionada.
4. Aplique gelo sobre a lesão e encaminhe o atleta a um médico (caso não esteja em estado de choque).

Condição de jogo

Leve

- O atleta poderá retornar às atividades se apresentar ausência de dor e total amplitude de movimento no joelho, bem como força nos glúteos e flexibilidade plena no trato iliotibial, no quadríceps e nos isquiotibiais.
- Caso seja encaminhado a um médico, o atleta não poderá retornar às atividades até que seja examinado e liberado.
- Ao retornar às atividades, o atleta deverá alongar os músculos isquiotibiais e quadríceps diariamente.
- Ao retornar às atividades, o atleta pode fazer uso de joelheiras emborrachadas a fim de manter o trato iliotibial aquecido durante as atividades.

Moderada a grave

- O atleta não poderá retornar às atividades até que seja examinado e liberado por um médico, apresente ausência de dor e total amplitude de movimento no joelho, bem como força nos glúteos e plena flexibilidade no trato iliotibial, no quadríceps e nos isquiotibiais.
- Ao retornar às atividades, o atleta deverá alongar os músculos isquiotibiais e quadríceps diariamente.
- Ao retornar às atividades, o atleta deverá fazer uso de joelheiras emborrachadas a fim de manter o trato iliotibial aquecido durante as atividades.

Prevenção

- Incentive os atletas a realizarem exercícios de pré-temporada para fortalecimento do core e do quadril (glúteos), e alongamento do trato iliotibial, dos quadríceps, dos isquiotibiais e da panturrilha.
- Instrua os atletas a realizarem aquecimento aeróbico e cardiovascular adequado antes das atividades.
- Instrua os atletas a evitarem correr na mesma direção em uma pista ou correr na margem em declive de uma estrada.

PERNA, TORNOZELO E PÉ

Lesões no tornozelo são provavelmente as mais comuns nos esportes. No estudo realizado por Comstock, Collins e Yard (2008), verificou-se que, no basquete, elas representam 38,3% das lesões sofridas pelos meninos e 32,5% das que acometem as meninas; e no vôlei praticado no ensino médio, o tornozelo foi o local afetado em 46% de todas as ocorrências. A Tabela 13.3 apresenta a frequência das lesões de tornozelo em diversos esportes, e a Tabela 13.4 ilustra a situação observada no caso das lesões do pé e da perna.

A seguir, serão apresentadas várias lesões agudas e crônicas da perna, do tornozelo e do pé.

Tabela 13.3 Frequência das lesões de tornozelo em relação às das demais partes do corpo

Esporte	Percentual
Vôlei feminino	46,0
Basquete masculino	38,3
Basquete feminino	32,5
Lacrosse feminino	25,1
Futebol feminino	24,7
Futebol masculino	22,1
Softball feminino	17,7
Lacrosse masculino	16,1
Futebol americano	14,5

Dados extraídos de Comstock, Collins e Yard 2008 e Hinton et al. 2005.

Tabela 13.4 Frequência das lesões de pé e perna em relação às demais partes do corpo

Esporte	Percentual
Futebol masculino	14,8
Futebol feminino	13,8
Lacrosse feminino	9,5
Basquete masculino	8,5
Basquete feminino	8,3
Lacrosse masculino	8,0
Futebol americano	7,2
Vôlei feminino	5,9

Dados extraídos de Comstock, Collins e Yard 2008 e Hinton et al. 2005.

Lesões agudas do tornozelo e da perna

Distensão da panturrilha

Estiramento ou ruptura dos músculos da panturrilha.

Causas

- Contração vigorosa dos músculos da panturrilha.
- Estiramento forçado (lesão por tensão) dos músculos da panturrilha (movendo os dedos do pé para cima na direção do joelho).
- Fraqueza ou falta de flexibilidade nos músculos da panturrilha.
- Salto ou tiro de velocidade com explosão.

Verifique a ocorrência dos seguintes sintomas

Grau I

- Dor leve na panturrilha.
- Dor leve ao apontar o pé para baixo.
- Dor leve ao estender o pé para cima, na direção da perna.
- Dor leve ao saltar e correr.

Graus II e III

- Dor moderada a intensa na panturrilha.
- Dor moderada a intensa ao apontar o pé para baixo.
- Dor moderada ao estender o pé para cima, na direção da perna.
- Dor moderada a intensa ao saltar e correr.

Verifique os sinais

Grau I

- Leve sensibilidade no local da lesão.

Graus II e III

- Sensibilidade, de moderada a intensa, no local da lesão.
- Edema.
- Saliência ou concavidade no local onde o músculo foi rompido.
- Diminuição da capacidade ou incapacidade total para estender o pé.
- Diminuição da capacidade ou incapacidade total para saltar ou correr.
- Hematoma na parte inferior da perna, tornozelo ou pé (surge em 1 ou 2 dias após a lesão inicial).
- Claudicação.

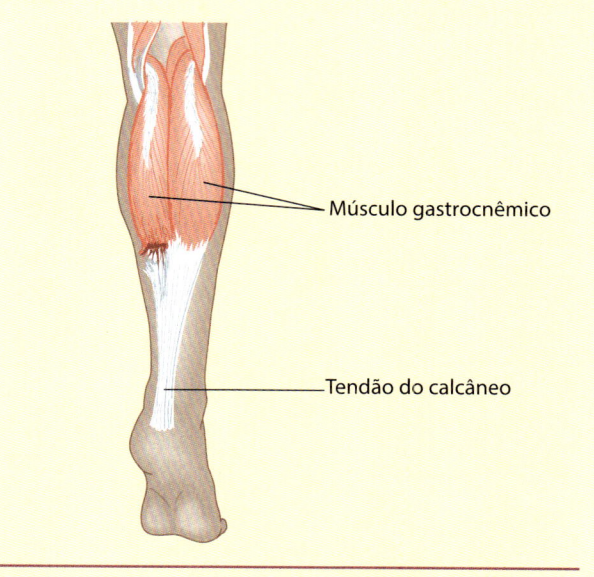

Figura 13.15 Distensão da panturrilha – um estiramento ou ruptura (apresentado aqui) do músculo da panturrilha.

Primeiros socorros

Grau I

1. Afaste o atleta de atividades que causem dor.
2. Aplique gelo.
3. Encaminhe o atleta a um médico caso os sinais e sintomas se agravem (passem a ocorrer com mais frequência, especialmente em atividades diárias) ou não regridam dentro de alguns dias.

Graus II e III

1. Afaste o atleta de todas as atividades.
2. Monitore e trate os casos de choque, se necessário, e acione a equipe de resgate caso isso ocorra.
3. Acione a equipe de resgate se o músculo estiver totalmente rompido (saliente).
4. Evite que o atleta movimente a perna lesionada.
5. Aplique gelo sobre a lesão e encaminhe o atleta a um médico (caso a assistência médica não seja acionada).

(continua)

Distensão da panturrilha *(continuação)*

Condição de jogo

Grau I

- O atleta não poderá retornar às atividades até que apresente ausência de dor na panturrilha e total amplitude de movimento no joelho e no tornozelo, bem como plena força e flexibilidade na panturrilha.
- Caso seja encaminhado a um médico, o atleta não poderá retornar até que seja examinado e liberado.
- Ao retornar às atividades, o atleta deverá alongar os músculos da panturrilha e o tendão do calcâneo diariamente.
- Ao retornar às atividades, o atleta pode fazer uso de faixas elásticas ou protetores emborrachados a fim de sustentar a panturrilha.

Graus II e III

- O atleta não poderá retornar às atividades até que seja examinado e liberado por um médico, apresente ausência de dor na panturrilha e total amplitude de movimento no joelho e no tornozelo, bem como plena força e flexibilidade na panturrilha.
- Ao retornar às atividades, o atleta deverá alongar os músculos da panturrilha e o tendão do calcâneo diariamente.
- Ao retornar às atividades, o atleta poderá fazer uso de faixas elásticas ou protetores emborrachados a fim de sustentar a panturrilha.

Prevenção

- Incentive os atletas a realizarem exercícios de pré-temporada para fortalecimento da panturrilha e alongamento desta e do tendão do calcâneo.
- Instrua os atletas a realizarem aquecimento aeróbico e cardiovascular adequado antes das atividades.

Fratura da perna

Fratura em um ou ambos os ossos da perna (tíbia e fíbula).

Causas

- Golpe direto.
- Lesão por compressão (como ao aterrissar de um aparelho).
- Rotação ou torção (ver Fig. 3.23).

Verifique a ocorrência dos seguintes sintomas

- Dor.
- Dormência ou formigamento na perna ou no pé, se a fratura tiver lesionado os nervos.
- Sensação desagradável.
- Sensação ou som de estalido.
- Dor intensa com qualquer movimento.

Verifique os sinais

- Deformação.
- Ausência de sensibilidade na perna, pé ou dedos do pé (se o osso deslocado tiver lesionado os nervos).
- Hematoma na perna, pé ou dedos do pé (se o osso deslocado estiver comprometendo a irrigação sanguínea).
- Possível incapacidade de flexionar ou estender o joelho, se a fratura for próxima a ele.
- Possível incapacidade de flexionar o pé para cima ou para baixo, se a fratura for próxima ao tornozelo.
- Edema.

Primeiros socorros

1. Acione a equipe de resgate.
2. Evite que o atleta movimente a perna lesionada.
3. Monitore e trate os casos de choque se necessário.

- Dor no local da fratura da tíbia e da fíbula ao comprimir suavemente acima e em seguida abaixo da área lesionada.
- Incapacidade de caminhar com a perna lesionada.

Condição de jogo

- O atleta não poderá retornar às atividades até que seja examinado e liberado por um médico e tenha total amplitude de movimento no joelho e no tornozelo, bem como plena força e flexibilidade nos músculos quadríceps e isquiotibiais e na perna.
- Recomende aos atletas que usem equipamentos de proteção (EPI) sobre o local da lesão ao retornarem às atividades.

Prevenção

- Exija que os atletas usem equipamentos de proteção (EPI) quando apropriados para o esporte, como o futebol, o beisebol e o *softball*.

Entorse do tornozelo

Estiramento ou ruptura dos ligamentos que estabilizam os ossos do tornozelo.

Em uma entorse por inversão, o pé gira para dentro e danifica os ligamentos da parte externa do tornozelo e, algumas vezes, também os ligamentos internos (Figs. 13.16 e 13.17). Esse é o tipo mais comum, ocorrendo em cerca de 80% das entorses de tornozelo. Em uma entorse por eversão, o pé gira para fora e danifica os ligamentos da parte interna do tornozelo e, às vezes, também os ligamentos externos.

Causas
- Compressão.
- Rotação ou torção.

Verifique a ocorrência dos seguintes sintomas

Grau I
- Dor leve ao redor dos ossos internos ou externos do tornozelo.
- Dor leve ao flexionar o pé para cima ou apontá-lo para baixo.

Graus II e III
- Dor moderada a intensa ao redor dos ossos internos ou externos do tornozelo.
- Dor moderada a intensa ao flexionar o pé para cima ou apontá-lo para baixo.
- Sensação de frouxidão ou instabilidade.
- Sensação ou som de estalido.

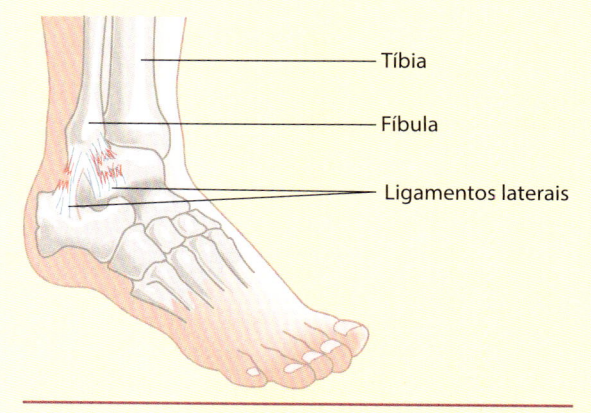

Figura 13.16 Em uma entorse por inversão, os ligamentos da parte externa do tornozelo são danificados.

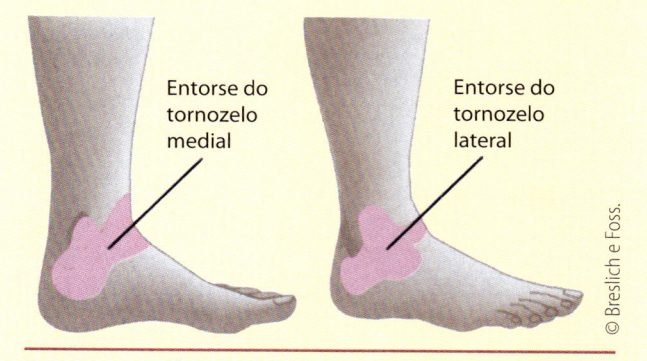

Figura 13.17 Áreas de dor em uma entorse do tornozelo.

Primeiros socorros

Grau I
1. Afaste o atleta de atividades que causem dor.
2. Aplique gelo por 15 minutos e, em seguida, uma faixa elástica.
3. Encaminhe o atleta a um médico caso os sinais e sintomas se agravem (passem a ocorrer com mais frequência, especialmente em atividades diárias, como caminhar) ou não regridam dentro de alguns dias.

Graus II e III
1. Afaste o atleta de todas as atividades que exijam o uso das pernas.
2. Evite que o atleta caminhe com a perna lesionada.
3. Monitore e trate os casos de choque, se necessário, e acione a equipe de resgate caso isso ocorra.
4. Acione a equipe de resgate se qualquer um dos seguintes sintomas se manifestar:
   a. sinais de fratura – deformação aparente, ou dor no local da lesão ao se apertar suavemente a tíbia e a fíbula em um ponto acima ou abaixo dele, ou dor ao longo da linha medial do terço inferior da tíbia ou da fíbula;
   b. sintomas e sinais de compressão de nervo (formigamento e dormência);
   c. sintomas e sinais de interrupção da irrigação sanguínea (hematoma nos dedos e unhas do pé).
5. Aplique gelo sobre a lesão e encaminhe o atleta a um médico (caso a equipe de resgate não tenha sido acionada).

(continua)

Entorse do tornozelo *(continuação)*

Verifique os sinais

Grau I

- Leve sensibilidade na região logo abaixo dos ossos internos ou externos do tornozelo (tíbia e fíbula).

Graus II e III

- Sensibilidade, de moderada a intensa, na região logo abaixo dos ossos internos ou externos do tornozelo (tíbia e fíbula).
- Edema.
- Incapacidade para sustentar o peso ou claudicação ao caminhar.

Condição de jogo

Grau I

- O atleta poderá retornar às atividades se os sinais e sintomas regredirem, se apresentar ausência de dor no tornozelo e total amplitude de movimento, bem como força na perna e plena flexibilidade na panturrilha e no tendão do calcâneo.
- Caso seja encaminhado a um médico, o atleta não poderá retornar às atividades até que seja examinado e liberado.
- Ao retornar às atividades, o atleta deverá fazer uso de equipamento de proteção (EPI).

Graus II e III

- O atleta não poderá retornar às atividades até que seja examinado e liberado por um médico, apresente ausência de dor no tornozelo e total amplitude de movimento, bem como força na perna e plena flexibilidade na panturrilha e no tendão do calcâneo.
- Ao retornar às atividades, o atleta deverá fazer uso de equipamento de proteção (EPI).

Prevenção

- Incentive os atletas a realizarem exercícios de pré-temporada para fortalecimento da perna e alongamento da panturrilha e do tendão do calcâneo, bem como treinamento de equilíbrio.

Contusão do calcanhar

Contusão no osso ou nos tecidos moles do calcanhar.

Causas

- Uso de sapatos com pouco acolchoamento no calcanhar.
- Realização de exercícios em superfícies duras, como concreto.
- Aterrissagem com o pé inteiro no solo.
- Compressão.

Verifique a ocorrência dos seguintes sintomas

Leve

- Dor leve sob o calcanhar.
- Dor leve ao correr e saltar.

Moderada a grave

- Dor moderada a intensa sob o calcanhar.
- Dor ao caminhar.
- Dor moderada a intensa ao correr e saltar.

Verifique os sinais

Leve

- Leve sensibilidade ao toque sob o calcanhar.

Moderada a grave

- Diminuição da capacidade ou incapacidade total para aterrissar ou caminhar utilizando o calcanhar.
- Sensibilidade ao toque, de moderada a intensa, sob o calcanhar.
- Edema na base do pé.

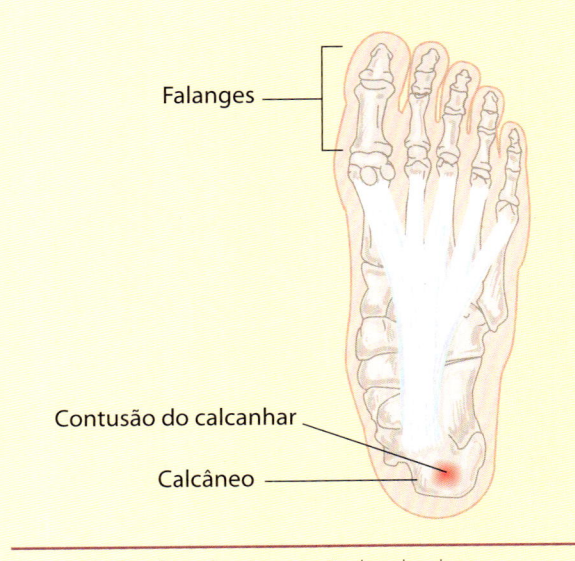

Figura 13.18 Base do pé: contusão do calcanhar.

- Diminuição da capacidade ou incapacidade total de saltar ou correr.
- Hematoma (surge em 1 ou 2 dias após a lesão inicial).
- Claudicação.

(continua)

Contusão do calcanhar *(continuação)*

Primeiros socorros

Leve

1. Afaste o atleta de atividades que causem dor.
2. Aplique gelo.
3. Encaminhe o atleta a um médico caso os sinais e sintomas se agravem (passem a ocorrer com mais frequência, especialmente em atividades diárias) ou não regridam dentro de alguns dias.

Moderada a grave

1. Afaste o atleta de todas as atividades.
2. Monitore e trate os casos de choque, se necessário, e acione a equipe de resgate caso isso ocorra.
3. Acione a equipe de resgate se qualquer um dos seguintes sintomas se manifestar:
   a. sinais de fratura – deformação aparente ou dor ao apalpar suavemente o calcanhar em um ponto acima ou abaixo da lesão;
   b. sintomas e sinais de compressão de nervo (formigamento ou dormência no pé ou dedos do pé);
   c. sintomas e sinais de interrupção da irrigação sanguínea (hematoma no pé ou dedos do pé).
4. Evite que o atleta caminhe com o pé lesionado.
5. Aplique gelo sobre a lesão e encaminhe o atleta a um médico (caso a equipe de resgate não tenha sido acionada).

Condição de jogo

Leve

- O atleta poderá retornar às atividades se apresentar ausência de dor no calcanhar e no pé e total amplitude de movimento no tornozelo e no pé, bem como plena flexibilidade na panturrilha e no tendão do calcâneo.
- Caso seja encaminhado a um médico, o atleta não poderá retornar às atividades até que seja examinado e liberado.
- Ao retornar às atividades, o atleta deverá alongar a panturrilha e o tendão do calcâneo diariamente.
- Ao retornar às atividades, o atleta deverá fazer uso de uma palmilha ou EPI específico para absorção de choque em ambos os pés do calçado.

Moderada a grave

- O atleta não poderá retornar às atividades até que seja examinado e liberado por um médico, apresente ausência de dor no calcanhar e no pé e total amplitude de movimento no tornozelo, bem como plena flexibilidade na panturrilha e no tendão do calcâneo.
- Ao retornar às atividades, o atleta deverá alongar a panturrilha e o tendão do calcâneo diariamente.
- Ao retornar às atividades, o atleta deverá fazer uso de uma palmilha ou EPI específico para absorção de choque em ambos os pés do calçado.

Prevenção

- Incentive os atletas a usarem calçados com solas adequadas para o calcanhar.

Metatarsalgia

Hiperextensão do hálux.

Causa
- Extensão (elevação) forçada do hálux.

Verifique a ocorrência dos seguintes sintomas

Grau I
- Dor leve abaixo do hálux.
- Dor leve ao flexionar ou estender o hálux.
- Dor leve ao caminhar, correr ou saltar, particularmente na fase de suspensão dos dedos do solo (ponta dos pés).

Graus II e III
- Dor moderada a intensa abaixo do hálux.
- Dor moderada a intensa ao flexionar ou estender o hálux.
- Dor moderada a intensa ao caminhar, correr ou saltar, particularmente na fase de suspensão dos dedos do solo (ponta dos pés).

Verifique os sinais

Grau I
- Leve sensibilidade na região da articulação entre o hálux e o pé.

Graus II e III
- Diminuição da capacidade ou incapacidade total para aterrissar sobre a região dorsal do pé ou caminhar sobre a ponta dos dedos.
- Sensibilidade, de moderada a intensa, na região da articulação entre o hálux e o pé.
- Edema.
- Diminuição da capacidade ou incapacidade total para saltar ou correr.
- Claudicação.

Condição de jogo

Grau I
- O atleta poderá retornar às atividades se os sinais e sintomas regredirem, se apresentar ausência de dor no hálux, bem como plena força, flexibilidade e amplitude de movimento nos dedos do pé.
- Caso seja encaminhado a um médico, o atleta não poderá retornar às atividades até que seja examinado e liberado.

Graus II e III
- O atleta não poderá retornar às atividades até que seja examinado e liberado por um médico, apresente ausência de dor no hálux, bem como plena força, flexibilidade e amplitude de movimento nos dedos do pé.

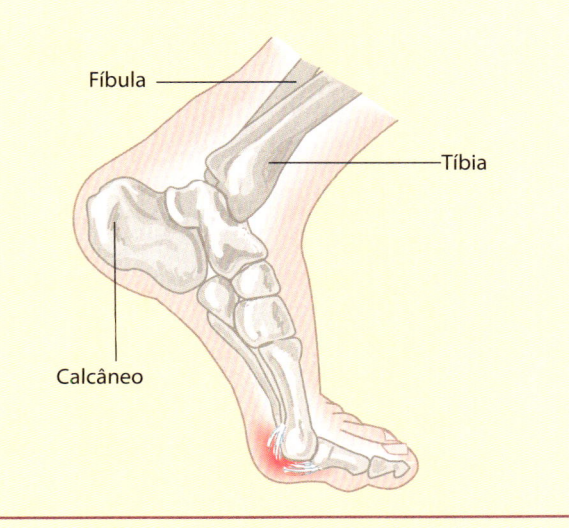

Figura 13.19 A metatarsalgia ocorre quando o hálux sofre uma hiperextensão.

Primeiros socorros

Grau I
1. Afaste o atleta de todas as atividades que causem dor.
2. Aplique gelo.
3. Encaminhe o atleta a um médico caso os sinais e sintomas se agravem (passem a ocorrer com mais frequência, especialmente em atividades diárias) ou não regridam dentro de alguns dias.

Graus II e III
1. Afaste o atleta de todas as atividades.
2. Monitore e trate os casos de choque se for necessário e acione a equipe de resgate caso isso ocorra.
3. Evite que o atleta movimente o pé lesionado.
4. Aplique gelo sobre a lesão e encaminhe o atleta a um médico (caso não esteja em estado de choque).

Prevenção
- Instrua os atletas a usarem calçados com solas mais rígidas na região anterior do pé, especialmente na prática de futebol americano, futebol, beisebol e *softball*.

Lesões crônicas da perna, tornozelo e pé

Periostite tibial (canelite)

Estiramento, ruptura ou inflamação dos músculos (fáscia), tendões ou da membrana que reveste os ossos da perna (periósteo).

Causas

- Contração ou estiramento vigoroso (lesão por tensão) dos músculos da perna.
- Aumento repentino da intensidade da atividade esportiva ou programa de condicionamento.
- Corridas repetidas sobre uma superfície irregular ou rígida.
- Rigidez dos músculos da panturrilha.
- Rigidez do tendão do calcâneo.
- Fraqueza ou falta de flexibilidade dos músculos da perna.
- Falha do mecanismo de absorção de choque pelo pé, o que permite que o impacto se propague para o osso da perna.
- Calçados com palmilhas inadequadas para a curvatura do pé.
- Tênis desgastados.

Verifique a ocorrência dos seguintes sintomas

Grau I

- Dor leve na parte interna ou externa da tíbia.
- Dor leve durante atividades que envolvam corridas e saltos.
- A dor diminui com o descanso.

Graus II e III

- Dor moderada a intensa na parte interna ou externa da tíbia.
- Dor ao caminhar.
- Dor durante o descanso.
- Dor moderada a intensa durante atividades que envolvam corridas e saltos.

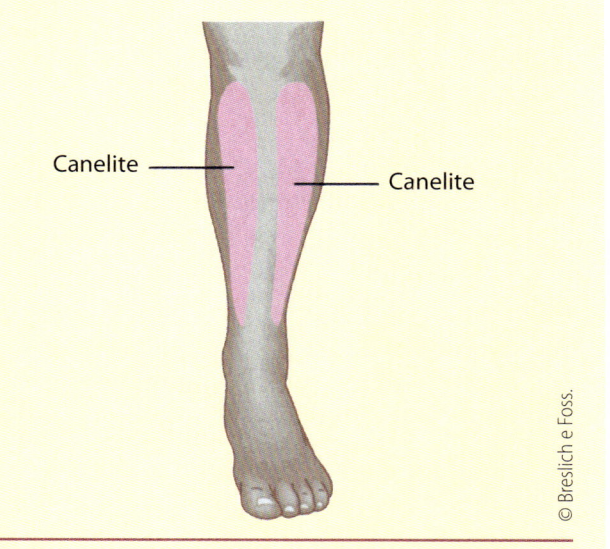

Figura 13.20   Áreas de dor da periostite tibial (canelite).

Verifique os sinais

Grau I

- Leve sensibilidade no local da lesão.

Graus II e III

- Sensibilidade, de moderada a intensa, no local da lesão.
- Edema.
- Diminuição na capacidade ou incapacidade total de correr ou saltar.

Primeiros socorros

Grau I

1. Afaste o atleta de todas as atividades que causem dor.
2. Aplique gelo.
3. Encaminhe o atleta a um médico caso os sinais e sintomas se agravem (passem a ocorrer com mais frequência, especialmente em atividades diárias) ou não regridam dentro de alguns dias.

Graus II e III

1. Afaste o atleta de todas as atividades.
2. Monitore e trate os casos de choque, se necessário, e acione a equipe de resgate caso isso ocorra.
3. Acione a equipe de resgate se qualquer um dos seguintes sintomas se manifestar:
   a. sinais de fratura – deformação aparente ou dor no local da lesão quando a tíbia ou a fíbula são pressionadas em um ponto acima e, em seguida, abaixo da lesão;
   b. sintomas e sinais de compressão de nervo (formigamento e dormência no pé ou dedos do pé);
   c. sintomas e sinais de interrupção da irrigação sanguínea (pé ou dedos do pé arroxeados e frios ao toque).
4. Evite que o atleta ande com o pé lesionado.
5. Aplique gelo sobre a lesão e encaminhe o atleta a um médico (caso a equipe de resgate não tenha sido acionada).

(continua)

Periostite tibial (canelite) *(continuação)*

Condição de jogo
Grau I
- O atleta poderá retornar às atividades se os sinais e sintomas regredirem, se apresentar ausência de dor na região tibial e total amplitude de movimento no tornozelo, bem como plena força na perna e flexibilidade total na panturrilha e no tendão do calcâneo.
- Caso seja encaminhado a um médico, o atleta não poderá retornar às atividades até que seja examinado e liberado.
- Ao retornar às atividades, o atleta deverá usar calçados que estabilizem e sustentem o arco dos pés.
- Ao retornar às atividades, o atleta deverá alongar a panturrilha e o tendão do calcâneo diariamente.

Graus II e III
- O atleta não poderá retornar às atividades até que seja examinado e liberado por um médico, apresente ausência de dor na região tibial e total amplitude de movimento no tornozelo, bem como plena força na parte inferior da perna e flexibilidade total na panturrilha e no tendão do calcâneo.
- Ao retornar às atividades, o atleta deverá usar calçados que estabilizem e sustentem o arco dos pés.
- Ao retornar às atividades, o atleta deverá alongar a panturrilha e o tendão do calcâneo diariamente.

Prevenção
- Incentive os atletas a realizarem exercícios de pré-temporada para fortalecimento da perna e alongamento da panturrilha e do tendão do calcâneo.
- Instrua os atletas a realizarem aquecimento aeróbico e cardiovascular adequado antes das atividades.
- Aumente gradualmente a intensidade do treino – com incrementos não superiores a 10% por semana.
- Instrua os atletas a usarem calçados que estabilizem e sustentem o arco dos pés.

Fratura por estresse da tíbia

Fratura ou fissura da tíbia, que ocorre com o passar do tempo.

Causas
- Aumento repentino da intensidade da atividade esportiva ou programa de condicionamento (superior a 10% por semana).
- Corrida ou saltos repetidos sobre uma superfície irregular ou rígida.
- Falha do mecanismo de absorção de choque pelo pé, o que permite que o impacto se propague para o osso da perna.
- Calçados inadequados para o arco do pé.
- Tênis desgastados.
- Amenorreia (ausência de menstruação causada em alguns casos por anorexia).

Verifique a ocorrência dos seguintes sintomas
- Dor ao longo da região anterior da perna.
- Dor ao caminhar.
- Dor durante o descanso.
- Dor moderada a intensa durante atividades que envolvam corridas e saltos.

Verifique os sinais
- Sensibilidade, de moderada a intensa, no local da lesão.
- Dor no local da lesão quando a tíbia é pressionada em um ponto acima ou abaixo da lesão.
- Edema.
- Diminuição na capacidade ou incapacidade total de correr ou saltar.
- Claudicação.

(continua)

Fratura por estresse da tíbia *(continuação)*

Primeiros socorros

1. Afaste o atleta de todas as atividades que exijam o uso da perna.
2. Monitore e trate os casos de choque, se necessário, e acione a equipe de resgate caso isso ocorra.
3. Acione a equipe de resgate se qualquer um dos seguintes sintomas se manifestar:
   a. deformação aparente;
   b. sintomas e sinais de compressão de nervo (formigamento e dormência no pé ou dedos do pé);
   c. sintomas e sinais de interrupção da irrigação sanguínea (pé ou dedos do pé arroxeados e frios ao toque).
4. Evite que o atleta caminhe com a perna lesionada.
5. Aplique gelo sobre a lesão e encaminhe o atleta a um médico (caso a equipe de resgate não tenha sido acionada).

Condição de jogo

- O atleta não poderá retornar às atividades até que seja examinado e liberado por um médico, apresente ausência de dor na região tibial e total amplitude de movimento no tornozelo, bem como força na perna e flexibilidade total na panturrilha e no tendão do calcâneo.
- Ao retornar às atividades, o atleta deverá usar calçados que estabilizem e sustentem o arco dos pés.

Prevenção

- Aumente gradualmente a intensidade do treino – com incrementos não superiores a cerca de 10% por semana.
- Instrua os atletas a usarem calçados que estabilizem e sustentem o arco dos pés.
- Faça com que os atletas corram em superfícies planas com boa absorção de impacto, como madeira ou grama.

Fique alerta
Com a síndrome compartimental por esforço

Se um atleta reclamar de dormência, formigamento ou fraqueza na parte frontal da perna, no pé ou nos dedos do pé, você deve evitar aplicar uma faixa elástica. Essa compressão adicional poderá agravar o quadro, restringindo ainda mais o fluxo sanguíneo para a região ou comprimindo os nervos do pé.

Síndrome compartimental por esforço

Aumento da pressão, geralmente na região frontal da perna, que constringe o fluxo sanguíneo para a perna e o pé.

Causas

- Desconhecida – possivelmente uma rigidez na fáscia (tecido) que circunda os músculos, tendões, nervos e artérias da perna.

Verifique a ocorrência dos seguintes sintomas

Leve

- Queimação, dor ou cãibra na região frontal da perna durante as atividades – pode regredir aproximadamente 30 minutos após o término da atividade.
- Formigamento no pé ou dedos do pé durante as atividades.
- Sensação de edema ou rigidez, que pode se agravar com a progressão da atividade.
- A dor geralmente começa após o início do exercício ou após atingir certo nível de intensidade.
- A dor é aliviada com descanso e retorna ao reiniciar o exercício.

Moderada a grave

- Queimação, dor e cãibra que persistem durante o descanso.
- Formigamento no pé ou dedos do pé durante a atividade e o descanso.
- Os pés se arrastam ao caminhar.
- Claudicação.

Verifique os sinais

Leve

- Leve edema ou rigidez ao toque.

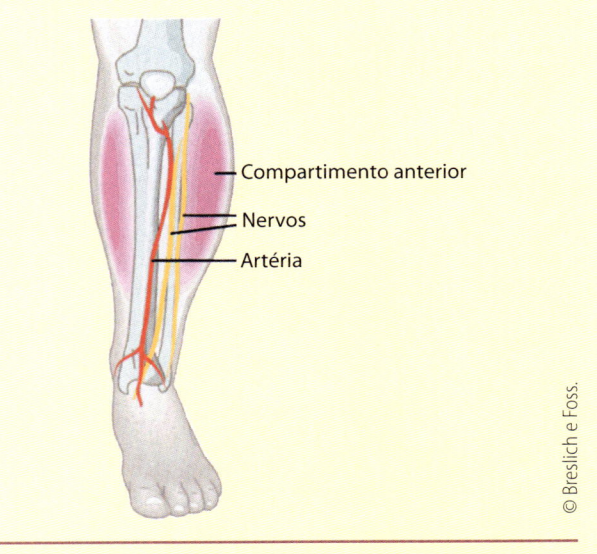

Figura 13.21 Síndrome compartimental por esforço.

Moderada a grave

- Fraqueza muscular, especialmente ao tentar flexionar o pé para cima.
- Perda de sensibilidade caso o edema comprima o nervo.
- Pé ou dedos do pé gelados e arroxeados caso o edema interrompa a irrigação sanguínea.
- Edema da perna em decorrência do exercício.

Primeiros socorros

Leve

1. Afaste o atleta de todas as atividades que provoquem o aparecimento de sinais e sintomas.
2. Encaminhe o atleta a um médico caso os sinais e sintomas se agravem (passem a ocorrer com mais frequência, especialmente em atividades diárias) ou não regridam dentro de alguns dias.

Moderada a grave

1. Afaste o atleta de todas as atividades.
2. Monitore e trate os casos de choque, se necessário, e acione a equipe de resgate caso isso ocorra.
3. Evite que o atleta caminhe com a perna lesionada.
4. Instrua o atleta a elevar a perna e encaminhe-o a um médico.

Condição de jogo

- O atleta não poderá retornar às atividades até que seja examinado e liberado por um médico, apresente ausência de dor na perna e total amplitude de movimento no tornozelo, bem como força na perna e nos dedos do pé e flexibilidade total na panturrilha e no tendão do calcâneo.

Prevenção

- Desconhecida.

Tendinite do tendão do calcâneo

Estiramento, ruptura ou inflamação do tendão que conecta os músculos da panturrilha ao calcanhar.

Causas
- Contração ou estiramento vigorosos e repetitivos dos músculos da panturrilha.
- Participação em atividades repetitivas e desgastantes que exigem ficar nas pontas dos pés (ginástica, basquete ou vôlei).

Verifique a ocorrência dos seguintes sintomas
Leve
- Dor leve entre o calcanhar e a parte inferior da panturrilha.
- Dor leve ao correr e saltar.
- Dor leve ao apontar o pé para baixo.
- Dor leve ao estender o pé para cima em direção à perna.

Moderada a grave
- Dor moderada a intensa entre o calcanhar e a parte inferior da panturrilha.
- Dor moderada a intensa ao apontar o pé para baixo.
- Dor moderada a intensa ao estender o pé para cima em direção à perna.
- Dor moderada a intensa ao correr e saltar.

Verifique os sinais
Leve
- Leve sensibilidade na região.

Moderada a grave
- Sensibilidade, de moderada a intensa, na região.
- Edema.
- Espessamento do tendão.
- Diminuição da capacidade ou incapacidade total de apontar o pé para baixo ou ficar na ponta dos pés.
- Diminuição da capacidade ou incapacidade total de saltar ou correr.
- Claudicação.

Condição de jogo
Leve
- O atleta poderá retornar às atividades se apresentar ausência de dor no tendão do calcâneo e total amplitude de movimento no tornozelo, bem como plena força e flexibilidade no tendão do calcâneo e na panturrilha.
- Caso seja encaminhado a um médico, o atleta não poderá retornar às atividades até que seja examinado e liberado.

Primeiros socorros

Leve
1. Afaste o atleta de atividades que causem dor.
2. Aplique gelo.
3. Encaminhe o atleta a um médico caso os sinais e sintomas se agravem (passem a ocorrer com mais frequência, especialmente em atividades diárias) ou não regridam dentro de alguns dias.

Moderada a grave
1. Afaste o atleta de todas as atividades.
2. Monitore e trate os casos de choque, se necessário, e acione a equipe de resgate caso isso ocorra.
3. Evite que o atleta movimente a perna lesionada.
4. Aplique gelo sobre a lesão e encaminhe o atleta a um médico (caso não esteja em estado de choque).

- Ao retornar às atividades, o atleta deverá alongar a panturrilha e o tendão do calcâneo diariamente.

Moderada a grave
- O atleta não poderá retornar às atividades até que seja examinado e liberado por um médico, apresente ausência de dor no tendão do calcâneo e total amplitude de movimento no tornozelo, bem como plena força e flexibilidade no tendão do calcâneo e na panturrilha.
- Ao retornar às atividades, o atleta deverá alongar a panturrilha e o tendão do calcâneo diariamente.

Prevenção
- Incentive os atletas a realizarem exercícios de pré-temporada para fortalecimento e alongamento da panturrilha e do tendão do calcâneo.
- Instrua os atletas a realizarem aquecimento aeróbico e cardiovascular adequado antes das atividades.

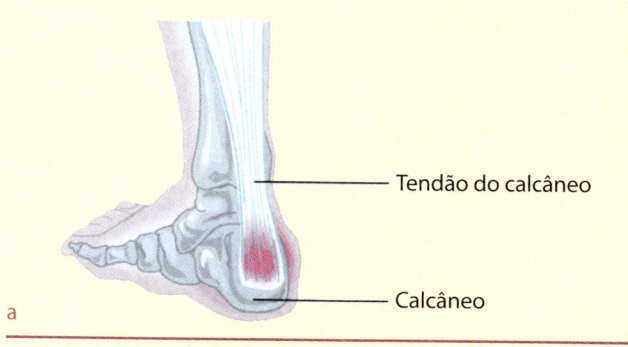

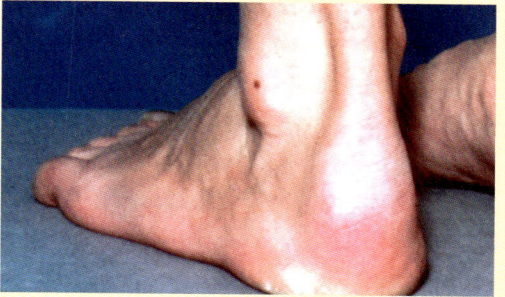

Figura 13.22 Tendinite no tendão do calcâneo: (a) inflamação do tendão e (b) vista externa.

Fascite plantar

Estiramento ou inflamação do tecido que conecta o calcanhar aos dedos do pé.

Causas
- Pé chato.
- Arco do pé alto ou arqueado.
- Usar calçados inadequados para o arco do pé.
- Rigidez dos músculos da panturrilha.
- Aumento muito rápido e precoce da intensidade de corrida (mais que 10% por semana).

Verifique a ocorrência dos seguintes sintomas

Leve
- Dor leve ao longo do arco do pé ou próximo à base do calcanhar.
- Dor leve ao correr ou saltar.

Moderada a grave
- Dor moderada a intensa ao longo do arco do pé ou próximo à base do calcanhar.
- Sensação de rigidez ou fraqueza muscular.
- Dor ao caminhar.
- Dor moderada a intensa ao correr ou saltar.

Verifique os sinais

Leve
- Leve sensibilidade na região.

Moderada a grave
- Sensibilidade, de moderada a intensa, na região.
- Arco do pé pode se tornar plano.
- Diminuição da capacidade ou incapacidade total para fazer força com o pé ou apontá-lo para baixo.
- Edema.
- Claudicação.

Condição de jogo

Leve
- O atleta poderá retornar às atividades caso a fáscia plantar não esteja doendo e ele apresente flexibilidade total no tendão do calcâneo e na panturrilha.
- Caso seja encaminhado a um médico, o atleta não poderá retornar às atividades até que seja examinado e liberado.
- Ao retornar às atividades, o atleta deverá alongar diariamente a panturrilha, o tendão do calcâneo e a fáscia plantar.
- Ao retornar às atividades, o atleta deverá usar calçados com solas adequadas para o calcanhar e que sustentem e estabilizem o arco dos pés.

Moderada a grave
- O atleta não poderá retornar às atividades até que seja examinado e liberado por um médico, apresente ausência de dor na fáscia plantar e flexibilidade total no tendão do calcâneo e na panturrilha.
- Ao retornar às atividades, o atleta deverá alongar diariamente a panturrilha, o tendão do calcâneo e a fáscia plantar.

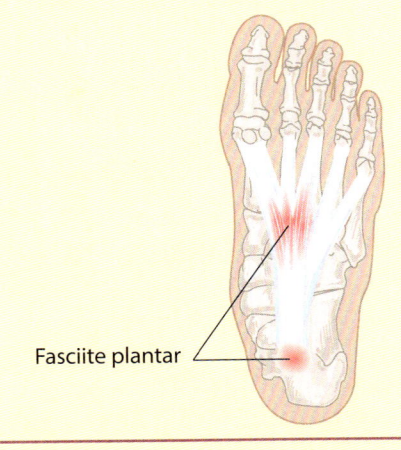

Figura 13.23 Base do pé: fascite plantar.

Primeiros socorros

Leve
1. Afaste o atleta de atividades que causem dor.
2. Aplique gelo.
3. Encaminhe o atleta a um médico caso os sinais e sintomas se agravem (passem a ocorrer com mais frequência, especialmente em atividades diárias) ou não regridam dentro de alguns dias.

Moderada a grave
1. Afaste o atleta de todas as atividades.
2. Monitore e trate os casos de choque, se necessário, e acione a equipe de resgate caso isso ocorra.
3. Evite que o atleta ande com o pé lesionado.
4. Aplique gelo sobre a lesão e encaminhe o atleta a um médico (caso não esteja em estado de choque).

- Ao retornar às atividades, o atleta deverá usar calçados com solas adequadas para o calcanhar e que sustentem e estabilizem o arco dos pés.

Prevenção
- Incentive os atletas a realizarem exercícios de pré-temporada para alongamento da panturrilha, do tendão do calcâneo e da fáscia plantar.
- Instrua os atletas a realizarem aquecimento aeróbico e cardiovascular adequado antes das atividades.
- Aumente gradualmente a intensidade do treino – com incrementos não superiores a 10% por semana.
- Instrua os atletas a usarem calçados com solas adequadas para o calcanhar e que sustentem e estabilizem o arco dos pés.

Em razão da prevalência de lesões de panturrilha, região tibial, tornozelo e pé nos esportes, você precisa estar bem familiarizado com as técnicas de primeiros socorros para as lesões apresentadas. Essas lesões comuns e seus cuidados apropriados estão resumidos no Apêndice.

Capítulo 13
Revisão

- Quais são os mecanismos de uma distensão abdominal?
- Quais são as técnicas de primeiros socorros que podem ser usadas em uma dor aguda nas laterais do tronco?
- Quais são os sinais de uma luxação do quadril?
- O que é uma contusão da crista ilíaca?
- Que movimentos do quadril podem causar dor se um atleta sofrer uma distensão do flexor do quadril?
- Quais são os sinais e sintomas de uma distensão moderada a grave do adutor da coxa?
- O que pode acontecer se uma contusão na coxa for repetidamente submetida a golpes diretos?
- Em que local pode surgir um hematoma (descoloração) no caso de uma distensão do quadríceps de graus II e III?
- Quais são os movimentos do quadril e da coxa que podem causar dor caso um atleta sofra uma distensão dos isquiotibiais?
- Qual é o mecanismo de lesão de uma entorse do joelho?
- Qual é o sinal mais aparente de uma luxação da patela?
- Quais são os movimentos que podem causar dor caso um atleta sofra uma ruptura da cartilagem do joelho?
- Quais são as causas potenciais de tendinite da patela?
- Quais são os sinais e sintomas de uma dor patelofemoral?
- Onde é sentida a dor do trato iliotibial?
- Quais são os sinais observáveis que diferenciam uma distensão da panturrilha de graus II e III de uma de grau I?
- Quais são os mecanismos de lesão da maioria das entorses do tornozelo?
- O que pode ser feito para ajudar a evitar uma contusão do calcanhar?
- A metatarsalgia é uma lesão que afeta qual dedo do pé?
- Quais são as causas potenciais da periostite tibial (canelite)?
- Como você pode diferenciar entre periostite tibial e fratura por estresse da tíbia?
- Quais são os sinais e sintomas de uma síndrome compartimental por esforço moderada a grave?
- Qual é um sinal observável de uma tendinite do tendão do calcâneo moderada a grave?
- Onde um atleta sente dor se estiver sofrendo de fascite plantar?

BIBLIOGRAFIA

Cavanaugh, P.R., and J.R. Robinson. 1989. A biomechanical perspective on stress fractures in NBA players. A final report to the National Basketball Association. Research partially supported by and submitted to the NBA.

Comstock, R.D., C.L. Collins, and E.E. Yard. National high school sports-related injury surveillance study, 2005-06 and 2006-07 school years (Personal Communication, February 1, 2008).

Hinton, R.Y., A.E. Lincoln, J.L. Almquist, W.A. Douoguih, and K.M. Sharma. 2005. Epidemiology of lacrosse injuries in high school-aged girls and boys: A 3-year prospective study. American Journal of Sports Medicine, 33 (9): 1305-1314.

CAPÍTULO 14
Lesões na face e na cabeça

Neste capítulo, você irá aprender

- A identificar lesões graves na face, no olho e na boca.
- A prestar primeiros socorros adequados em casos de lesões na face, no olho e na boca.
- Maneiras de evitar lesões na face, no olho e na boca.
- A determinar em que condições uma laceração na face ou na cabeça exige atenção médica.

Lesões e doenças abordadas neste capítulo

Lacerações na face e na cabeça
- Laceração na face e na cabeça.....................p. 195

Lesões no olho
- Contusão no olho ....p. 197
- Perfuração do olho ....p. 199
- Abrasão no olho...............................p. 200
- Fratura da órbita ocular ....p. 201

Lesões no nariz, no osso facial e na mandíbula
- Sangramento do nariz ....p. 202
- Fratura do nariz..............................p. 202
- Fratura do terço médio da face ....p. 203
- Fratura do osso zigomático ....p. 203
- Lesão na mandíbula ....p. 204

Lesões no dente
- Deslocamento do dente ....p. 205
- Dente lascado ou fraturado ....p. 205

Lesões na orelha
- Contusão na orelha (orelha de couve-flor) ....p. 206

Os esportes podem trazer grandes riscos para a face e a cabeça. Basta uma rápida cotovelada ou um rebote inesperado de uma bola para o atleta acabar sentado na cadeira de um oftalmologista ou de um cirurgião-dentista. A NATA (Powell e Barber-Foss, 1999) descobriu que as lesões na face e na cabeça ocorrem com mais frequência no beisebol, no basquete, no futebol americano e no *softball* (Tab. 14.1).

Por essas lesões envolverem órgãos sensoriais vitais, como olhos, nariz, boca e ouvido, assim como a aparência do atleta, deve-se ter um grande cuidado ao avaliar e prestar os primeiros socorros. Além disso, essas lesões tendem a sangrar abundantemente, uma vez que o rosto é irrigado por uma extensa rede de vasos sanguíneos.

LACERAÇÕES NA FACE E NA CABEÇA

Como tendem a apresentar sangramento abundante, as lesões na face e na cabeça podem assustar. Abaixo você encontrará diretrizes para avaliar quais são as que exigem intervenção médica e de que forma elas devem ser tratadas.

O Apêndice apresenta um resumo dos primeiros socorros para os casos de laceração na face e na cabeça.

Tabela 14.1 Lesões na face e na cabeça em esportes do ensino médio

Esporte	Percentual de lesões totais neste esporte
Beisebol	8,9
Basquete	10,0 (masculino) 6,7 (feminino)
Futebol americano	2,2
Softball	8,0

Adaptado com permissão de J. W. Powell e K. D. Barber-Foss, 1999, "Injury patterns in selected high school sports: a review of the 1995-1997 seasons", *Journal of Athletic Training* 34(3):277-284.

Laceração na face e na cabeça

Corte, geralmente na sobrancelha, no queixo, na testa, no nariz ou no couro cabeludo.

Causa

- Golpe direto ou choque com o cotovelo ou objetos como bola ou raquete.

Verifique a ocorrência dos seguintes sintomas

- Dor.

Verifique os sinais

- Sangramento rápido. (Lacerações na face e na cabeça tendem a apresentar sangramento abundante por causa da extensa rede de vasos sanguíneos na região. No entanto, em geral, elas parecem piores do que realmente são.)
- Edema.
- Possível hematoma.

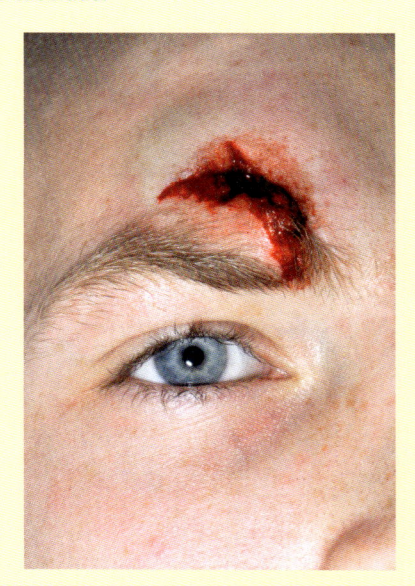

Figura 14.1 Laceração na face.

Primeiros socorros

Se o atleta não apresenta uma deformidade óbvia no local da lesão ou sinais de lesão cerebral, vertebral ou outras lesões sérias, faça o seguinte:

1. Coloque o atleta sentado.
2. Cubra a lesão com gaze esterilizada e aplique pressão.
3. Depois de estancar o sangramento, cubra a lesão com gaze esterilizada ou rolo de gaze esterilizada.
4. Encaminhe o atleta a um médico nas seguintes situações: se as bordas do ferimento estiverem abertas (não se unirem, como na Fig. 14.1), você for incapaz de limpar totalmente o ferimento, ou ele contiver resíduos ou houver um corpo estranho incrustado nele.
5. Se o sangramento não parar, o atleta estiver apresentando problemas respiratórios, houver lesão na cabeça ou coluna ou outras lesões instáveis ou graves:
   a. acione a equipe de resgate;
   b. monitore a respiração e, caso necessário, realize a RCP;
   c. monitore e trate os casos de choque se necessário.

Condição de jogo

- Se as bordas do ferimento estiverem abertas, houver preocupação quanto a uma possibilidade de deformação, ou o atleta tiver sido encaminhado a um médico, ele não poderá retornar às atividades até que seja examinado e liberado.
- Se o sangramento parar, as bordas do ferimento estiverem unidas e o atleta e seus pais não demonstrarem preocupação quanto a uma possibilidade de deformação, ele poderá retornar às atividades (o ferimento deverá ficar coberto).

Prevenção

- Exija que os atletas usem equipamento protetor apropriado para o esporte, como máscaras protetoras, protetores para a cabeça, capacetes, óculos protetores e protetores bucais.

LESÕES NO OLHO

Os olhos ficam expostos ao risco de lesões devastadoras durante a prática de esportes. Por exemplo, os arremessos no beisebol e no *softball* podem atingir mais de 140 km/hora. Tênis, lacrosse, basquete, hóquei no gelo, hóquei na grama e badminton são igualmente perigosos. A boa notícia é que o uso de óculos ou máscaras de proteção pode reduzir significativamente o risco de lesões oculares. De fato, a American Academy of Ophthalmology sugere que o uso de óculos de proteção pode evitar 90% das lesões nos olhos. Os óculos recomendados possuem lentes de policarbonato capazes de parar uma esfera lançada a cerca de 220 km/hora e de desviar um objeto que exerça sobre ele um impacto superior a 500 kg de força.

A fim de compreender as lesões oculares, vejamos a anatomia básica do olho (Fig. 14.2). Na sua parte externa existe uma rígida parede branca chamada esclera. Essa estrutura é revestida por uma membrana fina, úmida e clara — a conjuntiva —, que protege e lubrifica o globo ocular e contém nervos e pequenos vasos sanguíneos. A parte redonda e colorida do olho é a íris. Ela contém músculos que abrem e fecham a pupila (o ponto negro no centro) em resposta à luz. A luz faz com que os músculos se contraiam, reduzindo o tamanho da pupila. A íris e a pupila são revestidas por uma membrana clara chamada córnea, que auxilia no foco do olho. O olho inteiro aloja-se na órbita, uma fina cavidade óssea no crânio.

O Apêndice apresenta um resumo dos primeiros socorros para lesões oculares graves causadas por um golpe direto e para as abrasões oculares.

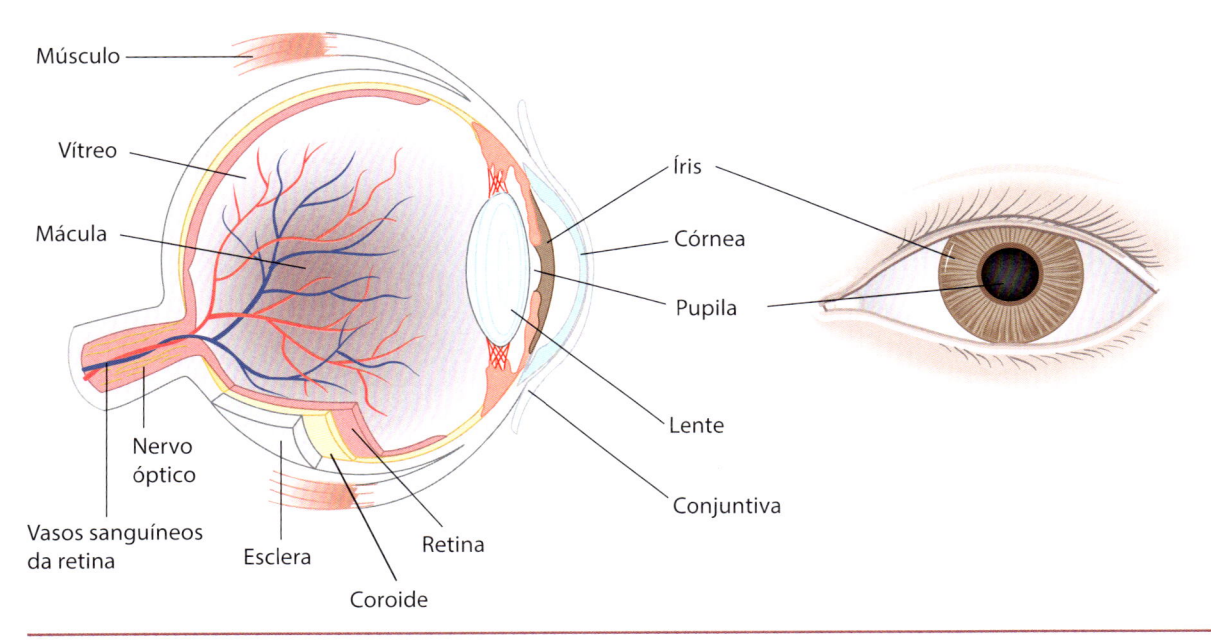

Figura 14.2 Anatomia do olho.

Contusão no olho

Contusão nas estruturas oculares.

Causa
- Golpe direto (como o de uma bola ou do cotovelo).

Verifique a ocorrência dos seguintes sintomas
- Falta de visibilidade.
- Visão dupla.
- Manchas flutuantes na visão.
- Embaçamento persistente da visão.
- Dor.
- Sensação de clarões luminosos.

(continua)

Contusão no olho *(continuação)*

Verifique os sinais

- Acúmulo de sangue na parte branca do olho ou na íris.
- Restrição dos movimentos oculares.
- Íris ou pupila com forma irregular.
- Corte na córnea.
- Tecido escuro visível na córnea ou na esclera.
- Falta de uniformidade da pupila (reação à luz, tamanho e acompanhamento).
- Incapacidade para abrir os olhos.
- Perda da visão periférica.
- Deformidade palpável dos ossos ao redor do olho.
- Sensibilidade à luz.
- Pupilas desalinhadas (uma mais alta que a outra).

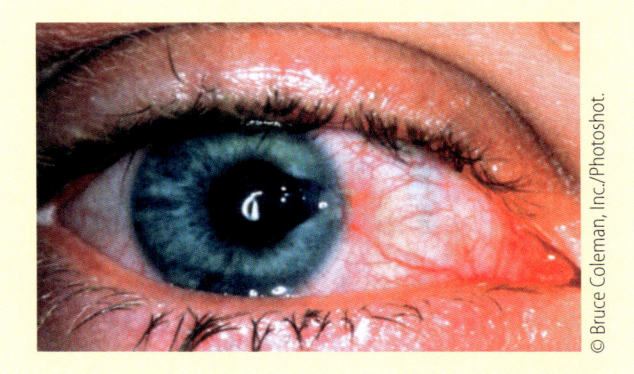

Figura 14.4 Pupila irregular.

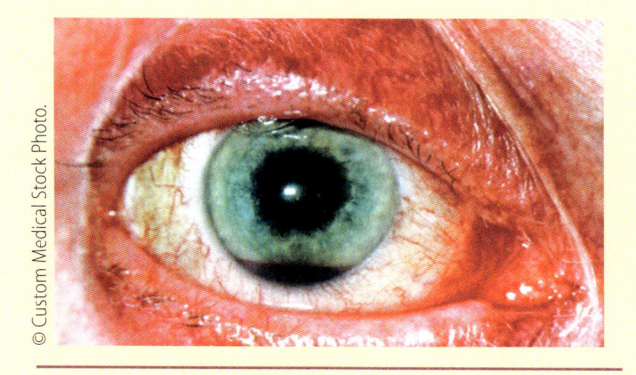

Figura 14.3 Sangue acumulado no olho.

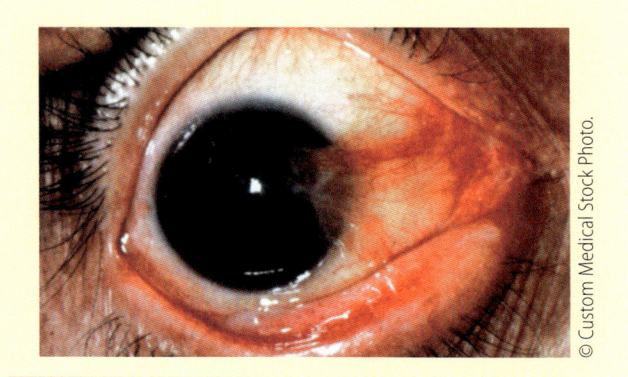

Figura 14.5 Laceração da córnea.

Primeiros socorros

1. Acione a equipe de resgate.
2. Coloque o atleta sentado em uma posição ereta ou semirreclinada (45°).
3. Se a equipe de resgate demorar mais que 15 minutos, aplique delicadamente um tampão sobre ambos os olhos (para limitar o movimento).
4. Monitore a respiração e, caso necessário, realize a RCP.
5. Monitore e trate os casos de choque se necessário.
6. Inicie a avaliação física.

Condição de jogo

- O atleta não poderá retornar às atividades até que seja examinado e liberado por um médico.

Prevenção

- Incentive os atletas a usarem óculos de segurança, máscaras ou escudos faciais criados especificamente para esportes.

Perfuração do olho

Tecido ocular penetrado por uma lasca ou outro objeto.

Causa
- Perfuração ocular causada por um objeto.

Verifique a ocorrência dos seguintes sintomas
- Dor.
- Queimação.

Verifique os sinais
- Acúmulo de sangue na parte branca do olho ou na íris.
- Íris ou pupila com forma irregular.
- Corte na córnea.
- Tecido escuro visível na córnea ou na esclera.
- Objeto incrustado.

a

b

Figura 14.6 Entre os primeiros socorros para o caso de objetos incrustados no olho constam: (a) aplicar cuidadosamente em torno do olho uma gaze de proteção em formato de rosca; (b) prender com firmeza um copo de papel, usando esparadrapo micropore e gaze de rolo.

Primeiros socorros

1. Acione a equipe de resgate.
2. Coloque o atleta sentado em uma posição ereta ou semirreclinada (45°).
3. Se a equipe de resgate demorar mais que 15 minutos, aplique delicadamente um tampão sobre o olho com o objeto incrustado para evitar o movimento.
4. Monitore a respiração e, caso necessário, realize a RCP.
5. Monitore e trate os casos de choque se necessário.

Condição de jogo
- O atleta não poderá retornar às atividades até que seja examinado e liberado por um médico.

Prevenção
- Incentive os atletas a usarem óculos de segurança, máscaras ou escudos faciais criados especificamente para esportes.

Abrasão no olho

Arranhão superficial na área clara (córnea) que reveste o olho.

Causa
- Sujeira, areia ou outro corpo estranho no olho.

Verifique a ocorrência dos seguintes sintomas
- Dor.
- Sensação de queimação.
- Sensação de estar com algo dentro do olho.

Verifique os sinais
- Vermelhidão.
- Lacrimejamento.
- Possível presença de corpo estranho no olho.
- Diminuição da visão.
- Visão embaçada.
- Sensibilidade à luz.
- Possível arranhão no olho.

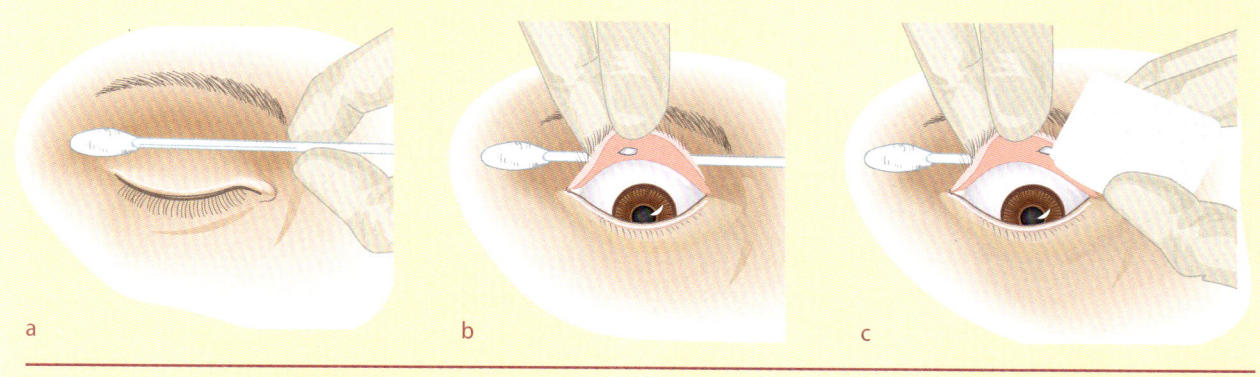

Figura 14.7 Se o objeto estiver embaixo da pálpebra superior, (a) coloque um cotonete sobre a pálpebra, (b) puxe-a com os dedos e, em seguida, (c) remova o objeto com gaze esterilizada. (Certifique-se de que a gaze esteja umedecida com solução salina estéril.)

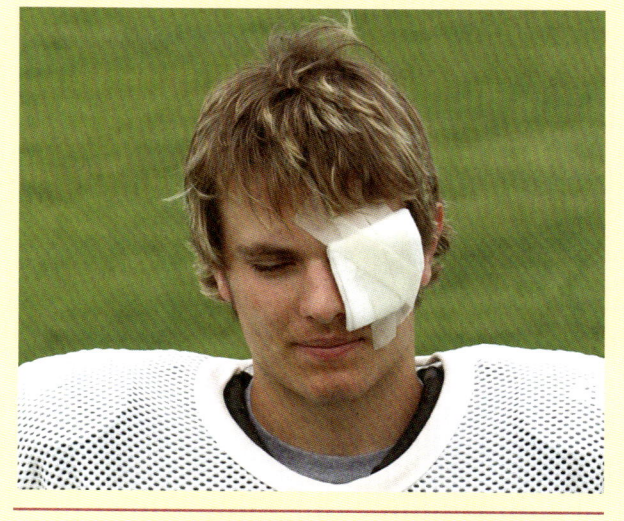

Figura 14.8 Para cobrir o olho com um tampão, coloque uma gaze esterilizada sobre o olho e prenda-a ao rosto, de forma frouxa, com um esparadrapo micropore.

Primeiros socorros

Com exceção de vidro, tente remover qualquer pequena partícula que cause irritação, como, por exemplo, sujeira, conforme mostrado na Figura 14.7. Caso você não consiga remover o objeto nem minimizar a dor do atleta, ele estiver apresentando perda ou embaçamento da visão, ou o objeto for vidro, proceda da seguinte maneira:
1. Coloque o atleta sentado em uma posição semirreclinada.
2. Aplique delicadamente um tampão, rolo de gaze esterilizada ou copo sobre ambos os olhos (Fig. 14.8), porque, do contrário, movimentos do olho não lesionado farão com que o lesionado também se mova.
3. Encaminhe o atleta imediatamente a um médico.

Condição de jogo
- Se o atleta apresentar dor persistente ou visão embaçada ou diminuída, ele não poderá retornar às atividades até que seja examinado e liberado por um médico.

Prevenção
- Recomende o uso de óculos de segurança, máscaras ou escudos faciais.

Fratura da órbita ocular

Fratura na órbita óssea do olho.

Causa
- Golpe direto.

Verifique a ocorrência dos seguintes sintomas
- Dor.
- Alteração da sensibilidade sob o olho.

Verifique os sinais
- Edema da pálpebra.
- Visão dupla, em especial ao olhar fixamente para cima.
- Restrição dos movimentos oculares.
- Íris ou pupila com forma irregular.
- Deformação palpável dos ossos ao redor do olho.
- Pupilas desalinhadas (uma mais alta que a outra).
- Mancha.
- Possível sangramento dentro da parte branca do olho ou na íris.
- Deformação.
- Afundamento do olho.

Primeiros socorros
1. Acione a equipe de resgate.
2. Coloque o atleta sentado em uma posição ereta ou semirreclinada (45°).
3. Monitore a respiração e, caso necessário, realize a RCP.
4. Monitore e trate os casos de choque se necessário.

Condição de jogo
- O atleta não poderá retornar às atividades até que seja examinado e liberado por um médico.

Prevenção
- Recomende o uso de óculos protetores ou escudos faciais.

Fique alerta
No caso de abrasões no olho

Se um atleta sofrer abrasão no olho, tome estas precauções:
- não esfregue o olho;
- não remova objetos incrustados;
- não remova vidro;
- não remova lentes de contato;
- não lave o olho.

LESÕES NO NARIZ, NO OSSO FACIAL E NA MANDÍBULA

Fraturas no nariz, na face e na mandíbula podem afetar a passagem de ar e, portanto, exigem avaliação rápida. Além disso, ao avaliar essas lesões, deverá usar um leve "toque" para sentir as deformações.

Sangramento do nariz

Sangramento nasal (epistaxe).

Causas
- Golpe direto.
- Possível lesão na cabeça.
- Pressão arterial alta.
- Vias nasais ressecadas.

Verifique a ocorrência dos seguintes sintomas
- Dor, caso tenha sofrido um golpe direto.
- Obstrução ou congestão nasal.

Verifique os sinais
- Sangramento.

Primeiros socorros

1. Coloque o atleta sentado com a cabeça para a frente.
2. Use gaze esterilizada e aperte as narinas com os dedos por 5 a 10 minutos para aplicar pressão direta, como na Figura 14.9.
3. Encaminhe o atleta a um médico caso o sangramento não estanque dentro de 15 a 20 minutos ou ele tiver sido causado por uma lesão.
4. Aconselhe o atleta a não assoar o nariz.

Condição de jogo
- O atleta poderá retornar às atividades depois que estiver 5 minutos sem sangramento.
- Se o sangramento foi causado por uma lesão mais grave, o atleta deve ser examinado e liberado por um médico antes de retornar às atividades.

Prevenção
- Recomende o uso de protetores e máscaras faciais na prática do futebol americano, hóquei no gelo e lacrosse.

Figura 14.9 Pressão direta para o caso de sangramento do nariz.

Fratura do nariz

Fratura na cartilagem ou no osso do nariz.

Causa
- Golpe direto.

Verifique a ocorrência dos seguintes sintomas
- Dor.
- Sensação desagradável.

Verifique os sinais
- Edema.
- Mancha.
- Possível deformação.
- Possível sangramento.
- Incapacidade para respirar pelo nariz.

Condição de jogo
- O atleta não poderá retornar às atividades até que seja examinado e liberado por um médico.

Primeiros socorros

1. Coloque o atleta sentado com a cabeça para a frente a fim de permitir que o sangue e os líquidos sejam liberados para fora do nariz.
2. Aplique gelo suavemente durante 15 minutos. Aperte com cuidado as narinas, usando gazes, caso necessário, para estancar o sangramento.
3. Encaminhe o atleta a um médico.

- Ao retornar às atividades de contato, o atleta deverá usar um protetor para o nariz.

Prevenção
- Recomende o uso de protetores e máscaras faciais na prática do futebol americano, hóquei no gelo e lacrosse.

Fratura do terço médio da face

Fratura no osso facial (maxila) acima da boca.

Causa
- Golpe direto.

Verifique a ocorrência dos seguintes sintomas
- Dor.
- Dormência.

Verifique os sinais
- Incapacidade para cerrar os dentes corretamente.
- Problemas visuais.
- Corrimento nasal (sangue ou outros líquidos).
- Hematoma.
- Deformação.
- Sensibilidade na área fraturada.

Condição de jogo
- O atleta não poderá retornar às atividades até que seja examinado e liberado por um médico.
- Ao retornar às atividades, o atleta deverá usar uma máscara de proteção facial.

Prevenção
- Recomende o uso de máscaras de proteção facial na prática do futebol americano, hóquei no gelo e lacrosse.

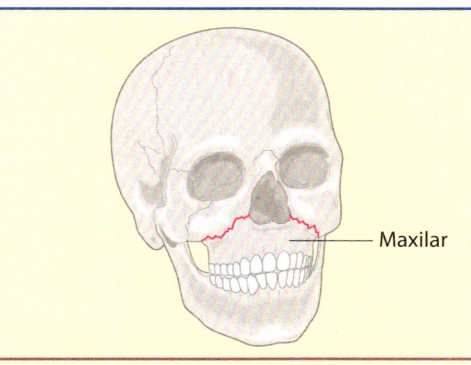

Figura 14.10 Fratura do terço médio da face.

Primeiros socorros
1. Se a respiração estiver prejudicada ou o atleta estiver em estado de choque, monitore a respiração, administre a RCP se houver necessidade e acione a equipe de resgate.
2. Se o atleta não apresentar dificuldades de respiração nem choque, aplique gelo delicadamente por 15 minutos e encaminhe-o a um médico.

Fratura do osso zigomático

Fratura do osso zigomático, situado nas bochechas.

Causa
- Golpe direto.

Verifique a ocorrência dos seguintes sintomas
- Dor ao movimentar a mandíbula.
- Sensibilidade alterada sob o olho.
- Dor ou dormência na face ou nas bochechas.

Verifique os sinais
- Achatamento das bochechas ou outra deformação.
- Sangue na lateral do olho.

Condição de jogo
- O atleta não poderá retornar às atividades até que seja examinado e liberado por um médico.
- Ao retornar às atividades, o atleta deverá usar uma máscara de proteção facial.

Prevenção
- Recomende o uso de máscaras de proteção facial na prática do futebol americano, hóquei no gelo e lacrosse.

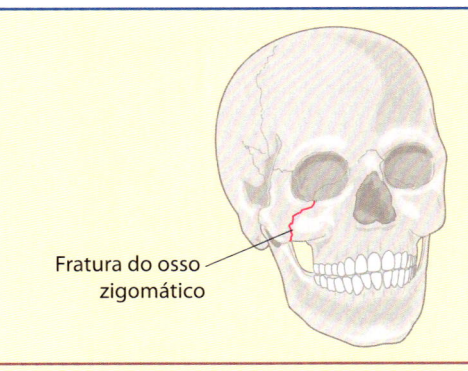

Figura 14.11 Fratura do osso zigomático.

Primeiros socorros
1. Se a respiração estiver prejudicada ou o atleta estiver em estado de choque, monitore a respiração, administre a RCP se houver necessidade e acione a equipe de resgate.
2. Caso contrário, aplique gelo delicadamente por 15 minutos e encaminhe o atleta a um médico.

Lesão na mandíbula

Fratura, contusão ou luxação da mandíbula.

Causa
- Lesão por torção ou golpe direto.

Verifique a ocorrência dos seguintes sintomas
- Dor.
- Sensação de estalido ao abrir e fechar a boca.

Verifique os sinais
- Deformação.
- Mancha.
- Edema.
- Incapacidade para fechar a boca.
- Possível deslocamento da mandíbula.
- Oclusão – arcadas dentárias superior e inferior não se alinham quando a mandíbula é fechada.

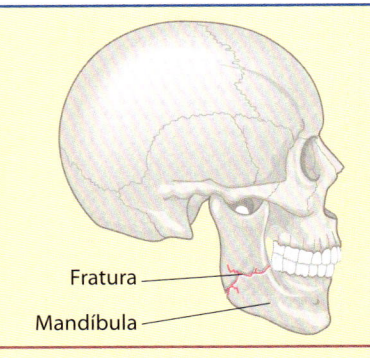

Figura 14.12 Fratura da mandíbula.

Condição de jogo
- O atleta não poderá retornar às atividades até que seja examinado e liberado por um médico.

Prevenção
- Recomende o uso de capacetes, protetores bucais e máscaras faciais sempre que apropriado.

Primeiros socorros

Proceda da seguinte maneira, se a respiração estiver prejudicada, houver deformação ou o atleta estiver em estado de choque:

1. Acione a equipe de resgate.
2. Monitore a respiração e, caso necessário, realize a RCP.
3. Se não houver suspeita de lesão na coluna ou choque, coloque o atleta sentado com a cabeça para a frente a fim de permitir que o líquido seja liberado para fora da boca.

Se não houver suspeita de lesão na coluna, mas o atleta estiver em estado de choque, deite-o de lado, evitando, assim, pressão sobre a mandíbula.

Proceda da seguinte maneira, se a respiração não estiver prejudicada, não houver deformação e o atleta não estiver em estado de choque:

1. Aplique gelo delicadamente por 15 minutos e encaminhe o atleta a um médico.

LESÕES NO DENTE

O dente é composto por coroa e raiz. A coroa — a parte visível — é recoberta por uma camada externa mais dura (o esmalte). A raiz se estende para baixo da linha da gengiva e é revestida pelo cemento dentário. Dentro da raiz, a polpa contém o sangue que irriga o dente e as fibras nervosas responsáveis pela sensação de dor e de temperatura. A polpa produz também a dentina, que constitui a maior parte do dente e fica localizada diretamente abaixo do esmalte. O dente se fixa em uma cavidade óssea (alvéolo) por meio de um ligamento e é protegido pela gengiva (Fig. 14.13).

São diversos os tipos de lesões dentárias que ocorrem nos esportes, incluindo luxação, deslocamento e fratura parcial ou total. O uso de protetores bucais ajustados sob medida pode prevenir a maioria dessas lesões. De fato, um estudo recente de lesões dentárias no basquete universitário demonstrou que o uso de tais protetores reduz significativamente o número de lesões dentárias sofridas por atletas e também o número de atletas encaminhados a médicos em virtude de lesões nos dentes (Labella, Smith e Sigurdsson, 2002).

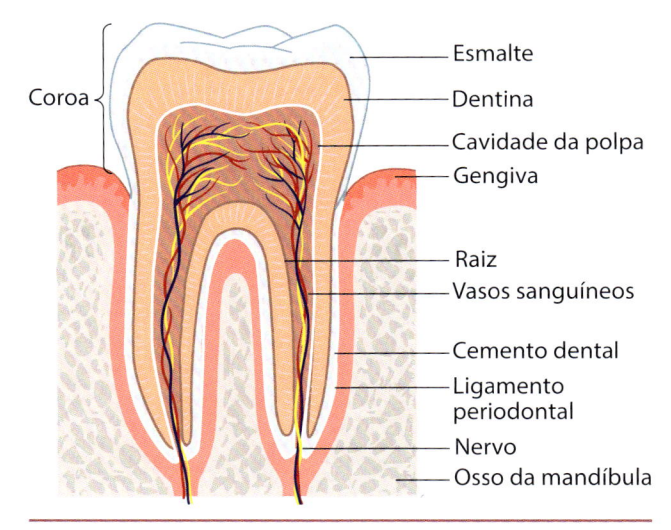

Figura 14.13 Anatomia do dente.

Deslocamento do dente

Deslocamento do dente para fora de sua cavidade (alvéolo).

Causa
- Golpe direto.

Verifique a ocorrência dos seguintes sintomas
- Dor.

Verifique os sinais
- Sangramento.
- Dente totalmente fora do lugar.
- Edema das gengivas.

Primeiros socorros

1. Segure o dente pela coroa e não pela raiz.
2. Se o dente estiver sujo, lave-o (sem esfregar) com solução salina. Água pode ser utilizada se não houver solução salina, mas pode diminuir as chances de reimplante bem-sucedido.
3. Coloque o dente em um frasco apropriado para aumentar as chances de reimplantação. Se você não tiver um, coloque o dente em solução salina. Se não possuir solução salina, use uma embalagem de leite.
4. Coloque o atleta sentado com a cabeça para a frente a fim de permitir que o sangue seja liberado para fora da boca.
5. Use uma solução salina ou água da torneira para limpar as feridas com sangramento.
6. Peça para o atleta morder uma gaze estéril para ajudar a secar e retardar o sangramento.
7. Encaminhe o atleta a um dentista imediatamente! A chance de um reimplante de dente bem-sucedido é maior se ele for feito dentro de 30 minutos após a ocorrência da lesão.
8. Proceda da seguinte maneira se o atleta estiver apresentando dificuldades de respiração, choque, lesão na cabeça ou na coluna, fratura facial exposta ou outras lesões instáveis:
   a. acione a equipe de resgate;
   b. monitore a respiração e realize a RCP conforme a necessidade;
   c. monitore e trate os casos de choque se necessário.

Condição de jogo
- O atleta não poderá retornar às atividades até que seja examinado e liberado por um dentista ou cirurgião-dentista.

Prevenção
- Exija (se previsto no regulamento) ou recomende o uso de protetores bucais em esportes de contato.

Dente lascado ou fraturado

Fratura em uma parte do dente.

Causa
- Golpe direto.

Verifique a ocorrência dos seguintes sintomas
- Dor (se a dentina ou a polpa estiverem fraturadas).
- Sensibilidade ao calor, ao frio ou à pressão, no caso de a dentina ou a polpa estarem quebradas.

Verifique os sinais
- Falta de parte do dente.
- Sangramento.
- Fratura visível.

Condição de jogo
- O atleta não poderá retornar às atividades até que seja examinado e liberado por um dentista.

Prevenção
- Exija (se previsto no regulamento) ou recomende o uso de protetores bucais em esportes de contato.

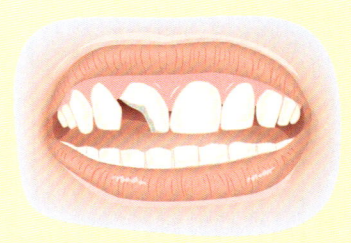

Figura 14.14 Dente lascado.

Primeiros socorros

1. Coloque o atleta sentado com a cabeça para a frente a fim de permitir que o sangue seja liberado para fora da boca.
2. Aplique pressão com gaze esterilizada nas áreas com sangramento.
3. Encaminhe o atleta a um dentista o mais rapidamente possível.

LESÕES NA ORELHA

A orelha externa é vulnerável a contusões, lacerações e avulsões. Contudo, essas lesões são facilmente evitadas por meio do uso de equipamentos protetores para a cabeça e um regulamento que proíba joias durante treinos e competições. Se ocorrer uma lesão, siga as seguintes instruções de primeiros socorros.

Contusão na orelha (orelha de couve-flor)

Contusão na orelha.

Causas
- Golpe direto.
- Fricção repetida da orelha em uma superfície dura.

Verifique a ocorrência dos seguintes sintomas
- Dor.
- Sensação de queimação.

Verifique os sinais
- Edema na parte externa da orelha.
- Mancha.
- Aquecimento.
- Vermelhidão.
- Deformação.

Condição de jogo
- O atleta não poderá retornar às atividades até que seja examinado e liberado por um médico.

Prevenção
- Exija ou recomende o uso de equipamentos protetores para a cabeça sempre que apropriado.

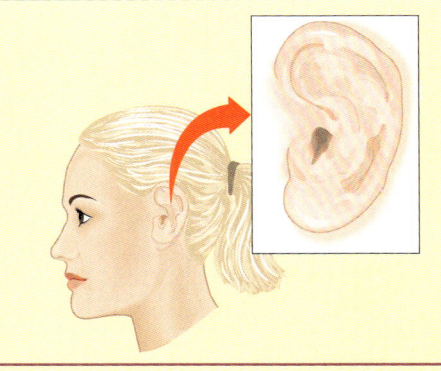

Figura 14.15 Contusão na orelha.

Primeiros socorros
1. Aplique gelo delicadamente durante 5 a 10 minutos.
2. Encaminhe o atleta a um médico.

Capítulo 14 Revisão

- Por que os cortes na face e na cabeça em geral apresentam sangramento abundante?
- Em que condições a equipe médica deve avaliar imediatamente uma laceração na face ou no couro cabeludo?
- O que os atletas podem fazer para evitar lesões oculares?
- Quais são os sinais e sintomas de uma contusão no olho (em decorrência de um golpe direto)?
- Descreva os primeiros socorros para o caso de uma perfuração no olho.
- Qual é a parte do olho lesionada nas abrasões superficiais?
- Qual é o procedimento de primeiros socorros para tentar remover do olho um objeto estranho (não incrustado)?
- Descreva os primeiros socorros para o caso de sangramento do nariz
- Quais são os sinais e sintomas de uma fratura do nariz?
- Quais são alguns dos sinais e sintomas de uma fratura na face?
- O que você pode fazer para proporcionar uma maior chance de sucesso em um reimplante de uma avulsão de dente?
- Descreva os primeiros socorros para o caso do dente lascar ou fraturar.
- Qual é a maneira simples de evitar avulsões da orelha?
- Descreva os sinais e sintomas de contusões na orelha.

BIBLIOGRAFIA

Labella, C.R., B.W. Smith, and A. Sigurdsson. 2002. Effect of mouth guards on dental injuries and concussions in college basketball. *Medicine and Science in Sports and Exercise* 34 (1):41-44.

Powell, J.W., and K.D. Barber-Foss. 1999. Injury patterns in selected high school sports: A review of the 1995-1997 seasons. *Journal of athletic Training* 34 (3): 227-284.

Sites úteis

www.aao.org (American Academy of Ophthalmology)
www.aoa.org (American Optometric Association)
www.preventblindness.org (Prevent Blindness America)
www.ada.org (American Dental Association)
www.sportsdentistry.com (Online Sports Dentistry)

CAPÍTULO 15
Lesões na pele

Neste capítulo, você irá aprender

- A identificar e prestar primeiros socorros em casos de lesões na pele não contagiosas comuns, como bolhas e abrasões.
- A identificar lesões de pele contagiosas.
- Quando uma lesão de pele requer a avaliação de um médico.
- A evitar que lesões contagiosas de pele se alastrem entre os atletas.

Lesões e doenças abordadas neste capítulo

- Bolhas .... p. 208
- Contusão na unha .... p. 209
- Unha encravada .... p. 210
- Abrasão .... p. 211
- Furúnculo .... p. 211
- Exantema por planta venenosa .... p. 212
- Transmissão na comunidade do *Staphylococcus aureus* resistente à meticilina (CA-MRSA) .... p. 215
- Molusco contagioso .... p. 216
- Verruga .... p. 217
- Herpes simples .... p. 218
- Tinha (micose) .... p. 218
- Pé de atleta .... p. 219
- Coceira de jóquei .... p. 219

Uma característica comum entre os atletas de elite é a capacidade de concentração. Ainda que os seus atletas não sejam de "elite", a concentração pode significar para eles a diferença entre uma vitória e uma derrota. As lesões de pele são uma fonte comum de desatenção, agravadas pelo fato de que podem ocasionar lesões sérias que colocam o atleta fora de jogo, além da possibilidade de se alastrarem dentro do grupo.

O objetivo dos primeiros socorros para os casos de lesões na pele deve ser evitar que seus atletas fiquem fora de jogo ou tenham a atenção desviada em virtude desses problemas aparentemente menores. Neste capítulo, você aprenderá a identificar e administrar primeiros socorros para as disfunções de pele, a determinar quando uma disfunção requer a avaliação de um médico e como implementar estratégias para evitá-las. Essas lesões podem ser classificadas em duas categorias: não contagiosas e contagiosas. Independentemente do grau de contágio, você deverá sempre usar luvas de proteção ao lidar com elas.

Fique alerta
Nos casos de lesões na pele

Sempre use luvas de proteção ao lidar com problemas de pele, mesmo que você considere não haver possibilidade de contágio.

LESÕES DE PELE NÃO CONTAGIOSAS

As lesões de pele não contagiosas são bastante comuns entre os atletas. Embora costumem ser problemas menores, é importante monitorá-las e atentar para sinais de infecções graves da pele, como pus, febre e manchas vermelhas que se estendem a partir da região.

O Apêndice apresenta o protocolo de primeiros socorros para os casos de abrasão.

Bolhas

Bolsas cheias de líquido entre as camadas da pele.

Existem dois tipos de bolha: aberta e fechada. Nas bolhas fechadas, a pele permanece intacta, enquanto nas abertas há ruptura da pele.

Causa
- Atrito em decorrência do contato da pele com uma superfície (como calçados, bastões ou um cabo de raquete), fazendo com que as camadas da pele se separem e se encham de líquido.

Verifique a ocorrência dos seguintes sintomas
- Dor.
- Queimação.
- Aquecimento.

Verifique os sinais
Fechada
- Vermelhidão.
- Saliência contendo líquido sob a pele.

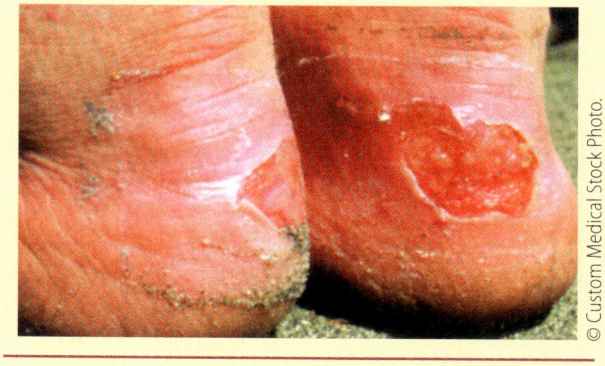

Figura 15.1 Bolha aberta.

Aberta
- Pele rasgada.
- Ferimento aberto ou sangramento.
- Vermelhidão.

Primeiros socorros

Bolhas fechadas
1. Deixe a bolha intacta (abri-la pode causar infecção).
2. Cole sobre a bolha um protetor para calo (ver Fig. 15.2) a fim de protegê-la contra novas irritações e permitir a cicatrização.
3. Instrua o atleta a manter a região limpa.

Bolhas abertas
1. Limpe a região com solução antisséptica ou sabão. Não use iodo.
2. Seque com gaze esterilizada.
3. Cole sobre a bolha um protetor para calo (ver Fig. 15.2) a fim de protegê-la contra novas irritações e permitir a cicatrização.
4. Instrua o atleta a manter a região limpa.
5. Instrua o atleta a verificar periodicamente a presença de sinais de infecção – vermelhidão, edema e aquecimento, evoluindo para manchas vermelhas que se estendem pelo ferimento, pus e febre.
6. Encaminhe o atleta imediatamente a um médico se ele apresentar os sinais de infecção acima ou se a bolha não desaparecer após uma ou duas semanas de autocuidado.

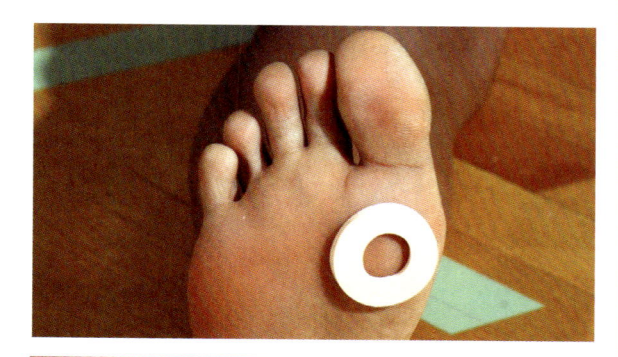

Figura 15.2 Proteção em forma de rosca para bolhas.

Condição de jogo
- O atleta poderá retornar às atividades desde que não haja sinais de infecção grave.

Prevenção
- Instrua os atletas a passar uma lima sobre o calo a fim de evitar um aumento excessivo da pele.
- Instrua os atletas a aplicarem gelo nos "pontos quentes" (qualquer região da pele que esteja aquecida, vermelha e levemente delicada, mas que ainda não tenha formado bolha).
- Instrua os atletas a aplicarem vaselina nas áreas do pé que normalmente estejam em atrito com o tênis.
- Incentive os atletas a usarem luvas de proteção em esportes como raquetebol, beisebol, levantamento de pesos e golfe.
- Incentive os atletas a usarem tênis adequadamente ajustados. Os tênis devem ter cerca de 1 cm entre sua extremidade e o maior dedo do pé e fornecer espaço suficiente para a parte mais larga do pé.

> **Fique alerta**
> *Ao limpar ferimentos*
>
> Ao limpar e tratar ferimentos, evite usar iodo. O atleta pode ter alergia a esse produto.

Contusão na unha

Sangue entre a unha e seu leito ungueal em um dedo da mão ou do pé.

Causa
- Golpe direto.

Verifique a ocorrência dos seguintes sintomas
- Dor.
- Sensação de pressão sob a unha.

Verifique os sinais
- Sangue ou hematoma sob a unha.
- Edema.

Condição de jogo
- O atleta poderá retornar às atividades desde que a unha esteja intacta e tanto a dor como o risco de novas lesões sejam pequenos.

Prevenção
- Instrua os atletas a usarem equipamentos de proteção (EPI) para os dedos sempre que apropriado.

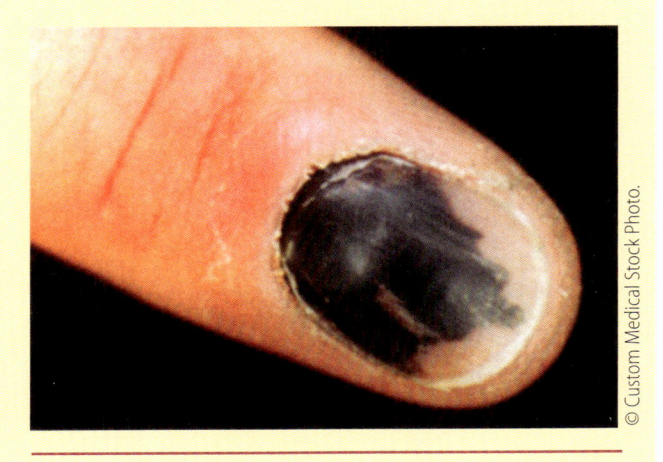

Figura 15.3 Unha contundida.

Primeiros socorros

1. Aplique gelo imediatamente por 10 a 15 minutos para reduzir o edema sob a unha.
2. Se o hematoma atingir mais do que 25% da área do leito ungueal ou se a dor for intensa, encaminhe o atleta a um médico.

Unha encravada

A extremidade da unha do dedo do pé penetra demasiadamente na pele.

Causas

- Aparar as unhas em ângulo – em direção às laterais.
- Meias ou sapatos apertados.
- Deformação da unha.

Verifique a ocorrência dos seguintes sintomas

- Dor nas laterais da unha do dedo do pé.

Verifique os sinais

- Vermelhidão.
- Aquecimento.
- Edema.
- Pus (grave).

Condição de jogo

- O atleta poderá retornar às atividades desde que não haja sinais de infecção grave – vermelhidão, edema e febre.

Prevenção

- Instrua os atletas a apararem as unhas de maneira reta.
- Incentive os atletas a usarem tênis adequadamente ajustados.

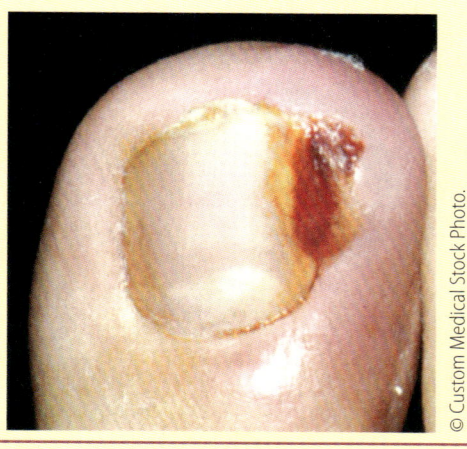

Figura 15.4 Unha do pé encravada.

Primeiros socorros

Instrua o atleta a proceder da seguinte maneira:
1. Colocar o pé em imersão em água quente.
2. Colocar algodão esterilizado sob a extremidade da unha para reduzir a pressão sobre a pele – o algodão deve ser trocado diariamente.
3. Procurar um médico se surgirem sinais de infecção (manchas vermelhas que se estendem a partir da região, febre, pus ou aquecimento) ou se o uso do algodão não resolver o problema após alguns dias.

Abrasão

Lesões por arranhão na camada superficial da pele, também conhecidas como escoriações, raspagem ou ralada.

Causa

- Deslizamento ou queda sobre uma superfície dura ou áspera.

Verifique a ocorrência dos seguintes sintomas

- Dor.
- Rigidez ou sensação de repuxo sobre o local da abrasão.
- Sensação de queimadura.

Verifique os sinais

- Esfolamento vermelho da pele.

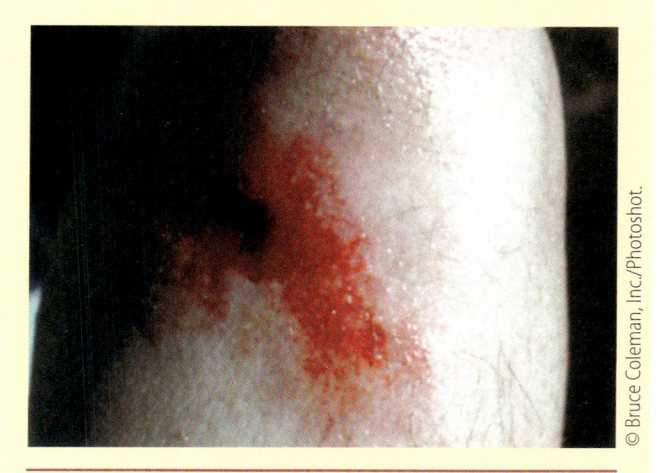

Figura 15.5 Abrasão.

Primeiros socorros

1. Desinfecte a área com água limpa e corrente durante 5 minutos ou mais (use sabão antisséptico se houver sujeira). Em caso de abrasões superficiais, aplique pomada antibiótica tripla ou creme.
2. Se o atleta estiver retornando às atividades, cubra a área afetada com gaze esterilizada.
3. Para acelerar a cicatrização, instrua o atleta a deixar a abrasão descoberta durante atividades diárias.
4. Encaminhe o atleta a um médico caso você não consiga limpar completamente os detritos do ferimento ou se este estiver aberto ou apresentar sinais de infecção.

Condição de jogo

- O atleta poderá retornar às atividades desde que não haja sinais de infecção grave – pus, manchas vermelhas que se estendem pela região e febre.

Prevenção

- Instrua os atletas a usarem calças apropriadas para deslizamento ou equipamento de proteção (EPI) nos cotovelos, joelhos e quadris.

Furúnculo

Grandes protuberâncias na pele, infectadas e cheias de pus.

Causa

- Infecção bacteriana de um folículo piloso.

Verifique a ocorrência dos seguintes sintomas

- Dor.
- Aquecimento.

Verifique os sinais

- Saliência vermelha ou branca na pele.
- Edema localizado.

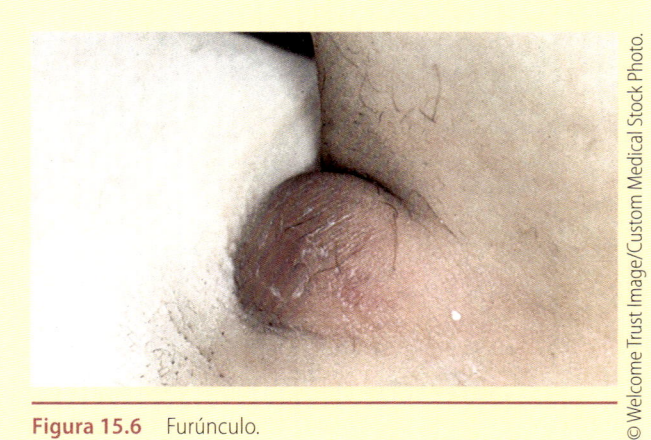

Figura 15.6 Furúnculo.

(continua)

Furúnculo *(continuação)*

Condição de jogo
- O atleta poderá retornar às atividades desde que não haja sinais de infecção grave – vermelhidão, edema e febre.

Prevenção
- Incentive os atletas a tomarem uma ducha após cada treino e competição.
- Aconselhe os atletas a não usarem roupas de treino úmidas e sujas.
- Incentive os atletas a usarem, em todos os treinos e competições, roupas de prática esportiva recém-lavadas.

Primeiros socorros

Instrua o atleta a proceder da seguinte maneira:
1. Deixar o furúnculo intacto.
2. Procurar um médico.

Exantema por planta venenosa

Reação da pele causada pelo contato com a seiva de uma hera, carvalho ou zumaque venenosos.

Causas
- Contato direto com uma planta venenosa: hera, carvalho ou zumaque.
- Contato com animais, tecidos, ferramentas ou equipamentos esportivos que estejam contaminados com a seiva da planta.
- Inalação de partículas transmitidas pelo ar da seiva de plantas queimadas.

Verifique a ocorrência dos seguintes sintomas
Geralmente entre 12 e 48 horas
- Queimação.
- Coceira.

Verifique os sinais
Geralmente entre 12 e 48 horas
- Vermelhidão.

Figura 15.8 Carvalho venenoso.

Figura 15.7 Hera venenosa.

Figura 15.9 Zumaque venenoso.

(continua)

> **Exantema por planta venenosa** *(continuação)*
>
> - Exantema.
> - Edema.
> - Bolhas.
> - Febre alta (em casos graves).
> - Surgimento de escamas e casca nas bolhas.
>
> **Condição de jogo**
>
> - O atleta poderá retornar às atividades desde que não haja sinais de infecção grave – vermelhidão, edema e febre.
>
> **Prevenção**
>
> - Aprenda a identificar heras, carvalhos e zumaques venenosos.
> - Remova plantas venenosas da área de jogo.
> - Instrua aos atletas a respeito de heras venenosas e alerte-os sobre áreas infestadas.
> - Se você suspeitar de exposição a uma planta venenosa, a reação da pele pode ser minimizada se, em um intervalo de cinco minutos após a exposição, a roupa contaminada for removida, e a pele exposta enxaguada com água gelada e corrente.
>
> **Primeiros socorros**
>
> Dentro dos primeiros 5 minutos de exposição, instrua o atleta a fazer os seguintes procedimentos:
> 1. Remover cuidadosamente todas as roupas contaminadas.
> 2. Enxaguar a pele exposta com água gelada e corrente.
>
> Após o desenvolvimento do exantema, o atleta deverá proceder da seguinte maneira:
> 3. Procurar um médico.
> 4. Evitar coçar a erupção.

LESÕES CONTAGIOSAS DE PELE

As infecções apresentadas a seguir são consideradas contagiosas. Qualquer atleta que apresente sinais e sintomas desses problemas deverá ser encaminhado a um médico para que seja avaliado e tratado de forma adequada, e posteriormente liberado para retorno às atividades.

A função do treinador é ajudar a detectar tais problemas e evitar que os atletas infectados venham a ter contato direto ou indireto com os demais. É possível prevenir o alastramento de infecções de pele pela distribuição de toalhas e garrafas de água individuais e pela exigência do uso de chinelos nos chuveiros. Pode ser necessário afastar atletas da participação até que eles sejam examinados e liberados por um médico. A National Federation of State High School Associations, por exemplo, proíbe a participação de lutadores com suspeita de infecções de pele até que sejam examinados e liberados por um médico (Fig. 15.10). Independentemente da questão do contágio, é importante usar luvas ao tratar das lesões na pele, pois tem-se observado um crescimento no número de perigosas bactérias resistentes a antibióticos que infectam ferimentos na pele.

Transmissão na comunidade do *Staphylococcus aureus* resistente à meticilina (CA-MRSA)

Nos últimos anos houve um aumento do número de relatos sobre o aparecimento de uma bactéria potencialmente perigosa, o *Staphylococcus aureus* resistente à meticilina (MRSA), que é capaz de infectar ferimentos em atletas. O Centers for Disease Control and Prevention (CDC), nos Estados Unidos, estima que cerca de 30% da população carregue essa bactéria alojada no nariz e que aproximadamente 1% é hospedeiro do tipo mais perigoso, resistente à meticilina e outros antibióticos.

Observou-se que o MRSA transmitido dentro da comunidade se dissemina pelo contato interpessoal, compartilhamento de toalhas e sabonetes e pelo uso de piscinas e outros equipamentos não desinfetados adequadamente. Assim sendo, cabe ao treinador a tarefa não só de evitar a disseminação das infecções, como também de saber reconhecer os sintomas e sinais de uma possível infecção do tipo CA-MRSA.

Esse tipo de infecção geralmente aparece na forma de afecções cutâneas como bolhas ou furúnculos (ver Fig. 15.11) e seu perigo maior está na possibilidade de propagação para outras regiões do corpo, podendo causar pneumonia e infecções sanguíneas.

EXEMPLO DE FORMULÁRIO DE LIBERAÇÃO MÉDICA DA NATIONAL FEDERATION OF STATE HIGH SCHOOL ASSOCIATIONS PARA LUTADORES COM LESÃO NA PELE

Nome _____

Diagnóstico _____
_____

Localização e número de lesões
_____

Medicações usadas para tratar a(s) lesão(ões) _____
_____

Data do início do tratamento____/____/____
Data de validade deste formulário____/____/____
Data em que o atleta pode retornar às atividades____/____/____

Assinatura do provedor _____

Data do exame ____/____/____

Marque o local e o número de lesões

Nome do provedor (deve ser legível)_____
Telefone comercial_____ Endereço comercial _____

Nota aos médicos ou profissionais de saúde: Lesões não contagiosas não exigem que o atleta se afaste das atividades esportivas para se submeter ao tratamento (p. ex., eczemas, psoríase, etc.). Favor tomar conhecimento da norma 4-2-3, 4-2-4 e 4-2-5 da NFHS, que estabelece o seguinte:

ART. 3: Na suspeita por um árbitro ou técnico que um participante possui uma doença transmissível de pele ou qualquer outra condição que torne a participação não aconselhável, o técnico deve fornecer documentação atual por escrito, conforme definido pela NFHS ou associações estaduais, de um profissional de saúde apropriado, atestando que a doença ou condição suspeita não é comunicável e que a participação do atleta não será prejudicial a nenhum outro atleta. Esse documento deve ser fornecido durante a pesagem, durante o encontro ou torneio. A única exceção será no caso de um profissional da área de saúde que esteja presente e seja capaz de avaliar o lutador imediatamente antes ou após a pesagem. A cobertura de uma condição transmissível não deve ser considerada aceitável e não torna o lutador elegível para participação.

ART. 4: Um profissional de saúde designado, presente no local do evento, pode anular o diagnóstico de um profissional de saúde apropriado que tenha assinado a liberação médica para um lutador participar ou não com uma condição particular de pele.

ART. 5: O participante pode apresentar documentação de um profissional de saúde apropriado indicando somente uma condição específica, como uma marca de nascimento ou outra condição de pele não transmissível, como psoríase ou eczema, e a documentação é válida durante a temporada. Essa declaração é válida com a compreensão de que uma condição crônica pode se infectar secundariamente e necessitar de reavaliação.

Quando uma lesão é considerada não contagiosa, pode ser coberta para permitir a participação.

Abaixo estão algumas diretrizes de tratamento que sugerem o TRATAMENTO MÍNIMO antes do retorno às atividades de luta livre:

Afecções bacterianas (impetigo, furúnculo): Para que sejam consideradas não contagiosas, a superfície de todas as lesões já deve ter formado uma crosta, elas não podem apresentar vazamentos ou secreções e seu aparecimento deve ser anterior às últimas 48 horas. Antibióticos por via oral durante 3 dias é o tratamento mínimo recomendado para que esse estado seja atingido. Se novas lesões continuarem a aparecer após 72 horas, a possibilidade de se tratar de CA-MRSA deve ser considerada.

Lesões por herpes (herpes simples/febre ou feridas causadas pelo frio, *zoster*, *gladiatorum*): Para que sejam consideradas não contagiosas, a superfície de todas as lesões já deve ter formado uma crosta, elas não podem apresentar vazamentos ou secreções e seu aparecimento deve ser anterior às últimas 48 horas. Para as lesões primárias (primeiro episódio de Herpes *Gladiatorum*), os lutadores devem ser tratados e afastados das competições por um período mínimo de 10 dias. Se forem observados os sinais e sintomas orgânicos gerais como febre e edema dos nódulos linfáticos, o período mínimo de tratamento deve ser estendido para 14 dias. O aparecimento recorrente de lesões exige um mínimo de 120 horas ou 5 dias completos de tratamento antiviral por via oral, que deve ser repetido até que nenhuma nova lesão apareça e todas as outras tenham formado uma crosta.

Lesões por tinha (micose no couro cabeludo ou na pele): Tratamento tópico ou por via oral durante 72 horas para as lesões de pele e 14 dias para as do couro cabeludo.

Escabiose, piolhos: 24 horas após um tratamento tópico adequado.

Conjuntivite: 24 horas de tratamento tópico ou medicação por via oral e inexistência de secreções.

Revisado/Aprovado pela NFHS SMAC – Abril de 2013.

Figura 15.10 Exemplo de formulário de liberação médica para casos de afecções de pele contagiosas.
Adaptado, com permissão, da National Federation of State High School Associations, 2013. [on-line]. Disponível na internet em: www.nfhs.org [14/junho/2013].

Transmissão na comunidade do *Staphylococcus aureus* resistente à meticilina (CA-MRSA)

Perigosa infecção da pele que pode ser transmitida dentro de uma comunidade pelo contato interpessoal, compartilhamento de objetos de higiene pessoal ou equipamentos.

Verifique a ocorrência dos seguintes sintomas

- Febre.
- Dor no local da ferida.

Verifique os sinais

Ferida apresentando:
- Vermelhidão que se espalha.
- Edema.
- Pus.
- Secreção.

Condição de jogo

- O atleta não poderá retornar às atividades até que seja examinado e liberado por um médico.

Prevenção

1. Imponha uma rígida política de higiene que force os atletas a:
   a. tomar banho imediatamente após as atividades;
   b. lavar com frequência as mãos, usando água e sabão;
   c. não compartilhar toalhas, garrafas de água, equipamentos esportivos e lâminas de barbear;
   d. lavar uniformes e toalhas após cada uso.
2. Limpe regularmente acessórios como protetores e capacetes.
3. Limpe regularmente as instalações como pisos, esteiras, chuveiros, etc.
4. Cubra todos os ferimentos antes de liberar o atleta para participar de treinos e competições.
5. Fique atento ao aparecimento de sinais de uma infecção CA-MRSA nos ferimentos.
6. Instrua pais e atletas a respeito de uma higiene adequada e dos sinais e sintomas de uma infecção CA-MRSA.
7. Proíba os atletas portadores de ferimentos abertos de utilizarem piscinas ou banheiras de uso comunitário.

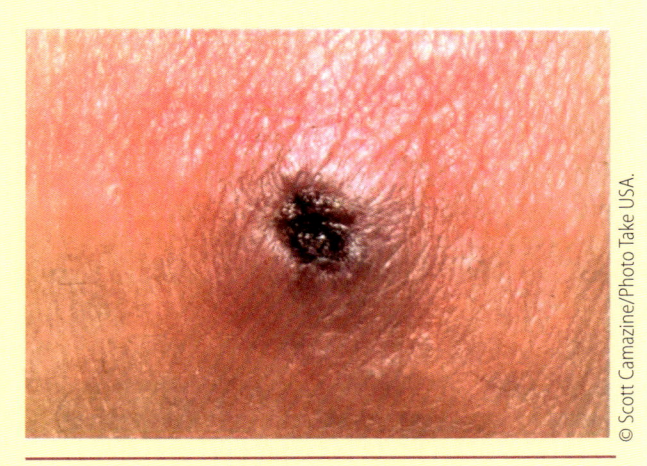

Figura 15.11 Infecção CA-MRSA.

Primeiros socorros

1. Lave as feridas com água e sabão.
2. Mantenha as feridas cobertas para evitar que se alastrem.
3. Se o atleta apresentar sinais ou sintomas de uma infecção CA-MRSA, encaminhe-o imediatamente a um médico.

Molusco contagioso

Lesão causada por uma infecção viral nas camadas superiores da pele.

Causa
- Contato direto da pele com o vírus. Geralmente ocorre nos folículos pilosos ou em local onde a pele apresenta ruptura.

Verifique os sinais
- Pequenos tumores cupuliformes rosados ou da cor da pele.
- Normalmente encontrado em agrupamentos na pele do peito, abdome, braços, virilha ou nádegas e, algumas vezes, na face e nas pálpebras.
- Pode ter aparência brilhante.
- Pequena concavidade no centro.
- Pode apresentar avermelhamento ou inflamação.

Condição de jogo
- Verifique nos regulamentos desportivos as regras sobre participação de atletas com molusco contagioso.

Prevenção
- Evite o contato direto de um atleta infectado com os demais.
- Evite o contato indireto de um atleta infectado por meio de toalhas compartilhadas e pisos de banheiros e vestiários (use chinelos).
- Limpe regularmente as instalações como pisos, esteiras, chuveiros, etc.

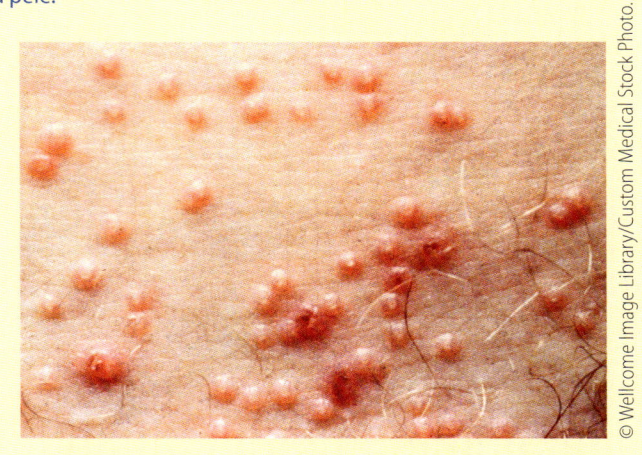

Figura 15.12 Molusco contagioso.

Primeiros socorros

1. Encaminhe o atleta a um médico para um diagnóstico preciso e uma medicação ou tratamento adequados.

Verruga

Crescimento anormal benigno na pele.

Há dois tipos de verruga: a comum, encontrada nos dedos, no dorso da mão e no leito ungueal; e a plantar, que se desenvolve na sola do pé.

Causa
- Contato direto da pele com o papilomavírus humano (HPV). Em geral ocorre em local onde a pele apresenta ruptura.

Verifique a ocorrência dos seguintes sintomas
- Dor.

Verifique os sinais
- Crescimento anormal benigno local na pele.
- "Sementes" – pontos pretos na verruga decorrentes da presença de vasos sanguíneos (verruga plantar).

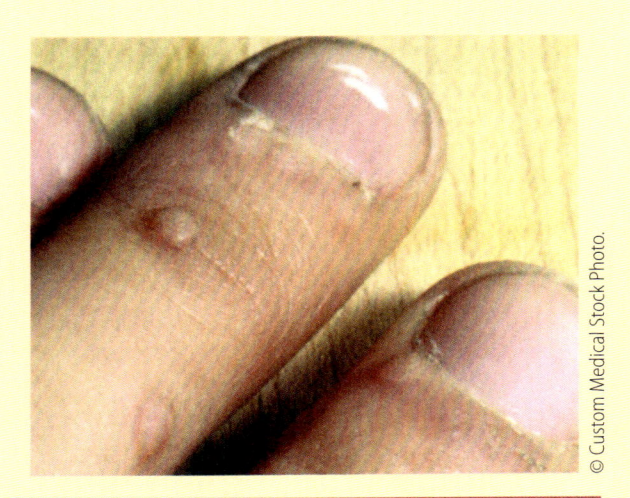

Figura 15.13 Verruga comum.

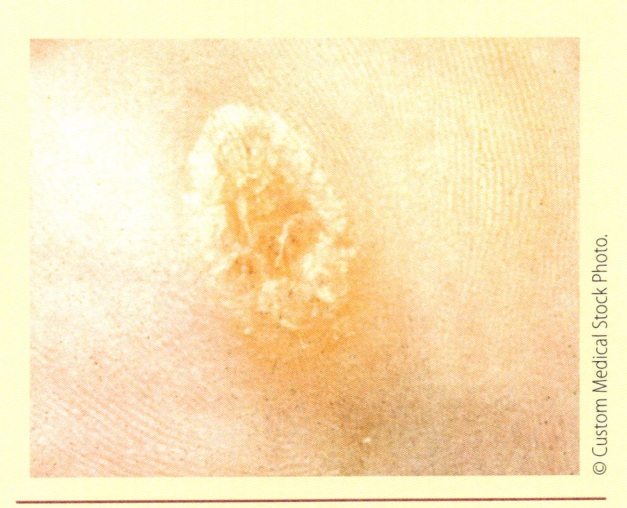

Figura 15.14 Verruga plantar.

Condição de jogo
- O atleta poderá participar das atividades, desde que uma verruga exposta comum esteja coberta por gaze esterilizada.

Prevenção
- Evite o contato direto de um atleta infectado com os demais.
- Evite o contato indireto de um atleta infectado por meio de toalhas compartilhadas e pisos de banheiros e vestiários (use chinelos).

Primeiros socorros

1. Encaminhe o atleta ao médico para um diagnóstico preciso e medicação ou tratamento adequados.

Herpes simples

Herpes labial. Esse tipo de herpes ataca os lábios, a boca, o nariz, o queixo ou a bochecha.

Causa
- Contato com o vírus do herpes simples de tipo 1. Geralmente ocorre pelo contato direto com um indivíduo portador do vírus.

Verifique a ocorrência dos seguintes sintomas
- Coceira.
- Pele sensível.

Verifique os sinais
- Pequenas bolhas contendo líquido.
- Vazamento de um líquido claro através das bolhas rompidas.

Condição de jogo
- Verifique nos regulamentos desportivos as regras sobre participação de atletas portadores de herpes simples.

Prevenção
- Evite o contato direto de um atleta infectado com os demais.
- Evite o contato indireto de um atleta infectado por meio de garrafas de água compartilhadas, toalhas e afins.

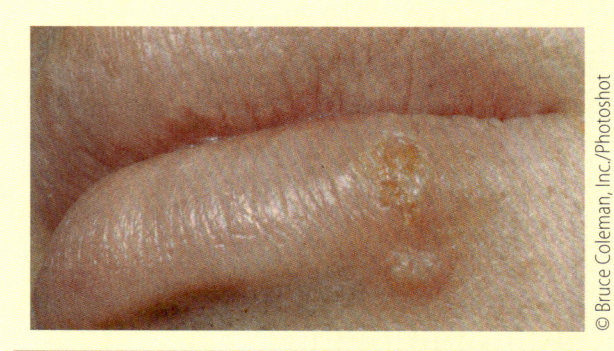

Figura 15.15 Herpes simples (febre ou frio).

Primeiros socorros
1. Encaminhe o atleta ao médico para realização de um diagnóstico preciso prescrição de medicação adequada.

Tinha (micose)

Infecção da pele causada por fungos.

Causa
- Contato direto com pessoas ou animais infectados e, mais raramente, com solo infectado. Das disfunções de pele pesquisadas no estudo de lesões em estudantes do ensino médio realizado pelo National Athletic Trainers' Association (1997-1999), a tinha representou 83,8% de todos os problemas de pele relatados.

Verifique a ocorrência dos seguintes sintomas
- Dor.
- Coceira.
- Queimação.

Verifique os sinais
- Manchas vermelhas e escamação na pele.
- Conforme a recuperação evoluir a partir da parte central da área infectada, a lesão passará a apresentar a aparência de um "anel".

Condição de jogo
- Verifique no regulamento desportivo as regras sobre participação de um atleta portador de tinha.

Prevenção
- Evite o contato direto de um atleta infectado com os demais.
- Evite o contato indireto de um atleta infectado por meio de toalhas e roupas.

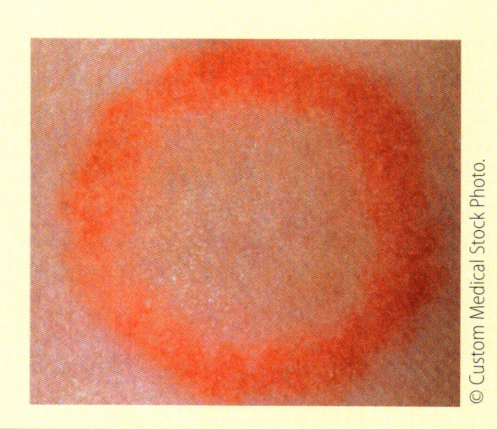

Figura 15.16 Tinha.

Primeiros socorros
1. Encaminhe o atleta ao médico para realização de um diagnóstico preciso e tratamento adequado.

Pé de atleta

Infecção nos pés causada por fungos.

Causa

- Exposição prolongada dos pés a ambientes pouco ventilados, úmidos e quentes. (Um exemplo são os sapatos de couro com meias sujas e molhadas.)

Verifique a ocorrência dos seguintes sintomas

- Queimação.
- Coceira.

Verifique os sinais

- Erupção vermelha e escamosa ao redor dos dedos e outras áreas dos pés.
- Pele descascada ou quebradiça.
- Bolhas (casos graves).

Primeiros socorros

Instrua o atleta a proceder da seguinte maneira:
1. Trocar as meias com frequência a fim de manter os pés secos.
2. Todos os dias, lavar e secar completamente os pés.
3. Aplicar pomadas ou talcos antifúngicos na região.
4. Procurar um médico caso os sintomas persistam.

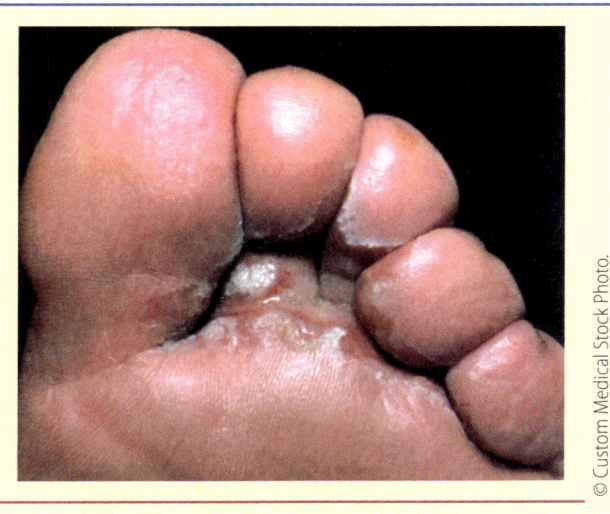

Figura 15.17 Pé de atleta.

Condição de jogo

- O atleta poderá participar das atividades desde que os demais não tenham contato com a região infectada.

Prevenção

- Instrua os atletas a manterem os pés secos e limpos.
- Incentive-os a usar talco para os pés a fim de absorver o suor.
- Incentive-os a usar sempre meias limpas.
- Exija o uso de chinelos para impedir que o fungo se espalhe entre os atletas.

Coceira de jóquei

Infecção na região genital causada por fungos.

Causa

- Exposição prolongada da pele a ambientes abafados, úmidos e quentes. (Um exemplo é a reutilização de roupas de treino sujas e úmidas.)

Verifique a ocorrência dos seguintes sintomas

- Queimação.
- Coceira.

Verifique os sinais

- Manchas vermelhas e escamosas na pele.

Condição de jogo

- O atleta poderá participar da atividade caso seja tolerado.

Primeiros socorros

Instrua o atleta a proceder da seguinte maneira:
1. Manter a região limpa trocando as roupas suadas e úmidas.
2. Aplicar pomadas ou talcos antifúngicos na região infectada.
3. Consultar um médico caso os sintomas persistam.

Prevenção

- Instrua os atletas a usarem talco a fim de auxiliar na absorção do suor.
- Incentive os atletas a usarem roupas de treino limpas diariamente.

Capítulo 15
Revisão

- De que forma você deve se proteger ao prestar os primeiros socorros em casos de lesões na pele?
- Quais são os sinais e sintomas de uma infecção grave de pele?
- O que pode ser aplicado nas bolhas a fim de evitar novas irritações?
- Em que condições uma contusão na unha deve ser avaliada e tratada por um médico?
- Qual é a técnica de primeiros socorros que pode ajudar a aliviar a pressão de uma unha encravada?
- Qual é a técnica de primeiros socorros que ajuda a promover a cicatrização de abrasões?
- O que é um furúnculo?
- Qual é a técnica de primeiros socorros que pode ser imediatamente usada para reduzir a reação causada na pele por plantas venenosas (hera, carvalho e zumaque)?
- Quais são as substâncias causadoras de infecções contagiosas da pele?
- Descreva os passos que podem ser tomados para reduzir o alastramento de uma afecção de pele contagiosa entre atletas.
- O que os atletas podem fazer para ajudar a prevenir infecções da pele por fungos e bactérias?

BIBLIOGRAFIA

Centers for Disease Control and Prevention. Community-Associated MRSA Information for the Public. Retrieved at www.cdc.gov/ncidod/dhqp/ar_mrsa_ca_public.html#2.

National Athletic Trainers Association. (2005). Official Statement from the National Athletic Trainers Association on Community-Acquired MRSA Infections (CA-MRSA). Retrieved at www.nata.org/statements/official/MRSA_Statement.pdf.

National Athletic Trainer's Association. High school wrestlers risk contagious skin infections. Press release. Acesso em www.nata.org/publications/otherpub/injuryinformation.htm.

APÊNDICE
Protocolos de primeiros socorros

Verificando os sinais vitais de um atleta consciente	p. 223
Verificando os sinais vitais de um atleta inconsciente	p. 224
Obstrução das vias aéreas em um atleta consciente	p. 225
Obstrução das vias aéreas em um atleta inconsciente	p. 226
Reanimação cardiopulmonar (RCP)	p. 227
Usando um desfibrilador externo automático (DEA)	p. 228
Medidas de ação emergencial	p. 229
Avaliação física	p. 230
Sangramento profuso	p. 231
Técnicas de imobilização de lesões instáveis com uso de talas	p. 232
Remoção e serviço de emergências médicas	p. 233
Choque anafilático	p. 234
Asma	p. 235
Concussão	p. 236
Lesão no baço	p. 237
Hematoma nos rins	p. 238
Trauma testicular	p. 239
Reação à insulina	p. 240
Cetoacidose	p. 241
Convulsões	p. 242
Cãibras por calor	p. 243
Exaustão por calor	p. 244
Insolação	p. 245
Geladura	p. 246
Hipotermia	p. 247
Entorses e fraturas no ombro	p. 248
Distensão do ombro	p. 249
Lesão aguda no cotovelo	p. 250
Lesão no cotovelo por uso excessivo	p. 251
Lesão aguda no antebraço, no punho ou na mão	p. 252
Lesão abdominal	p. 253
Distensão da região lombar da coluna	p. 254
Lesão aguda no quadril	p. 255
Lesão aguda na coxa	p. 256

Lesão aguda no joelho .... p. 257
Lesão crônica no joelho .... p. 258
Lesão aguda na perna, no pé ou no tornozelo .... p. 259
Lesão crônica na parte inferior da perna, no pé ou no tornozelo .... p. 260
Lacerações na face e na cabeça .... p. 261
Golpe direto no olho .... p. 262
Abrasão ocular .... p. 263
Abrasão .... p. 264

VERIFICANDO OS SINAIS VITAIS DE UM ATLETA CONSCIENTE

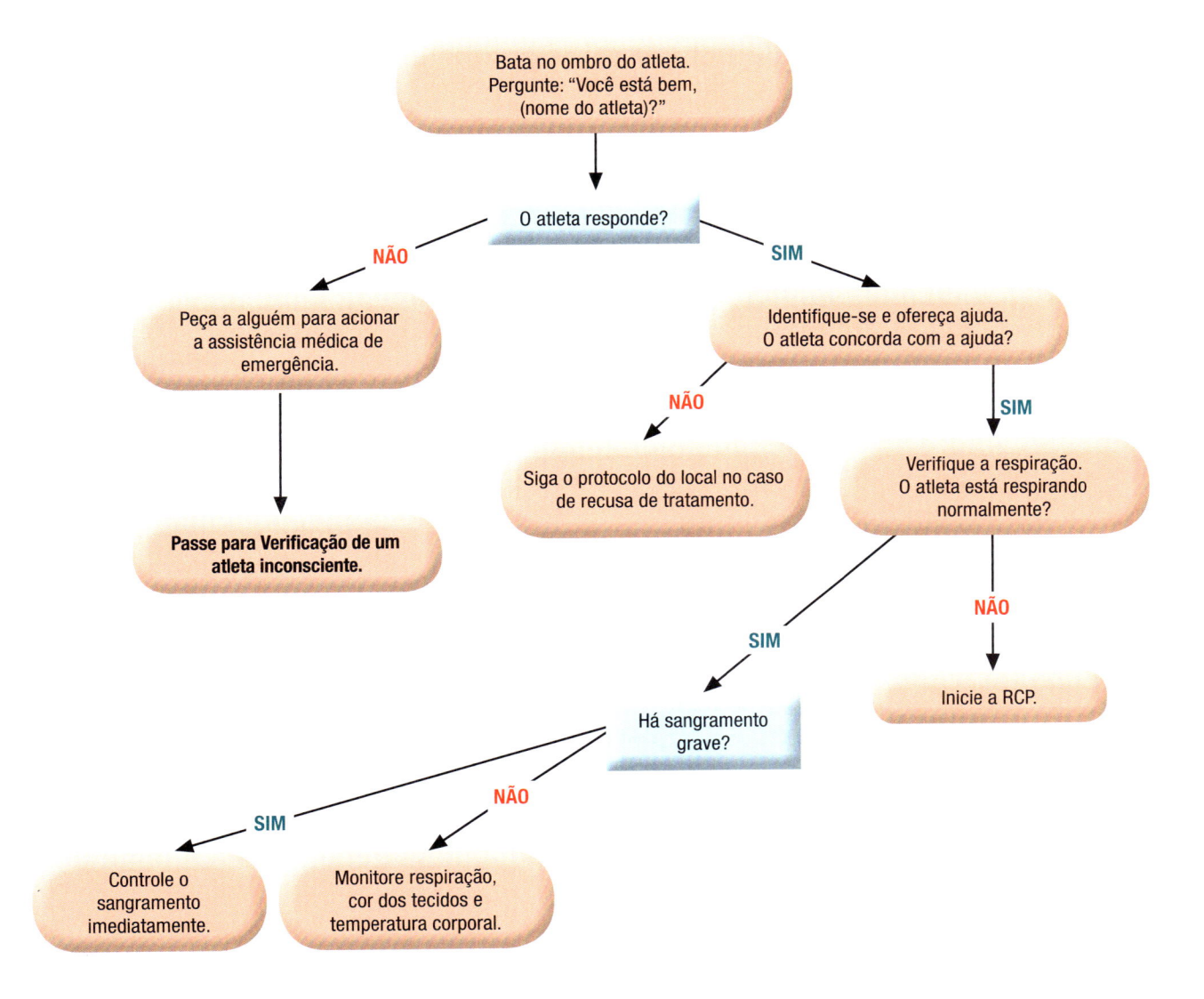

- Bata no ombro do atleta. Pergunte: "Você está bem, (nome do atleta)?"
- O atleta responde?
  - **NÃO**
    - Peça a alguém para acionar a assistência médica de emergência.
    - **Passe para Verificação de um atleta inconsciente.**
  - **SIM**
    - Identifique-se e ofereça ajuda. O atleta concorda com a ajuda?
      - **NÃO**: Siga o protocolo do local no caso de recusa de tratamento.
      - **SIM**: Verifique a respiração. O atleta está respirando normalmente?
        - **NÃO**: Inicie a RCP.
        - **SIM**: Há sangramento grave?
          - **SIM**: Controle o sangramento imediatamente.
          - **NÃO**: Monitore respiração, cor dos tecidos e temperatura corporal.

VERIFICANDO OS SINAIS VITAIS DE UM ATLETA INCONSCIENTE

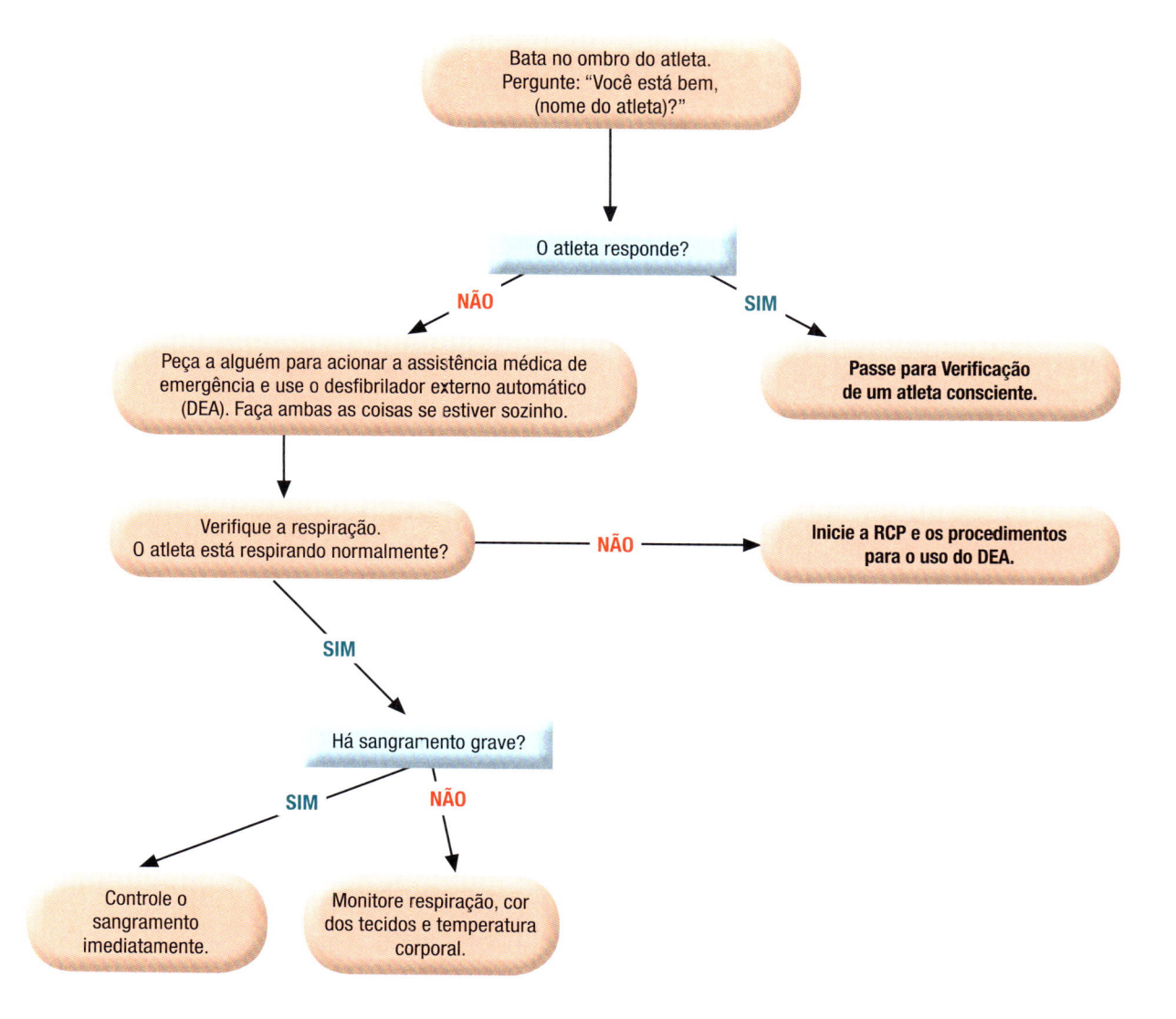

Bata no ombro do atleta. Pergunte: "Você está bem, (nome do atleta)?"

↓

O atleta responde?

- **NÃO** → Peça a alguém para acionar a assistência médica de emergência e use o desfibrilador externo automático (DEA). Faça ambas as coisas se estiver sozinho.
- **SIM** → Passe para Verificação de um atleta consciente.

↓

Verifique a respiração. O atleta está respirando normalmente?

- **NÃO** → Inicie a RCP e os procedimentos para o uso do DEA.
- **SIM** ↓

Há sangramento grave?

- **SIM** → Controle o sangramento imediatamente.
- **NÃO** → Monitore respiração, cor dos tecidos e temperatura corporal.

OBSTRUÇÃO DAS VIAS AÉREAS EM UM ATLETA CONSCIENTE

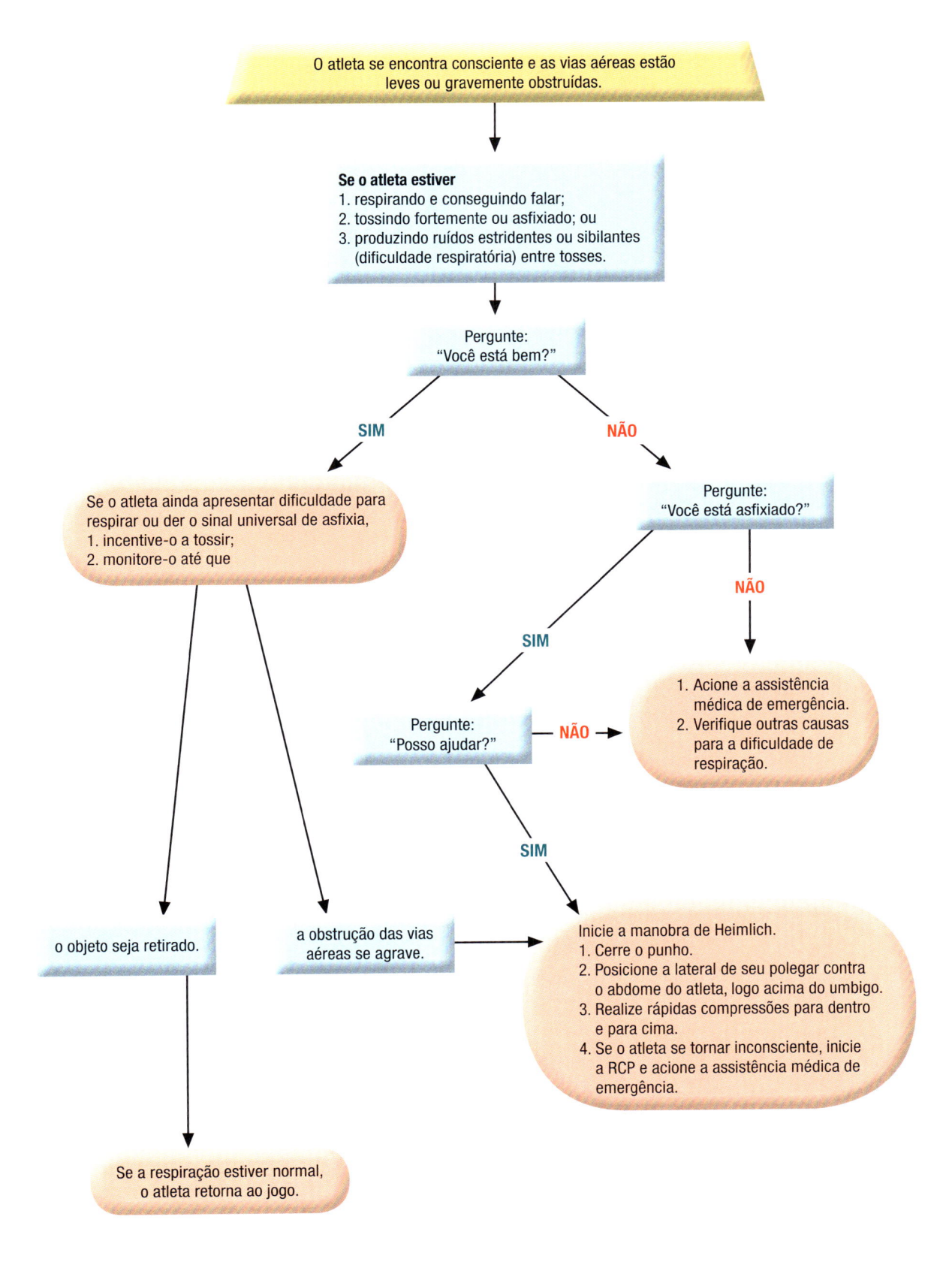

O atleta se encontra consciente e as vias aéreas estão leves ou gravemente obstruídas.

↓

Se o atleta estiver
1. respirando e conseguindo falar;
2. tossindo fortemente ou asfixiado; ou
3. produzindo ruídos estridentes ou sibilantes (dificuldade respiratória) entre tosses.

↓

Pergunte: "Você está bem?"

- **SIM** →
  Se o atleta ainda apresentar dificuldade para respirar ou der o sinal universal de asfixia,
  1. incentive-o a tossir;
  2. monitore-o até que
     - o objeto seja retirado.
       - Se a respiração estiver normal, o atleta retorna ao jogo.
     - a obstrução das vias aéreas se agrave. →

- **NÃO** →
  Pergunte: "Você está asfixiado?"
  - **NÃO** →
    1. Acione a assistência médica de emergência.
    2. Verifique outras causas para a dificuldade de respiração.
  - **SIM** →
    Pergunte: "Posso ajudar?"
    - **NÃO** → (mesmo bloco acima: acionar assistência médica)
    - **SIM** →
      Inicie a manobra de Heimlich.
      1. Cerre o punho.
      2. Posicione a lateral de seu polegar contra o abdome do atleta, logo acima do umbigo.
      3. Realize rápidas compressões para dentro e para cima.
      4. Se o atleta se tornar inconsciente, inicie a RCP e acione a assistência médica de emergência.

OBSTRUÇÃO DAS VIAS AÉREAS EM UM ATLETA INCONSCIENTE

Se o atleta se tornar inconsciente (ainda sem respiração) enquanto você realiza a manobra de Heimlich:

1. Coloque-o cautelosamente no chão.
2. Peça para alguém acionar a equipe de resgate.
3. Posicione-o de costas.
4. Abra a boca e remova o objeto, se puder localizá-lo, e assegure-se de que a língua não obstrui a via aérea. Se estiver obstruindo, incline a cabeça para trás até que a língua desobstrua a via aérea.
5. Inicie a RCP. Se houver um DEA disponível, utilize-o.

   Continue até

6. que o atleta comece a respirar normalmente.
7. o DEA chegar. Pare com as compressões e aplique o DEA; siga as instruções do DEA.
8. que o SEM assuma o caso.

REANIMAÇÃO CARDIOPULMONAR (RCP)

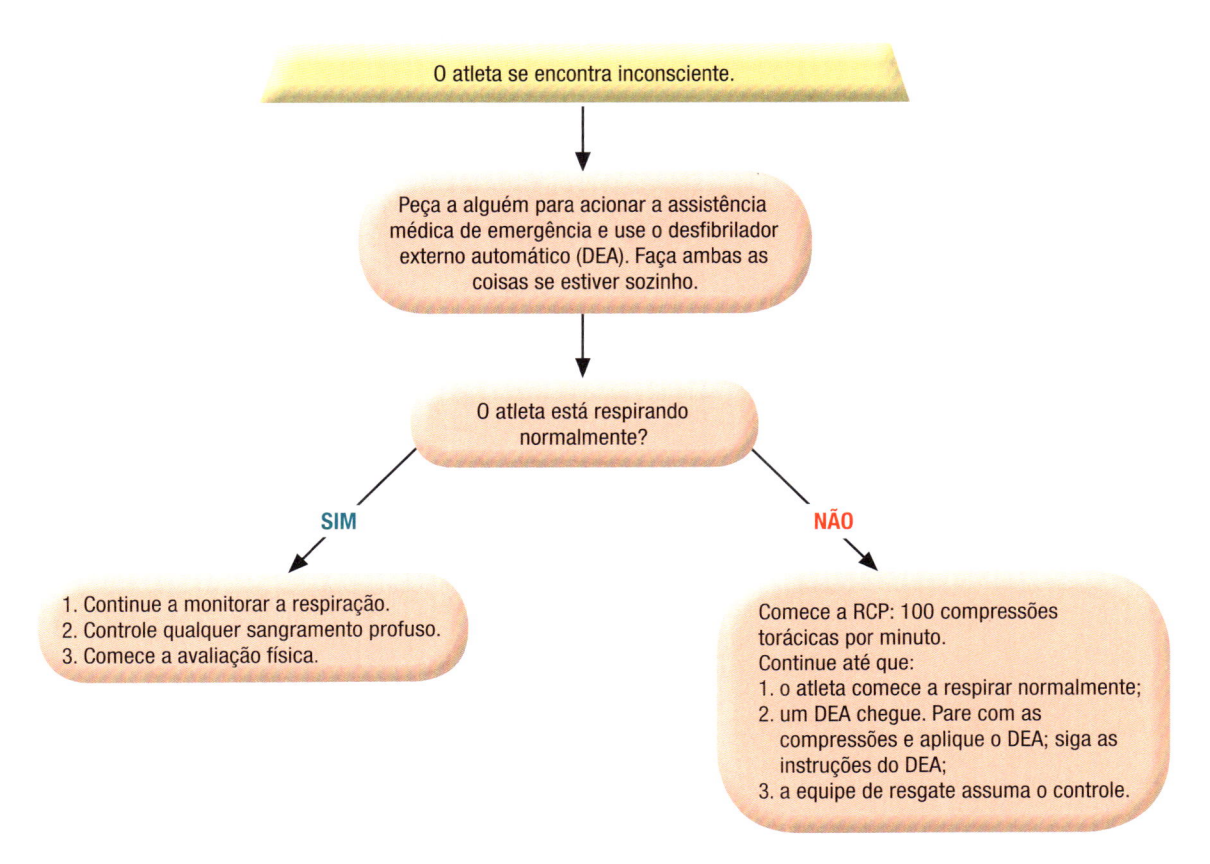

O atleta se encontra inconsciente.

↓

Peça a alguém para acionar a assistência médica de emergência e use o desfibrilador externo automático (DEA). Faça ambas as coisas se estiver sozinho.

↓

O atleta está respirando normalmente?

SIM →
1. Continue a monitorar a respiração.
2. Controle qualquer sangramento profuso.
3. Comece a avaliação física.

NÃO →
Comece a RCP: 100 compressões torácicas por minuto.
Continue até que:
1. o atleta comece a respirar normalmente;
2. um DEA chegue. Pare com as compressões e aplique o DEA; siga as instruções do DEA;
3. a equipe de resgate assuma o controle.

USANDO UM DESFIBRILADOR EXTERNO AUTOMÁTICO (DEA)

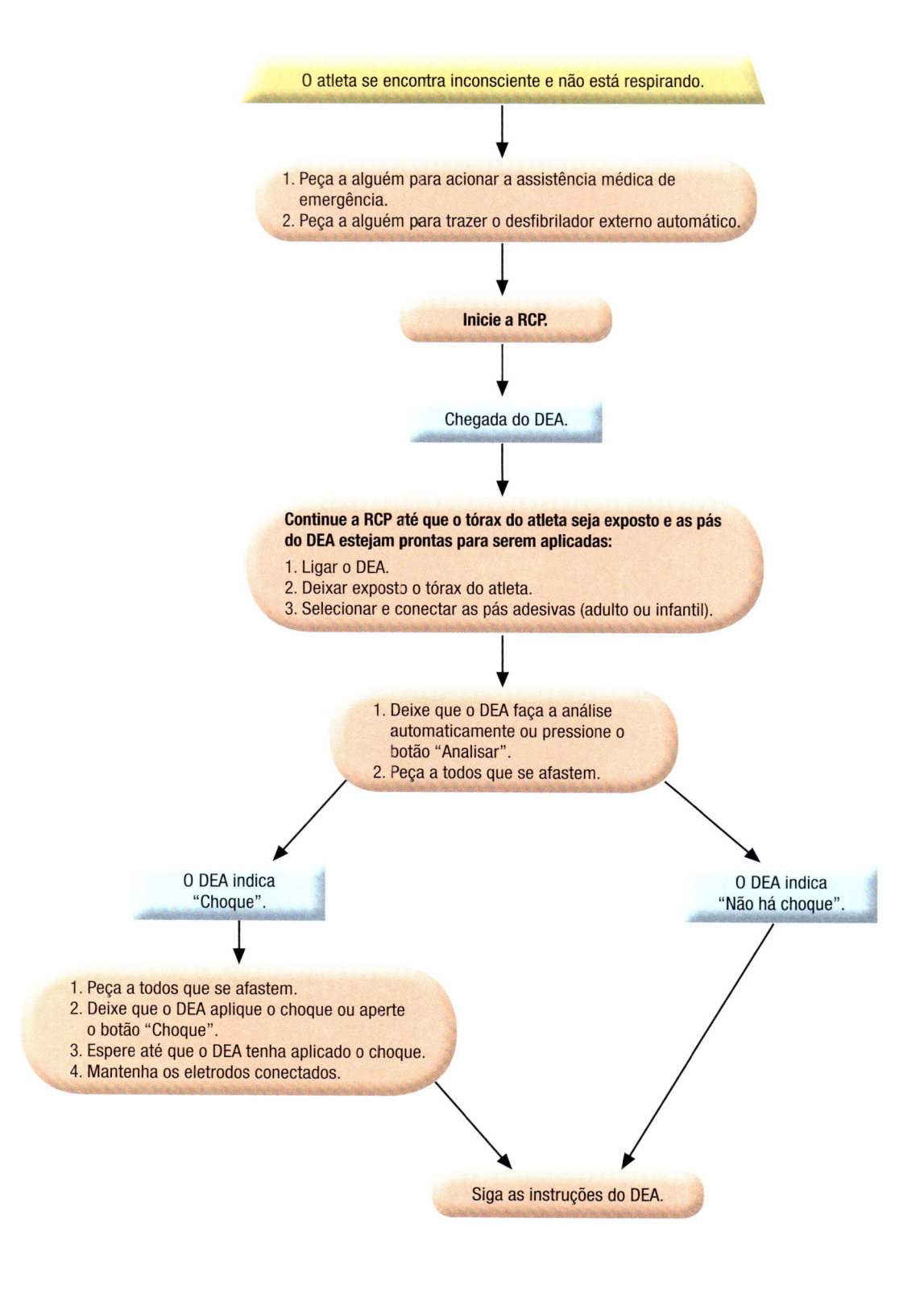

O atleta se encontra inconsciente e não está respirando.

1. Peça a alguém para acionar a assistência médica de emergência.
2. Peça a alguém para trazer o desfibrilador externo automático.

Inicie a RCP.

Chegada do DEA.

Continue a RCP até que o tórax do atleta seja exposto e as pás do DEA estejam prontas para serem aplicadas:
1. Ligar o DEA.
2. Deixar exposto o tórax do atleta.
3. Selecionar e conectar as pás adesivas (adulto ou infantil).

1. Deixe que o DEA faça a análise automaticamente ou pressione o botão "Analisar".
2. Peça a todos que se afastem.

O DEA indica "Choque".

O DEA indica "Não há choque".

1. Peça a todos que se afastem.
2. Deixe que o DEA aplique o choque ou aperte o botão "Choque".
3. Espere até que o DEA tenha aplicado o choque.
4. Mantenha os eletrodos conectados.

Siga as instruções do DEA.

Observação: se o atleta se tornar consciente e estiver respirando, monitore os sinais vitais e faça a avaliação física.

Apêndice Protocolos de primeiros socorros 229

MEDIDAS DE AÇÃO EMERGENCIAL

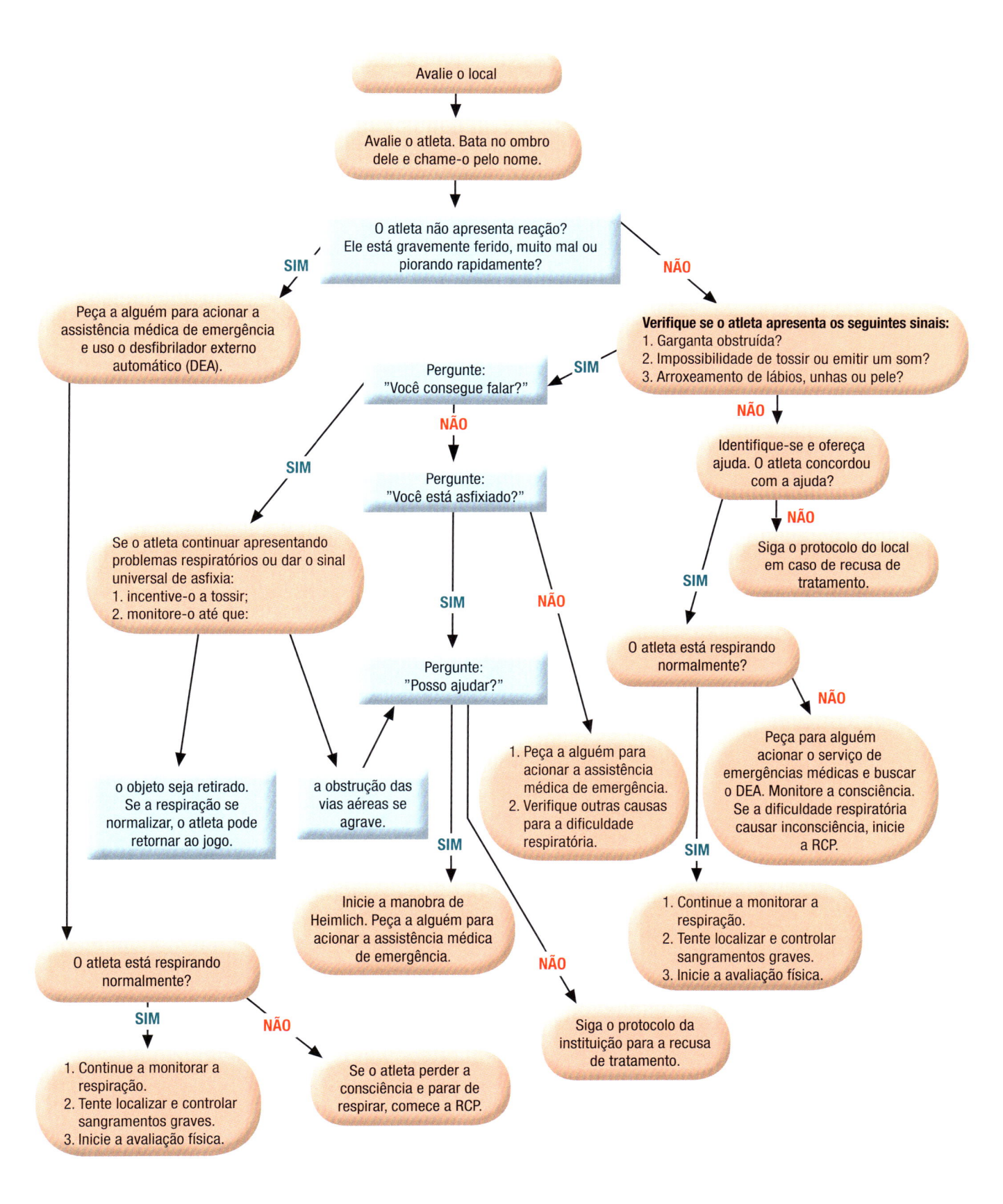

Avalie o local

↓

Avalie o atleta. Bata no ombro dele e chame-o pelo nome.

↓

O atleta não apresenta reação? Ele está gravemente ferido, muito mal ou piorando rapidamente?

SIM → Peça a alguém para acionar a assistência médica de emergência e uso o desfibrilador externo automático (DEA).

NÃO → Verifique se o atleta apresenta os seguintes sinais:
1. Garganta obstruída?
2. Impossibilidade de tossir ou emitir um som?
3. Arroxeamento de lábios, unhas ou pele?

Pergunte: "Você consegue falar?"

- **SIM** → Se o atleta continuar apresentando problemas respiratórios ou dar o sinal universal de asfixia:
  1. incentive-o a tossir;
  2. monitore-o até que:
    - o objeto seja retirado. Se a respiração se normalizar, o atleta pode retornar ao jogo.
    - a obstrução das vias aéreas se agrave.

- **NÃO** → Pergunte: "Você está asfixiado?"
  - **SIM** → Pergunte: "Posso ajudar?"
    - **SIM** → Inicie a manobra de Heimlich. Peça a alguém para acionar a assistência médica de emergência.
      - Se o atleta perder a consciência e parar de respirar, comece a RCP.
    - **NÃO** → Siga o protocolo da instituição para a recusa de tratamento.
  - **NÃO** →
    1. Peça a alguém para acionar a assistência médica de emergência.
    2. Verifique outras causas para a dificuldade respiratória.

(Ramo NÃO do sinal inicial)

Identifique-se e ofereça ajuda. O atleta concordou com a ajuda?

- **NÃO** → Siga o protocolo do local em caso de recusa de tratamento.
- **SIM** → O atleta está respirando normalmente?
  - **NÃO** → Peça para alguém acionar o serviço de emergências médicas e buscar o DEA. Monitore a consciência. Se a dificuldade respiratória causar inconsciência, inicie a RCP.
  - **SIM** →
    1. Continue a monitorar a respiração.
    2. Tente localizar e controlar sangramentos graves.
    3. Inicie a avaliação física.

O atleta está respirando normalmente?

- **SIM** →
  1. Continue a monitorar a respiração.
  2. Tente localizar e controlar sangramentos graves.
  3. Inicie a avaliação física.
- **NÃO** → Se o atleta perder a consciência e parar de respirar, comece a RCP.

AVALIAÇÃO FÍSICA

Histórico

Determine:
- o local da lesão;
- se esta é uma nova lesão no mesmo local;
- o mecanismo da lesão; ou
- sintomas (p. ex., dor de cabeça, dor ou dormência).

↓

Inspeção

Atente para:
- existência de sangramento profuso;
- aparência da pele;
- tamanho e reação da pupila;
- presença de deformações;
- ocorrência de vômito, tosse, edema, hematoma;
- capacidade para caminhar;
- posição de uma extremidade superior; ou
- frequência do pulso.

↓

Toque

Procure sentir:
- dor ao toque;
- temperatura da pele;
- sensibilidade ou dormência; ou
- deformação.

SANGRAMENTO PROFUSO

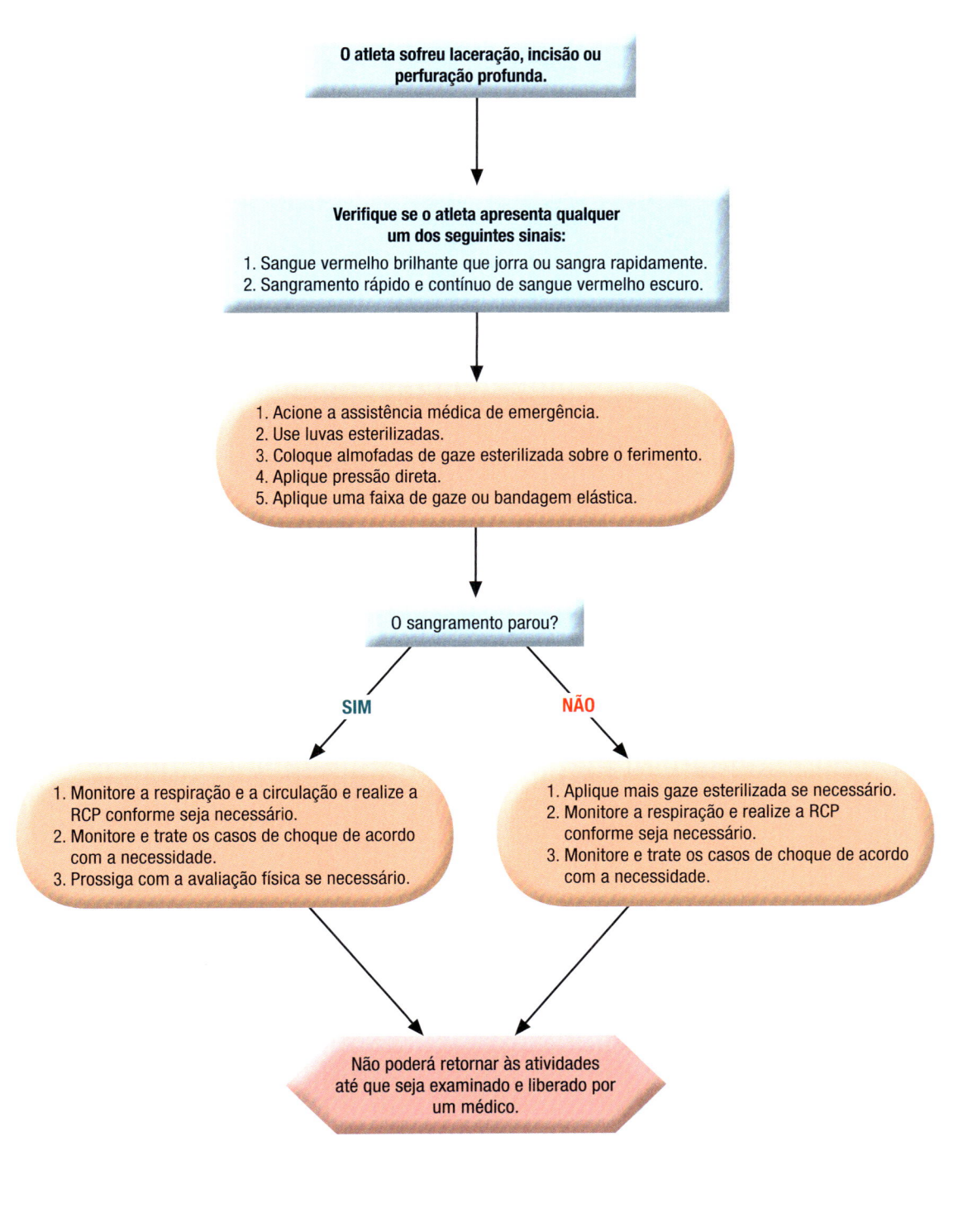

O atleta sofreu laceração, incisão ou perfuração profunda.

↓

Verifique se o atleta apresenta qualquer um dos seguintes sinais:
1. Sangue vermelho brilhante que jorra ou sangra rapidamente.
2. Sangramento rápido e contínuo de sangue vermelho escuro.

↓

1. Acione a assistência médica de emergência.
2. Use luvas esterilizadas.
3. Coloque almofadas de gaze esterilizada sobre o ferimento.
4. Aplique pressão direta.
5. Aplique uma faixa de gaze ou bandagem elástica.

↓

O sangramento parou?

SIM ↙ ↘ **NÃO**

SIM:
1. Monitore a respiração e a circulação e realize a RCP conforme seja necessário.
2. Monitore e trate os casos de choque de acordo com a necessidade.
3. Prossiga com a avaliação física se necessário.

NÃO:
1. Aplique mais gaze esterilizada se necessário.
2. Monitore a respiração e realize a RCP conforme seja necessário.
3. Monitore e trate os casos de choque de acordo com a necessidade.

↓

Não poderá retornar às atividades até que seja examinado e liberado por um médico.

TÉCNICAS DE IMOBILIZAÇÃO DE LESÕES INSTÁVEIS COM USO DE TALAS

Verifique se a lesão apresenta algum dos seguintes sinais:
1. Luxação de grandes articulações (quadril, joelho, tornozelo, ombro, cotovelo ou punho).
2. Fratura composta.
3. Suspeita de fraturas na coluna, pelve, quadril, coxa, cíngulo do membro superior, braço, patela ou perna.
4. Fratura de costela com luxação.
5. Luxação para trás da extremidade da clavícula que se liga ao esterno.
6. Perda de circulação – indicada por pele fria e hematoma.
7. Perda de sensibilidade.
8. Choque.

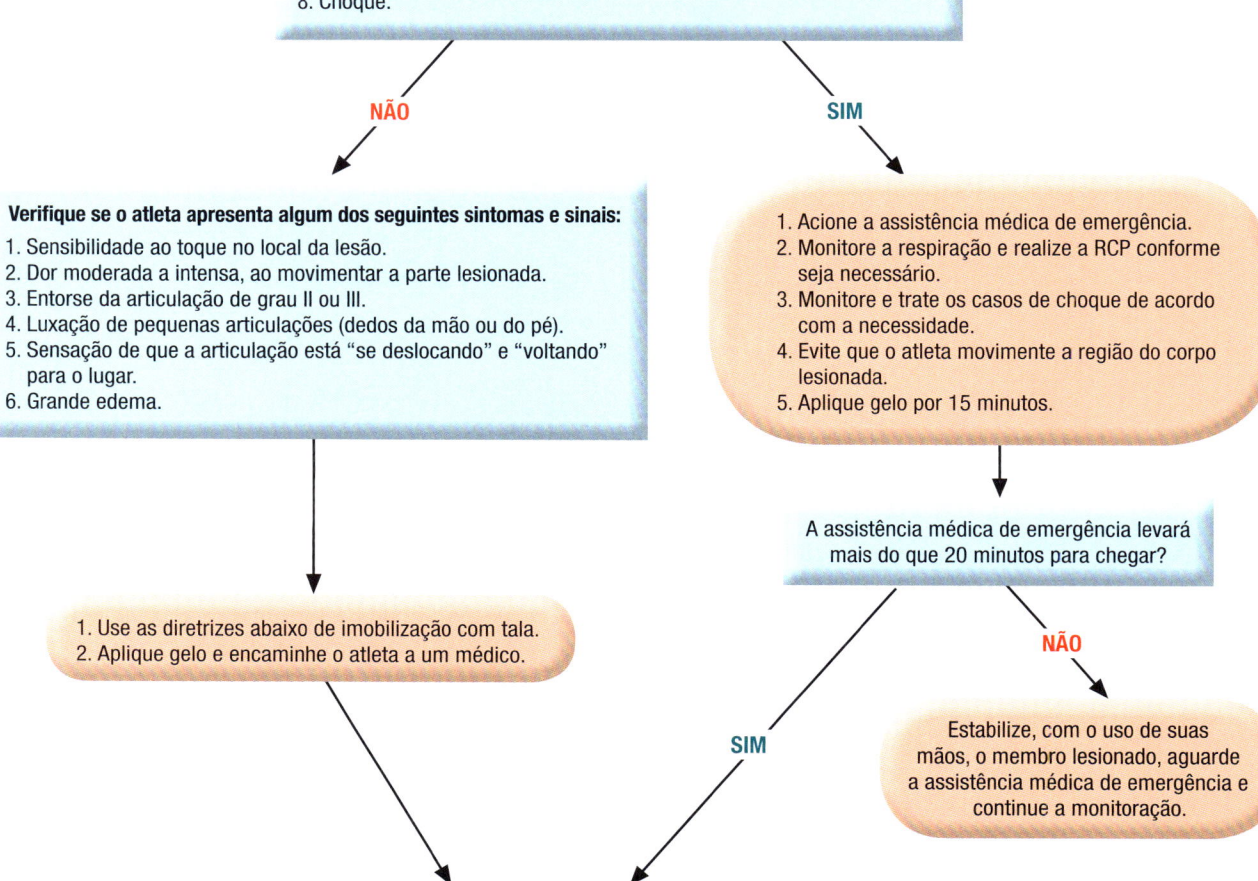

NÃO →

Verifique se o atleta apresenta algum dos seguintes sintomas e sinais:
1. Sensibilidade ao toque no local da lesão.
2. Dor moderada a intensa, ao movimentar a parte lesionada.
3. Entorse da articulação de grau II ou III.
4. Luxação de pequenas articulações (dedos da mão ou do pé).
5. Sensação de que a articulação está "se deslocando" e "voltando" para o lugar.
6. Grande edema.

↓

1. Use as diretrizes abaixo de imobilização com tala.
2. Aplique gelo e encaminhe o atleta a um médico.

SIM →

1. Acione a assistência médica de emergência.
2. Monitore a respiração e realize a RCP conforme seja necessário.
3. Monitore e trate os casos de choque de acordo com a necessidade.
4. Evite que o atleta movimente a região do corpo lesionada.
5. Aplique gelo por 15 minutos.

↓

A assistência médica de emergência levará mais do que 20 minutos para chegar?

NÃO → Estabilize, com o uso de suas mãos, o membro lesionado, aguarde a assistência médica de emergência e continue a monitoração.

SIM ↓

Imobilização com tala
1. Não tente imobilizar fraturas da coluna.
2. Cubra com gaze esterilizada a extremidade de ossos expostos.
3. Utilize materiais rígidos ou volumosos e bem acolchoados.
4. Em caso de fraturas próximas das articulações ou entorses graves – imobilize os ossos acima e abaixo da articulação.
5. Em caso de fraturas no meio do osso – imobilize as articulações acima e abaixo.
6. Prenda a tala com laços ou bandagem elástica.
7. Após a aplicação da tala, verifique periodicamente se a circulação não está comprometida (pele com cor arroxeada e temperatura baixa) por causa de uma imobilização excessivamente apertada. Afrouxe os laços e repita o processo se necessário.

REMOÇÃO E SERVIÇO DE EMERGÊNCIAS MÉDICAS

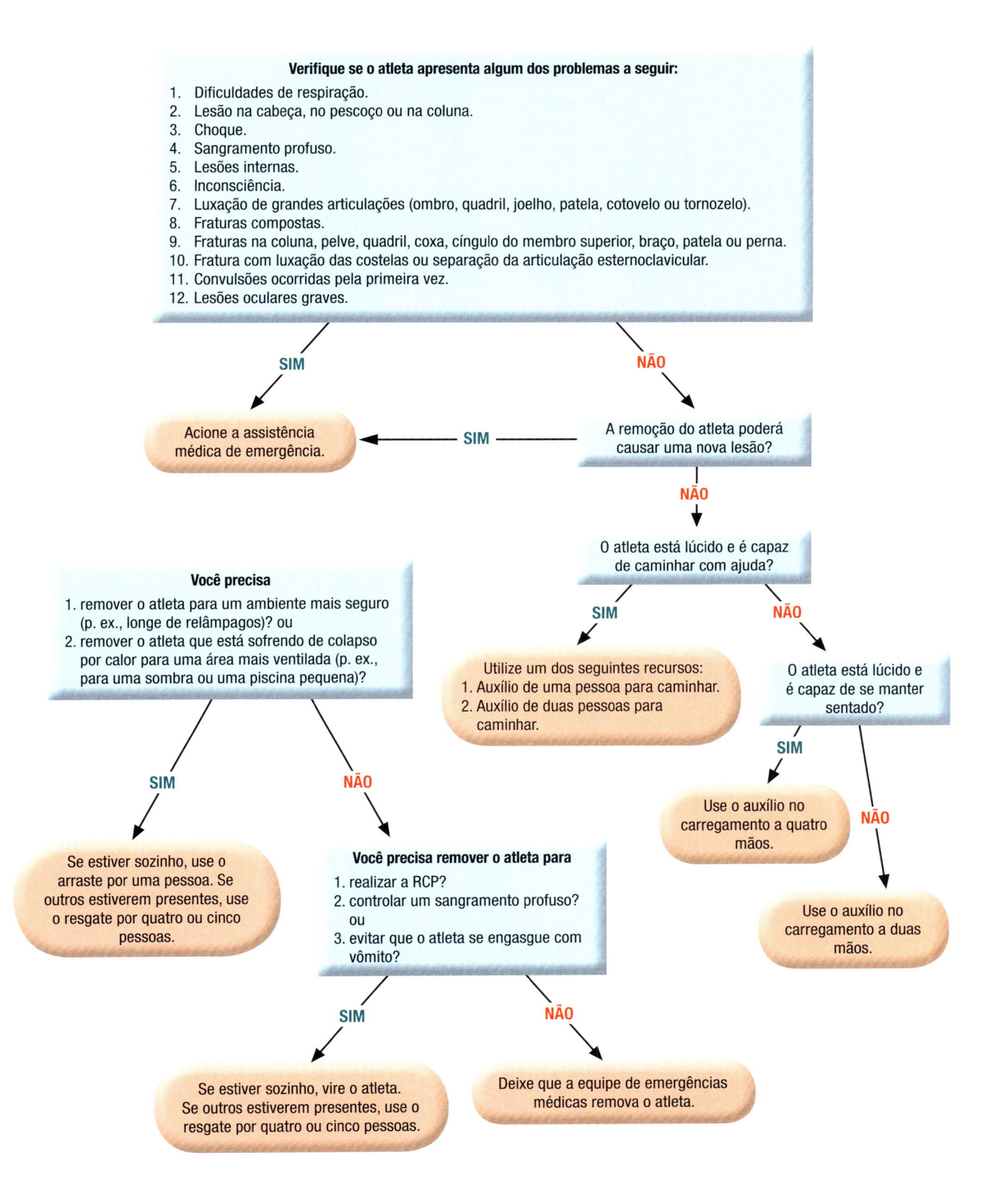

Verifique se o atleta apresenta algum dos problemas a seguir:

1. Dificuldades de respiração.
2. Lesão na cabeça, no pescoço ou na coluna.
3. Choque.
4. Sangramento profuso.
5. Lesões internas.
6. Inconsciência.
7. Luxação de grandes articulações (ombro, quadril, joelho, patela, cotovelo ou tornozelo).
8. Fraturas compostas.
9. Fraturas na coluna, pelve, quadril, coxa, cíngulo do membro superior, braço, patela ou perna.
10. Fratura com luxação das costelas ou separação da articulação esternoclavicular.
11. Convulsões ocorridas pela primeira vez.
12. Lesões oculares graves.

SIM → Acione a assistência médica de emergência.

NÃO → A remoção do atleta poderá causar uma nova lesão?

- **SIM** → Acione a assistência médica de emergência.
- **NÃO** → O atleta está lúcido e é capaz de caminhar com ajuda?
  - **SIM** → Utilize um dos seguintes recursos:
    1. Auxílio de uma pessoa para caminhar.
    2. Auxílio de duas pessoas para caminhar.
  - **NÃO** → O atleta está lúcido e é capaz de se manter sentado?
    - **SIM** → Use o auxílio no carregamento a quatro mãos.
    - **NÃO** → Use o auxílio no carregamento a duas mãos.

Você precisa
1. remover o atleta para um ambiente mais seguro (p. ex., longe de relâmpagos)? ou
2. remover o atleta que está sofrendo de colapso por calor para uma área mais ventilada (p. ex., para uma sombra ou uma piscina pequena)?

- **SIM** → Se estiver sozinho, use o arraste por uma pessoa. Se outros estiverem presentes, use o resgate por quatro ou cinco pessoas.
- **NÃO** → Você precisa remover o atleta para
  1. realizar a RCP?
  2. controlar um sangramento profuso? ou
  3. evitar que o atleta se engasgue com vômito?
  - **SIM** → Se estiver sozinho, vire o atleta. Se outros estiverem presentes, use o resgate por quatro ou cinco pessoas.
  - **NÃO** → Deixe que a equipe de emergências médicas remova o atleta.

CHOQUE ANAFILÁTICO

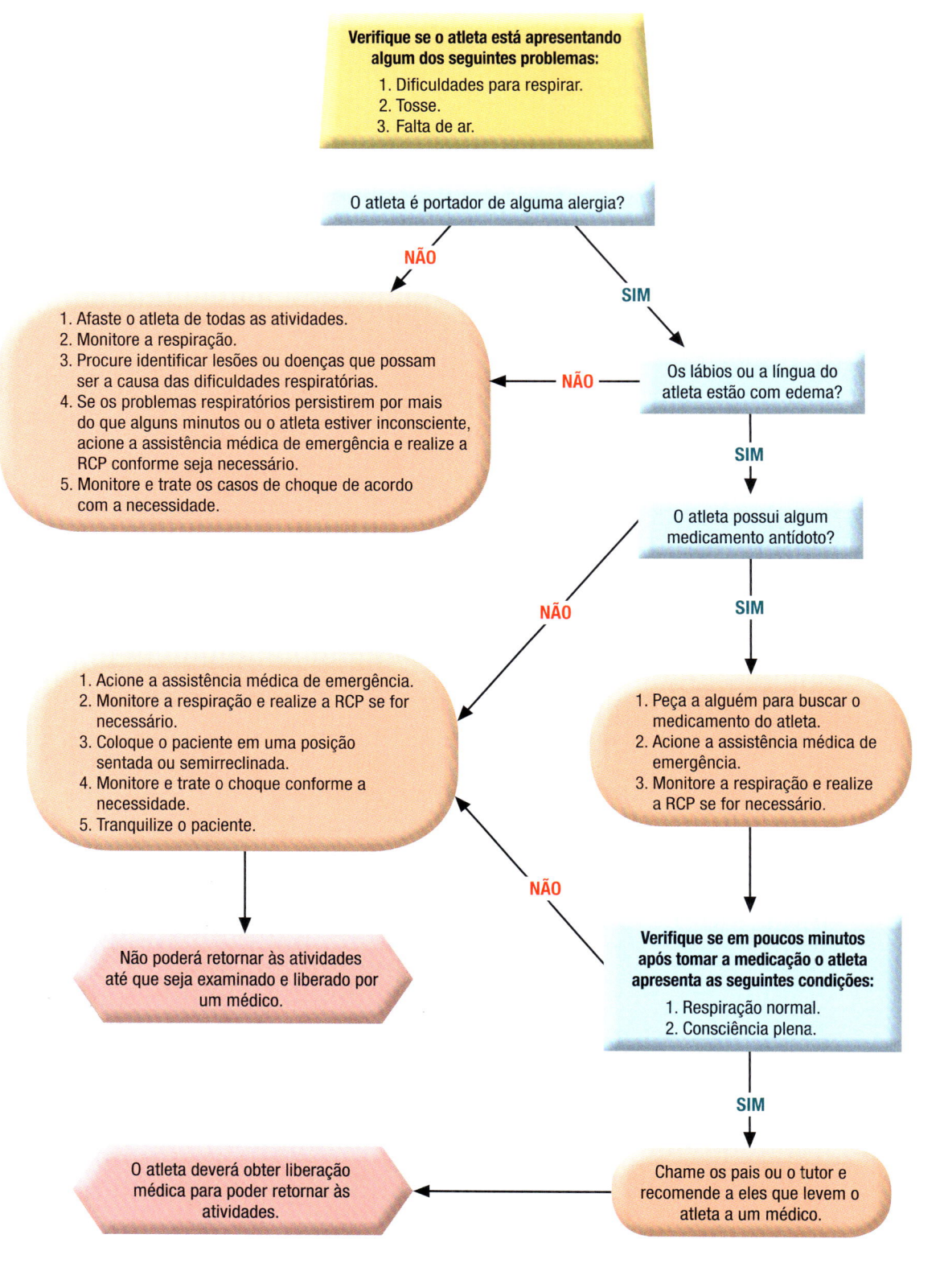

Verifique se o atleta está apresentando algum dos seguintes problemas:
1. Dificuldades para respirar.
2. Tosse.
3. Falta de ar.

↓

O atleta é portador de alguma alergia?

- **NÃO** →
  1. Afaste o atleta de todas as atividades.
  2. Monitore a respiração.
  3. Procure identificar lesões ou doenças que possam ser a causa das dificuldades respiratórias.
  4. Se os problemas respiratórios persistirem por mais do que alguns minutos ou o atleta estiver inconsciente, acione a assistência médica de emergência e realize a RCP conforme seja necessário.
  5. Monitore e trate os casos de choque de acordo com a necessidade.

- **SIM** → **Os lábios ou a língua do atleta estão com edema?**
  - **NÃO** → (retorna ao bloco acima)
  - **SIM** → **O atleta possui algum medicamento antídoto?**
    - **NÃO** →
      1. Acione a assistência médica de emergência.
      2. Monitore a respiração e realize a RCP se for necessário.
      3. Coloque o paciente em uma posição sentada ou semirreclinada.
      4. Monitore e trate o choque conforme a necessidade.
      5. Tranquilize o paciente.

      ↓ **Não poderá retornar às atividades até que seja examinado e liberado por um médico.**

    - **SIM** →
      1. Peça a alguém para buscar o medicamento do atleta.
      2. Acione a assistência médica de emergência.
      3. Monitore a respiração e realize a RCP se for necessário.

      ↓ **Verifique se em poucos minutos após tomar a medicação o atleta apresenta as seguintes condições:**
      1. Respiração normal.
      2. Consciência plena.

      - **NÃO** → (vai ao bloco de acionar assistência médica)
      - **SIM** → Chame os pais ou o tutor e recomende a eles que levem o atleta a um médico.

      ↓ **O atleta deverá obter liberação médica para poder retornar às atividades.**

Apêndice Protocolos de primeiros socorros

ASMA

Verifique se o atleta está apresentando algum dos seguintes problemas:
1. Dificuldades para respirar.
2. Tosse.
3. Dispneia (falta de ar).

O atleta é portador de asma?

NÃO:
1. Afaste o atleta de todas as atividades.
2. Monitore a respiração.
3. Procure identificar lesões ou doenças que possam ser a causa das dificuldades respiratórias.
4. Se os problemas respiratórios persistirem por mais do que alguns minutos ou o atleta se tornar inconsciente, acione a assistência médica de emergência e realize a RCP conforme seja necessário.
5. Monitore e trate os casos de choque de acordo com a necessidade.

SIM: O atleta possui um inalador ou algum medicamento?

NÃO:
1. Acione a assistência médica de emergência.
2. Monitore a respiração e realize a RCP se for necessário.
3. Coloque o atleta sentado ou em posição semirreclinada.
4. Monitore e trate os casos de choque de acordo com a necessidade.
5. Acalme o atleta.

→ Não poderá retornar às atividades até que seja examinado e liberado por um médico.

SIM:
1. Peça para que alguém vá buscar o inalador ou medicamento do atleta.
2. Monitore a respiração e realize a RCP se for necessário.

Verifique se em alguns minutos após tomar a medicação o atleta apresenta as seguintes condições:
1. Respiração normal.
2. Consciência plena.

NÃO → (retorna ao bloco de emergência acima)

SIM: Chame os pais ou o tutor e recomende a eles que levem o atleta a um médico.

→ O atleta deverá obter liberação médica para poder retornar às atividades.

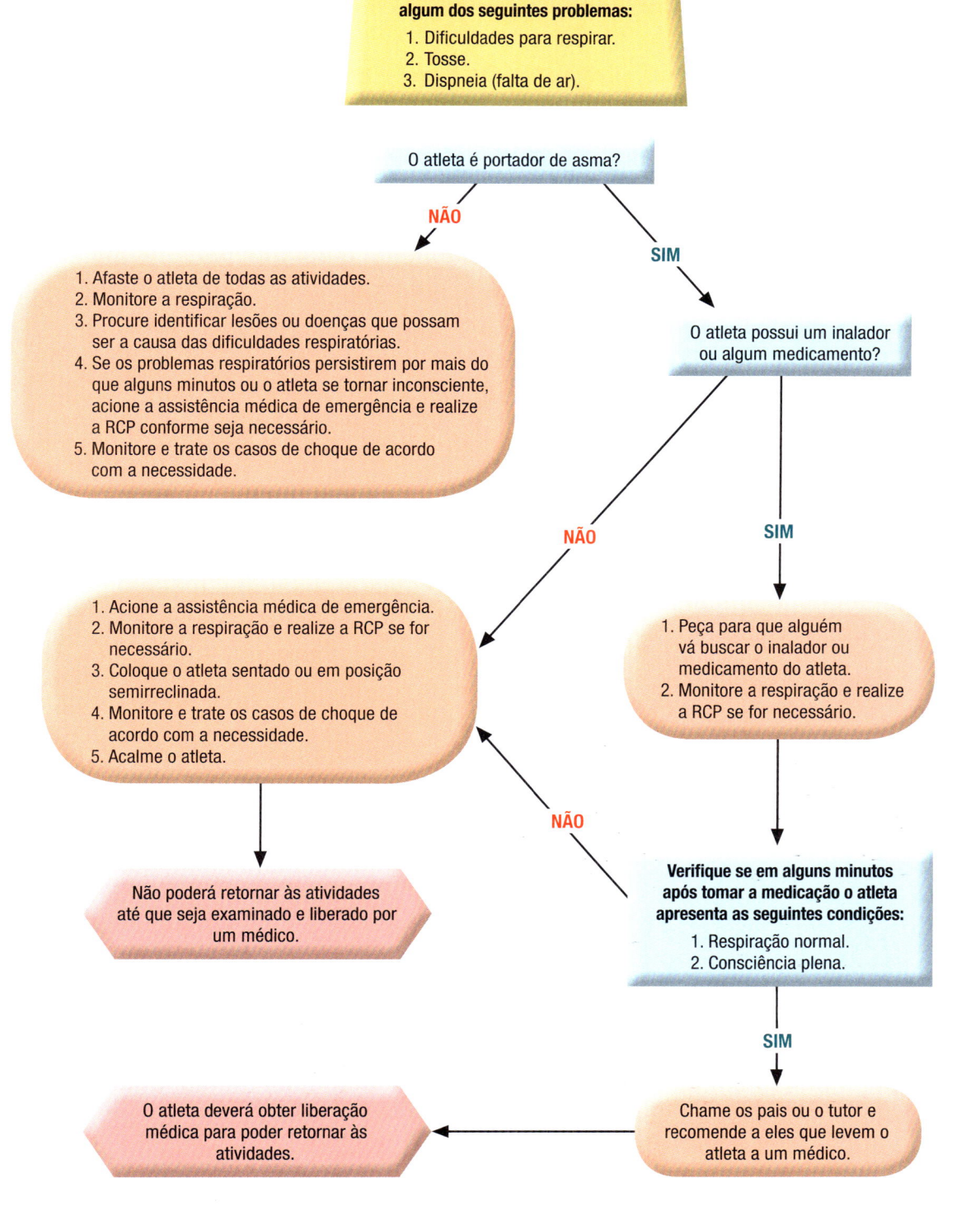

CONCUSSÃO

O atleta sofreu um golpe direto ou pancada na cabeça.

O atleta está experimentando qualquer um destes sinais e sintomas mais graves?

1. Dores de cabeça crescentes.
2. Tonturas.
3. Desequilíbrio.
4. Torpor.
5. Perda de memória.
6. Alterações visuais – embaçamento ou visão dupla.
7. Confusão.
8. Alterações emocionais.
9. Falta de resposta após o toque ou comandos vocais.
10. Respiração irregular.
11. Sangramento ou uma ferida no ponto do impacto.
12. Sangramento ou líquido claro drenando pela boca, nariz ou orelhas.
13. Fraqueza ou torpor no braço ou perna.
14. Dor no pescoço e diminuição do movimento.
15. Concavidade ou deformidade no ponto do impacto.
16. Convulsões.
17. Anormalidades de pupilas.
18. Inconsciência.
19. Respiração irregular.
20. Vômitos.

SIM

1. Acione a assistência médica de emergência.
2. Estabilize a cabeça e o pescoço do atleta até a chegada do SEM. Mantenha seu capacete durante a estabilização da cabeça e do pescoço para não manipulá-lo de modo desnecessário. Isso é especialmente necessário se o atleta estiver utilizando protetores para os ombros.
3. Monitore a respiração e realize a RCP se for necessário.
4. Controle qualquer sangramento profuso, evitando a pressão excessiva sobre o ferimento da cabeça.
5. Monitore e trate os casos de choque de acordo com a necessidade.
6. Imobilize qualquer fratura ou outras lesões instáveis desde que não movimente excessivamente o atleta.

NÃO

Verifique se o atleta apresenta qualquer um dos seguintes sinais e sintomas:

1. Dor de cabeça moderada.
2. Zumbido nos ouvidos.
3. Náusea.
4. Incapacidade de coordenar ações.

SIM ou NÃO

1. Afaste o atleta das atividades.
2. Nomeie alguém para monitorar os sinais e sintomas apresentados pelo atleta. Se aparecerem ou piorarem, acione a assistência médica de emergência.
3. Notifique os pais ou responsável imediatamente e peça a eles que monitorem o atleta, usando um *checklist* de sinais e sintomas, e levem-no a um médico.

Não poderá retornar às atividades até que seja examinado e liberado por um médico.

LESÃO NO BAÇO

O atleta sofreu um golpe direto na parte superior esquerda do abdome.

Verifique se o atleta apresenta os seguintes sintomas e sinais iniciais:
1. Dor na região superior esquerda do abdome.
2. Sensibilidade ao toque na região superior esquerda do abdome.
3. Abrasão ou hematoma sobre a área.

↓

Verifique se o atleta apresenta algum dos seguintes sintomas e sinais avançados:
1. Sensação de desmaio.
2. Tontura.
3. Palidez.
4. Pulso rápido.
5. Dispneia (falta de ar).
6. Náusea ou vômito.
7. Rigidez dos músculos abdominais.
8. Dor que evolui para o ombro esquerdo ou pescoço.
9. Pressão arterial baixa.

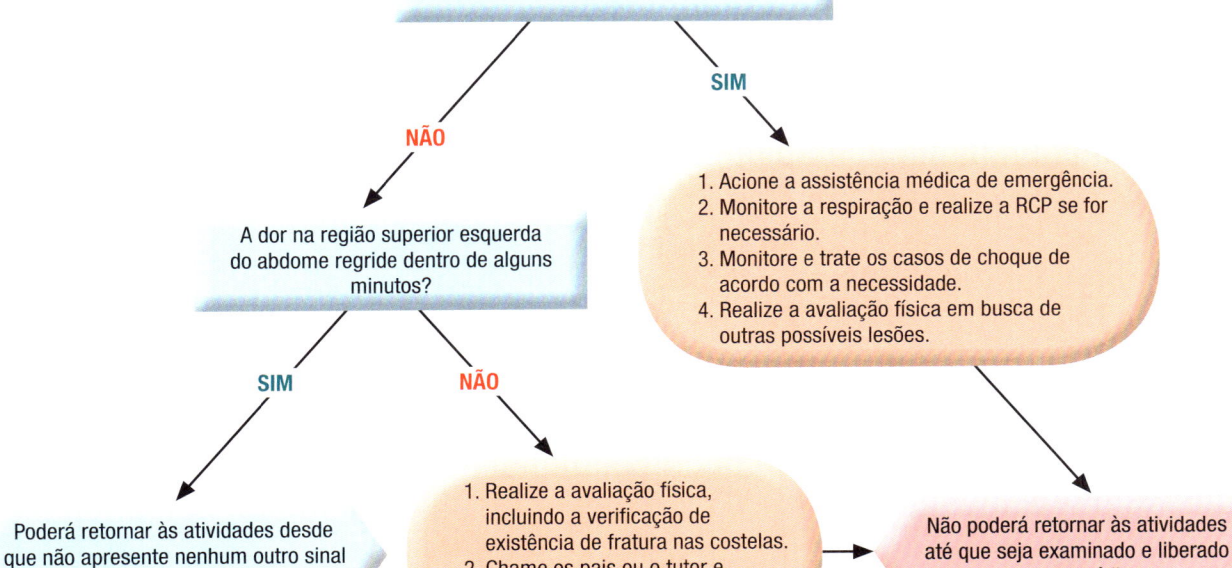

SIM:
1. Acione a assistência médica de emergência.
2. Monitore a respiração e realize a RCP se for necessário.
3. Monitore e trate os casos de choque de acordo com a necessidade.
4. Realize a avaliação física em busca de outras possíveis lesões.

NÃO: A dor na região superior esquerda do abdome regride dentro de alguns minutos?

SIM: Poderá retornar às atividades desde que não apresente nenhum outro sinal ou sintoma.

NÃO:
1. Realize a avaliação física, incluindo a verificação de existência de fratura nas costelas.
2. Chame os pais ou o tutor e recomende que levem o atleta a um médico.

Não poderá retornar às atividades até que seja examinado e liberado por um médico.

HEMATOMA NOS RINS

O atleta sofreu um golpe direto na região central das costas em qualquer um dos lados da coluna vertebral.

Verifique se o atleta apresenta os seguintes sintomas e sinais iniciais:
1. Dor na região central das costas.
2. Abrasão ou hematoma sobre a área.
3. Sensibilidade ao toque na região.

Verifique se o atleta apresenta algum dos seguintes sintomas e sinais avançados:
1. Sensação de desmaio.
2. Tontura.
3. Pele pálida, fria e úmida.
4. Pulso rápido.
5. Náusea ou vômito.
6. Sensação de queimação e micção frequente.
7. Urina turva ou com sangue.
8. Rigidez dos músculos das costas.
9. Edema abdominal.
10. Dor que evolui para a parte inferior das costas, parte externa das coxas ou região pélvica frontal.

NÃO

A dor na área afetada pela contusão regride dentro de alguns minutos?

SIM → Poderá retornar às atividades desde que não apresente nenhum outro sinal ou sintoma.

NÃO →
1. Realize a avaliação física, incluindo a verificação de existência de fratura nas costelas.
2. Chame os pais ou o tutor e recomende que levem o atleta a um médico.

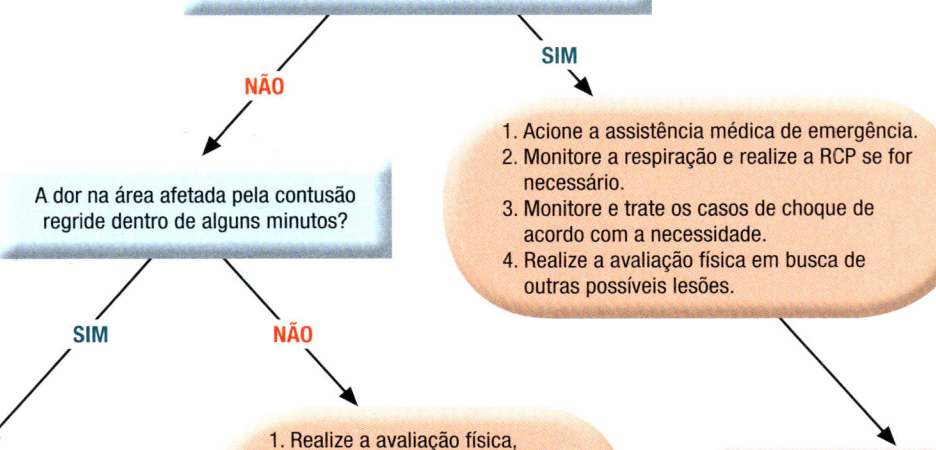

SIM →
1. Acione a assistência médica de emergência.
2. Monitore a respiração e realize a RCP se for necessário.
3. Monitore e trate os casos de choque de acordo com a necessidade.
4. Realize a avaliação física em busca de outras possíveis lesões.

Não poderá retornar às atividades até que seja examinado e liberado por um médico.

TRAUMA TESTICULAR

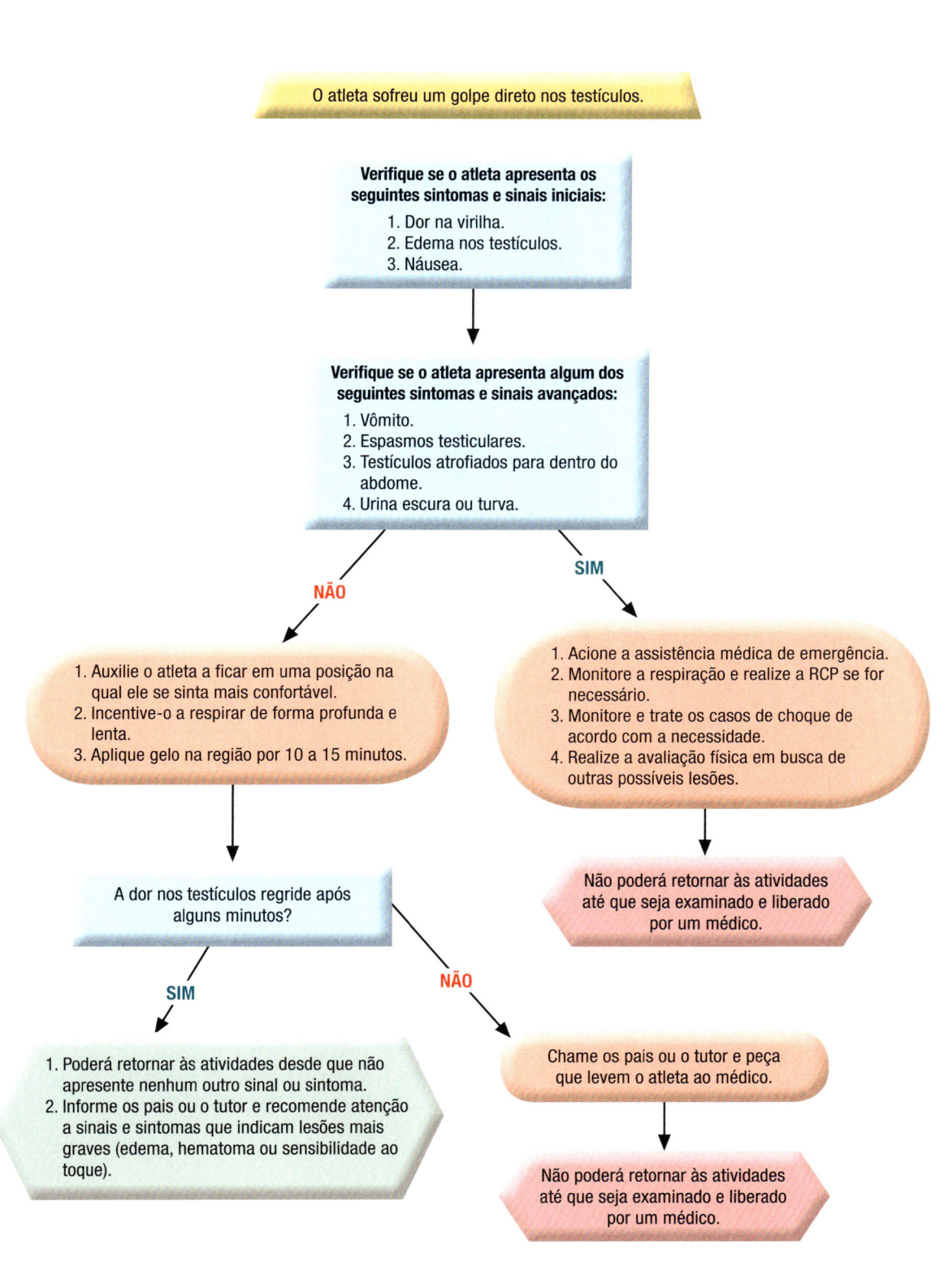

O atleta sofreu um golpe direto nos testículos.

Verifique se o atleta apresenta os seguintes sintomas e sinais iniciais:
1. Dor na virilha.
2. Edema nos testículos.
3. Náusea.

Verifique se o atleta apresenta algum dos seguintes sintomas e sinais avançados:
1. Vômito.
2. Espasmos testiculares.
3. Testículos atrofiados para dentro do abdome.
4. Urina escura ou turva.

NÃO

1. Auxilie o atleta a ficar em uma posição na qual ele se sinta mais confortável.
2. Incentive-o a respirar de forma profunda e lenta.
3. Aplique gelo na região por 10 a 15 minutos.

A dor nos testículos regride após alguns minutos?

SIM

1. Poderá retornar às atividades desde que não apresente nenhum outro sinal ou sintoma.
2. Informe os pais ou o tutor e recomende atenção a sinais e sintomas que indicam lesões mais graves (edema, hematoma ou sensibilidade ao toque).

NÃO

Chame os pais ou o tutor e peça que levem o atleta ao médico.

Não poderá retornar às atividades até que seja examinado e liberado por um médico.

SIM

1. Acione a assistência médica de emergência.
2. Monitore a respiração e realize a RCP se for necessário.
3. Monitore e trate os casos de choque de acordo com a necessidade.
4. Realize a avaliação física em busca de outras possíveis lesões.

Não poderá retornar às atividades até que seja examinado e liberado por um médico.

REAÇÃO À INSULINA

O atleta tem diabetes.

Verifique se o atleta apresenta os seguintes sintomas e sinais, de leves a moderados:
1. Fome.
2. Irritabilidade.
3. Leve fraqueza.
4. Pupilas dilatadas.
5. Tremores.
6. Sudorese.
7. Pulso rápido e forte.

Verifique se o atleta apresenta algum dos seguintes sintomas ou sinais graves:
1. Confusão.
2. Convulsões.
3. Inconsciência.

NÃO
1. Afaste o atleta de todas as atividades.
2. Dê a ele açúcar, doce, refresco ou suco de frutas.
3. Acione a assistência médica de emergência se o atleta não se recuperar dentro de alguns minutos ou os sinais se agravarem.
4. Monitore a respiração e realize a RCP se for necessário.
5. Informe os pais ou o tutor do atleta.

1. Afaste o atleta de qualquer atividade pelo restante do dia.
2. Não poderá retornar às atividades até que o nível de insulina esteja estabilizado.

SIM
1. Acione a assistência médica de emergência.
2. Caso o atleta esteja inconsciente, posicione-o de lado a fim de permitir que vômito ou líquidos sejam liberados para fora da boca.
3. Monitore a circulação e a respiração e realize a RCP se for necessário.

Não poderá retornar às atividades até que seja examinado e liberado por um médico.

CETOACIDOSE

O atleta tem diabetes.

Verifique se o atleta apresenta os seguintes sintomas e sinais iniciais:

1. Sede excessiva.
2. Boca seca.
3. Hálito doce, com odor de frutas.
4. Náusea.
5. Micção excessiva.

Verifique se o atleta apresenta algum dos seguintes sintomas ou sinais avançados:

1. Dores de cabeça.
2. Dor abdominal.
3. Vômito.
4. Pele quente, vermelha e seca.
5. Pulso rápido e fraco.
6. Dificuldade de respirar.

NÃO

1. Afaste o atleta de todas as atividades.
2. Recomende ao atleta que verifique o nível de açúcar no sangue e tome insulina, caso isso seja necessário.
3. Acione a assistência médica de emergência se o atleta não se recuperar dentro de alguns minutos ou os sinais se agravarem.
4. Monitore a respiração e realize a RCP se for necessário.
5. Informe os pais ou o tutor do atleta.

1. Afaste o atleta de qualquer atividade pelo restante do dia.
2. Não poderá retornar às atividades até que os níveis de insulina e de açúcar no sangue estejam estabilizados.

SIM

1. Acione a assistência médica de emergência.
2. Caso o atleta esteja inconsciente, posicione-o de lado a fim de permitir que vômito ou líquidos sejam liberados para fora da boca.
3. Monitore a respiração e realize a RCP se for necessário.

Não poderá retornar às atividades até que seja examinado e liberado por um médico.

CONVULSÕES

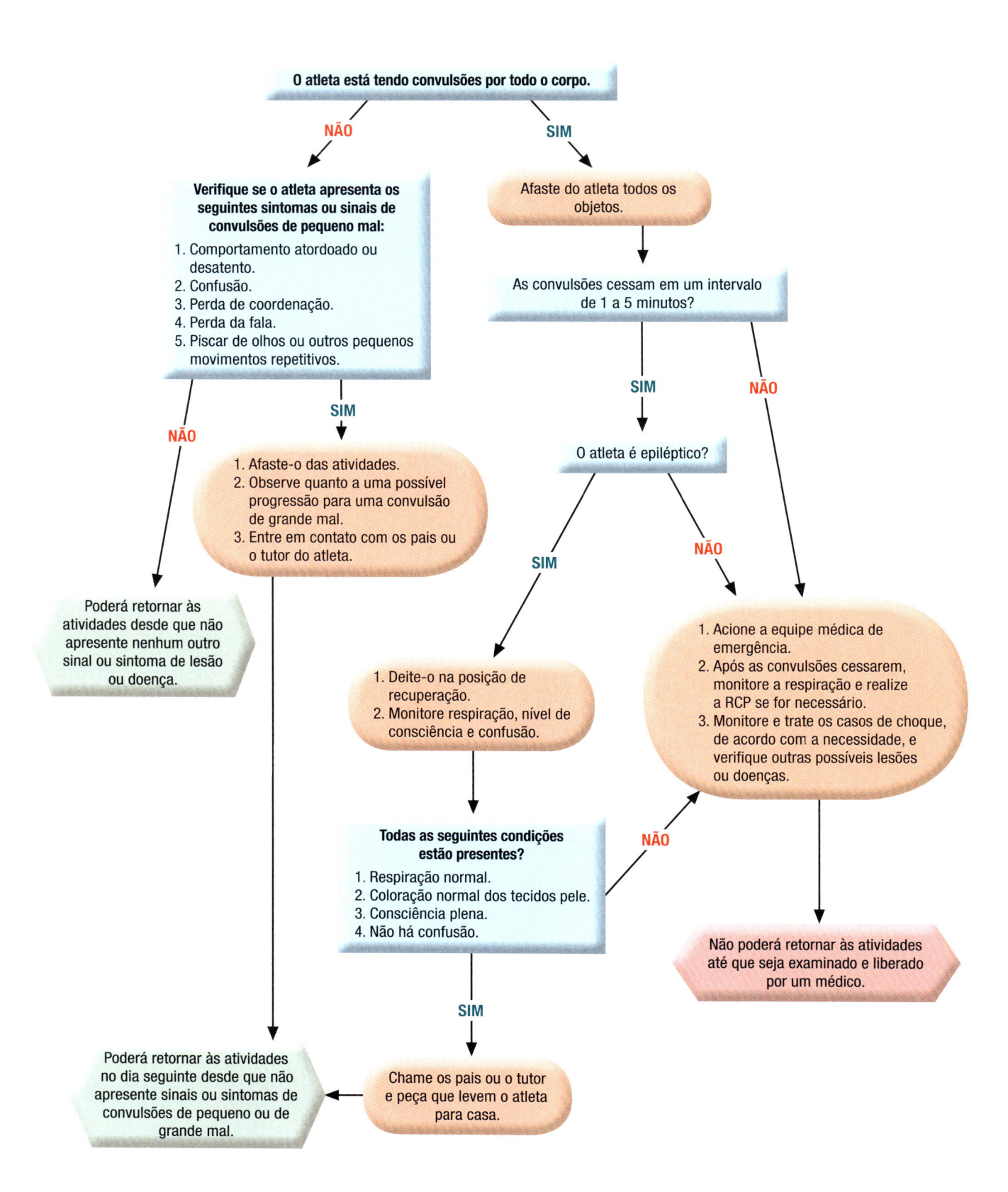

O atleta está tendo convulsões por todo o corpo.

NÃO →

Verifique se o atleta apresenta os seguintes sintomas ou sinais de convulsões de pequeno mal:
1. Comportamento atordoado ou desatento.
2. Confusão.
3. Perda de coordenação.
4. Perda da fala.
5. Piscar de olhos ou outros pequenos movimentos repetitivos.

- **NÃO →** Poderá retornar às atividades desde que não apresente nenhum outro sinal ou sintoma de lesão ou doença.
- **SIM →**
  1. Afaste-o das atividades.
  2. Observe quanto a uma possível progressão para uma convulsão de grande mal.
  3. Entre em contato com os pais ou o tutor do atleta.

  → Poderá retornar às atividades no dia seguinte desde que não apresente sinais ou sintomas de convulsões de pequeno ou de grande mal.

SIM →

Afaste do atleta todos os objetos.

↓

As convulsões cessam em um intervalo de 1 a 5 minutos?

- **SIM →** O atleta é epiléptico?
  - **SIM →**
    1. Deite-o na posição de recuperação.
    2. Monitore respiração, nível de consciência e confusão.

    → **Todas as seguintes condições estão presentes?**
    1. Respiração normal.
    2. Coloração normal dos tecidos pele.
    3. Consciência plena.
    4. Não há confusão.

    - **SIM →** Chame os pais ou o tutor e peça que levem o atleta para casa.
    - **NÃO →** (ver abaixo)
  - **NÃO →** (ver abaixo)
- **NÃO →**

1. Acione a equipe médica de emergência.
2. Após as convulsões cessarem, monitore a respiração e realize a RCP se for necessário.
3. Monitore e trate os casos de choque, de acordo com a necessidade, e verifique outras possíveis lesões ou doenças.

→ Não poderá retornar às atividades até que seja examinado e liberado por um médico.

CÃIBRAS POR CALOR

O atleta realizou exercícios pesados ou ficou exposto a um ambiente quente e úmido.

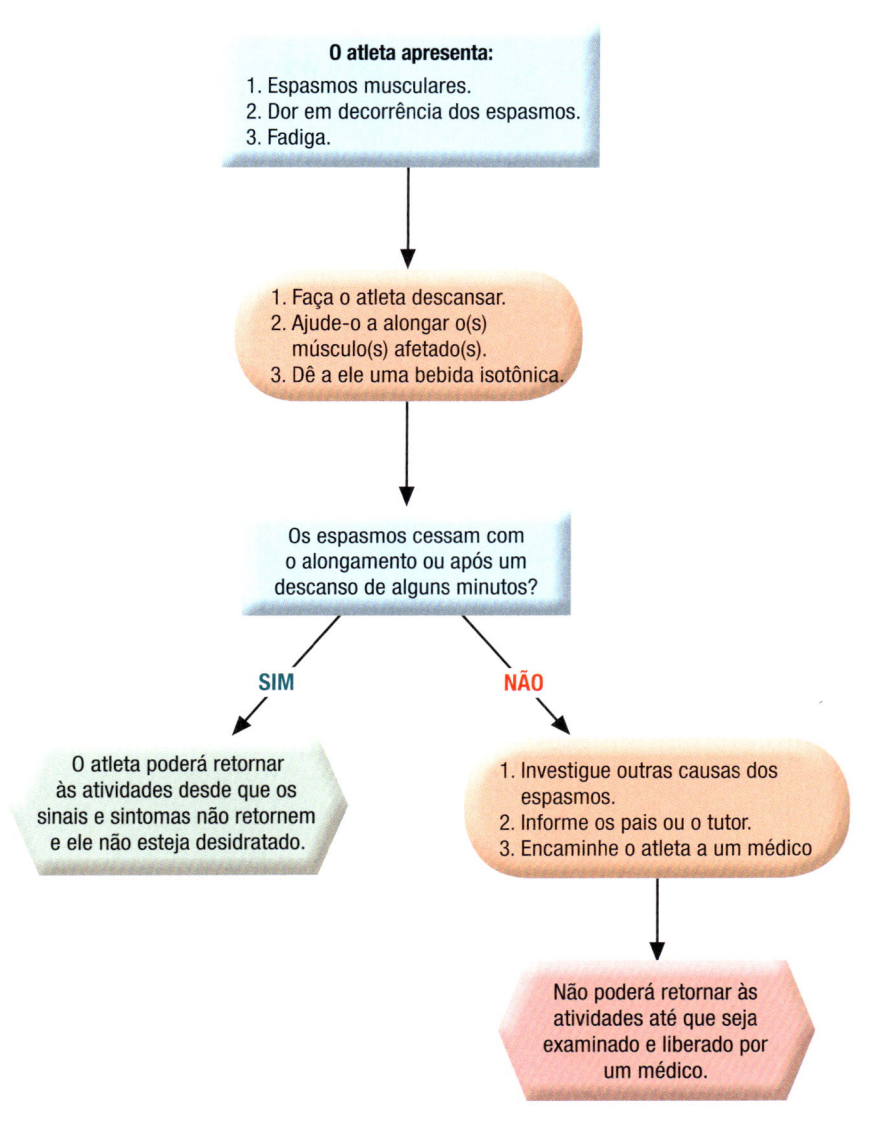

O atleta apresenta:
1. Espasmos musculares.
2. Dor em decorrência dos espasmos.
3. Fadiga.

↓

1. Faça o atleta descansar.
2. Ajude-o a alongar o(s) músculo(s) afetado(s).
3. Dê a ele uma bebida isotônica.

↓

Os espasmos cessam com o alongamento ou após um descanso de alguns minutos?

SIM: O atleta poderá retornar às atividades desde que os sinais e sintomas não retornem e ele não esteja desidratado.

NÃO:
1. Investigue outras causas dos espasmos.
2. Informe os pais ou o tutor.
3. Encaminhe o atleta a um médico

↓

Não poderá retornar às atividades até que seja examinado e liberado por um médico.

EXAUSTÃO POR CALOR

O atleta realizou exercícios pesados ou ficou exposto a um ambiente quente e úmido.

O atleta apresenta:
1. Dor de cabeça.
2. Náusea.
3. Tontura.
4. Calafrios.
5. Fadiga.
6. Sede.
7. Pele pálida, fria e úmida.
8. Pulso rápido e fraco.
9. Perda de coordenação.
10. Pupilas dilatadas.
11. Suor profuso.

1. Remova o atleta para uma área fresca e com sombra.
2. Afira a temperatura retal.
3. Coloque o atleta em decúbito dorsal com os membros inferiores elevados.
4. Dê a ele água gelada ou bebidas isotônicas.
5. Aplique sacos de gelo no pescoço, nas costas ou no estômago do atleta.
6. Monitore a respiração e realize a RCP se for necessário.
7. Monitore e trate os casos de choque de acordo com a necessidade

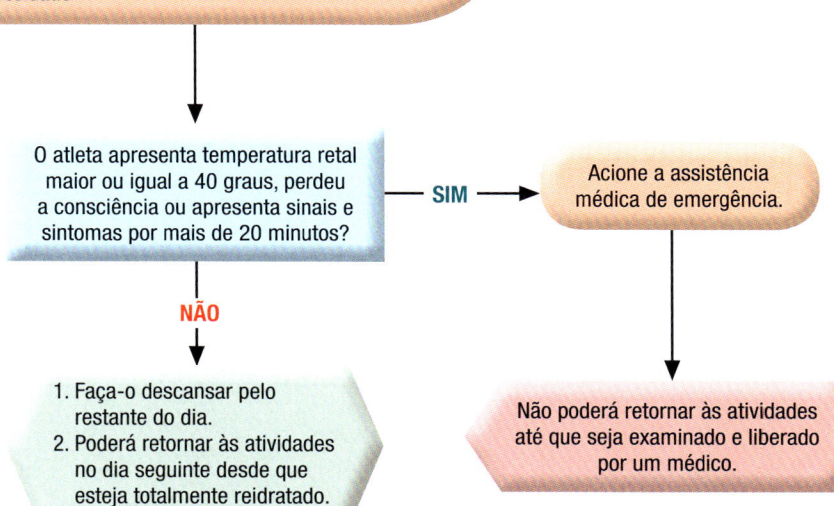

O atleta apresenta temperatura retal maior ou igual a 40 graus, perdeu a consciência ou apresenta sinais e sintomas por mais de 20 minutos?

SIM → Acione a assistência médica de emergência.

→ Não poderá retornar às atividades até que seja examinado e liberado por um médico.

NÃO ↓

1. Faça-o descansar pelo restante do dia.
2. Poderá retornar às atividades no dia seguinte desde que esteja totalmente reidratado.

INSOLAÇÃO

O atleta realizou exercícios pesados ou ficou exposto a um ambiente quente e úmido.

O atleta apresenta:
1. Sensação de muito calor.
2. Náusea.
3. Irritabilidade.
4. Fadiga.
5. Pele vermelha e quente.
6. Temperatura retal de 40 graus ou mais.
7. Respiração rápida.
8. Pulso rápido.
9. Vômito.
10. Constrição das pupilas.
11. Diarreia.
12. Confusão.
13. Convulsões.
14. Inconsciência.
15. Parada respiratória ou cardíaca.

1. Acione a assistência médica de emergência.
2. Remova o atleta para uma área fresca e com sombra.
3. Coloque o atleta em uma posição semirreclinada, imerso em uma piscina de água fria ou tanque.
4. Remova equipamentos e roupas em excesso.
5. Monitore a respiração e realize a RCP se for necessário.
6. Monitore e trate os casos de choque de acordo com a necessidade.
7. Caso o atleta esteja consciente e lúcido, dê a ele água gelada ou bebidas isotônicas.

Não poderá retornar às atividades até que seja examinado e liberado por um médico.

GELADURA

O atleta ficou exposto a um ambiente frio, úmido e com vento.

Verifique se o atleta apresenta sinais e sintomas de uma geladura de terceiro grau:
1. Bolhas sobre a região.
2. Pele arroxeada na região.
3. Rigidez e sensação de muito frio na área afetada.

NÃO →

Verifique se o atleta apresenta sinais e sintomas de uma geladura de primeiro ou segundo grau:
1. Pele vermelha ou avermelhada que pode se tornar branca ou acinzentada.
2. Pele esbranquiçada, rígida e pálida.
3. Bolhas e coloração púrpura que podem surgir na pele quando a região é reaquecida.

↓

1. Remova o atleta para uma área aquecida.
2. Retire roupas frias ou molhadas.
3. Monitore e trate os casos de choque de acordo com a necessidade.
4. Reaqueça a região encharcando-a com água limpa e quente (de 37 a 40 graus). Não reaqueça se houver a possibilidade de congelamento da região ou se o atleta estiver nas proximidades de uma unidade médica.
5. Entre em contato com os pais ou tutor e peça que levem o atleta a um médico ou a uma unidade médica de emergência

↓

Não poderá retornar às atividades até que seja examinado e liberado por um médico.

SIM →

1. Acione a assistência médica de emergência.
2. Remova o atleta para uma área aquecida.
3. Retire delicadamente roupas frias ou molhadas.
4. Monitore a respiração e realize a RCP se for necessário.
5. Monitore e trate os casos de choque de acordo com a necessidade.

↓

Não poderá retornar às atividades até que seja examinado e liberado por um médico.

HIPOTERMIA

O atleta ficou exposto a um ambiente frio, úmido e com vento.

Verifique se o atleta apresenta sinais e sintomas de uma hipotermia grave:

1. Alucinações.
2. Pupilas dilatadas.
3. Pulso irregular, lento ou inexistente.
4. Queda na frequência respiratória ou parada respiratória.
5. Confusão.
6. Semiconsciência ou inconsciência.
7. Ausência de calafrios.
8. Rigidez muscular.
9. Hematoma e edema da pele exposta.
10. Temperatura do corpo inferior a 30 graus.

NÃO

Verifique se o atleta apresenta sinais e sintomas de uma hipotermia leve a moderada:

1. Irritabilidade.
2. Confusão.
3. Sonolência.
4. Letargia.
5. Perda de coordenação.
6. Perda de sensibilidade.
7. Calafrios.
8. Pele rígida e pálida.
9. Dormência.
10. Depressão.
11. Comportamento retraído.
12. Pulso irregular e lento.
13. Respiração lenta.
14. Movimentos letárgicos.
15. Incapacidade para caminhar.
16. Dificuldade em falar.
17. Temperatura do corpo entre 32 e 35 graus.

1. Acione a assistência médica de emergência.
2. Leve o atleta para uma área aquecida.
3. Retire delicadamente roupas frias ou molhadas.
4. Envolva o atleta em cobertores quentes.
5. Monitore e trate os casos de choque se de acordo com a necessidade.

Não poderá retornar às atividades até que seja examinado e liberado por um médico.

SIM

1. Acione a assistência médica de emergência.
2. Envolva o atleta em cobertores quentes.
3. Seja cuidadoso ao lidar com o atleta e evite ao máximo movimentá-lo.
4. Monitore a respiração e realize a RCP se for necessário.
5. Monitore e trate os casos de choque de acordo com a necessidade.

Não poderá retornar às atividades até que seja examinado e liberado por um médico.

ENTORSES E FRATURAS NO OMBRO

O atleta sofreu uma lesão por tensão, torção ou golpe direto no ombro.

Verifique se o atleta apresenta algum dos seguintes sinais e sintomas de uma lesão grave no ombro:

1. Deformação.
2. Osso projetado para fora da pele.
3. Luxação do ombro.
4. Entorse grave da articulação EC com deslocamento da clavícula para trás.
5. Coloração azulada na pele do braço, da mão ou dos dedos.
6. Sensação desagradável no local da lesão.
7. Choque.
8. Incapacidade para realizar rotação do braço ou movimentá-lo acima da cabeça e à frente do corpo.
9. Perda de sensibilidade no braço, na mão ou nos dedos.

Verifique se o atleta apresenta algum dos seguintes sinais e sintomas de uma lesão moderada no ombro:

1. Sensibilidade ao toque na região da lesão.
2. Sensibilidade ao toque, de moderada a intensa, ao movimentar o braço.
3. Entorse de grau II ou III na articulação AC.
4. Entorse de grau II na articulação EC, com leve deslocamento da clavícula para a frente.
5. Sensação de que o braço está "saindo" do lugar e depois "voltando".
6. Edema.

1. Acione a assistência médica de emergência.
2. Monitore a respiração e realize a RCP se for necessário.
3. Monitore e trate os casos de choque de acordo com a necessidade.
4. Faça com que o atleta não movimente o braço.

O atleta não poderá retornar às atividades até que

1. tenha sido examinado e liberado por um médico; e
2. tenha força, flexibilidade e amplitude total de movimento no ombro.

NÃO

Verifique se o atleta apresenta sinais e sintomas de uma lesão menor:

1. Dor leve ao realizar determinados movimentos, porém sem perder sua amplitude total.
2. Mínima sensibilidade ao toque no local da lesão.

SIM

1. Aplique uma tala e prenda o braço do atleta ao corpo com auxílio de uma bandagem elástica.
2. Monitore e trate os casos de choque de acordo com a necessidade e acione a assistência médica de emergência caso isso ocorra.
3. Aplique gelo e encaminhe o atleta a um médico.

1. Afaste o atleta de todas as atividades que causem dor.
2. Encaminhe-o a um médico caso os sinais e sintomas piorem ou não regridam após alguns dias.

O atleta poderá retornar às atividades se

1. não mais apresentar os sinais e sintomas;
2. tiver sido examinado e liberado por um médico (caso tenha sido encaminhado); e
3. tiver força, flexibilidade e amplitude total de movimento no ombro.

DISTENSÃO DO OMBRO

O atleta sofreu uma lesão por tensão no ombro.

Verifique se o atleta apresenta algum dos seguintes sinais e sintomas de uma distensão de grau II ou III:

1. Saliência ou concavidade no local onde o músculo ou tendão foi rompido.
2. Dor que impede a amplitude total de movimento do ombro.
3. Incapacidade para usar o ombro ou o braço durante atividades cotidianas, como levantar o braço acima da cabeça para pentear o cabelo.
4. Edema.
5. Incapacidade para realizar rotação do braço ou de movimentá-lo acima da cabeça, à frente do corpo ou lateralmente.

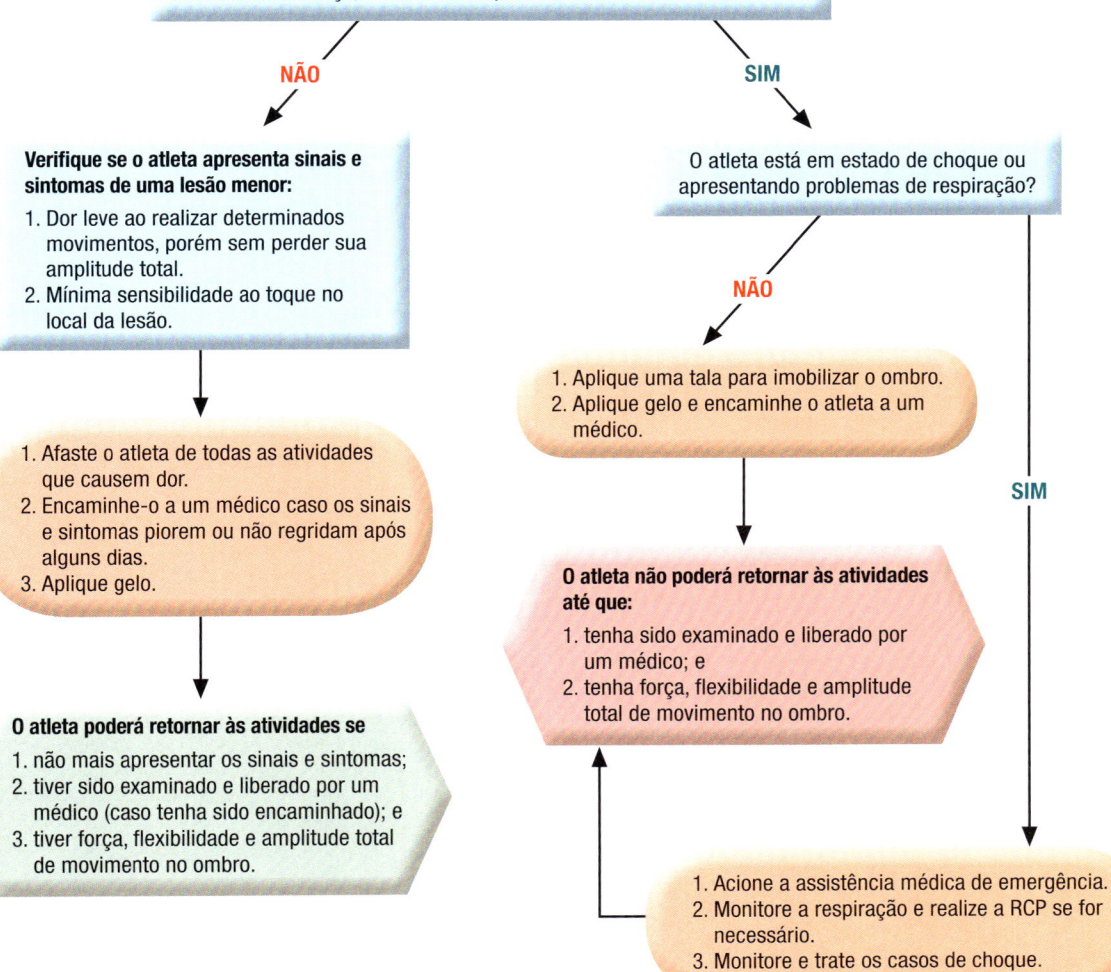

NÃO

Verifique se o atleta apresenta sinais e sintomas de uma lesão menor:

1. Dor leve ao realizar determinados movimentos, porém sem perder sua amplitude total.
2. Mínima sensibilidade ao toque no local da lesão.

1. Afaste o atleta de todas as atividades que causem dor.
2. Encaminhe-o a um médico caso os sinais e sintomas piorem ou não regridam após alguns dias.
3. Aplique gelo.

O atleta poderá retornar às atividades se

1. não mais apresentar os sinais e sintomas;
2. tiver sido examinado e liberado por um médico (caso tenha sido encaminhado); e
3. tiver força, flexibilidade e amplitude total de movimento no ombro.

SIM

O atleta está em estado de choque ou apresentando problemas de respiração?

NÃO

1. Aplique uma tala para imobilizar o ombro.
2. Aplique gelo e encaminhe o atleta a um médico.

O atleta não poderá retornar às atividades até que:

1. tenha sido examinado e liberado por um médico; e
2. tenha força, flexibilidade e amplitude total de movimento no ombro.

SIM

1. Acione a assistência médica de emergência.
2. Monitore a respiração e realize a RCP se for necessário.
3. Monitore e trate os casos de choque.

LESÃO AGUDA NO COTOVELO

O atleta sofreu uma lesão no cotovelo por golpe direto, torção, compressão ou tensão.

Verifique se o atleta apresenta algum dos seguintes sinais e sintomas de lesão grave no cotovelo:

1. Deformação.
2. Osso projetado para fora da pele.
3. Luxação do cotovelo.
4. Coloração azulada da pele do antebraço, das mãos ou dos dedos.
5. Sensação desagradável no local da lesão.
6. Choque.
7. Incapacidade para flexionar ou estender o cotovelo, realizar rotação do antebraço (palma para cima e para baixo) ou fazer movimento de preensão com a mão.
8. Perda de sensibilidade no antebraço, na mão ou nos dedos.
9. Dormência ou formigamento no antebraço, na mão ou nos dedos, por mais de alguns minutos.

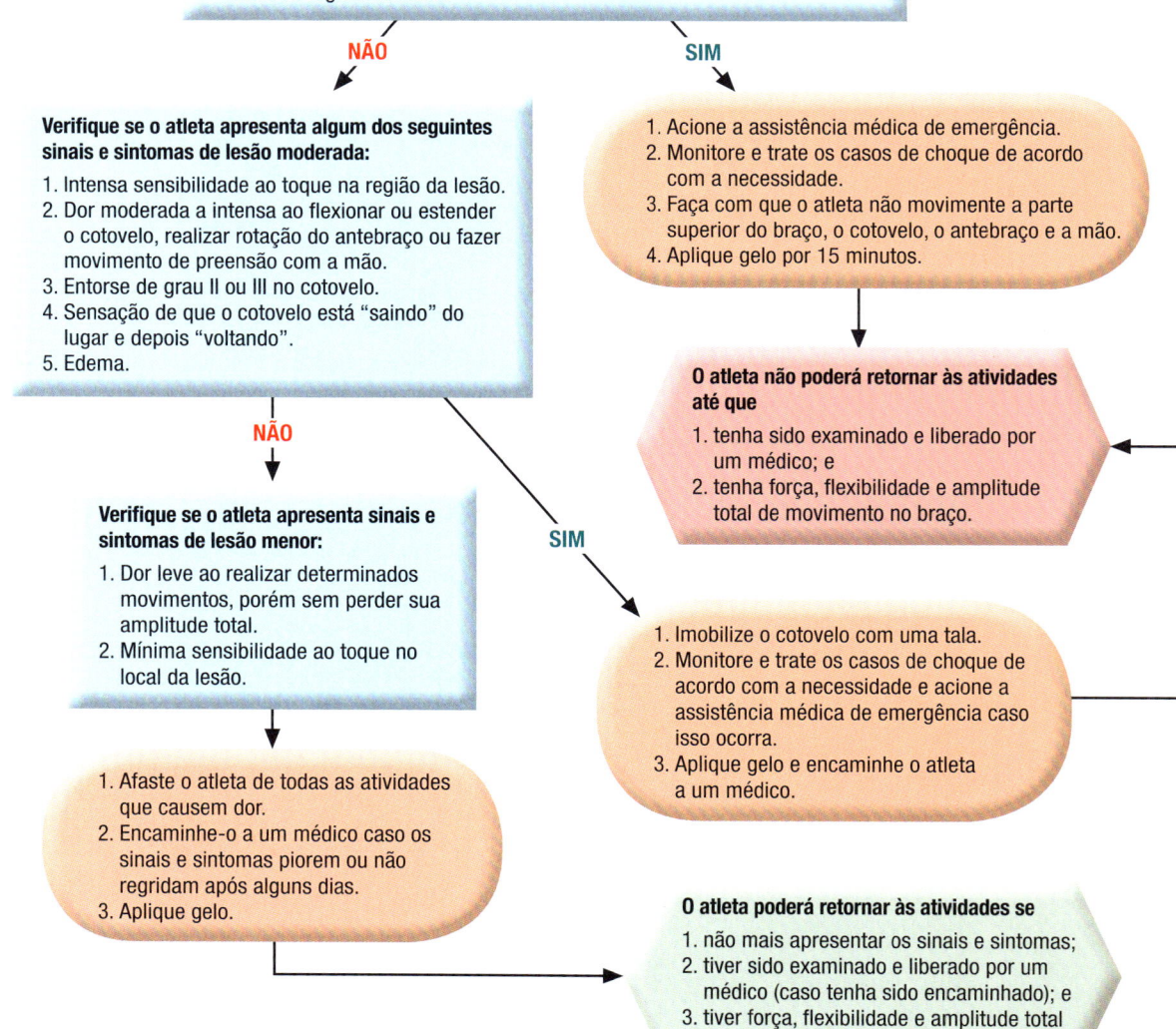

NÃO → **SIM**:
1. Acione a assistência médica de emergência.
2. Monitore e trate os casos de choque de acordo com a necessidade.
3. Faça com que o atleta não movimente a parte superior do braço, o cotovelo, o antebraço e a mão.
4. Aplique gelo por 15 minutos.

O atleta não poderá retornar às atividades até que
1. tenha sido examinado e liberado por um médico; e
2. tenha força, flexibilidade e amplitude total de movimento no braço.

Verifique se o atleta apresenta algum dos seguintes sinais e sintomas de lesão moderada:

1. Intensa sensibilidade ao toque na região da lesão.
2. Dor moderada a intensa ao flexionar ou estender o cotovelo, realizar rotação do antebraço ou fazer movimento de preensão com a mão.
3. Entorse de grau II ou III no cotovelo.
4. Sensação de que o cotovelo está "saindo" do lugar e depois "voltando".
5. Edema.

NÃO → **SIM**:
1. Imobilize o cotovelo com uma tala.
2. Monitore e trate os casos de choque de acordo com a necessidade e acione a assistência médica de emergência caso isso ocorra.
3. Aplique gelo e encaminhe o atleta a um médico.

Verifique se o atleta apresenta sinais e sintomas de lesão menor:

1. Dor leve ao realizar determinados movimentos, porém sem perder sua amplitude total.
2. Mínima sensibilidade ao toque no local da lesão.

1. Afaste o atleta de todas as atividades que causem dor.
2. Encaminhe-o a um médico caso os sinais e sintomas piorem ou não regridam após alguns dias.
3. Aplique gelo.

O atleta poderá retornar às atividades se
1. não mais apresentar os sinais e sintomas;
2. tiver sido examinado e liberado por um médico (caso tenha sido encaminhado); e
3. tiver força, flexibilidade e amplitude total de movimento no braço

Apêndice Protocolos de primeiros socorros 251

LESÃO NO COTOVELO POR USO EXCESSIVO

O atleta sofreu uma lesão no cotovelo causada por compressões, torções ou tensões repetidas.

Verifique se o atleta apresenta algum dos seguintes sinais e sintomas de lesão moderada a grave:

1. Dor que impede a completa rotação, flexão ou extensão do cotovelo.
2. Incapacidade para usar o cotovelo, o antebraço ou a mão nas atividades cotidianas, como carregar livros ou girar maçanetas.
3. Edema.
4. Incapacidade para flexionar ou estender o cotovelo, realizar rotação do antebraço ou fazer movimento de preensão com a mão.

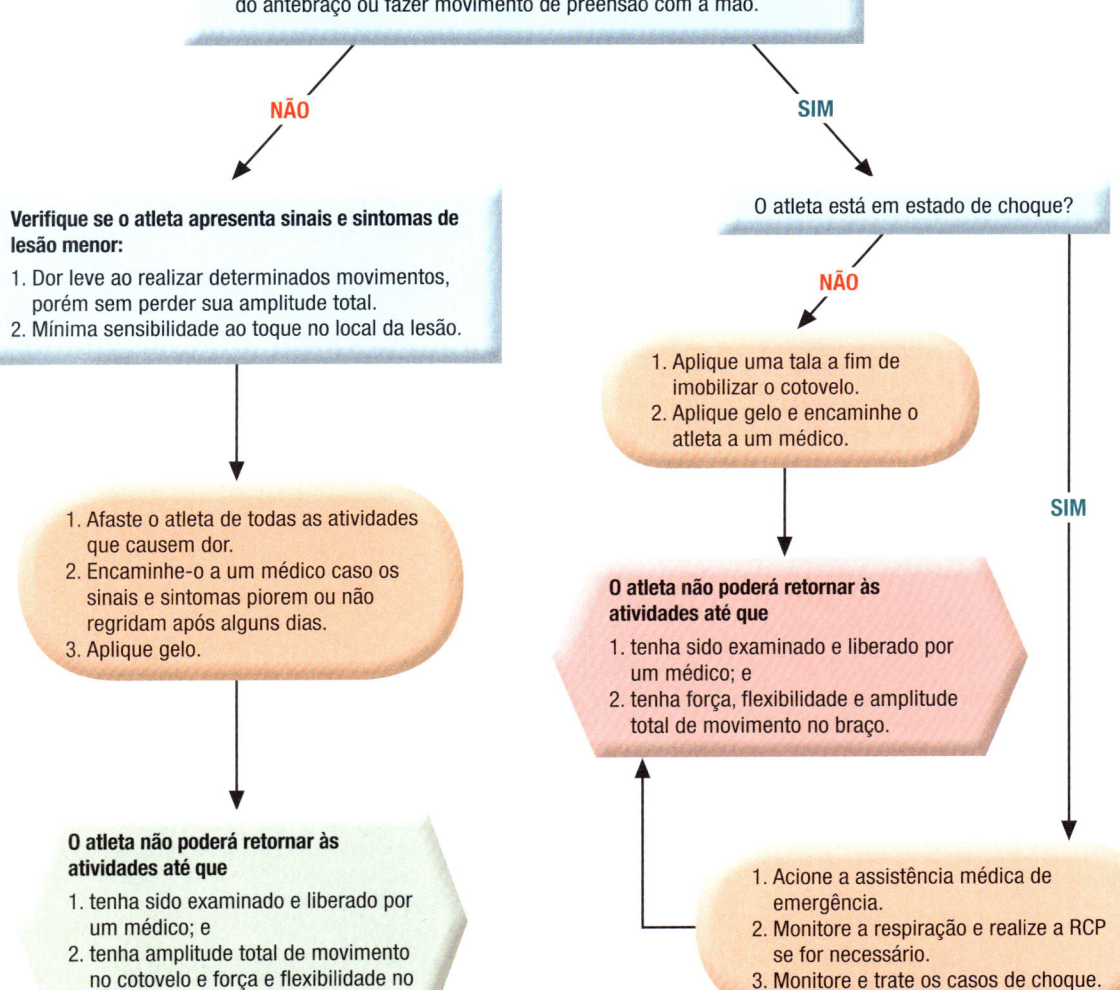

NÃO

Verifique se o atleta apresenta sinais e sintomas de lesão menor:

1. Dor leve ao realizar determinados movimentos, porém sem perder sua amplitude total.
2. Mínima sensibilidade ao toque no local da lesão.

1. Afaste o atleta de todas as atividades que causem dor.
2. Encaminhe-o a um médico caso os sinais e sintomas piorem ou não regridam após alguns dias.
3. Aplique gelo.

O atleta não poderá retornar às atividades até que

1. tenha sido examinado e liberado por um médico; e
2. tenha amplitude total de movimento no cotovelo e força e flexibilidade no cotovelo, no punho e na mão.

SIM

O atleta está em estado de choque?

NÃO

1. Aplique uma tala a fim de imobilizar o cotovelo.
2. Aplique gelo e encaminhe o atleta a um médico.

O atleta não poderá retornar às atividades até que

1. tenha sido examinado e liberado por um médico; e
2. tenha força, flexibilidade e amplitude total de movimento no braço.

SIM

1. Acione a assistência médica de emergência.
2. Monitore a respiração e realize a RCP se for necessário.
3. Monitore e trate os casos de choque.

LESÃO AGUDA NO ANTEBRAÇO, NO PUNHO OU NA MÃO

O atleta sofreu uma lesão no antebraço, no punho, na mão ou nos dedos em consequência de golpe direto, torção, compressão ou tensão.

Verifique se o atleta apresenta algum dos seguintes sinais e sintomas de uma lesão grave:

1. Deformação.
2. Osso projetado para fora da pele.
3. Coloração azulada da pele do antebraço, da mão ou dos dedos.
4. Sensação desagradável no local da lesão.
5. Choque.
6. Incapacidade para flexionar o punho para cima ou para baixo, realizar rotação do antebraço (palma para cima e para baixo) ou fazer movimento de preensão com a mão.
7. Perda de sensibilidade no antebraço, na mão ou nos dedos.
8. Dormência ou formigamento no antebraço, na mão ou nos dedos, por mais de alguns minutos.

NÃO → **SIM** →

SIM:
1. Acione a assistência médica de emergência.
2. Monitore e trate os casos de choque de acordo com a necessidade.
3. Faça com que o atleta não movimente a parte superior do braço, o cotovelo, o antebraço e a mão.
4. Aplique gelo por 15 minutos (desde que não haja suspeita de lesão no nervo).

Verifique se o atleta apresenta algum dos seguintes sinais e sintomas de uma lesão moderada:

1. Intensa sensibilidade ao toque na região da lesão.
2. Dor moderada a intensa ao flexionar o punho para cima ou para baixo, realizar rotação do antebraço ou fazer movimento de preensão com a mão.
3. Entorse de grau II ou III no punho ou nos dedos.
4. Sensação de que o dedo está "saindo" do lugar e depois "voltando".
5. Edema.

O atleta não poderá retornar às atividades até que
1. tenha sido examinado e liberado por um médico; e
2. tenha amplitude de movimento, força e flexibilidade totais no antebraço, no punho, na mão e nos dedos.

NÃO → **SIM** →

Verifique se o atleta apresenta algum dos seguintes sinais e sintomas de lesão menor:

1. Dor leve ao realizar determinados movimentos, porém sem perder sua amplitude total.
2. Mínima sensibilidade ao toque no local da lesão.

SIM:
1. Imobilize, com uma tala, antebraço, punho, mão ou dedos.
2. Monitore e trate os casos de choque de acordo com a necessidade e acione a assistência médica de emergência caso isso ocorra.
3. Aplique gelo, eleve o membro lesionado e encaminhe o atleta a um médico.

1. Afaste o atleta de todas as atividades que causem dor.
2. Encaminhe-o a um médico caso os sinais e sintomas piorem ou não regridam após alguns dias.
3. Aplique gelo.

O atleta poderá retornar às atividades se
1. não mais apresentar os sinais e sintomas;
2. tiver sido examinado e liberado por um médico (caso tenha sido encaminhado); e
3. recuperar plenamente a amplitude de movimento, a força e a flexibilidade no antebraço, no punho, na mão e nos dedos.

LESÃO ABDOMINAL

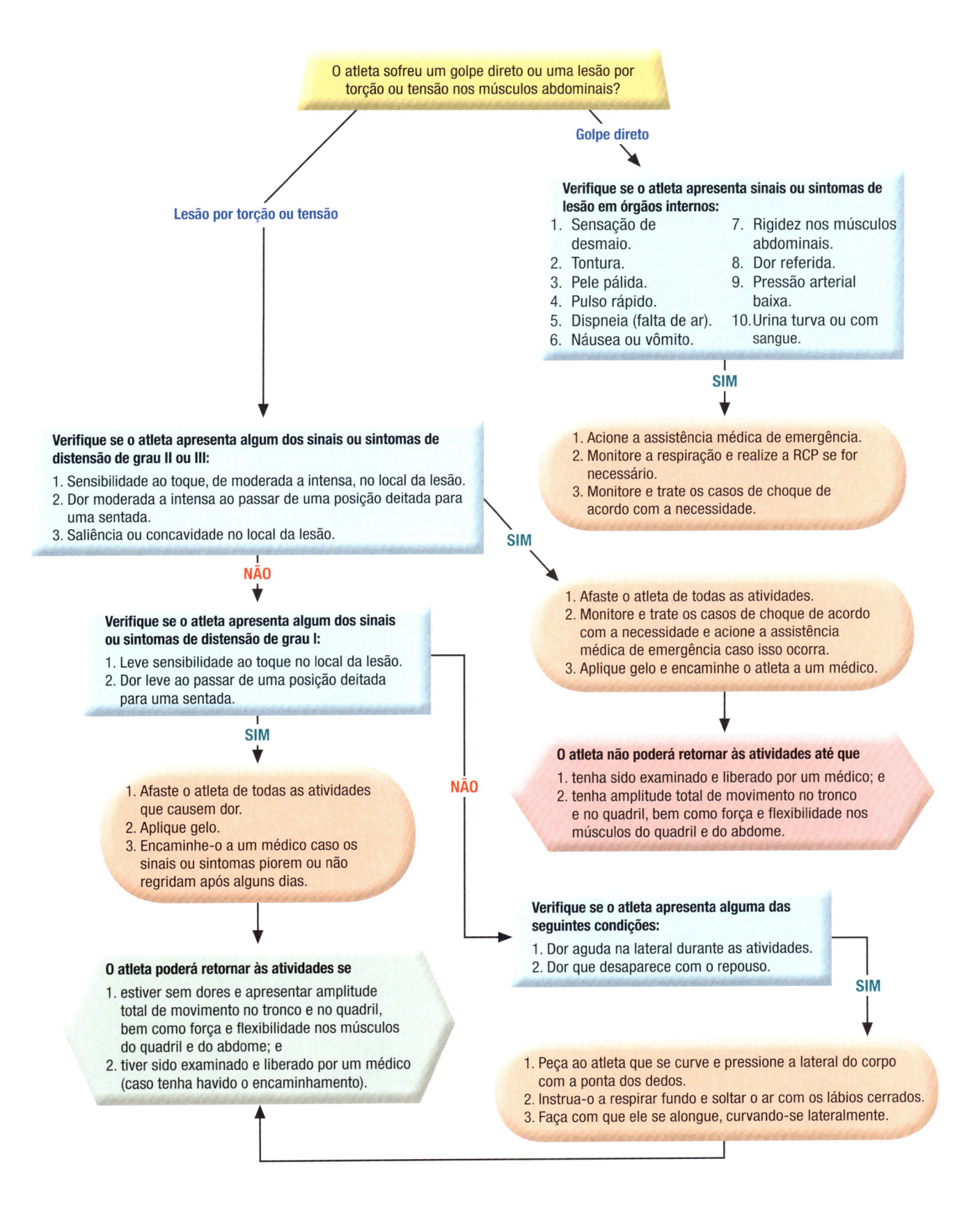

O atleta sofreu um golpe direto ou uma lesão por torção ou tensão nos músculos abdominais?

Golpe direto

Verifique se o atleta apresenta sinais ou sintomas de lesão em órgãos internos:
1. Sensação de desmaio.
2. Tontura.
3. Pele pálida.
4. Pulso rápido.
5. Dispneia (falta de ar).
6. Náusea ou vômito.
7. Rigidez nos músculos abdominais.
8. Dor referida.
9. Pressão arterial baixa.
10. Urina turva ou com sangue.

SIM

1. Acione a assistência médica de emergência.
2. Monitore a respiração e realize a RCP se for necessário.
3. Monitore e trate os casos de choque de acordo com a necessidade.

1. Afaste o atleta de todas as atividades.
2. Monitore e trate os casos de choque de acordo com a necessidade e acione a assistência médica de emergência caso isso ocorra.
3. Aplique gelo e encaminhe o atleta a um médico.

O atleta não poderá retornar às atividades até que
1. tenha sido examinado e liberado por um médico; e
2. tenha amplitude total de movimento no tronco e no quadril, bem como força e flexibilidade nos músculos do quadril e do abdome.

Verifique se o atleta apresenta alguma das seguintes condições:
1. Dor aguda na lateral durante as atividades.
2. Dor que desaparece com o repouso.

SIM

1. Peça ao atleta que se curve e pressione a lateral do corpo com a ponta dos dedos.
2. Instrua-o a respirar fundo e soltar o ar com os lábios cerrados.
3. Faça com que ele se alongue, curvando-se lateralmente.

Lesão por torção ou tensão

Verifique se o atleta apresenta algum dos sinais ou sintomas de distensão de grau II ou III:
1. Sensibilidade ao toque, de moderada a intensa, no local da lesão.
2. Dor moderada a intensa ao passar de uma posição deitada para uma sentada.
3. Saliência ou concavidade no local da lesão.

SIM (à direita) / **NÃO**

Verifique se o atleta apresenta algum dos sinais ou sintomas de distensão de grau I:
1. Leve sensibilidade ao toque no local da lesão.
2. Dor leve ao passar de uma posição deitada para uma sentada.

SIM / **NÃO**

1. Afaste o atleta de todas as atividades que causem dor.
2. Aplique gelo.
3. Encaminhe-o a um médico caso os sinais ou sintomas piorem ou não regridam após alguns dias.

O atleta poderá retornar às atividades se
1. estiver sem dores e apresentar amplitude total de movimento no tronco e no quadril, bem como força e flexibilidade nos músculos do quadril e do abdome; e
2. tiver sido examinado e liberado por um médico (caso tenha havido o encaminhamento).

DISTENSÃO DA REGIÃO LOMBAR DA COLUNA

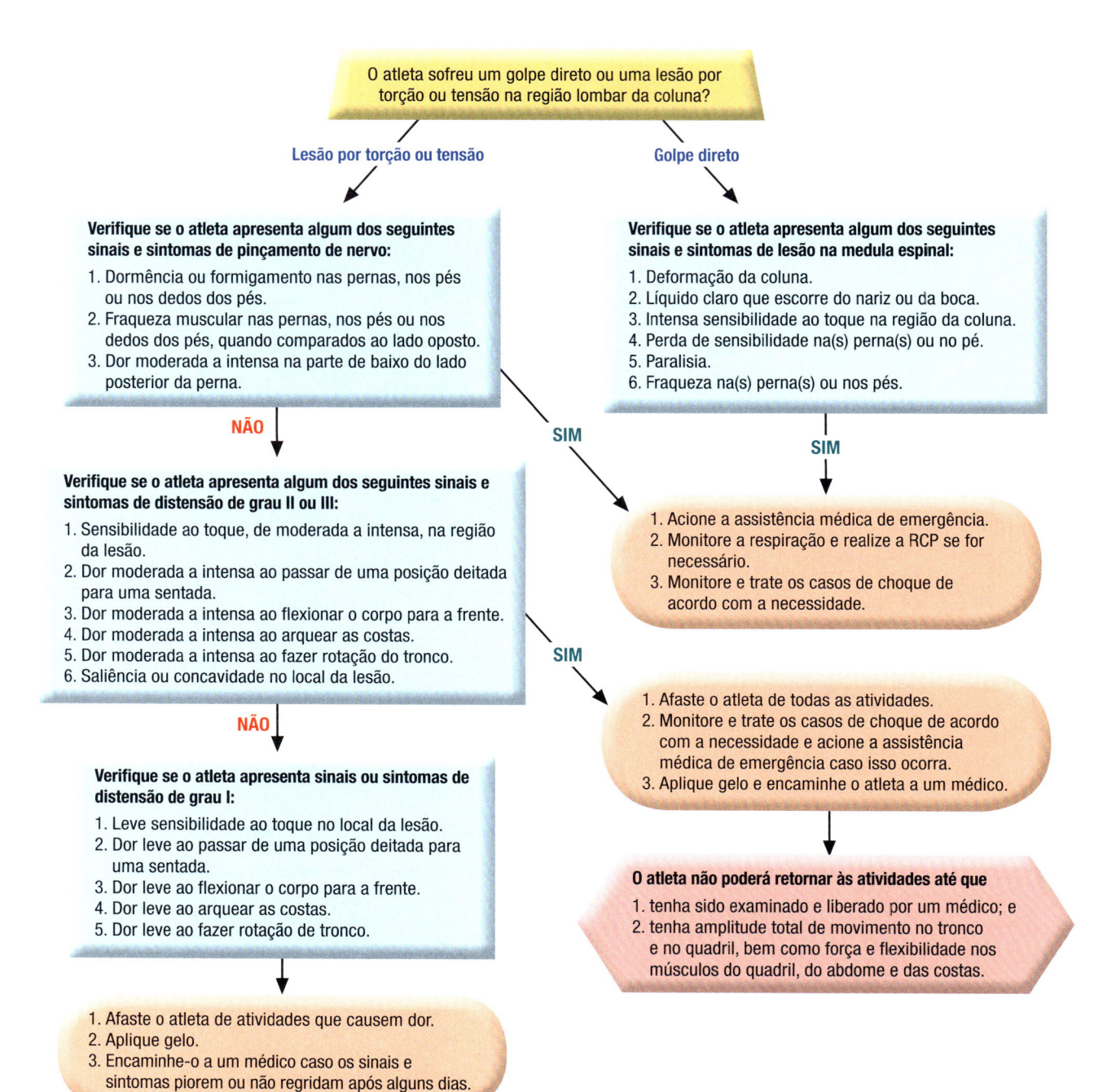

O atleta sofreu um golpe direto ou uma lesão por torção ou tensão na região lombar da coluna?

Lesão por torção ou tensão

Verifique se o atleta apresenta algum dos seguintes sinais e sintomas de pinçamento de nervo:

1. Dormência ou formigamento nas pernas, nos pés ou nos dedos dos pés.
2. Fraqueza muscular nas pernas, nos pés ou nos dedos dos pés, quando comparados ao lado oposto.
3. Dor moderada a intensa na parte de baixo do lado posterior da perna.

NÃO ↓ | **SIM** →

Verifique se o atleta apresenta algum dos seguintes sinais e sintomas de distensão de grau II ou III:

1. Sensibilidade ao toque, de moderada a intensa, na região da lesão.
2. Dor moderada a intensa ao passar de uma posição deitada para uma sentada.
3. Dor moderada a intensa ao flexionar o corpo para a frente.
4. Dor moderada a intensa ao arquear as costas.
5. Dor moderada a intensa ao fazer rotação do tronco.
6. Saliência ou concavidade no local da lesão.

NÃO ↓ | **SIM** →

Verifique se o atleta apresenta sinais ou sintomas de distensão de grau I:

1. Leve sensibilidade ao toque no local da lesão.
2. Dor leve ao passar de uma posição deitada para uma sentada.
3. Dor leve ao flexionar o corpo para a frente.
4. Dor leve ao arquear as costas.
5. Dor leve ao fazer rotação de tronco.

↓

1. Afaste o atleta de atividades que causem dor.
2. Aplique gelo.
3. Encaminhe-o a um médico caso os sinais e sintomas piorem ou não regridam após alguns dias.

↓

O atleta poderá retornar às atividades se

1. tiver amplitude total de movimento no tronco e no quadril, bem como força e flexibilidade nos músculos do quadril, do abdome e das costas; e
2. tiver sido examinado e liberado por um médico (caso tenha sido encaminhado).

Golpe direto

Verifique se o atleta apresenta algum dos seguintes sinais e sintomas de lesão na medula espinal:

1. Deformação da coluna.
2. Líquido claro que escorre do nariz ou da boca.
3. Intensa sensibilidade ao toque na região da coluna.
4. Perda de sensibilidade na(s) perna(s) ou no pé.
5. Paralisia.
6. Fraqueza na(s) perna(s) ou nos pés.

SIM ↓

1. Acione a assistência médica de emergência.
2. Monitore a respiração e realize a RCP se for necessário.
3. Monitore e trate os casos de choque de acordo com a necessidade.

1. Afaste o atleta de todas as atividades.
2. Monitore e trate os casos de choque de acordo com a necessidade e acione a assistência médica de emergência caso isso ocorra.
3. Aplique gelo e encaminhe o atleta a um médico.

↓

O atleta não poderá retornar às atividades até que

1. tenha sido examinado e liberado por um médico; e
2. tenha amplitude total de movimento no tronco e no quadril, bem como força e flexibilidade nos músculos do quadril, do abdome e das costas.

LESÃO AGUDA NO QUADRIL

O atleta sofreu uma lesão no quadril em consequência de compressão, torção ou tensão.

Verifique se o atleta apresenta algum dos seguintes sinais e sintomas de lesão grave:

1. Deformação.
2. Luxação do quadril.
3. Entorse grave na articulação do quadril.
4. Coloração azulada da perna, dos pés ou dos dedos do pé.
5. Sensação desagradável no local da lesão.
6. Choque.
7. Saliência no local onde o músculo ou tendão foi completamente rompido ou avulsionado.
8. Incapacidade para realizar rotação da coxa ou movimentá-la para a frente, para trás, para dentro ou para fora.
9. Perda de sensibilidade na perna, nos pés ou nos dedos do pé.

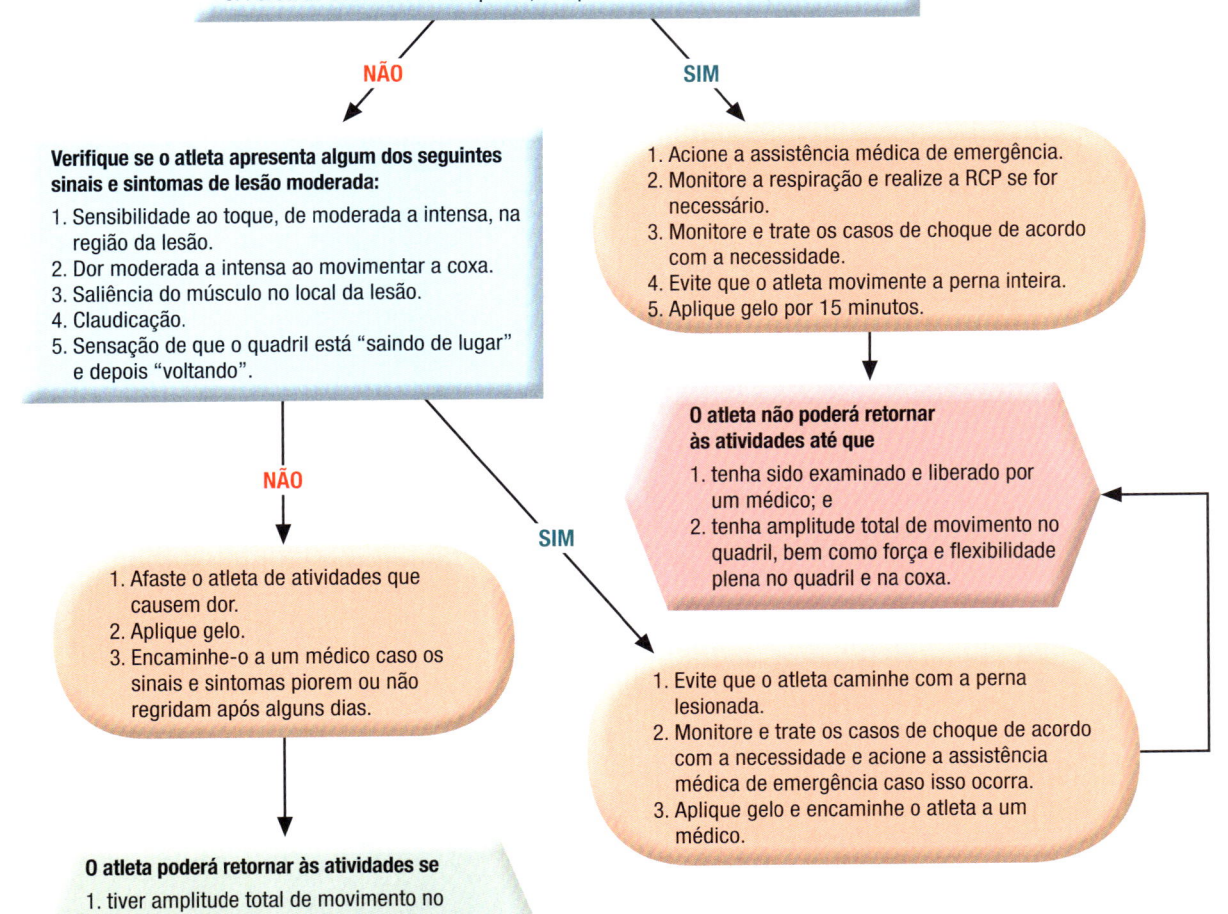

NÃO →

SIM →

Verifique se o atleta apresenta algum dos seguintes sinais e sintomas de lesão moderada:

1. Sensibilidade ao toque, de moderada a intensa, na região da lesão.
2. Dor moderada a intensa ao movimentar a coxa.
3. Saliência do músculo no local da lesão.
4. Claudicação.
5. Sensação de que o quadril está "saindo de lugar" e depois "voltando".

SIM →

1. Acione a assistência médica de emergência.
2. Monitore a respiração e realize a RCP se for necessário.
3. Monitore e trate os casos de choque de acordo com a necessidade.
4. Evite que o atleta movimente a perna inteira.
5. Aplique gelo por 15 minutos.

O atleta não poderá retornar às atividades até que

1. tenha sido examinado e liberado por um médico; e
2. tenha amplitude total de movimento no quadril, bem como força e flexibilidade plena no quadril e na coxa.

NÃO →

1. Afaste o atleta de atividades que causem dor.
2. Aplique gelo.
3. Encaminhe-o a um médico caso os sinais e sintomas piorem ou não regridam após alguns dias.

1. Evite que o atleta caminhe com a perna lesionada.
2. Monitore e trate os casos de choque de acordo com a necessidade e acione a assistência médica de emergência caso isso ocorra.
3. Aplique gelo e encaminhe o atleta a um médico.

O atleta poderá retornar às atividades se

1. tiver amplitude total de movimento no quadril, bem como força e flexibilidade no quadril e na coxa; e
2. tiver sido examinado e liberado por um médico (caso tenha havido encaminhamento).

LESÃO AGUDA NA COXA

O atleta sofreu uma lesão na coxa em consequência de compressão, torção ou tensão.

Verifique se o atleta apresenta algum dos seguintes sinais e sintomas de lesão grave:

1. Deformação na coxa.
2. Osso projetado para fora da pele.
3. Dor no local da lesão quando se comprime a coxa acima ou abaixo dela.
4. Coloração azulada na perna, pés ou dedos dos pés.
5. Sensação desagradável no local da lesão.
6. Choque.
7. Saliência onde o músculo ou tendão foi completamente rompido e avulsionado.
8. Incapacidade para realizar rotação da coxa ou movimentá-la para a frente, para trás, para dentro ou para fora.
9. Perda de sensibilidade na perna, no pé ou nos dedos do pé.

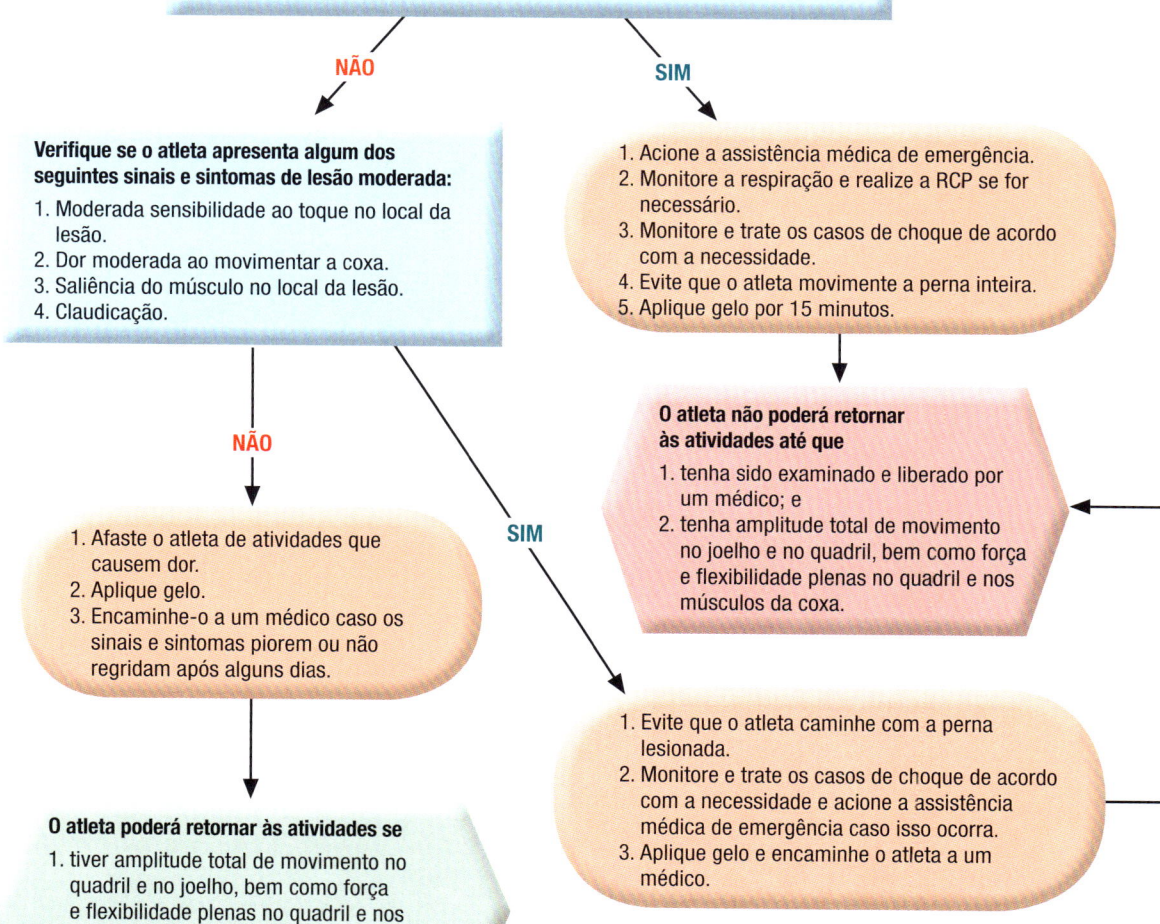

NÃO →

SIM →
1. Acione a assistência médica de emergência.
2. Monitore a respiração e realize a RCP se for necessário.
3. Monitore e trate os casos de choque de acordo com a necessidade.
4. Evite que o atleta movimente a perna inteira.
5. Aplique gelo por 15 minutos.

Verifique se o atleta apresenta algum dos seguintes sinais e sintomas de lesão moderada:

1. Moderada sensibilidade ao toque no local da lesão.
2. Dor moderada ao movimentar a coxa.
3. Saliência do músculo no local da lesão.
4. Claudicação.

O atleta não poderá retornar às atividades até que

1. tenha sido examinado e liberado por um médico; e
2. tenha amplitude total de movimento no joelho e no quadril, bem como força e flexibilidade plenas no quadril e nos músculos da coxa.

NÃO →
1. Afaste o atleta de atividades que causem dor.
2. Aplique gelo.
3. Encaminhe-o a um médico caso os sinais e sintomas piorem ou não regridam após alguns dias.

SIM →
1. Evite que o atleta caminhe com a perna lesionada.
2. Monitore e trate os casos de choque de acordo com a necessidade e acione a assistência médica de emergência caso isso ocorra.
3. Aplique gelo e encaminhe o atleta a um médico.

O atleta poderá retornar às atividades se

1. tiver amplitude total de movimento no quadril e no joelho, bem como força e flexibilidade plenas no quadril e nos músculos da coxa; e
2. tiver sido examinado e liberado por um médico (caso tenha sido encaminhado).

Apêndice Protocolos de primeiros socorros

LESÃO AGUDA NO JOELHO

O atleta sofreu uma lesão no joelho em consequência de compressão, torção ou tensão.

Verifique se o atleta apresenta algum dos seguintes sinais e sintomas de uma lesão grave:
1. Deformação.
2. Osso projetado para fora da pele.
3. Luxação da patela.
4. Entorse de grau III na articulação do joelho.
5. Coloração azulada da pele na perna, no pé ou nos dedos do pé.
6. Sensação desagradável no local da lesão.
7. Choque.
8. Incapacidade para flexionar e estender o joelho.
9. Perda de sensibilidade na perna, no pé ou nos dedos do pé.
10. Intensa sensibilidade ao toque no local da lesão.

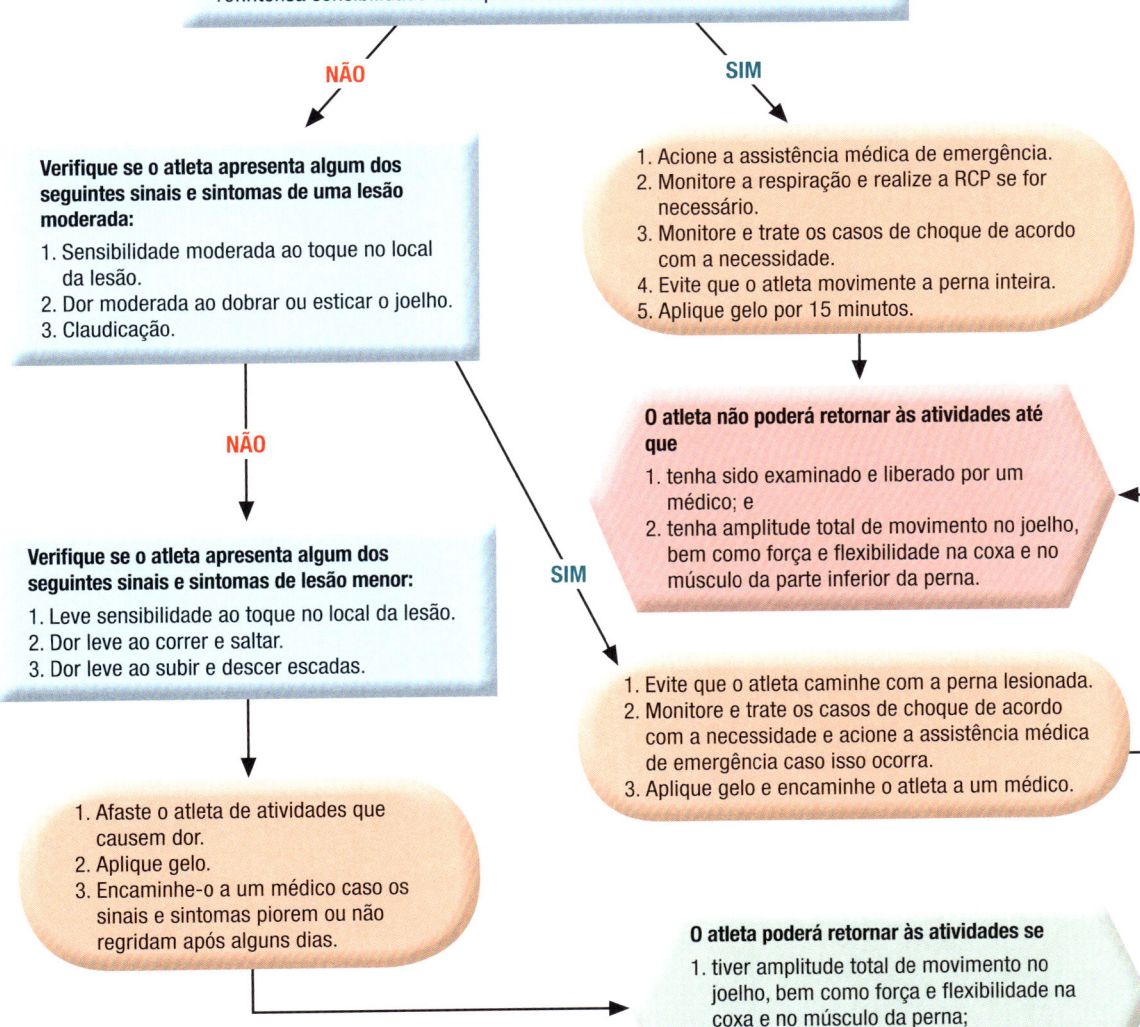

NÃO →

SIM →
1. Acione a assistência médica de emergência.
2. Monitore a respiração e realize a RCP se for necessário.
3. Monitore e trate os casos de choque de acordo com a necessidade.
4. Evite que o atleta movimente a perna inteira.
5. Aplique gelo por 15 minutos.

Verifique se o atleta apresenta algum dos seguintes sinais e sintomas de uma lesão moderada:
1. Sensibilidade moderada ao toque no local da lesão.
2. Dor moderada ao dobrar ou esticar o joelho.
3. Claudicação.

O atleta não poderá retornar às atividades até que
1. tenha sido examinado e liberado por um médico; e
2. tenha amplitude total de movimento no joelho, bem como força e flexibilidade na coxa e no músculo da parte inferior da perna.

NÃO →

SIM →
1. Evite que o atleta caminhe com a perna lesionada.
2. Monitore e trate os casos de choque de acordo com a necessidade e acione a assistência médica de emergência caso isso ocorra.
3. Aplique gelo e encaminhe o atleta a um médico.

Verifique se o atleta apresenta algum dos seguintes sinais e sintomas de lesão menor:
1. Leve sensibilidade ao toque no local da lesão.
2. Dor leve ao correr e saltar.
3. Dor leve ao subir e descer escadas.

1. Afaste o atleta de atividades que causem dor.
2. Aplique gelo.
3. Encaminhe-o a um médico caso os sinais e sintomas piorem ou não regridam após alguns dias.

O atleta poderá retornar às atividades se
1. tiver amplitude total de movimento no joelho, bem como força e flexibilidade na coxa e no músculo da perna;
2. tiver sido examinado e liberado por um médico (caso tenha sido encaminhado).

LESÃO CRÔNICA NO JOELHO

O atleta sofreu uma lesão no joelho em consequência de compressão ou tensão repetidas.

Verifique se o atleta apresenta algum dos seguintes sinais e sintomas de lesão crônica moderada a grave:

1. Sensibilidade ao toque, de moderada a intensa, no local da lesão.
2. Dor moderada a intensa ao correr e saltar.
3. Dor moderada a intensa ao subir e descer escadas.
4. Claudicação.
5. Saliência sobre a tíbia com dor moderada a intensa.
6. Edema localizado.
7. Dor moderada a intensa em atividades diárias como caminhar ou sentar.

NÃO

Verifique se o atleta apresenta algum dos seguintes sinais e sintomas de lesão crônica leve:

1. Leve sensibilidade ao toque no local da lesão.
2. Dor leve ao flexionar ou estender o joelho.
3. Dor leve ao correr e saltar.
4. Dor leve ao subir e descer escadas.
5. Dor leve ao permanecer sentado por um longo período.

1. Afaste o atleta de atividades que causem dor.
2. Aplique gelo.
3. Encaminhe-o a um médico caso os sinais e sintomas piorem ou não regridam após alguns dias.

O atleta poderá retornar às atividades se

1. tiver amplitude total de movimento no joelho, bem como força e flexibilidade na coxa e na perna; e
2. tiver sido examinado e liberado por um médico (caso tenha sido encaminhado).

SIM

1. Evite que o atleta caminhe com a perna lesionada.
2. Monitore e trate os casos de choque de acordo com a necessidade e acione a assistência médica de emergência caso isso ocorra.
3. Aplique gelo e encaminhe o atleta a um médico.

O atleta não poderá retornar às atividades até que

1. tenha sido examinado e liberado por um médico; e
2. tenha amplitude total de movimento no joelho, bem como força e flexibilidade na coxa e na perna.

LESÃO AGUDA NA PERNA, NO PÉ OU NO TORNOZELO

O atleta sofreu uma lesão na perna, no tornozelo ou no pé em consequência de compressão, torção ou tensão.

Verifique se o atleta apresenta algum dos seguintes sinais e sintomas de lesão grave:

1. Deformação.
2. Osso projetado para fora da pele.
3. Luxação do tornozelo.
4. Entorse de grau III na articulação do tornozelo.
5. Saliência no local onde a panturrilha ou o tendão do calcâneo estiverem completamente rompidos ou avulsionados.
6. Coloração azulada da pele na perna, no pé ou nos dedos do pé.
7. Sensação desagradável no local da lesão.
8. Choque.
9. Incapacidade para flexionar o pé para cima ou apontá-lo para baixo ou ao fazer rotação do tornozelo para dentro e para fora.
10. Perda de sensibilidade na perna, nos pés ou nos dedos do pé.
11. Intensa sensibilidade ao toque no local da lesão.
12. Dor no local da lesão quando a tíbia e a fíbula são comprimidas acima e abaixo dela.

NÃO → **SIM:**

1. Acione a assistência médica de emergência.
2. Monitore a respiração e realize a RCP se for necessário.
3. Monitore e trate os casos de choque de acordo com a necessidade.
4. Evite que o atleta movimente a perna inteira.
5. Aplique gelo por 15 minutos.

Verifique se o atleta apresenta algum dos seguintes sinais e sintomas de lesão moderada:

1. Moderada sensibilidade ao toque no local da lesão.
2. Dor moderada ao flexionar o pé e apontá-lo para baixo, ou ao fazer rotação do tornozelo para dentro e para fora.
3. Saliência muscular no local da lesão.
4. Dor moderada ao aterrissar sobre o calcanhar.
5. Dor moderada ao aterrissar sobre os metatarsos.
6. Claudicação.

O atleta não poderá retornar às atividades até que

1. tenha sido examinado e liberado por um médico; e
2. esteja sem dores e tenha amplitude total de movimento no joelho e no tornozelo, bem como força e flexibilidade nos músculos da perna.

NÃO → **SIM:**

1. Evite que o atleta caminhe com a perna lesionada.
2. Monitore e trate os casos de choque de acordo com a necessidade e acione a assistência médica de emergência caso isso ocorra.
3. Aplique gelo e encaminhe o atleta a um médico.

Verifique se o atleta apresenta algum dos seguintes sinais e sintomas de lesão leve:

1. Leve sensibilidade ao toque no local da lesão.
2. Dor leve ao correr e saltar.

1. Afaste o atleta de atividades que causem dor.
2. Aplique gelo.
3. Encaminhe-o a um médico caso os sinais e sintomas piorem ou não regridam após alguns dias.

O atleta poderá retornar às atividades se

1. estiver sem dores e tiver amplitude total de movimento no joelho e no tornozelo, bem como força e flexibilidade nos músculos da perna; e
2. tiver sido examinado e liberado por um médico (caso tenha sido encaminhado).

LESÃO CRÔNICA NA PARTE INFERIOR DA PERNA, NO PÉ OU NO TORNOZELO

O atleta sofreu uma lesão na perna, no tornozelo ou no pé em consequência de uso excessivo e repetitivo.

Verifique se o atleta apresenta algum dos seguintes sinais e sintomas de fratura por estresse ou um quadro grave de síndrome compartimental por esforço:

1. Sensibilidade ao comprimir o osso acima ou abaixo do local da lesão.
2. Coloração azulada na perna, no pé ou nos dedos do pé.
3. Choque.
4. Perda de sensibilidade na perna, no pé ou nos dedos do pé, que continua após o término da atividade.
5. Formigamento no pé ou nos dedos do pé, que continua após o término da atividade.
6. Fraqueza no tornozelo, no pé ou nos dedos do pé.

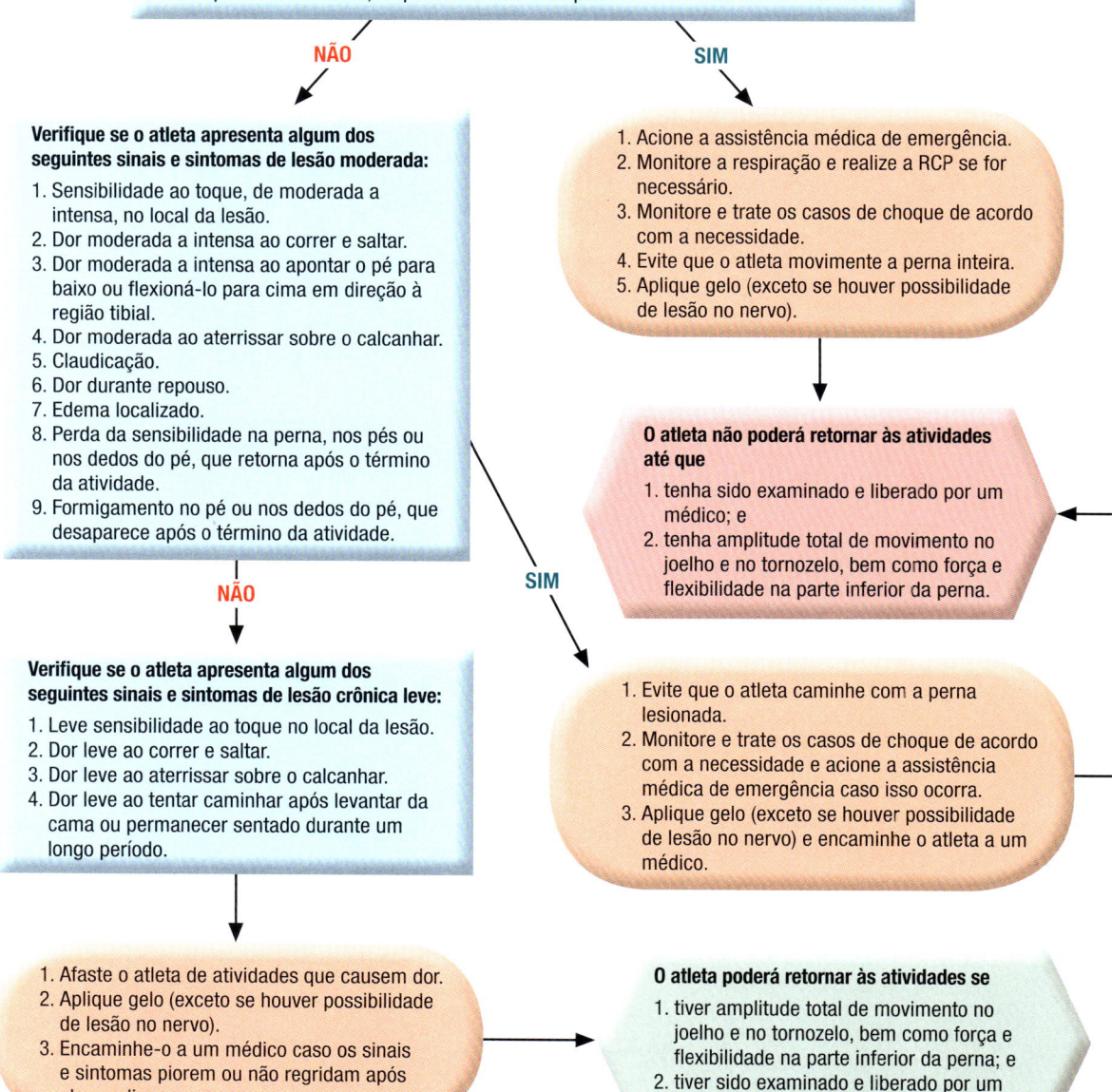

NÃO →

Verifique se o atleta apresenta algum dos seguintes sinais e sintomas de lesão moderada:

1. Sensibilidade ao toque, de moderada a intensa, no local da lesão.
2. Dor moderada a intensa ao correr e saltar.
3. Dor moderada a intensa ao apontar o pé para baixo ou flexioná-lo para cima em direção à região tibial.
4. Dor moderada ao aterrissar sobre o calcanhar.
5. Claudicação.
6. Dor durante repouso.
7. Edema localizado.
8. Perda da sensibilidade na perna, nos pés ou nos dedos do pé, que retorna após o término da atividade.
9. Formigamento no pé ou nos dedos do pé, que desaparece após o término da atividade.

SIM →

1. Acione a assistência médica de emergência.
2. Monitore a respiração e realize a RCP se for necessário.
3. Monitore e trate os casos de choque de acordo com a necessidade.
4. Evite que o atleta movimente a perna inteira.
5. Aplique gelo (exceto se houver possibilidade de lesão no nervo).

O atleta não poderá retornar às atividades até que

1. tenha sido examinado e liberado por um médico; e
2. tenha amplitude total de movimento no joelho e no tornozelo, bem como força e flexibilidade na parte inferior da perna.

NÃO ↓   **SIM** →

Verifique se o atleta apresenta algum dos seguintes sinais e sintomas de lesão crônica leve:

1. Leve sensibilidade ao toque no local da lesão.
2. Dor leve ao correr e saltar.
3. Dor leve ao aterrissar sobre o calcanhar.
4. Dor leve ao tentar caminhar após levantar da cama ou permanecer sentado durante um longo período.

1. Evite que o atleta caminhe com a perna lesionada.
2. Monitore e trate os casos de choque de acordo com a necessidade e acione a assistência médica de emergência caso isso ocorra.
3. Aplique gelo (exceto se houver possibilidade de lesão no nervo) e encaminhe o atleta a um médico.

1. Afaste o atleta de atividades que causem dor.
2. Aplique gelo (exceto se houver possibilidade de lesão no nervo).
3. Encaminhe-o a um médico caso os sinais e sintomas piorem ou não regridam após alguns dias.

O atleta poderá retornar às atividades se

1. tiver amplitude total de movimento no joelho e no tornozelo, bem como força e flexibilidade na parte inferior da perna; e
2. tiver sido examinado e liberado por um médico (caso tenha sido encaminhado).

LACERAÇÕES NA FACE E NA CABEÇA

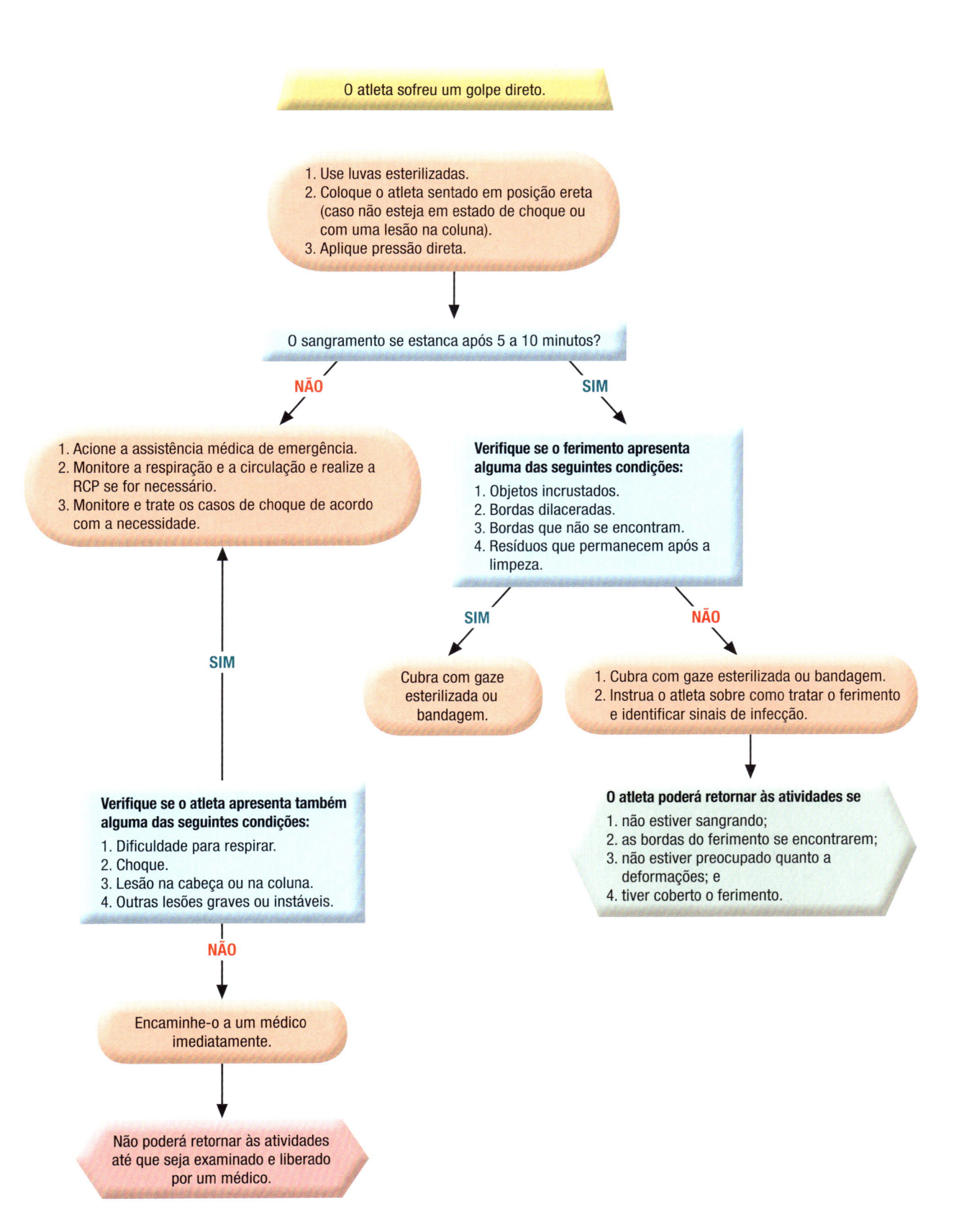

O atleta sofreu um golpe direto.

1. Use luvas esterilizadas.
2. Coloque o atleta sentado em posição ereta (caso não esteja em estado de choque ou com uma lesão na coluna).
3. Aplique pressão direta.

O sangramento se estanca após 5 a 10 minutos?

NÃO

1. Acione a assistência médica de emergência.
2. Monitore a respiração e a circulação e realize a RCP se for necessário.
3. Monitore e trate os casos de choque de acordo com a necessidade.

SIM

Verifique se o ferimento apresenta alguma das seguintes condições:

1. Objetos incrustados.
2. Bordas diaceradas.
3. Bordas que não se encontram.
4. Resíduos que permanecem após a limpeza.

SIM

Cubra com gaze esterilizada ou bandagem.

NÃO

1. Cubra com gaze esterilizada ou bandagem.
2. Instrua o atleta sobre como tratar o ferimento e identificar sinais de infecção.

O atleta poderá retornar às atividades se

1. não estiver sangrando;
2. as bordas do ferimento se encontrarem;
3. não estiver preocupado quanto a deformações; e
4. tiver coberto o ferimento.

Verifique se o atleta apresenta também alguma das seguintes condições:

1. Dificuldade para respirar.
2. Choque.
3. Lesão na cabeça ou na coluna.
4. Outras lesões graves ou instáveis.

SIM (retorna ao bloco de emergência)

NÃO

Encaminhe-o a um médico imediatamente.

Não poderá retornar às atividades até que seja examinado e liberado por um médico.

GOLPE DIRETO NO OLHO

O atleta sofreu um golpe direto no olho.

Verifique se o atleta apresenta algum dos seguintes problemas:
1. Íris ou pupila com forma irregular.
2. Luxação no olho.
3. Movimento desigual dos olhos.
4. Sangue na íris.
5. Deformação aparente.
6. Visão dupla ou embaçada.
7. Pupilas desalinhadas.
8. Sensibilidade à luz.
9. Tecido escuro visível na córnea ou na esclera.
10. Pontos escuros.
11. Percepção de luzes piscantes.
12. Pupilas com tamanhos desiguais ou reações diferentes à luz.
13. Pontos flutuantes na visão.
14. Perda da visão periférica.

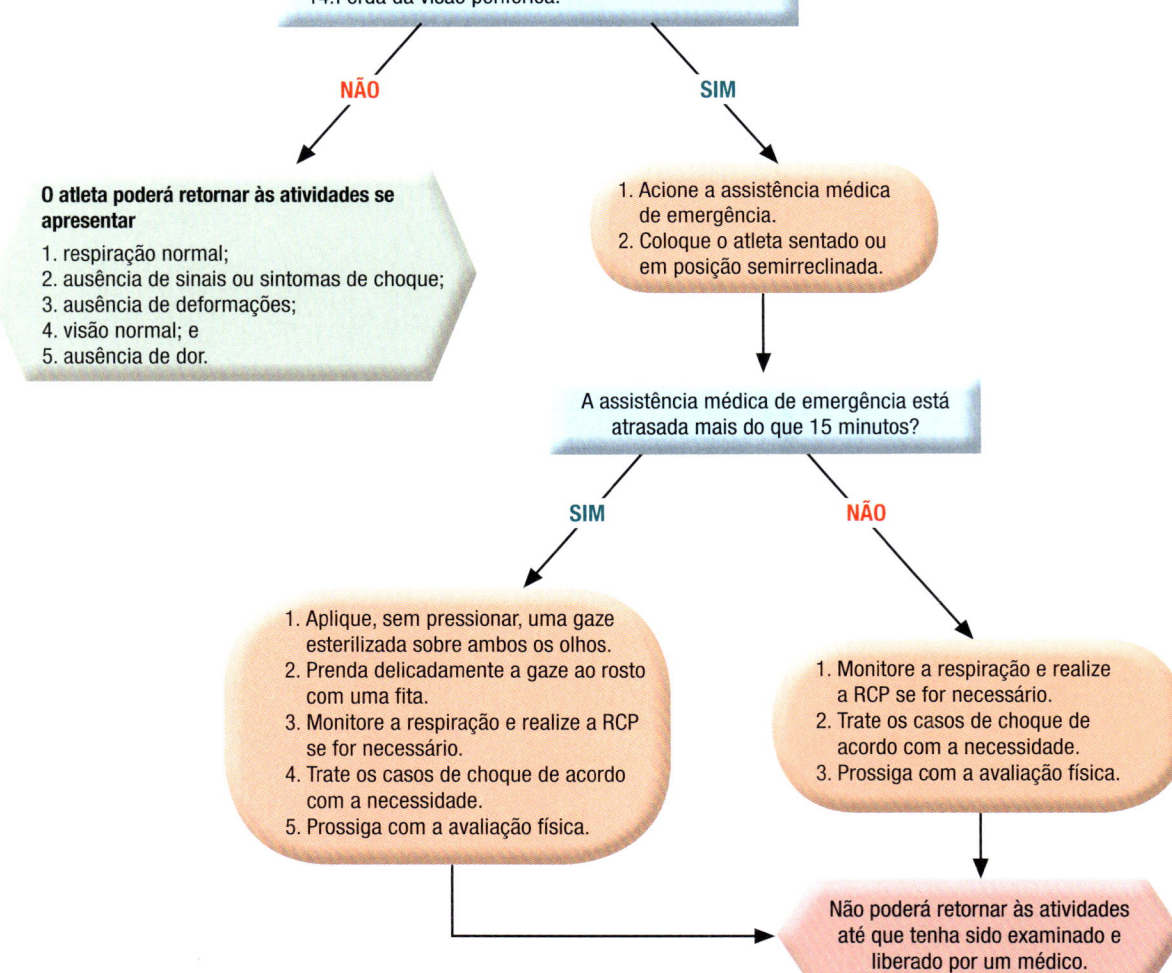

NÃO

O atleta poderá retornar às atividades se apresentar
1. respiração normal;
2. ausência de sinais ou sintomas de choque;
3. ausência de deformações;
4. visão normal; e
5. ausência de dor.

SIM

1. Acione a assistência médica de emergência.
2. Coloque o atleta sentado ou em posição semirreclinada.

A assistência médica de emergência está atrasada mais do que 15 minutos?

SIM

1. Aplique, sem pressionar, uma gaze esterilizada sobre ambos os olhos.
2. Prenda delicadamente a gaze ao rosto com uma fita.
3. Monitore a respiração e realize a RCP se for necessário.
4. Trate os casos de choque de acordo com a necessidade.
5. Prossiga com a avaliação física.

NÃO

1. Monitore a respiração e realize a RCP se for necessário.
2. Trate os casos de choque de acordo com a necessidade.
3. Prossiga com a avaliação física.

Não poderá retornar às atividades até que tenha sido examinado e liberado por um médico.

ABRASÃO OCULAR

O atleta possui uma partícula no olho.

1. Use luvas esterilizadas.
2. Inverta a pálpebra inferior com um cotonete ou puxe a pálpebra superior para cima.
3. Umedeça uma gaze esterilizada com solução salina.
4. Use a ponta da gaze para remover a partícula.

Verifique se o atleta apresenta alguma das seguintes condições:
1. Objeto ainda no olho.
2. Dor após a remoção do objeto.
3. Perda da visão.
4. Visão embaçada.

SIM

1. Deite-o na posição de recuperação.
2. Sente o atleta em uma posição semirreclinada.
3. Cubra delicadamente ambos os olhos.
4. Monitore respiração, nível de consciência e confusão.

Encaminhe-o imediatamente a um médico.

Não poderá retornar às atividades até que seja examinado e liberado por um médico.

NÃO

O atleta poderá retornar às atividades se
1. não estiver apresentando dificuldades respiratórias;
2. não tiver sinais ou sintomas de choque;
3. não tiver sinais ou sintomas de uma lesão ocular adicional (pupilas desiguais, diminuição da visão, movimentos anormais do olho); e
4. estiver sem dores.

ABRASÃO

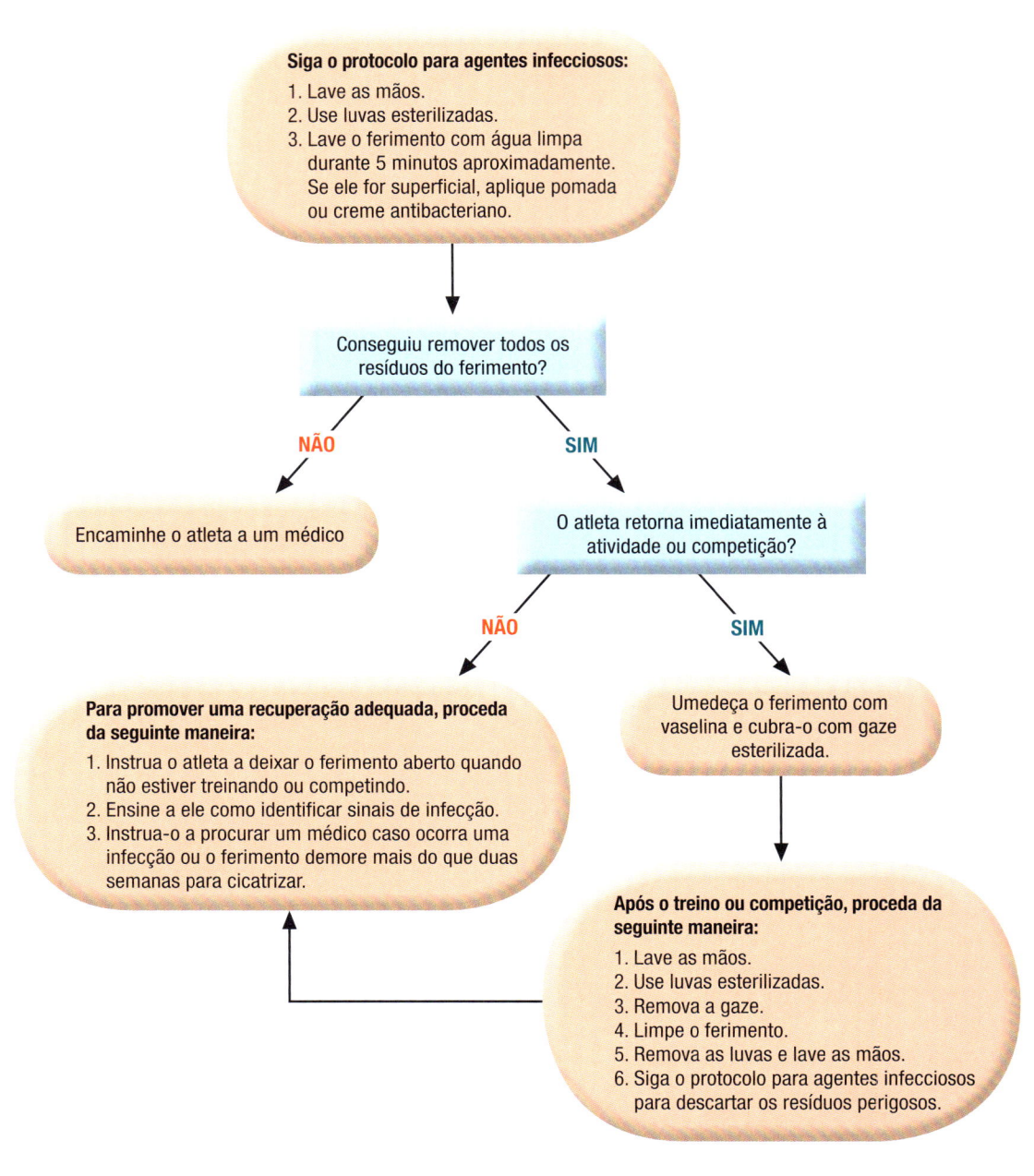

Siga o protocolo para agentes infecciosos:
1. Lave as mãos.
2. Use luvas esterilizadas.
3. Lave o ferimento com água limpa durante 5 minutos aproximadamente. Se ele for superficial, aplique pomada ou creme antibacteriano.

↓

Conseguiu remover todos os resíduos do ferimento?

- **NÃO** → Encaminhe o atleta a um médico
- **SIM** → **O atleta retorna imediatamente à atividade ou competição?**
  - **NÃO** → **Para promover uma recuperação adequada, proceda da seguinte maneira:**
    1. Instrua o atleta a deixar o ferimento aberto quando não estiver treinando ou competindo.
    2. Ensine a ele como identificar sinais de infecção.
    3. Instrua-o a procurar um médico caso ocorra uma infecção ou o ferimento demore mais do que duas semanas para cicatrizar.
  - **SIM** → Umedeça o ferimento com vaselina e cubra-o com gaze esterilizada.

↓

Após o treino ou competição, proceda da seguinte maneira:
1. Lave as mãos.
2. Use luvas esterilizadas.
3. Remova a gaze.
4. Limpe o ferimento.
5. Remova as luvas e lave as mãos.
6. Siga o protocolo para agentes infecciosos para descartar os resíduos perigosos.

Glossário

abrasão – Lesões superficiais, entre as quais se encontram arranhões ou ralados.

aclimatação – Período de tempo (aproximadamente de 7 a 10 dias) necessário para que o corpo se adapte ao calor intenso e à umidade.

agudo – Que ocorre repentinamente como, por exemplo, fraturas e entorses.

alvéolos – Sacos de ar nos quais o oxigênio e o dióxido de carbono são trocados através dos capilares nos pulmões.

artéria – Grande vaso sanguíneo que conduz oxigênio para os tecidos.

artéria braquial – Principal artéria de irrigação do braço com sangue que contém oxigênio.

artéria femoral - Principal vaso sanguíneo que conduz para a perna o sangue repleto de oxigênio.

articulação – Junção entre os ossos que permite ao corpo se locomover. Exemplos: joelho, cotovelo, ombro, tornozelo e punho.

articulação acromioclavicular (AC) – Área onde a clavícula se conecta à escápula.

articulação esternoclavicular (EC) – Área onde a clavícula se conecta ao esterno.

asma – Condição em que os canais de passagem de ar nos pulmões sofrem uma constrição, interferindo, assim, na respiração normal.

avaliação física – Avaliação realizada após as medidas de ação emergencial, cujo objetivo é a identificação da posição, local e grau de severidade de outras lesões. Inclui histórico, avaliação e toque (HIT, na sigla em inglês).

avaliação padronizada de concussão (APC) – Conjunto de testes utilizados para avaliar a extensão dos sinais e sintomas de uma concussão.

avulsão – Ruptura violenta de uma estrutura, especialmente ossos ou pele.

baço – Órgão que atua como reservatório de células vermelhas do sangue.

bainha sinovial – Estrutura que reveste as fibras do tendão. Secreta e absorve um líquido que atua como lubrificante entre as fibras e as bainhas do tendão.

bolha – Saliência preenchida por líquido, situada entre as camadas da pele. É causada pelo atrito entre essas camadas.

bursa – Bolsas cheias de líquido localizadas nas articulações. Ajudam a reduzir o atrito entre os tendões, os ossos e outras estruturas articulares.

bursite – É uma inflamação da bursa que provoca aquecimento e edema.

cãibras por calor – Cãibras musculares causadas pela desidratação ou perda de eletrólitos através do suor.

calo – Aumento da pele sobre áreas de atrito, especialmente palmas das mãos, calcanhares ou pés.

candidíase – Infecção na área genital, causada por fungos.

capilares – Os menores vasos sanguíneos que auxiliam na troca de oxigênio e dióxido de carbono entre o sangue e as células do tecido.

cartilagem – Tecido conjuntivo que forma, normalmente, o revestimento das extremidades dos ossos. Protege o osso contra choques e atritos.

cetoacidose – Estado provocado por uma deficiência de insulina grave ou prolongada, podendo resultar em um elevado nível de glicose (açúcar) no sangue (hiperglicemia).

choque – Reação sistêmica do organismo a lesões físicas ou emocionais. O corpo priva de oxigênio e sangue a pele, os braços, as pernas e outros tecidos menos essenciais, para garantir o fornecimento para o cérebro, o coração e os pulmões.

choque anafilático – Reação alérgica com risco de morte que pode causar o fechamento das passagens de ar. Geralmente acontece em decorrência de picadas de abelha.

cisalhamento – Lesão que envolve o atrito ou fricção entre duas superfícies.

clavícula – Osso que conecta os membros superiores ao tronco.

coluna vertebral cervical – Parte da coluna vertebral correspondente ao pescoço.

coluna vertebral lombar – Parte da coluna vertebral localizada na região inferior das costas.

coluna vertebral torácica – Parte da coluna vertebral localizada na região superior central das costas.

compressão – Aplicação de pressão sobre uma área a fim de reduzir o sangramento ou o edema.

concussão – Disfunção temporária do cérebro resultante de um golpe direto na cabeça. Pode causar perda de memória, tontura, dor de cabeça, náusea e inconsciência.

condução – Método por meio do qual o corpo perde ou ganha calor por meio do contato com objetos mais quentes ou mais frios.

contusão – Lesão resultante de impacto ou choque, causadora de sangramento, edema e hematoma.

contusão na orelha (orelha de couve-flor) – Contusão na parte externa da orelha.

convecção – Método por meio do qual o corpo troca calor com o ar ao seu redor (vento).

convulsão de grande mal – Convulsões que ocasionam graves espasmos musculares.

convulsão de pequeno mal – Geralmente uma breve convulsão (com duração de segundos) caracterizada por atordoamento ou desatenção, confusão, perda de coordenação, possível perda da fala, piscar de olhos repetitivo e outros pequenos movimentos.

convulsões – Episódios de atividade elétrica anormal no cérebro. Pode levar a mudanças bruscas no estado de alerta, comportamento e controle muscular do atleta.

cotovelo de golfista – Inflamação no ponto em que o punho e os músculos do antebraço se conectam à região interna da parte inferior do úmero.

cotovelo de tenista – Inflamação na articulação onde os músculos do punho e do antebraço se conectam à região externa do úmero.

crônico – Prolongado ou que ocorre gradualmente.

desfibrilador externo automático (DEA) – Desenvolvido para o uso durante a RCP, consiste em uma máquina que avalia o ritmo elétrico cardíaco e, em caso de anormalidade, emite uma descarga elétrica na tentativa de restaurar o ritmo normal.

desidratação – Baixo nível de água no corpo.

desmaio – Perda temporária da consciência; uma forma branda de choque.

diabetes – Transtorno no qual o organismo é incapaz de produzir ou regular a insulina necessária para controlar os níveis de açúcar no sangue.

distensão – Estiramento ou ruptura de um músculo ou tendão.

distensão do trato iliotibial – Tecido conjuntivo que se estende do quadril ao joelho, ao longo da parte externa da coxa.

doença de Osgood-Schlatter – Inflamação na articulação do joelho onde o tendão da patela se insere na tíbia.

dor aguda nas laterais do tronco – Dor na lateral sentida durante atividades de resistência.

efedrina – Substância que é encontrada na erva *ma huang* e tomada como suplemento. É considerada um estimulante como a anfetamina.

elevação – Elevação de uma parte do corpo acima do nível do coração.

entorse – Estiramento ou ruptura de um ligamento.

equipe de resgate ou SAMU (serviço de atendimento médico de emergência) – Profissionais da saúde especialmente treinados para lidar com situações de emergências médicas.

esterno – Osso do peito.

evaporação – Método de transferência de calor que envolve o resfriamento do corpo pela evaporação do suor.

exaustão por calor – Estado de choque causado por desidratação. Um sinal claro da exaustão por calor é a sudorese profusa. Entre outros sinais se destaca a pele fria e úmida.

extensão – Estiramento de uma articulação.

fascite plantar – Estiramento ou inflamação do tecido que se estende do calcanhar até os dedos do pé.

fêmur – Osso da coxa.

fisioterapeuta – Profissional da área da saúde, responsável pela reabilitação de todos os tipos de problemas que afetam o sistema musculoesquelético.

flexão – Movimento em que uma articulação se curva.

flexores do quadril – Músculos que se estendem da parte anterior do quadril até a coxa. Auxiliam na elevação da coxa.

fratura – Quebra de um osso.

fratura epifisária – Fratura da placa de crescimento.

fratura exposta – Osso quebrado que perfura a pele.

fratura fechada – Fratura em que o osso quebrado não atravessa a pele.

fratura por estresse – Fratura óssea causada pelo uso excessivo. A fratura se desenvolve lentamente como resposta a um estresse repetido ao qual o osso é submetido, tal como em corridas de longa distância.

furúnculo – Saliência volumosa e infectada na pele.

gastrocnêmio (panturrilha) – Músculo localizado atrás da parte inferior da perna. Ajuda a apontar o pé para baixo e flexionar o joelho.

gastroenterite – É uma infecção inesperada ou provocada por toxinas, que afeta o estômago e os intestinos. Inclui quadros conhecidos como gripe estomacal ou intoxicação alimentar.

geladura – Congelamento dos tecidos superficiais da pele que pode também atingir tecidos mais profundos como os músculos.

glicose – Forma de açúcar usada pelo organismo para produção de energia.

gripe – Infecção viral contagiosa que afeta o sistema respiratório (nariz, garganta e pulmões).

hérnia – Protrusão de tecido mole através de um músculo. Ocorre geralmente nos músculos abdominais ou nos da parte frontal do quadril.

herpes simples – Bolhas de febre ou erupções infecciosas nos lábios, boca, nariz, queixo ou bochecha.

hiperextensão – Extensão de uma articulação além de sua amplitude normal.

hiperflexão – Flexão de uma articulação além de sua amplitude normal.

hiperglicemia – Nível elevado de açúcar no sangue, geralmente causado pelo diabetes.

hiperventilação – Respiração rápida que cria um déficit de dióxido de carbono na corrente sanguínea e afeta o equilíbrio entre oxigênio e dióxido de carbono.

hipoglicemia - Nível baixo de açúcar no sangue, geralmente causado pelo diabetes.

hipotermia – Condição em que a temperatura do corpo se reduz a um nível muito inferior ao normal. É causada pela fadiga extrema e por exposição a um ambiente frio e com vento.

histórico – Informação coletada com o intuito de ajudar a determinar a natureza, a extensão e o mecanismo de uma lesão.

incisão – Incisão no tecido mole causada por objeto cortante.

inflamação – Irritação em uma estrutura do corpo. Geralmente causa edema, tecido cicatricial e calor na área.

insolação – Doença com risco de morte causada pela desidratação extrema. A temperatura do corpo se eleva para 41 graus ou mais e a pele fica vermelha, quente e seca.

inspeção – Técnica de avaliação usada para determinar a natureza de uma lesão. Os sinais de inspeção a serem observados incluem inchaço, descoloração, deformidade e cor da pele.

insulina – Hormônio ou substância química que dá ao organismo a condição de usar o açúcar ou a glicose como energia.

inversão – Lesão na qual o tornozelo é torcido para dentro.

laceração – Incisão no tecido mole causada pelo golpe de um objeto rombudo.

lesão por compressão – Lesão na qual o tecido é comprimido entre duas superfícies.

lesão por tensão – Uma lesão que envolve um tecido estirado além de seu limite normal.

lesão por uso excessivo – Lesão causada pelo uso excessivo de um músculo, tendão ou osso fraco ou sem flexibilidade. Pode fazer com que o tecido se torne gradualmente edemático, dolorido e perca suas funções.

ligamento – Tecido fibroso que conecta um osso a outro, impedindo a troca de posição entre eles. São os principais estabilizadores das articulações do corpo.

luxação – Condição em que um osso se desloca de sua posição funcional em uma articulação e não retorna ao lugar original.

manguito rotador – Grupo de quatro músculos localizados na escápula. É exigido principalmente nos movimentos de arremesso e de elevação dos ombros acima da cabeça, assim como em golpes de *forehand* e *backhand*.

manobra de Heimlich – Primeiros socorros para casos de asfixia.

mecanismo de lesão – Causa de uma lesão que pode ser repentina ou gradual. Entre os exemplos estão as lesões por golpe direto, por torção ou por atrito.

medidas de ação emergencial – Avalie o local e o atleta, nível de consciência e *status* respiratório.

metatarsalgia – Lesão por hiperextensão do hálux.

molusco contagioso – Crescimento da pele causado por uma infecção viral em suas camadas superiores.

músculo bíceps – Músculo que se estende do ombro ao cotovelo, ao longo da área frontal do úmero. Auxilia na elevação do úmero para a frente e na flexão do cotovelo.

músculo romboide – Músculo localizado entre a escápula e a coluna, cuja função é puxar a escápula em direção à coluna.

músculo trapézio – Músculo que se estende da base do crânio às extremidades externas do ombro e até logo acima da região inferior das costas. Diferentes partes do trapézio são usadas para encolher os ombros, estender a cabeça para trás e conectar as escápulas.

músculo tríceps – Músculo que se estende do ombro ao cotovelo ao longo da parte posterior do úmero. Auxilia nos movimentos de extensão do úmero para trás e de extensão do cotovelo.

músculos deltoides – Músculos situados ao redor da parte anterior, posterior e lateral do ombro. Auxiliam na flexão do braço para a frente, assim como em sua extensão para trás e elevação lateral.

músculos isquiotibiais – Músculos localizados na parte posterior da coxa. Auxiliam na flexão do joelho e na extensão do quadril.

músculos peitorais – Músculos do tórax que se estendem do esterno e da clavícula até o úmero. Auxiliam no movimento de cruzar o braço à frente do corpo.

nervo ulnar – Avança por detrás da região interna da articulação do cotovelo. Envia impulsos do cérebro até o antebraço e a mão.

osteoartrite – Desgaste e ruptura naturais do osso, que ocorrem com o passar do tempo.

parada cardíaca – Ocorre quando o coração para de bater.

parada respiratória – Ocorre quando a respiração é interrompida.

paramédico – Profissional da saúde especialmente treinado para lidar com situações médicas de emergência (no Brasil, estes profissionais são representados pela Equipe de Resgate ou do SAMU).

paratendinite – Uma inflamação ou espessamento da bainha do tendão (não da bainha sinovial).

patela – Osso pequeno e triangular, localizado anteriormente à articulação do joelho.

pé de atleta – Infecção fúngica no pé causada pela exposição a ambientes quentes e úmidos.

perda de função – Incapacidade apresentada por uma parte do corpo para executar suas funções, em virtude de uma lesão. Um exemplo da perda de função nos joelhos é a impossibilidade de flexioná-los ou estendê-los.

perfuração – Ferimento profundo e estreito no tecido mole causado por penetração de um objeto fino.

periostite tibial (canelite) – Lesão por uso excessivo na parte inferior da perna frequentemente causada por fraqueza e falta de flexibilidade dos músculos.

pinçamento – Nervo comprimido no pescoço ou no ombro.

pinçamento do quadril – Contusão ou hematoma no osso pélvico localizado na parte anterior do quadril.

placa de crescimento – Área nas extremidades dos ossos onde ocorre o crescimento.

plexo solar – Estrutura do sistema nervoso que auxilia na respiração. Localiza-se próximo ao estômago.

podologista – Especialistas no tratamento das disfunções das pernas e dos pés.

pontos de pressão – Áreas localizadas na parte superior do braço e da perna, nas quais se deve aplicar pressão a fim de reduzir o fluxo sanguíneo para outra área. São usados como último recurso no controle de sangramento nos braços e nas pernas.

pressão direta – Aplicação de pressão sobre um ferimento a fim de ajudar a estancar o sangramento.

PRICE – Proteção, repouso, gelo, compressão e elevação (no inglês: *protection, rest, ice, compression* e *elevation*).

pulmões – Órgãos nos quais acontece a troca de oxigênio e dióxido de carbono entre o ar e os capilares.

pulso carotídeo – Batimentos cardíacos aferidos na artéria carótida do pescoço.

pulso radial – Batimentos cardíacos aferidos no punho.

quadríceps – Músculo localizado na parte anterior da coxa. Ajuda a alinhar o joelho e movimentar a coxa à frente.

radiação – Método por meio do qual ondas eletromagnéticas, tais como as do sol, podem aumentar o calor do corpo.

reação à insulina – Estado em que os níveis de glicose (açúcar) de um atleta caem abaixo dos níveis normais (hipoglicemia).

reanimação cardiopulmonar (RCP) – Primeiros socorros para paradas cardíacas e respiratórias.

regra dos 30-30 – Recomenda a suspensão de atividades esportivas ou recreativas e a procura de abrigo caso um trovão ocorra em um intervalo de 30 segundos após o clarão de um raio. A regra também recomenda a permanência no abrigo por 30 minutos após a última queda de raio ou som de trovão.

rim – Órgão do sistema urinário que ajuda o organismo a excretar resíduos da decomposição energética.

sangramento arterial – Sangramento resultante da incisão, laceração ou perfuração de uma artéria, identificado por sangramento rápido ou pulsátil de sangue vermelho claro.

sangramento capilar – Sangramento lento e constante de um vaso capilar lesionado.

sangramento venoso – Sangramento resultante de uma incisão, laceração ou perfuração de uma veia. Geralmente é identificado pelo sangramento rápido de sangue vermelho escuro.

sensação térmica – Índice usado para indicar o efeito do vento em temperaturas frias.

sinal – Evidência física de lesão. Inclui edema, hematoma e deformação.

síndrome compartimental por esforço – Aumento da pressão, tipicamente na região frontal da perna, que causa a constrição do fluxo sanguíneo para perna e pé.

sintomas – Queixa(s) associadas a lesões. Incluem dor, dormência, formigamento e sensações desagradáveis.

sistema circulatório – Sistema que fornece sangue ao corpo. Engloba o coração, as artérias, as arteríolas, as veias e os capilares, além de outras estruturas.

sistema digestório – Sistema responsável pela decomposição dos alimentos em substâncias que podem ser usadas como combustível pelos tecidos do corpo.

sistema neurológico – Sistema que controla e coordena o funcionamento de todos os sistemas e tecidos do organismo. É composto pelo cérebro, pela medula espinal e por uma rede de nervos.

sistema respiratório – Sistema que faz a troca de oxigênio e dióxido de carbono entre o ar e o sangue. É formado pelo nariz, a boca, a traqueia e os pulmões.

sistema urinário – Sistema que excreta do organismo os resíduos resultantes da decomposição de energia. É formado pelos rins, ureteres e bexiga.

subluxação – Condição na qual um osso sai do lugar em uma articulação e, em seguida, retorna à sua posição funcional.

suor – Mecanismo por meio do qual o corpo se autorresfria. A água é transportada para a pele, onde se evapora para resfriar o corpo.

tendão – Estrutura fibroelástica que conecta o músculo ao osso.

tendão do calcâneo – Tendão que conecta os músculos da panturrilha ao osso do calcanhar.

tendinite – Inflamação de um tendão. Causa edema, aquecimento e tecido cicatricial.

tendinite da patela – Inflamação entre a patela e o fêmur.

tendinose – Condição na qual ocorrem microlesões em um tendão.

tenossinovite – Inflamação da bainha sinovial que reveste um tendão.

tíbia – Osso da perna (canela).

tinha (dermatofitose) – Infecção fúngica da pele.

torção – Lesão por entorse.

traqueia – Tubo, localizado no pescoço, através do qual o ar passa do nariz e da boca para os pulmões.

tubos bronquiais – Tubos através dos quais o ar atravessa os pulmões.

úmero – Osso da parte superior do braço.

ureter – Tubo que transporta urina dos rins para a bexiga.

vértebras – Ossos da coluna vertebral.

vias respiratórias – Passagem pela qual o ar se desloca até os pulmões. Engloba o nariz, a boca e a traqueia.

Índice remissivo

Nota: O *f* e o *t* em itálico depois dos números de páginas referem-se, respectivamente, a figuras e tabelas.

A

abrasões
  como lesões agudas 35-36, 35*f*, 36*f*, 43*t*
  da pele 210-211, 211*f*, 264
  oculares 43*t*, 199-201, 200*f*, 263
abuso de substâncias
  esteroides anabolizantes 112-114
  overdose ou reação 109-112
água
  diretrizes 119-121
  lesão de órgãos internos e 99-100
alergias 17, 20, 49, 81-82, 113-114, 208-209
  asma e 84
  emergências respiratórias e 62
  gripe 69*t*, 70
  uso de suplementos e 111-112
alerta
  nas medidas de ação emergencial 46-48
  no plano de emergência médica 23-25, 25*f*
alimentação
  durante viagens 22-24
  lesões internas e 99-100
  para desempenho 23-24
alongamento 21-22, 33-35
ambiente
  asma e 84-85
  segurança 4-5, 15, 23-26, 45-46, 73-74
American College of Sports Medicine 8-9
American Heart Association 4-5, 13, 47-48
American Red Cross 4-5, 13, 47-48
anatomia
  dentes 204, 204*f*
  olho 196-197, 196*f*
  sistema circulatório 31-33, 34*f*
  sistema digestório 31-33, 32*f*, 33*f*
  sistema musculoesquelético 29-31, 30*f*-32*f*
  sistema neurológico 31, 32*f*-33*f*
  sistema respiratório 31-33, 32*f*-34*f*
  sistema urinário 33-35, 35*f*
aquecimento 21-22
arrastamento por uma pessoa 73-74, 74*f*, 77*t*
artérias 33, 34*f*, 61
articulações. *Ver também* luxações; subluxações
  AC 131-132, 131*f*, 248
  no sistema musculoesquelético 29-30, 30*f*
artrite 41-42, 43*t*
asma
  cartão de procedimentos 86*f*
  medicamentos 84, 119-121
  não controlada 20-21
  procedimentos de primeiros socorros 84-85, 84*f*, 86*f*, 235
aspirina 17, 20, 60
assistência de emergência, papel do técnico no fornecimento de 4-6
atendimento
  nas medidas de ação emergencial 46-49, 47*f*-49*f*
  no plano de emergência médica 24-26
atletas
  avaliação 45-46
  capacidade e tamanho 4-5
  formulários médicos 13-15, 15*f*-17*f*
  na equipe de cuidados de saúde 5-6, 10*t*
  posições para o atleta lesionado 46-49, 48*f*, 63*f*, 63*t*
  posições para o atleta sem lesão 46-48, 47*f*
  prontos para realizar 17, 20-24, 22*f*-23*f*
atletas conscientes
  atendimento a 46-48, 223
  bloqueio das vias aéreas em 50-51, 50*f*, 51*f*, 225
  remoção de 76-78, 76*f*-78*f*
atletas inconscientes
  atendimento a 46-49, 224
  bloqueio das vias aéreas nos 51, 53, 226
  remoção de 73-75, 74*f*-75*f*
auxílio de uma pessoa para caminhar 76, 76*f*, 77*t*
auxílio de duas pessoas para caminhar 76-77, 76*f*-77*f*, 77*t*
auxílio no carregamento a duas mãos 77-78, 77*f*-78*f*, 77*t*
auxílio no carregamento a quatro mãos 76-78, 76*f*-78*f*, 77*t*
avaliação
  lesões 3-4, 4*f*, 5-6, 10*t*-11*t*
  nas medidas de ação emergencial 45-46
  no plano de emergência médica 23-24
avaliação física
  história 55-56, 58*f*, 230
  inspeção 55-57, 56*f*-58*f*, 57*t*, 230
  procedimentos de primeiros socorros 55-58, 56*f*-58*f*, 57*t*, 230
  toque 57-58, 58*f*, 230
avulsões 36-37, 36*f*, 37*f*, 43*t*

B

baço, ruptura 99-101, 101*f*, 237
bandagem protetora 21-23, 157, 157*f*
bexiga 33-35, 35*f*

271

bile 31-33
bloqueio de vias aéreas
    manobra de Heimlich para 50-51, 50f-51f
    medidas de ação emergencial e 49-53, 50f-51f
    no atleta consciente 50-51, 50f-51f, 225
    no atleta inconsciente 51, 53, 226
    sufocamento 50-53, 50f-51f
bloqueio leve das vias aéreas 50
bloqueio severo das vias aéreas 50-51, 50f-51f
bolhas 207-209, 208f
bronquite 87-88
bursa 29-31, 30f, 43t
bursite 40-41, 40f-41f, 43t

C

cãibras 121-123, 243
calor
    aclimatação 118-119, 120t
    aplicação de 72
    equipamento e 118-119, 119-121
CA-MRSA. *Ver Transmissão na comunidade do Staphylococcus aureus resistente à meticilina*
canelite 187-190, 188f
capacetes 46-48, 92, 94, 96-97, 98
    checagem 15, 21-23, 94
    doenças relacionadas ao calor e 118-119, 120t, 119-121
cápsulas de amônia 96
cartão de informações de emergência 13-15, 17f
cartão de resposta de emergência 24-26, 25f
cartilagem 29-30, 30f, 43t
cena, avaliação 45-46
certificação
    DEA 13
    RCP 4-6, 13-14
cetoacidose 105-108, 241
chamadas telefônicas
    cartão de informações de emergência 13-15, 17f
    SEM 23-24, 73-74, 233
choque
    anafilático 81-82, 113-114, 234
    procedimentos de primeiros socorros 61-62, 63t, 81-82, 234
cirurgião-dentista 8-9, 10t
clima
    doenças relacionadas ao calor e 118-125, 120t
    doenças relacionadas ao frio e 124-127, 125f
    faixas, compressão 70, 71f, 170, 184, 190-192

    lesões relacionadas a raios e 127-128
    plano de emergência para 14-15
    regulação da temperatura e 117-119, 118f
    sensação térmica 124-125, 125f
colapso pulmonar 83, 83f
combinação de medicamentos 109-112
composição corporal 20-21
compressão
    enfaixamentos 70, 71f, 170, 184-185, 190-192
    lesão causada por 33-35, 43t
    na RCP 47-49
    no princípio PRICE 67-68, 70, 71f
concussões
    folhetos informativos 93f
    incidência das 89-90
    no trauma craniano 22-23, 89-92, 94, 93f, 96
    prevenção das 22-23, 92, 94
condicionamento, pré-temporada 20-22
condições cutâneas contagiosas 213-220, 214f-219f
condições cutâneas não contagiosas 207-213, 208f-212f
condições médicas desqualificantes 20-21
condução 117-118, 118f
consentimento 5-6, 13-14, 15f
    renal 101-103, 102f, 238
contusão(ões)
    da coxa 170-171, 170f
    da garganta 87-88
    da mandíbula 203-204, 204f
    da orelha 205-206, 206f
    das costelas 140-141, 140f
    das unhas 209-210, 209f-210f
    do calcanhar 185-187, 185f
    do nervo ulnar 148, 148f
    do quadril 166-167, 166f
    dos olhos 197-199, 197f-198f
    nas lesões agudas 35-36, 35f, 36f, 43t
    renal 101-103, 102f, 238
convecção 117-118, 118f
convulsões 107-109, 242
    de grande mal 107-109
    de pequeno mal 107-109, 242
coordenação 20-21
corpo estranho no olho 198-200, 199f
cortes 36-37, 36f, 37f
cotovelo de golfista 150-151, 151f
cotovelo de tenista 150-151, 150f
creatina 111-113

D

dano tecidual
    local 67-72, 68f, 69t, 70f-72f
    sistêmico minimizado 62, 63t
DEA (desfibrilador externo automático)

    certificação 13
    procedimentos de primeiros socorros 46-49, 228
dente
    anatomia 204, 204f
    fratura 205-206, 205f
    luxação 205
dentista 8-9, 10t
depressivos 109-110
desempenho, alimentação para 23-24
desfibrilação. *Ver* DEA
desfibrilador externo automático. *Ver* DEA
desidratação
    doenças relacionadas ao calor e 119-123
    doenças relacionadas ao frio e 125
    sinais e sintomas 119-121
desmaios 113-114, 114f
diabetes
    cetoacidose e 105-108, 241
    descontrolada 20-21
    reação à insulina e 105-107, 240
diretrizes MyPlate 22-23, 23f
distensão(ões)
    abdominal 162-163, 162f
    agudas 37-38, 38f-39f, 38t, 43t
    crônicas 40-41, 43t
    da face interna da coxa 167-169, 168f
    da musculatura peitoral 135-137, 136f, 249
    da panturrilha 182-183, 182f
    do bíceps 141-143, 142f
    do deltoide 136-138, 137f, 249
    do flexor do quadril 166-168, 167f
    do manguito rotador 135-136, 135f, 249
    do músculo bíceps 141-143, 142f
    do músculo peitoral 135-137, 136f, 249
    do músculo romboide 139-140, 139f, 249
    do músculo trapézio superior 137-138, 138f, 249
    do músculo tríceps 142-143, 143f
    do quadríceps 170-172, 171f
    do romboide 139-140, 139f, 249
    do tendão 37-38, 38f-39f, 38t, 43t
    do trato iliotibial 179-181
    dos isquiotibiais 171-173, 172f
    graus de 37-38, 38f-39f
    lombar 163-165, 163f, 254
doenças, causas de 33-35. *Ver também* doenças relacionadas ao frio; doenças relacionadas ao calor; emergências e doenças respiratórias; doenças súbitas
doenças agudas. *Ver* doenças súbitas
doenças relacionadas ao calor
    cãibras pelo calor 121-123, 243

capacetes e 118-119, 120*t*, 119-121
clima e 118-125, 120*t*
desidratação e 119-123
exaustão pelo calor 121-124, 244
identificação e tratamento 121
insolação 121, 123-125, 245
medicação e 119-121
mortes por 118-119
prevenção de 118-121, 120*t*
doenças relacionadas ao frio
 clima e 124-127, 125*f*
 desidratação e 125
 geladura 125-126, 246
 hipotermia 125-127, 247
 identificação e tratamento 125
 prevenção 124-125, 125*f*
doenças súbitas
 cetoacidose 105-108, 241
 convulsões 107-109, 242
 desmaios 113-114, 114*f*
 gastrenterite 113-115
 gripe 113-116
 overdose ou reação, no abuso de substâncias 109-112
 reação à insulina 105-107, 240
 reações aos suplementos 112-114
dor lombar 163-164, 163*f*, 254
dor na face anterior do joelho 173*f*, 179-180
drogas. Ver abuso de substâncias

E

ecstasy 109-112
edema
 avaliação 56-57
 minimizado 67-68, 69*t*, 70, 72
educação. Ver também certificação
 primeiros socorros 13-14
eletrólitos 23, 121
elevação 67-68, 72, 72*f*
emergências respiratórias e doenças. Ver também asma
 alergias e 62
 bronquite 87-88
 choque anafilático 81-82, 113-114, 234
 colapso pulmonar 83, 83*f*
 contusão da garganta 87-88
 espasmo do plexo solar 87, 87*f*
 hiperventilação 85
 pneumonia 87-88
enfaixamento protetor 21-23, 157, 157*f*
entorse(s)
 agudas 36-38, 38*f*, 37*t*, 43*t*
 da articulação acromioclavicular (AC) 131-132, 131*f*, 248
 da articulação esternoclavicular (EC) 132-134, 132*f*, 248
 do cotovelo 149, 149*f*

do joelho 174-176, 174*f*
do punho 155-156, 155*f*
do tornozelo 183-185, 184*f*
dos dedos da mão 158-159, 158*f*
EC 132-134, 132*f*, 248
graduações 36-38, 38*f*
epilepsia 20-21, 107-109
epinefrina 81-82
equipamento
 calor e 118-121
 checagem 15-20, 21-23
 gerenciamento 8-9, 11*t*
 protetor 21-23, 22*f*
equipe de cuidados de saúde
 atleta 5-6, 10*t*
 dentista 8-9, 10*t*
 equipe médica de emergência 6-7,11*t*
 fisioterapeuta 7-9, 11*t*
 gerente de equipamentos 8-9, 11*t*
 lesões e 4-6
 médico 6-8, 10*t*
 membros 1, 3-9, 10*t*-11*t*
 optometrista 8-9, 10*t*
 pais 5-6, 10*t*
 revezamentos 3-4, 4*f*, 10*t*-11*t*
 técnico 3-6, 7-9, 10*t*-11*t*
 técnico de condicionamento físico 8-9, 11*t*
 treinador de atletismo 7-8, 11*t*
espasmo do plexo solar 87, 87*f*
esqueleto 30*f*
esteroides anabolizantes 112-114
estimulantes 109-111
estruturas da coluna 31, 32*f*-33*f*
evaporação 118*f*, 118-119
exame físico, pré-temporada 20-21
exantema por plantas venenosas 212-213, 212*f*

F

fascite plantar 193-194, 193*f*
fêmur
 fratura 169
 luxações de quadril e 164-165, 165*f*
fisiatra 6-7
fisioterapeuta 7-9, 11*t*
 desportivo 8-9
flexibilidade 20-21, 40-41
foliculite 211-212, 211*f*-212*f*
força de cisalhamento 33-35
força na avaliação pré-temporada 20-21
formulário(s)
 cartão de ações para asma 86*f*
 cartão de informações de emergência 13-15, 17*f*
 cartão de resposta em emergências 24-26, 25*f*

de consentimento informado 5-6, 13-14, 15*f*
de histórico médico 13-14, 16*f*
de liberação nas condições contagiosas de pele 213, 214*f*
de liberação para problemas de pele 213, 214*f*
lista de conferência de inspeção de instalações 18*f*-19*f*
registro das lesões 24-26, 25*f*
fratura(s)
 abertas 39*f*-40*f*, 40-41
 como lesão aguda 39-41, 39*f*-41*f*, 40*t*, 43*t*
 da clavícula 130-132, 130*f*-131*f*, 248
 da costela 140-141, 140*f*
 da coxa 169
 da face 203, 203*f*
 da fíbula 183-184
 da mandíbula 203-204, 204*f*
 da mão 155-156, 156*f*
 da órbita 201-202
 da perna 183-184
 de clavícula 130-132, 130*f*-131*f*, 248
 do antebraço 153, 153*f*
 do cotovelo 145-147, 146*f*
 do nariz 202
 do polegar 158-159, 159*f*
 do punho 154, 154*f*
 do úmero 141-142, 141*f*
 dos dentes 205-206, 205*f*
 dos ossos da face 203-204, 203*f*-204*f*
 epifisárias
  cotovelo 152, 152*f*
  descritas 40-41, 40*f*-41*f*, 43*t*
 fechadas 39-41, 39*f*-41*f*
 ou contusão da costela 140-141, 140*f*
 por avulsão 39-40, 39*f*-40*f*
 por estresse 41-42, 43*t*
  cotovelo, epifisárias 152, 152*f*
  tíbia 189-191
frequência cardíaca 56-58, 57*t*, 57*f*
 de repouso 56-57, 57*t*
frio, alergia ao 69*t*, 70
FT. Ver fisioterapeuta
futebol americano 3-4, 21-23, 49

G

gastrenterite 113-115
geladura 125-126, 246
gelo 67-68, 68*f*, 69*t*, 70*f*
glicose 105-108
gripe 113-116

H

herpes simples 218, 218*f*
hidratação 119-121, 125
hiperglicemia 105-107

hiperventilação 85
hipoglicemia 105-106
histórico médico
    formulário 13-14, 16f
    na avaliação física 55-56, 58f, 230

I
imobilização 21-23, 63-64, 65f-66f, 232
incisões 36-37, 36f, 37f, 43t
inspeção
    instalações 18f-19f
    na avaliação física 55-57, 56f-58f, 57t, 230
instalações, checagem 15-17, 18f-19f
instrução de habilidade 3-5, 22-23
iodo 17, 20, 208-209
isotônicos 119-121
isquiotibiais
    distensões 171-173, 172f
    no sistema musculoesquelético 30-31, 31f

J
jogos, retorno aos 4-5, 7-8, 10t

L
lacerações
    face e couro cabeludo 195-197, 196f, 261
    revisão das 36-37, 36f, 37f, 43t
LCA. Ver ligamento cruzado anterior
LCM. Ver ligamento colateral medial
LCP. Ver ligamento cruzado posterior
LCTL. Ver lesões cerebrais traumáticas leves
Lesão(ões)
    avaliação 3-4, 4f, 5-6, 10t-11t
    causas 33-35, 43t
    contato com pais após 13-15
    couro cabeludo 195-197, 195t, 196f, 261
    equipe de cuidados de saúde e 4-6
    imobilização 63-64, 65f-66f, 232
    posições para 46-49, 48f, 63f, 63t
    prevenção 3-4, 4f, 5-6, 10t-11t, 17, 20
    princípio PRICE para 67-72, 68f, 69t, 70f-72f
    reabilitação 3-4, 4f, 6-9, 10t-11t
    registro 24-26, 25f
    relacionadas a raios 127-128
    remoção de atletas com lesões graves 73-75, 74f-75f
    revisão 41-42, 43t
    terminologia 29, 33-42, 35f-41f, 37t-40t, 43t
    tratamento 3-4, 4f, 10t-11t
lesões abdominais
    distensão 162-163, 162f
    pontada lateral 162-163

procedimentos de primeiros socorros 161-165, 162f, 171f, 253
lesões agudas
    abrasões, 35-36, 35f, 36f, 43t
    causas 33-35, 43t
    contusões 35-36, 35f, 36f, 43t
    cortes 36-37, 36f, 37f
    distensões 37-38, 38f-39f, 38t, 43t
    entorses 36-38, 38f, 37t, 43t
    fraturas 39-41, 39f-41f, 40t, 43t
    joelho 174-178, 174f-176f, 257
    luxações 38-40, 38f-39f, 43t
    na perna 182-184, 182f, 259
    no braço 141-143, 141f-142f, 143f
    no cotovelo 145-149, 146f, 148f-149f, 250
    no osso 43t
    no pé 185-188, 185f-187f, 259
    no tornozelo 183-185, 184f, 259
    perfurantes 35-37, 35f, 36f, 43t
    rupturas da cartilagem 38-39, 38f-39f, 43t
    subluxações 38-40, 43t
lesões cerebrais traumáticas leves (LCTL) 98-91
lesões crônicas
    bursite 40-41, 40f-41f, 43t
    causas 33-35, 43t
    distensão muscular 40-41, 43t
    na perna 187-192, 188f, 191f, 260
    no braço 144-145
    no cotovelo 150-153, 150f-152f, 251
    no joelho 177-181, 177f-178f, 258
    no pé 193-194, 193f, 260
    no tornozelo 190-192, 192f, 260
    ósseas 41-42, 43t
    osteoartrite 41-42, 43t
    tendinite 40-42, 41f, 43t, 140-141
lesões da cabeça
    causas 91-92, 91f
    concussões 22-23, 89-92, 94, 93f, 96
    exercícios de fortalecimento do pescoço e 92, 94, 95f, 96-97
    frequência 89-91, 90t, 96t
    LCTL 89-91
    procedimentos de primeiros socorros 90t, 91-96, 93f, 236
lesões da coluna
    cervicais 96, 96t
    procedimentos de primeiros socorros 96-97, 97f
lesões da coxa 66f, 71f, 164-165, 164t
    contusão 170-171, 170f
    distensão da musculatura interna da coxa 167-169, 168f
    distensão do quadríceps 170-172, 171f
    distensão dos isquiotibiais 171-173, 172f
    fratura 169

procedimentos de primeiros socorros 167-173, 168f, 170f-171f, 172f, 256
lesões da mandíbula 203-204, 203f-204f
lesões da mão
    entorse de dedo da mão 158-159, 158f
    fratura da mão 155-156, 156f
    fratura de dedo da mão 158-159, 159f
    fratura do polegar 158-159, 159f
    frequência 152-153, 153t
    luxação de dedo da mão 157, 157f
    procedimentos de primeiros socorros 155-159, 156f-159f, 252
lesões da perna 180-181, 181t
    agudas 182-184, 182f, 259
    crônicas 187-192, 188f, 191f, 260
    distensão da panturrilha 182-183, 182f
    dores na canela 187-190, 188f
    fratura 183-184
    fratura por estresse da tíbia 189-191
    procedimentos de primeiros socorros 182-184, 182f, 259-260
    síndrome compartimental por esforço 190-192, 191f
lesões do antebraço 65f, 71f, 152-153
    fratura 153, 153f
    procedimentos de primeiros socorros 153, 153f, 252
lesões do braço
    agudas 140-143, 141f-142f, 143f
    crônicas 144-145
    distensão do músculo bíceps 141-143, 142f
    distensão do músculo tríceps 142-143, 143f
    fratura do úmero 140-142, 141f
    procedimentos de primeiros socorros 140-145, 141f-143f
    tendinite do bíceps 144
    tendinite do tríceps 145
lesões do cotovelo 65f, 71f
    agudas 145-149, 146f, 148f-149f, 250
    contusão do nervo ulnar 148, 148f
    cotovelo de golfista 150-151, 151f
    cotovelo de tenista 150-151, 150f
    crônicas 150-153, 150f-152f, 251
    entorse 149, 149f
    fratura 145-147, 146f
    fraturas epifisárias por estresse 152, 152f
    luxação 146-147
    procedimentos de primeiros socorros 145-153, 146f, 148f-152f, 250-251
    subluxação 146-147
lesões do couro cabeludo
    incidência de 195-196, 195t
    laceração 195-197, 196f, 261
lesões do dorso 161, 163-165, 163f, 254
lesões do joelho 66f, 71f, 173t
    agudas 174-178, 174f-176f, 257

áreas de dor 172-173, 173*f*, 179-180
crônicas 177-181, 177*f*-178*f*, 258
distensão do trato iliotibial 179-181
dor na face anterior do joelho 173*f*, 179-180
entorse 174-176, 174*f*
luxação de patela 175-177, 176*f*
patela subluxada 175-177, 176*f*
procedimentos de primeiros socorros 172-181, 173*f*-176*f*, 177*f*-178*f*, 257-258
ruptura da cartilagem 176-178, 177*f*-178*f*
tendinite patelar 177-179, 177*f*-178*f*
lesões do ombro
distensão do deltoide 136-138, 137*f*, 249
distensão do manguito rotador 135-136, 135*f*, 249
distensão do músculo peitoral 135-137, 136*f*, 249
distensão do músculo romboide 139-140, 139*f*, 249
distensão do músculo trapézio superior 137-138, 138*f*, 249
entorse da articulação AC 131-132, 131*f*, 248
entorse EC 132-134, 132*f*, 248
fratura da clavícula 130-132, 130*f*-131*f*, 248
frequência das 129-131, 130*t*
luxação 133-134, 134*f*
procedimentos de primeiros socorros 130-140, 130*f*-132*f*, 134*f*-139*f*, 248-249
subluxação 133-134
lesões do pé 66*f*, 180-181, 181*t*
agudas 185-188, 185*f*-187*f*, 259
contusão do calcanhar 185-187, 185*f*
crônicas 193-194, 193*f*, 260
fascite plantar 193-194, 193*f*
metatarsalgia 186-188, 187*f*
procedimentos de primeiros socorros 185-188, 185*f*-187*f*, 193-194, 193*f*, 259-260
lesões do punho 65*f*, 152-153, 153*t*
distensão 155-156, 155*f*
fratura 154, 154*f*
procedimentos de primeiros socorros 154-156, 154*f*-155*f*, 252
lesões do quadril
contusão 166-167, 166*f*
distensão dos flexores do quadril 166-168, 167*f*
frequência das 164-165, 164*t*
luxação 164-165, 165*f*
procedimentos de primeiros socorros 164-168, 166*f*-167*f*, 255

subluxação 164-165
lesões do tórax 140-141, 140*f*
lesões do tornozelo 66*f*, 180-181, 181*t*
agudas 183-185, 184*f*, 259
crônicas 190-192, 192*f*, 260
entorse 183-185, 184*f*
procedimentos de primeiros socorros 183-185, 184*f*, 190-192, 192*f*, 259-260
tendinite do calcâneo 41-42, 41*f*, 190-192, 192*f*
lesões dos dedos da mão
entorse 158-159, 158*f*
fratura 158-159, 159*f*
imobilização 65*f*
luxação 157, 157*f*
lesões dos órgãos internos
alimentos, líquidos e 99-100
contusão renal 101-103, 102*f*, 238
ruptura de baço 99-101, 101*f*, 237
trauma testicular 102-103, 239
lesões faciais. *Ver também* lesões oculares
fratura de dente 205-206, 205*f*
fratura do nariz 202
fratura dos ossos da face 203-204, 203*f*-204*f*
fraturas da face 203, 203*f*
incidência de 195-196, 195*t*
laceração da face 195-197, 196*f*, 261
luxação de dente 205
mandíbula 203-204, 203*f*-204*f*
orelha 205-206, 206*f*
procedimentos de primeiros socorros 195-206, 196*f*-200*f*, 202*f*-206*f*, 261
sangramento nasal 201-202, 202*f*
lesões graves, remoção de atletas 73-75, 74*f*-75*f*
lesões leves, remoção de atletas 76-78, 76*f*-78*f*
lesões musculoesqueléticas nos membros inferiores 161. *Ver também* lesões abdominais; lesões do tornozelo; lesões do dorso; lesões do pé; lesões do quadril; lesões do joelho; lesões das pernas; lesões da coxa
lesões musculoesqueléticas nos membros superiores, 129-130. *Ver também* lesões torácicas; lesões de cotovelo; lesões do antebraço; lesões da mão; lesões do ombro; lesões do braço; lesões do punho
lesões nasais 201-202, 202*f*
lesões nervosas 97-98, 98*f*, 148, 148*f*
lesões oculares
abrasão 43*t*, 199-201, 200*f*, 263
contusão 197-199, 197*f*-198*f*
corpo estranho 198-200, 199*f*
fratura de órbita 201-202

perfuração 43*t*
por impacto direto 197-198, 262
procedimentos de primeiros socorros 197-202, 197*f*-200*f*, 262-263
ligamento(s) 29-30, 43*t*
colateral medial (LCM) 173*f*-174*f*, 174
cruzado anterior (LCA) 174, 174*f*
cruzado posterior (LCP) 174, 174*f*
luvas, remoção das 59-60, 59*f*-60*f*
luxações
como lesões agudas 38-40, 38*f*-39*f*, 43*t*
da mandíbula 203-204, 204*f*
da patela 175-177, 176*f*
do cotovelo 146-147
do ombro 133-134, 134*f*
do quadril 164-165, 165*f*
dos dedos da mão 157, 157*f*
dos dentes 205

M

má digestão 23-24
mandíbula 203-204, 204*f*
manguito rotador
distensão 135-136, 135*f*, 249
no sistema musculoesquelético 29-31, 31*f*-32*f*
manobra de Heimlich 50-53, 50*f*-51*f*
máscara facial 46-48
MDMA 109-112
medicamentos. *Ver também* abuso de substâncias
administração de 17, 20
asma 84, 119-121
aspirina 17, 20, 60
doenças relacionadas ao calor e 119-121
epinefrina 81-82
iodo 17, 20, 208-209
médico
de família 6-7
na equipe de cuidados de saúde 6-8, 10*t*
medidas de ação emergencial
alerta 46-48
atendimento 46-49, 47*f*-49*f*
avaliação 45-46
bloqueio das vias aéreas e 49-53, 50*f*-51*f*
procedimentos de primeiros socorros 45-53, 47*f*-52*f*, 229
membro inferior, imobilização 66*f*. *Ver também* lesões musculoesqueléticas dos membros inferiores
membro superior, imobilização 65*f*. *Ver também* lesões do cotovelo; lesões do antebraço; lesões do braço
metabolismo 117-118, 118*f*
metacarpais 155-156, 156*f*

metatarsalgia 187, 187f
método HIT 55-56
molusco contagioso 216, 216f
mortes
    futebol americano 49
    relacionadas ao calor 118-119
músculos 20-21, 29-31, 30f-31f
    distensões agudas 37-38, 38f-39f, 38t, 43t
    distensões crônicas 40-41, 43t

N

National Federation of State High School Associations (NFHS) 121, 214f
National Safety Council 4-5
National Strength and Conditioning Association 8-9
nervo fibular 70, 70f
nervo ulnar
    contusão 148, 148f
    gelo e 70, 70f
nutrição
    diretrizes 22-24, 23f
    suplementos 23, 111-114

O

obrigações legais 3-6
oftalmologista 6-7
olho
    anatomia 196-197, 196f
    comparação entre as pupilas 56-57, 56f
optometrista 8-9, 10t
orelha de couve-flor. *Ver* contusão da orelha
ortopedista 6-7
Osgood Schlatter 173f
osso(s). *Ver também* fraturas
    lesões agudas 43t
    lesões crônicas 41-42, 43t
    no sistema musculoesquelético 29-30, 30f
    zigomático 203-204, 203f-204f
osteoartrite 41-42, 43t
overdose ou reação, no abuso de substâncias 109-112

P

padrões de cuidados 5-6
pais
    folheto de informações sobre concussão para 93f
    contato após lesões 13-15
    na equipe de cuidados de saúde 5-6, 10t
    consentimento para fornecer primeiros socorros 5-6, 13-14, 15f
pâncreas 31-33, 32f-33f, 105-106
panturrilha
    distensão 182-183, 182f
no sistema musculoesquelético 30-31, 31f
papilomavírus humano (HPV) 217
paramédicos 6-7, 11t
paratendinite 40-42, 43t
patela 175-177, 176f
patógenos hematogênicos 58-61, 59f-60f
pé de atleta 218-219, 219f
pediatra 6-7
pele
    geladura 125-126, 246
    na avaliação física 56-58
perfurações 35-37, 35f-36f, 43t
pescoço
    exercícios de fortalecimento 92, 94, 95f, 96-97
    lesões 96, 96t
    rolamentos 96-97, 97f
picadas de insetos 113-114
planejamento 3-4
plano de emergência
    climática 14-15
    médica 23-25, 25f
pneumonia 87-88
podiatras 6-7
pontada 97-98, 98f
    lateral 162-163
posições
    de recuperação 47-48, 47f
    HAINES 48-49, 48f, 63t
    para o atleta lesionado 46-49, 48f, 63f, 63t
    para o atleta não lesionado 46-48, 47f
potássio 23, 121
pressão arterial 20-21
primeiros socorros
    plano de jogo 1, 13-25
    kit de 15, 17,20
    consentimento para 5-6, 13-14, 15f
princípio PRICE 67-72, 68f, 69t, 70f-72f
problemas de pele
    abrasão 210-211, 211f, 264
    abscessos 211-212, 211f-212f
    bolhas 207-209, 208f
    CA-MRSA 213, 215, 215f
    contagioso 213-220, 214f-219f
    contusão da unha 209-210, 209f-210f
    exantema por planta venenosa 211-213, 211f-212f
    formulário para liberação 213, 214f
    herpes simples 218, 218f
    molusco contagioso 216, 216f
    não contagioso 207-213, 208f-212f
    pé de atleta 218-219, 219f
    procedimentos de primeiros socorros 207-220, 208f-212f, 214f-219f, 264
    prurido na virilha, 219-220
    tinha (micose) 218-219, 218f
tipos 43t
unha do pé encravada 209-211, 209f-210f
verruga 217, 217f
procedimentos de primeiros socorros
    asma 84-85, 84f, 86f, 235
    atendimento ao atleta consciente 46-48, 223
    atendimento ao atleta inconsciente 46-49, 224
    avaliação física 55-58, 56f-58f, 57t, 230
    bloqueio das vias aéreas no atleta consciente 50-51, 50f-51f, 225
    bloqueio das vias aéreas no atleta inconsciente 51, 53, 226
    bronquite 87-88
    cãibras pelo calor 121-123, 243
    cetoacidose 105-108, 241
    choque 61-62, 63t, 81-82, 234
    colapso pulmonar 83, 83f
    contusão da garganta 87-88
    contusão renal 101-103, 102f, 238
    convulsões 107-109, 242
    dano tecidual local 67-72, 68f, 69t, 70f-72f
    DEA 46-49, 49f, 228
    desmaios 114, 114f
    espasmo do plexo solar 87, 87f
    exaustão pelo calor 121-124, 244
    gastrenterite 115
    geladura 125-126, 246
    gripe 113-116
    hiperventilação 85
    hipotermia 125-127, 247
    imobilizações 63-64, 65f-66f, 232
    insolação 121, 123-125, 245
    laceração do couro cabeludo 195-197, 196f, 261
    lesões abdominais 161-165, 162f, 171f, 253
    lesões da cabeça 90t, 91-96, 93f, 236
    lesões da coluna 96-97, 97f
    lesões da coxa 167-173, 168f, 170f-171f, 172f, 256
    lesões da mão 155-159, 156f-159f, 252
    lesões das pernas 182-184, 182f, 259-260
    lesões de tornozelo 183-185, 184f, 190-192, 192f, 259-260
    lesões do antebraço 153, 153f, 252
    lesões do baço 99-101, 101f, 237
    lesões do braço 140-145, 141f-142f, 143f
    lesões do cotovelo 145-153, 146f, 148f-152f, 250-251
    lesões do dorso 161, 163-165, 163f, 254
    lesões do joelho 172-181, 173f-178f, 257-258

lesões do ombro 130-140, 130*f*-132*f*, 134*f*-139*f*, 248-249
lesões do pé 185-188, 185*f*-187*f*, 193-194, 193*f*, 259-260
lesões do punho 154-156, 154*f*-155*f*, 252
lesões do quadril 164-168, 166*f*-167*f*, 255
lesões faciais 195-206, 196*f*-200*f*, 202*f*-206*f*, 261
lesões nervosas 97-98, 98*f*, 148, 148*f*
lesões oculares 197-202, 197*f*-200*f*, 262-263
lesões relacionadas a raios 127-128
lesões torácicas 140-141, 140*f*
medidas de ação emergencial 45-53, 47*f*-52*f*, 229
overdose ou reação, no abuso de substâncias 109-112
para lesões específicas 79-80
pneumonia 87-88
problemas de pele 207-220, 208*f*-212*f*, 214*f*-219*f*, 264
RCP 46-49, 227
reação à insulina 105-107, 240
reações a suplementos 112-114
remoção de atletas lesionados 73-78, 74*f*-78*f*, 233
sangramento 58-61, 59*f*-60*f*, 67-68, 231
SEM, chamada para 23-24, 46-48, 73-74, 233
técnicas básicas 27, 58-72, 59*f*-60*f*, 63*f*, 63*t*, 65*f*-66*f*, 68*f*, 69*t*, 70*f*-72*f*
trauma testicular 102-103, 239
procedimentos pré-temporada 20-22
proibição de brigas e provocações 23-24
proteção no princípio PRICE 67-68
proteção para ombro 92, 94, 96
protetores bucais 22-23, 22*f*
prurido na virilha 219-220
pulso, verificação 56-58, 57*t*, 57*f*
 carotídeo 56-58, 57*f*
 radial 56-58, 57*f*
pupilas, comparação 57-58, 57*f*

Q

quadríceps 30-31, 31*f*
 distensão 170-172, 171*f*
 tendinite 173*f*
queimação 97-98, 98*f*

R

radiação 117-119, 118*f*
rádio
 na fratura do antebraço 153, 153*f*
 na fratura do cotovelo 145-146, 146*f*
raios
 lesões por 127-128

na avaliação do ambiente 45-46
no plano meteorológico de emergência 14-15
RCP (reanimação cardiopulmonar)
 certificação 4-6, 13-14
 procedimentos de primeiros socorros 46-49, 227
 remoção do atleta lesionado e 45-46
reabilitação 3-4, 4*f*, 6-9, 10*t*-11*t*
reação à insulina 105-107, 240
reanimação cardiopulmonar. *Ver* RCP
registros de saúde dos atletas 13-15, 15*f*-17*f*
remoção de atletas lesionados
 arrastamento por uma pessoa 73-74, 74*f*, 77*t*
 atleta consciente 76-78, 76*f*-78*f*
 atleta inconsciente 73-75, 74*f*-75*f*
 auxílio de duas pessoas para caminhar 76-77, 76*f*-77*f*, 77*t*
 auxílio de uma pessoa para caminhar 76, 76*f*, 77*t*
 auxílio no carregamento a duas mãos 77-78, 77*f*-78*f*, 77*t*
 carregamento a quatro mãos 76-78, 76*f*-78*f*, 77*t*
 com lesões graves 73-75, 74*f*-75*f*
 com lesões leves 76-78, 76*f*-78*f*
 procedimentos de primeiros socorros 73-78, 74*f*-78*f*, 233
 RCP e 45-46
 resgate por quatro ou cinco pessoas 75, 75*f*, 77*t*
repouso 67-68
resfriamento 21-22
resgate por quatro ou cinco pessoas 75, 75*f*, 77*t*
resistência 20-21
 cardiovascular 20-21
respiração. *Ver também* bloqueio das vias aéreas
 atendimento 46-48
 de resgate 46-48
 na asma 84-85, 84*f*
retorno aos jogos 4-5, 7-8, 10*t*
revezamento, cuidados de saúde 3-4, 4*f*, 10*t*-11*t*
rim
 contusão 101-103, 102*f*, 238
 no sistema urinário 33-35, 35*f*
risco, advertência do 4-5
ruptura da cartilagem
 aguda 38-39, 38*f*-39*f*, 43*t*
 joelho 176-178, 177*f*-178*f*
ruptura de baço 99-101, 101*f*, 237

S

sais aromáticos 94

sangramento
 capilar 67-68
 inspeção do 55-56
 nasal 201-202, 202*f*
 procedimentos de primeiros socorros 58-61, 59*f*-60*f*, 67-68, 231
 venoso 61
segurança
 ambiental 4-5, 15, 23-24, 45-46, 73-74
 óculos 22-23, 22*f*
 papel do técnico na promoção de 3-6
separação do ombro. *Ver* entorse da articulação acromioclavicular; entorse da articulação esternoclavicular
serviço de emergências médicas (SEM) 23-24, 46-48, 73-74, 233
síndrome compartimental por esforço 190-192, 191*f*
sistema(s)
 circulatório 31-33, 34*f*
 digestório 31-33, 32*f*-33*f*
 musculoesquelético 29-31, 30*f*-32*f*
 neurológico 31, 32*f*-33*f*
 respiratório 31-33, 32*f*-34*f*
 urinário 33-35, 35*f*
sódio 23, 121
subluxações
 como lesão aguda 38-40, 43*t*
 da patela 175-177, 176*f*
 do cotovelo 146-147
 do ombro 133-134
 do quadril 164-165
sufocamento 50-53, 50*f*-51*f*
suporte à vida. *Ver* medidas de ação emergencial

T

TA. *Ver* treinador de atletismo
técnico(s)
 em emergências médicas (TEM) 6-7, 11*t*
 força e condicionamento 8-9, 11*t*
 na equipe de cuidados de saúde 3-6, 7-9, 10*t*-11*t*
temperatura. *Ver também* doenças relacionadas ao frio; doenças relacionadas ao calor
 monitorada 46-48, 64, 70
 pele 57-58
 regulação 117-119, 118*f*
tendão do bíceps
 lesões comuns 30-31, 32*f*
 tendinite 144
tendão do calcâneo
 lesões comuns 30-31, 32*f*
 tendinite 41-42, 41*f*, 190-192, 192*f*

tendão patelar
   lesões comuns 30-31, 32*f*
   do tríceps 145
   tendinite 177-179, 177*f*-178*f*
tendinite
   como lesão crônica 40-42, 41*f*, 43*t*, 140-141
   do bíceps 144
   do calcâneo 41-42, 41*f*, 190-192, 192*f*
   do quadríceps 173*f*
   do tríceps 145
   paratendinite 40-42, 43*t*
   patelar 177-179, 177*f*-178*f*
   tendinose 40-42, 43*t*
   tenossinovite 40-42, 43*t*
tendinose 40-42, 43*t*
tendões
   distensões 37-38, 38*f*-39*f*, 38*t*, 43*t*
   no sistema musculoesquelético 29-31, 30*f*, 32*f*

tenossinovite 40-42, 43*t*
tensão 33-35, 43*t*
tíbia
   fratura da perna 183-184
   fratura por estresse 189-191
tinha (micose) 218-219, 218*f*
toque, na avaliação física 57-58, 58*f*, 230
Transmissão na comunidade do *Staphylococcus aureus* resistente à meticilina (CA-MRSA) 213, 215, 215*f*
tratamento 3-4, 4*f*, 10*t*-11*t*
trauma testicular 102-103, 239
treinador de atletismo (TA) 7-8, 11*t*
treinador para força e condicionamento 8-9, 11*t*

U
ulna
   na fratura do antebraço 153, 153*f*
   na fratura do cotovelo 145-146, 146*f*
úmero
   fratura 140-142, 141*f*
   fratura de cotovelo e 145-146, 146*f*
   fratura por estresse da epífise do cotovelo e 152, 152*f*
   na luxação ou subluxação do ombro 133-134
unha
   contusão 209-210, 209*f*-210*f*
   encravada 209-211, 209*f*-210*f*
uso de suplementos
   ausência da necessidade de 23
   reações ao 111-114

V
verruga(s) 217, 217*f*
   comum 217, 217*f*
   plantar 217, 217*f*
vértebras 31, 96
vesícula biliar 31-33
vitaminas 23